LA FEMME AU LIVRE

Critiques Littéraires
Collection dirigée par Maguy Albet

Dernières parutions

Marie-Rose ABOMO-MAURIN, *Tchicaya ou l'éternelle quête de l'humanité de l'homme*, 2010.
Emmanuelle ROUSSELOT, *Ostinato, Louis-René des Forêts. L'écriture comme lutte*, 2010.
Constantin FROSIN, *L'autre Cioran*, 2010.
Jacques VOISINE, *Au tournant des Lumières (1760-1820) et autres études*, 2010.
Karine BENAC-GIROUX, *L'Inconstance dans la comédie du xviiie siècle*, 2010.
Christophe Désiré Atangana Kouna, *La symbolique de l'immigré dans le roman francophone contemporain*, 2010.
Agata SYLWESTRZAK-WSZELAKI, *Andreï Makine : l'identité problématique*, 2010.
Denis C. MEYER, *Monde flottant. La médiation culturelle du Japon de Kikou Yamata*, 2009.
Patrick MATHIEU, *Proust, une question de vision*, 2009.
Arlette CHEMAIN (Textes réunis par), *« Littérature-Monde » francophone en mutation*, 2009.
Piotr SNIEDZIEWSKI, *Mallarmé et Norwid : le silence et la modernité poétique en France et en Pologne*, 2009.
Raymond PERRIN, *Rimbaud : un pierrot dans l'embêtement blanc. Lecture de* La Lettre de Gênes *de 1878*, 2009.
Claude MAILLARD-CHARY, *Paul Éluard et le thème de l'oiseau*, 2009.
Idrissa CISSÉ, *Césaire et le message d'Osiris*, 2009.
Christine RAMAT, *Valère Novarina. La comédie du verbe*, 2009.
David N'GORAN, *Le champ littéraire africain*, 2009.
Carlos ALVARADO-LARROUCAU, *Ecritures palestiniennes francophones. Quête d'identité en espace néocolonial*, 2009.
Gabriella TEGYEY, *Treize récits de femmes (1917-1997), de Colette à Cixous*, 2009.
Christopher BOUIX, *L'épreuve de la mort dans l'œuvre de T.S. Eliot, Geroges Séféris et Yves Bonnefoy*, 2009.

Anne-Marie NAHLOVSKY

LA FEMME AU LIVRE

Itinéraire d'une reconstruction de soi
dans les relais d'écriture romanesque

Les écrivaines algériennes de langue française

Préface de Beïda Chikhi

© L'HARMATTAN, 2010
5-7, rue de l'École-Polytechnique ; 75005 Paris

http://www.librairieharmattan.com
diffusion.harmattan@wanadoo.fr
harmattan1@wanadoo.fr
ISBN : 978-2-296-12654-1
EAN: 9782296126541

> Le langage n'est jamais innocent : les mots ont une mémoire seconde qui se prolonge mystérieusement au milieu des significations nouvelles. L'écriture est précisément ce compromis entre une liberté et un souvenir…
>
> Roland Barthes[1]

---

[1] *Le degré zéro de l'écriture, suivi de nouveaux essais critiques,* Collection Points Essais, Seuil, Paris, 1972, dans le chapitre « Qu'est-ce que l'écriture ? », p. 16.

PRÉFACE

Beïda Chikhi

« La Femme au livre », cette référence picturale si futuriste et déjà, paradoxalement, si marquée par le temps, rappelle que la lecture engagée ici a une longue histoire et qu'elle s'aventure dans les circuits sinueux d'un miroir social. Femme du passé suspendue dans l'instantané d'une attitude ou d'un mouvement, femme du présent qui écrit ses livres en lisant ceux des autres, femme du futur en gésine dans les personnages, une filiation littéraire, vive, qui met à distance les interprétations proprement ''féministes''.

Dans son ouvrage, Anne-Marie Nahlovsky appréhende le travail patient de romancières algériennes qui ont marqué de leur impact le monde littéraire de ces dernières décennies. Les analyses nous confortent dans l'idée que la mise en perspective de textes si dissemblables et leur réunion autour d'une intuition personnelle peut s'avérer féconde. L'idée de « l'infra-discours » est novatrice ; elle accompagne une traversée plutonienne qui s'appuie autant sur les connivences que sur la critique d'une ligne de conduite traditionnelle, parfois dure et contraignante. La notion de « relais » prend tout son sens avec la conscience historique et littéraire de ces romancières en situation de transmission, en même temps qu'elle éclaire l'évolution de leur propre existence d'écrivaines.

Les œuvres qui constituent le noyau dur du corpus ont été choisies selon la force de suggestion et de dissémination de leur sujet : l'écriture de soi entre mythe et actualité politique dans *Vaste est la prison* d'Assia Djebar, la quadrature du cercle et l'Odyssée méditerranéenne dans *N'Zid* de Malika Mokeddem, ou encore le mythe révolu du deuxième sexe dans *La Voyeuse interdite* de Nina Bouraoui. Elles ont ensuite été croisées autour de deux thèmes fédérateurs : l'inscription dans le futur et la révélation du sens véhiculées par « La femme au livre ». On découvre au fil de la lecture ce qui fait problème d'une génération à l'autre et comment chaque génération engage de façon originale le temps futur et le pouvoir de l'écriture. Les objectifs des trois romancières et les enjeux explicités par leurs discours sont sensiblement les mêmes, en revanche « l'infra-discours » des œuvres nous les révèle très singulières. Les analyses rendent justement compte de personnalités littéraires qui se refaçonnent dans un double mouvement de perte et de conquête. On ne peut qu'apprécier alors le recours à certains écrits littéraires, historiens, et psychanalytiques, en ce qu'ils cernent, comme une histoire de proximité, un lieu commun à l'écriture, à la perte et à la reconquête ; un lieu nourri depuis si longtemps par l'imaginaire de Dante, de Shakespeare, de Molière, de Proust, de Claudel, et de Semprun...

Mais c'est aussi par le recentrement de sa perspective sur l'intertexte algérien, dont Anne-Marie Nahlovsky éclaire des rapports transversaux, qu'elle suscite l'intérêt pour l'ensemble du corpus féminin. Par exemple, *L'Amant imaginaire* de Taos Amrouche, ou encore la nouvelle rhétorique amoureuse de *La Jeune fille au balcon* de Leïla Sebbar – érotique du ruban, érotique du balcon, etc. – enrichit la lecture d'un espace ludique dans lequel le flux circule librement et déjoue les pièges de l'enfermement. Á la faveur de cette lecture on perçoit aisément, à travers les jeux du « regard qui cerne le contexte social », les partis pris conscients ou les motifs inconscients des unes et des autres.

Ces romancières ont contribué, selon elle, à produire des effets inédits dans la littérature française, en particulier des effets liés à l'intrusion de scénographies relatant la nature du désir qui unit le corps et la langue. L'imaginaire de la navigation linguistique fabrique des figures de style et indique un cheminement corporel de la littérature. Car, le corps-texte est, comme le rappelle Assia Djebar dans *Vaste est la prison*, un « étrange théâtre de l'emmaillotement des yeux et de l'âme auquel aboutissent les rires de [son] enfance ». L'écriture s'accompagne d'une sensibilité philologique qui module un style et l'ouvre aux reflets combinés du miroir de l'entre-deux. La langue, quant à elle, acquiert de la densité par transposition de sensations et d'émotions diverses : plaisir ou joie, amour ou passion, douleur ou regrets, nostalgie ou mélancolie... On se souvient, en tout cas avec cet ouvrage et une fois de plus, que chaque corps féminin, qui entre dans la langue française avec une mémoire algérienne, lui imprime de nouvelles métaphores. Un travail de poétique, soutenu par une réflexion théorique, rend compte de ces effets.

Paris, janvier 2010

INTRODUCTION

La révolution algérienne et l'Indépendance de 1962 ont suscité de nombreux rêves dans le bonheur de tout un peuple ivre de sa liberté enfin retrouvée mais elles n'ont pas apporté, comme on aurait pu l'espérer, une véritable promotion de la femme. Pourtant, pendant la guerre de libération, les rapports égalitaires de la vie des maquis avaient souvent habitué les femmes à des responsabilités et les avaient instaurées dans un rôle social et politique qui les avait sorties de leur enfermement et de leur silence. Mais, une fois la paix revenue, elles ne retrouvèrent pas, dans le tissu sociopolitique, la place escomptée. Le colonialisme les avait coupées de leurs racines linguistiques et de leur filiation historique. L'Indépendance les renvoie à leur foyer et dans l'enfermement de leur maison, sous la domination de leur père, de leur frère ou de leur mari. Et le nouveau régime, ainsi que ceux qui suivront, vont les réinstaller dans un statut de silence en leur déniant tout rôle politique, les privant ainsi d'une tribune de la parole, les rétablissant dans leur ancien statut de dépendance, de résignation et de servitude. La femme se retrouve, en quelque sorte, privée de son passé, de son présent et de son avenir. Elle a perdu le pouvoir de parler, de circuler, de témoigner, conquis pendant la révolution et, consciente de la vacuité de sa vie et de son impuissance, subit une grave crise identitaire. C'est certainement la raison pour laquelle le problème de cette mémoire perdue et de cette errance se retrouve dans tous les romans algériens récents et imprègne particulièrement les récits écrits par des femmes. L'écriture devient pour elles, tout naturellement, un moyen de survie existentielle.

La recherche de ces fondements identitaires a été l'objectif primordial des années postrévolutionnaires pour toute la société algérienne qui a voulu se reconstruire et constituer un nouveau système de codes linguistiques, sociaux, religieux, économiques et politiques. Mais, dans cette quête effrénée pour une restructuration harmonieuse des hommes et des idées, la femme a été oubliée et laissée pour compte. Cette négation de ses désirs et de sa place dans un remodelage du paysage sociologique et politique l'a reléguée dans un néant d'amertume et de rancœur propre à générer l'étincelle créatrice de sa survie, en laissant resurgir dans ses rêves et dans son imaginaire l'inavoué et l'indicible. Et la seule porte de sortie à cette remise en question de tout un système de pensée va résider dans l'écriture.

Introduction

Cette nouvelle arme ne va pas s'encombrer d'un orientalisme désuet véhiculé avec succès par des usurpateurs condescendants, elle ne va pas non plus s'engluer dans la langue des ancêtres saccagée par deux siècles d'oppression. Des femmes vont prendre la plume et s'inscrire dans le cheminement douloureux d'un combat. La plupart ne seront ni des journalistes, ni des analystes, ni des pamphlétaires mais, tout simplement, des romancières qui vont s'engager, à couvert, dans une nouvelle lutte de libération, larvée et poignante, dans une guerre qui ne dit pas son nom. Elles vont trouver les mots pour raconter des histoires, qui n'auront jamais l'air d'être les leurs, pour sortir des frontières de leur isolement en faisant rêver, rire ou pleurer, pour sortir des frontières nationales en employant le français qui va briser les barrières linguistiques entre les peuples de l'Orient et de l'Occident. Et, derrière ces personnages imaginaires, derrière ces descriptions ou ces récits fantasmagoriques, elles sauront faire passer les messages codés de leur souffrance, inscrivant alors l'écriture, à l'insu de tous et peut-être même d'elles-mêmes, dans une revendication de reconnaissance et de contestation. Puis cet infra-discours révolutionnaire va s'amplifier et s'aguerrir au fil des années et des relais d'écriture, pour passer d'un état des lieux de la désespérance à une rage identitaire qui n'a pas encore dit son dernier mot.

Il serait cependant faux d'affirmer que ce combat n'a concerné que les femmes car de nombreux écrivains de tous les registres ont cherché jusqu'à aujourd'hui à soutenir leur cause. Mais cette littérature de femme, spécifique à l'Algérie, a pris une telle ampleur qu'elle va rejoindre dans sa quête le mouvement féministe qui secoue le Maghreb et l'Orient et qui touche aussi l'Occident qui n'est pas encore sorti des spasmes de la lutte pour les droits de la femme car, malgré les progrès réalisés dans la deuxième moitié du XXe siècle, la parité des droits entre les sexes n'est pas encore entrée dans les faits. Ce sont des pionnières de l'écriture, dans des pays neufs, qui vont faire jaillir les mots où toutes les femmes vont se retrouver, brisant le carcan des frontières, s'inscrivant dans une internationale de la parole, par-delà la couleur locale ou les nationalismes.

*
* *

Dans cette production littéraire algérienne très prolifique, nous avons retenu trois romancières contemporaines : Assia Djebar, Malika Mokeddem et Nina Bouraoui. Ce sont trois femmes inscrites dans une symbolique de la contestation et de la réappropriation de leur liberté. Leur nostalgie des racines et leur insatisfaction vont les conduire à des réflexions identiques.

Introduction

Nous ne nous attacherons pas à ces thématiques communes déjà étudiées par nombre de critiques, mais surtout à ce qui les différencie, car leur inscription dans le temps et dans l'espace n'est pas le même.

Tout d'abord la différence d'âge va marquer un décalage dans la préhension et la transcription du monde. Ensuite, malgré leur attachement à leur pays natal, elles vont prendre de plus en plus de distance avec leur pays d'origine.

- Assia Djebar est très inscrite sur la Terre d'Algérie où elle est née en 1936, où elle a participé pendant la Révolution à la guerre des maquis et où elle s'est mariée. Son exil actuel aux Etats-Unis a été nécessaire pour protéger sa liberté d'expression. La parution de son premier roman date de 1957 et elle n'a pas arrêté de publier depuis.
- Malika Mokeddem, née en 1949, à Kénadsa, dans l'ouest du désert algérien, a quitté l'Algérie très jeune, pour s'installer ensuite définitivement en France où elle a publié son premier roman en 1990.
- Nina Bouraoui, quant à elle, est d'une génération encore plus récente, car elle est née en 1967, et, même si elle est native de Rennes, elle est issue d'un couple mixte et a passé toute son enfance et son adolescence en Algérie. De père algérien et de mère française, elle participe à cette double appartenance par les liens du sang ainsi que par les liens territoriaux car elle ira vivre en France à partir de treize ans. Elle intègre de manière naturelle une double inscription dans les continents de l'Orient et de l'Occident. Elle est le symbole même de cette génération-passerelle, qui pratiquera de constants allers-retours entre ses deux "moi", marquant un attachement profond à ses racines ambivalentes.

Le choix de ces écrivaines est d'autant plus intéressant qu'elles marquent à elles trois une évolution du devenir de la femme algérienne. Ce sont trois femmes, jalons d'une errance et d'une Histoire. Leur formation et leur expérience professionnelle, aussi, vont différencier leur sensibilité et leur vision des choses : Assia Djebar est une historienne et ne peut échapper à une confrontation avec le passé. Malika Mokeddem est médecin et privilégie la reconstruction physique. Nina Bouraoui, de par ses études philosophiques et de par sa jeunesse, dévoile son esprit critique et se laisse emporter par l'agressivité. Elles représentent, à elles seules, les trois phases nécessaires à la prise en possession d'un destin de femme, évolution que nous considérerons en analysant respectivement les romans suivants :
- *Vaste est la prison*[2] d'Assia Djebar,

---

[2] Djebar, Assia, *Vaste est la prison,* Albin Michel, Paris, 1995.

Introduction

- *N'zid*[3] de Malika Mokeddem,
- *La Voyeuse interdite*[4] de Nina Bouraoui.

Les personnages au centre de ces trois romans sont des femmes. Elles vont signifier, par leur itinéraire, leur difficulté d'être et leur cheminement. Et c'est leur histoire qui nous dévoilera dans l'infra-discours toutes les vérités trop difficiles à dire au grand jour, nous révélant du même coup, chez ces romancières, un constat de l'inacceptable ainsi qu'une stratégie de la reconstruction de soi.

*
* *

Ces auteurs, si l'on considère leurs œuvres dans une linéarité évolutive, représentent les trois stades nécessaires à la jeune fille pour passer à l'âge adulte : celui de la prise de conscience de son existence, celui de l'affirmation d'elle-même et celui de son plein épanouissement. C'est l'image même d'un cheminement, car la femme passera, à travers ces trois romans, par des étapes successives de découverte de soi correspondant aux différents paliers de formation de la personnalité. Ces romans s'articulent comme des relais d'écriture, ou plutôt comme des relais de lectures possibles, car chaque écrivaine poursuit sa quête, indépendamment mais aussi dans une solidarité souterraine et inconsciente. Au fil de la lecture consécutive de ces œuvres, va apparaître, de manière étonnante, toute une démarche non concertée mais très structurée, marquant entre les trois récits une évolution qui contient en elle-même une logique implacable : la prise de possession de la femme par elle-même, qui la fait sortir des limbes de son néant pour la conduire vers sa maturité.

Il est évident que cette articulation des romans dans une démarche construite et progressive n'est pas affirmée comme telle. Et, peut-être aurait-on pu prendre pour le même type d'analyse d'autres auteurs et d'autres romans. Peut-être aussi que cette avancée s'inscrit logiquement dans une réflexion littéraire, philosophique et historique qui continue à l'infini, chaque production littéraire se nourrissant de la précédente et créant, à l'insu même des protagonistes, une filiation évidente mais qu'il faut décrypter derrière les mots et les histoires. C'est le texte lui-même, dans son métalangage et son infra-discours, qui va dévoiler son fonctionnement second et libérer ainsi toute une stratégie inhérente au

---

[3] Mokeddem, Malika, *N'zid,* Editions du Seuil, Paris, 2001.
[4] Bouraoui, Nina, *La Voyeuse interdite,* Editions Gallimard, Paris, 1991.

récit, intégrant alors, par-delà l'imaginaire et la fantasmagorie, tout un jeu caché de reconstruction de la personne.

Il est certain que chaque écrit participe à l'élaboration des idées car ils sont tous autant de questionnements sur la société et témoignent des errances et des époques où ils se publient. Mais l'intérêt de l'analyse de ces trois récits que nous nous proposons de présenter tient dans la structuration étonnante de ces discours, qui établissent entre eux des rapports si logiques qu'ils s'imbriquent les uns dans les autres et fonctionnent comme une véritable démonstration, témoignant d'une quête douloureuse mais réussie.

En effet, à travers les relais d'écriture de ces trois romans choisis, le personnage principal, la Femme, dans un cheminement long, difficile et volontaire, s'affirme dans une conquête de sa liberté. Et il est troublant de constater que les étapes entrevues dans ces histoires correspondent en fait aux stades généraux de l'évolution de la personne humaine, par-delà les frontières des siècles et des continents. Nous nous attacherons à prouver dans ce travail, comment, à l'intérieur de ce processus, chaque roman participe à ce mécanisme psychologique, sociologique et historique d'une reconstruction de la personne de la femme. L'écriture va fonctionner, à la fois, comme un détonateur et un révélateur et va mettre au grand jour cette naissance de la femme à elle-même et aux autres, qui la conduit jusqu'à son affranchissement. Nous définirons la démarche de ces trois auteurs et préciserons la progression de leur cheminement, en considérant les étapes suivantes : la quête d'une filiation perdue dans *Vaste est la prison* d'Assia Djebar, la naissance à soi-même dans *N'zid* de Malika Mokeddem et la réappropriation d'un contexte social dans *La Voyeuse interdite* de Nina Bouraoui. Car la femme entre ici en mutation, comme les enfants et les adolescents, en passant par trois paliers obligés :
- celui de l'apprentissage de la famille, en se situant par rapport à ses racines,
- celui de l'apprentissage du monde, en prenant possession de l'espace extérieur et étranger,
- celui de l'apprentissage de l'autre, en découvrant son corps, ses pulsions et sa sexualité.

Nous avons choisi pour notre première étude le roman d'Assia Djebar, *Vaste est la prison,* car c'est la première œuvre algérienne complètement centrée sur la quête des origines. Pourtant le thème de l'Histoire avait déjà souvent été abordé par l'auteur lui-même dans ses romans précédents

Introduction

comme *Les Enfants du nouveau monde*[5] ou *Les Alouettes naïves*[6], mais ces récits ne l'avaient cependant intégrée que dans sa dimension référentielle, comme toile de fond. *L'Amour, la fantasia*[7], publié 18 ans plus tard, relève le défi d'apporter une contribution plus soutenue à l'écriture de l'histoire de l'Algérie, principalement à la colonisation et à la guerre de libération. Nous utiliserons ce roman pour appuyer la première partie de notre essai. Mais ce retour au passé dans un rapport fictionnel de l'histoire coloniale ne remonte pas assez loin dans le temps. Comme l'écrit Beïda Chikhi à propos de ce roman, en le comparant aux précédents : « L'avenir est tout aussi inquiétant dans *L'Amour, la fantasia*, et tout le jeu de figuration de la parole féminine qui tente de prendre corps se fait dans l'angoisse »[8]. Indépendamment de l'acte scriptural, c'est une « dépression qui clôt », selon elle, cette « reconstitution normalement ascensionnelle ». La femme se retrouve dans un univers sans issue, où la place qui lui est dévolue l'englue dans un système d'enfermement total et définitif, où le passé, le présent, l'avenir se superposent car la mort est, dans la dernière page, l'exutoire final inéluctable quand le coup de sabot du cheval la renvoie à son destin brisé et saccagé :

> Dans la gerbe des rumeurs qui s'éparpillent, je pressens l'instant immanquable où le coup de sabot à la face renversera toute femme dressée, toute vie surgissant au soleil pour danser ! Oui, malgré le tumulte des miens alentour, j'entends déjà, avant même qu'il s'élève, et transperce le ciel dur, j'entends le cri de la mort dans la fantasia.[9]

Ce roman, malgré sa déploration finale, servira de tremplin à une investigation du passé qu'Assia Djebar va poursuivre, dans d'autres écrits, en tant qu'historienne bien sûr, mais surtout en remontant dans le temps comme revisitation de sa propre mémoire pour retrouver les fondements mêmes de son essence et de son existence. Elle dépassera ainsi cette vision pessimiste du présent et du futur. L'œuvre clef, qui marquera ce retour aux sources, est incontestablement *Vaste est la prison,* un roman-quête qui va affirmer dans une polyphonie éblouissante cette redécouverte des traces

---

[5] Djebar, Assia, *Les Enfants du nouveau monde,* Julliard, Paris, 1962 ; Réédition UGE-SNED, Paris-Alger, collection 10/18, 1978.
[6] Djebar, Assia, *Les Alouettes naïves,* Julliard, Paris, 1967 ; Réédition UGE-SNED, Paris-Alger, collection 10/18, 1978, réédition Actes Sud-Babel, 1997.
[7] Djebar, Assia, *L'Amour, la fantasia,* Jean-Claude Lattès, Paris, 1985 ; Réédition Albin Michel, Paris, 1995.
[8] Chikhi, Beïda, *Littérature algérienne, Désir d'histoire et esthétique,* L'Harmattan, Paris, 1997, p. 155.
[9] Djebar, Assia , *L'Amour, la fantasia,* p. 255.

Introduction

perdues et cette réinstallation à l'intérieur d'une généalogie personnelle, familiale et historique, en remontant jusqu'à la langue matricielle et mythique des origines. La délivrance viendra de la longue patience à cerner d'où elle vient et ce qu'elle est. Et, l'écriture devenant à la fois prétexte et révélation, c'est ce regard et sa lucidité qui lui ouvriront les portes de sa prison, ce qu'elle laissera déjà pressentir lorsqu'elle choisit en épigraphe de la troisième partie de son roman une citation de Hermann Broch extraite de Hoffmannsthäl et son temps :

> La confession n'est rien,
> La connaissance est tout. [10]

Cette exploration oscille en effet entre la chronique historique, l'autobiographie et la fiction, dans un jeu ambigu d'aller et retour, en imbriquant les uns dans les autres des discours qui se renvoient comme des miroirs, balançant entre dissimulation et exhibition, sans jamais véritablement proposer une simple continuité autobiographique ou un vrai roman. Les allées et venues des réminiscences sont camouflées derrière le linceul de la « *hochma* », comme le surnomme elle-même Assia Djebar :

> C'est-à-dire, en arabe, de la « honte », en fait de la pudeur, seule spécificité féminine, pourrait-on dire de la littérature autobiographique, ce voile qui vous engoncerait, qui, dans les temps anciens, vous aurait fait désigner comme sorcière, comme impure, et impudique, et obscène, et publique... [11]

Mais ce parcours initiatique vers la reprise en main de sa destinée n'est pas clos. Il se continue infatigablement avec les nouvelles parutions, entre autres avec *Le Blanc de l'Algérie*[12] et surtout *la Femme sans sépulture*[13], qui participent à la quête identitaire, brouillant intentionnellement les temps et les personnages pour accentuer une image d'éternité, indispensable à la réintégration dans une filiation, à l'intérieur d'une fratrie qui dépassera largement le cadre de la famille.

Si l'on peut considérer qu'Assia Djebar s'instaure en initiatrice de cette démarche, il serait certainement artificiel d'envisager le processus d'une reconstruction identitaire à l'intérieur de paliers cloisonnés ; les

---
[10] Djebar, Assia, *Vaste est la prison*, p. 165.
[11] Cité dans Djebar, Assia, *Ces voix qui m'assiègent...en marge de ma francophonie*, Albin Michel, Paris, 1999, p. 106.
[12] Djebar, Assia, *Le Blanc de l'Algérie,* Albin Michel, Paris, 1996.
[13] Djebar, Assia, *La Femme sans sépulture,* Albin Michel, Paris, 2002.

Introduction

relais d'écriture, même s'ils représentent une continuité de pensée et sont chacun une réponse à un questionnement ou un questionnement à une réponse, se croisent et s'entrecroisent dans une toile serrée de connotations, de résurgences, de récurrences et d'échos inversés qui tissent un réseau parfois dense et inextricable de liens, par-delà la chronologie temporelle et les héritages respectifs. Cette concomitance des interrogations et les interférences d'une œuvre à l'autre concernant nos trois auteurs pourront être étudiées dans un travail ultérieur et faire l'objet d'un regard complémentaire sur le fonctionnement scriptural.

Il est cependant intéressant de noter des articulations évidentes dans ce processus de réappropriation de soi entre ces différents relais d'écriture. Assia Djebar, par exemple, est constamment portée par cet élan vers le passé et par la refonte d'une généalogie qui affirme à chaque chaînon supplémentaire un "moi" plus inscrit dans une trame de filiation, pour faire définitivement sortir de la prison de l'anonymat la femme séquestrée dans le silence de sa maison et de sa famille. Pourtant, elle évoque dans son dernier roman, *La Femme sans sépulture,* l'idée du voyage et du mythe d'Ulysse :

> - Je retrouve l'espace d'enfance, moi, « l'écouteuse», et semble que je n'ai qu'à aller contempler à nouveau la mosaïque la plus étrange du musée : les trois femmes-oiseaux, la flûte double et la lyre à la main, jouent encore leur musique pour Ulysse immobilisé sur le bateau qui va disparaître. [14]
>
> - Et je songe au Héros grec qui voulait, malgré tout, écouter, lui et lui seul, trois musiciennes dressées, lui que, pour cela, on a attaché au mât du navire. Du navire qui s'éloigne. [15]

L'écouteuse se fait ici voyageuse. La femme-oiseau a gagné les ailes de sa liberté pour s'évader et partir. Elle a gagné les attributs de la séduction, la flûte et la lyre, pour conquérir l'homme. Elle est déjà en pleine mer, prête à apprendre l'espace, « comme si [son] lieu d'origine s'arrachait... »[16]. Et l'image du bateau ou du navire est la métaphore même de cette invitation au voyage.

Pourtant, ce n'est pas Assia Djebar, mais Malika Mokeddem qui prendra le relais et s'inscrira par son roman, *N'zid,* comme la nouvelle initiatrice des espaces qui restent à conquérir. En effet, la jeune femme de

---

[14] *Opus cité*, pp. 216-217.
[15] *Ibidem,* p. 219.
[16] *Ibid.*, p. 217.

Introduction

son récit se trouve projetée, dès la deuxième ligne, dans un univers aquatique, loin de tout ancrage, dans la solitude d'un voyage dont elle ne connaît ni le point de départ, ni l'aboutissement. L'héroïne a quitté sa famille et sa terre d'origine pour aller seule à la conquête du monde et, comme dans un conte, elle va se trouver confrontée à des épreuves qu'il lui faudra surmonter. Malika Mokeddem utilise le merveilleux pour nous faire lire son histoire comme une fable, brouillant comme Assia Djebar les pistes, en écrivant à la troisième personne mais en parlant d'elle derrière le paravent de ce point de focalisation. Elle est, à la fois, celle qui part pour une quête et celle qui en raconte l'histoire.

Dans ce livre, elle reprend toutes les ficelles inhérentes aux contes en y intégrant le mécanisme propre à ce genre ainsi que le précise Vladimir Propp dans son étude, *Morphologie du conte*[17], car, comme les conteuses de son enfance, elle use du subterfuge d'une parole qui donne son dessein à lire derrière la magie d'une histoire imaginaire. Or, l'on sait depuis leur décryptage psychologique et psychanalytique que les contes sont une leçon de vie, permettant au lecteur un double voyage, celui du rêve lorsqu'il quitte l'univers quotidien pour rejoindre le monde magique où toutes les ouvertures sont possibles et où l'on peut transformer le réel à sa guise, et celui de la réflexion sur soi quand l'histoire devient un modèle pour fixer, par le jeu des paraboles, un apprentissage et une expérience tirés aux sources mêmes de la tradition et de l'imagerie populaires.

Dans *N'zid*, la définition spatio-temporelle suit le schéma traditionnel du conte en s'inscrivant dès le départ dans un flou volontaire propice à l'irruption du merveilleux car les lieux ne sont pas spécifiés. L'héroïne elle-même conservera cette imprécision des personnages propre au genre car elle ne sera pas nommée et son appartenance ne sera définie que par la marque sur son front et un objet précieux empreint de mystère, la Croix du Sud, bijou mythique par excellence et attribut d'une filiation témoignant de la noblesse de ses origines.

L'histoire débute également comme tous les récits du genre avec un départ provoqué par une complication qui jette le héros (ici il s'agit d'une femme) dans une aventure solitaire où la rupture avec l'enfance et l'innocence première doit être consommée. Mais, ici, la situation initiale et la complication ont été escamotées et nous entrons de plain-pied dans la fantasmagorie du conte. La marque bleue douloureuse du front qui descend jusqu'à la joue symbolise le monde de souffrance qu'il a fallu quitter,

---

[17] Propp, Vladimir, *Morphologie du conte*, suivi de *Les Transformations dans les contes merveilleux*, et de *L'étude structurale et typologique du conte* de E. Mélétinski, 1ère Editions russes Akademia, Leningrad, 1928, Editions françaises du Seuil, Paris, 1965 et 1970.

Introduction

sans préciser davantage les raisons exactes du départ. L'inconscience de la femme au démarrage du récit et sa difficulté à émerger explicitent cependant l'état de choc et de rupture qui a précédé cette forme de mort à soi-même. L'amnésie de l'héroïne représente la biffure de cette vie d'avant qu'il faut provisoirement oublier pour se retrouver seule et partir pour une quête pleine d'embûches, où il faudra prouver sa persévérance et son courage en menant ce voyage à son terme, en revenant victorieuse.

Le départ et la rupture avec les origines ressemblent ici à une fuite. Le lieu de la recherche, après avoir quitté la famille, est de manière étonnante à nouveau un lieu fermé, puisqu'il s'agit d'un bateau dérivant en pleine mer. Malgré les quelques escales, Malika Mokeddem donne tout de suite le ton de son récit en inscrivant son personnage dans un périple solitaire où la réponse ne pourra se trouver qu'en lui-même. Les véritables dangers, même s'ils existent dans le monde du dehors, symbolisé ici par les côtes, n'existent en fait que dans sa tête, c'est-à-dire dans son imaginaire, à l'intérieur de ses souvenirs les plus secrets, dans ce passé qu'elle a justement voulu gommer.

Le voyage peut se lire à plusieurs niveaux : tout d'abord comme un périple méditerranéen où il faut à tout prix échapper à de mystérieux et dangereux poursuivants, collant ainsi au genre du roman policier. L'héroïne s'inscrit aussi dans un périple mythique comme dans une réécriture de l'Odyssée avec le même itinéraire et les mêmes escales que le héros grec Ulysse, rejoignant ainsi la grande Légende antique d'Homère. C'est aussi l'histoire d'un voyage intérieur où les démons à combattre ne sont que le reflet des peurs qui se projettent dans la récupération d'une mémoire douloureuse et dans un univers extérieur fantasmatique. C'est en superposition finale le rêve et la réflexion d'une femme-écrivain algérienne qui cherche une réponse littéraire à une déchirure territoriale et linguistique infligée par l'Histoire. L'objet de la quête va s'avérer l'acceptation de la totalité de sa mémoire, c'est-à-dire l'acceptation de sa double origine et son inscription définitive dans cet entre-deux méditerranéen, symbole matériel des retrouvailles.

L'objet magique adjuvant sera l'eau, cette mer berceau de la terre et du ciel. Mais le décryptage de son message passera par la peinture qui va libérer sous les doigts magiques les paraboles codées qui donneront la clé du mystère, ouvrant ainsi du même coup l'espace maritime sur des ancrages antinomiques et l'espace intérieur sur une acceptation de soi propice à une compréhension ultérieure des hommes.

La conquête de sa sérénité intérieure face à sa dualité historique s'inscrit comme la résolution harmonieuse d'une quête qui s'affirmait de

Introduction

manière larvée sans pouvoir se dire au grand jour. Le conte *N'zid* est en fait une réponse au roman précédent, *L'Interdite*[18], où l'auteur subissait ses origines algéro-françaises dans une déchirure territoriale en se sentant exclue de part et d'autre de la Méditerranée, et en se sentant également exclue sur le plan linguistique, se considérant partout comme une apatride rejetée de toutes parts. C'est en se faisant conteuse, à son propre compte, que Malika Mokeddem va enfin réunir les deux parties désarticulées d'elle-même. Et l'auteur des *Hommes qui marchent*[19] va reprendre les traces des conteuses de l'ancien temps pour réconcilier la mémoire du désert et celle de la mer, les mythologies nomade, arabe et grecque, en investissant les espaces interdits, pour sortir de l'enfance et entrer dans l'âge adulte, faisant ainsi ses premiers pas dans l'apprentissage et l'affirmation d'elle-même, en se situant comme une femme d'une double culture dans l'espace territorial élargi de tout le pourtour méditerranéen.

Mais la connaissance et l'acceptation des espaces intérieurs et extérieurs ne suffisent pas ; il faut encore faire l'apprentissage des autres, et ce pas à franchir peut maintenant intervenir puisque la réflexion sur soi a été instaurée. Cependant, la Vérité des rapports avec les autres, qui jette la femme dans des constats douloureux, n'est pas facile à affronter. Et c'est le troisième auteur choisi, Nina Bouraoui, qui nous conduira dans ce nouveau périple, celui du regard, dans *La Voyeuse interdite*. Il est à constater, qu'encore une fois, les paroles de la narratrice passeront par un point de focalisation extérieur qui lui permettra de dévoiler « l'insoutenable » et de rentrer ainsi en possession de son regard pour se faire, par ce détour, le sujet de ce qui est vu.

La voyeuse interdite, enfermée dans l'espace clos de sa chambre, va concentrer dans son regard toutes les forces vives de son inactivité obligée. Elle peuplera tout d'abord la solitude et le silence de sa geôle de ses rêves les plus fous et les plus osés, enrichissant sa réflexion d'un constat féroce sur sa situation et d'une projection idéalisée sur une autre vie possible. Mais le danger réside justement dans ces fantasmes qui fonctionnent comme un nouvel enfermement, une prison encore plus solitaire et verrouillée que n'importe quelle cellule, car le regard à l'intérieur de soi finit par s'avérer une coupure au monde, une inadéquation si complète à la réalité qu'elle confine à une apparente résignation ou, du moins, à un abandon de la lutte.

---

[18] Mokeddem, Malika, *L'Interdite,* Editions Grasset et Fasquelle, Le Livre de Poche, 1993.
[19] Mokeddem, Malika, *Les Hommes qui marchent,* Editions Ramsey, 1991. Réédition Grasset, Paris, 1997

Introduction

Le premier acte de résistance de la « voyeuse » consistera donc à conserver ce regard vers l'extérieur, choisissant de ne pas se couper du monde qui l'entoure en le fuyant. L'étape la plus douloureuse sera justement d'accepter qu'il existe et d'accepter, du même coup, les souffrances qu'il va étaler sous ses yeux. La femme à sa fenêtre est à la reconquête de son identité. Elle éprouve en premier lieu le besoin de s'assimiler « au troupeau de ses congénères » qui subissent le même sort qu'elle ; c'est un moyen de rétablir une identité communautaire en englobant les Autres dans sa revendication. Le premier mouvement sera de s'assimiler à un groupe pour, dans un deuxième temps, comme l'écrit Anouar Abdel-Malek, affirmer « sa subjectivité propre, déchirée à la mesure de l'humiliation de tous. Le point de départ [...] apparaîtra comme la négation de "l'autre" ; ressentiment, refus, colère, seront parmi d'autres les modalités de ce premier palier »[20]. La modalité de la reconquête identitaire féminine est la même que pour « L'homme arabe de notre temps » dont parle Abdel-Malek dans son introduction à *L'Anthologie de la littérature arabe, contemporaine,* et ce qui est énoncé ici correspond tout à fait au processus de fonctionnement de *La Voyeuse interdite* de Nina Bouraoui.

Dans ce roman, c'est la négation de l'autre qui va nourrir la subjectivité de la jeune fille qui regarde. A toutes les humiliations subies va répondre la prééminence du "moi". Et le premier palier de cette prise en possession de soi sera cette ouverture du regard à l'extérieur de soi. A l'enfermement dans sa prison mentale et dans son gynécée, la femme va répondre par ce regard qui s'ouvre sur le monde. Elle sortira ainsi de son introspection, synonyme de désespoir et de refoulement, pour aller vers l'observation, synonyme de jugement, de colère et de refus. Elle se place de cette manière résolument dans un contexte social, en dépassant même le point de vue subjectif, dénonçant les abus masculins par des mots et prenant en compte le statut d'une condition féminine qu'elle remet en question et rejette. Toute cette haine dans l'explosion d'une reprise en main avant la reconstruction identitaire est salutaire car ce déversoir de ressentiments est une façon de faire place nette avant de reconsidérer les modèles, comme le ferait un adolescent dont la remise en question des parents est indispensable à la construction de sa personnalité. Cette révolte se présente comme une crise de puberté de la femme qui doit mettre à bas tout ce qui était instauré.

---

[20] Cité page 25 dans l'introduction de l'*Anthologie de la littérature arabe contemporaine, tome II, Les essais,* d'Anouar Abdel-Malek, réédition du Seuil revue et augmentée, Paris, 1965.

Introduction

Le poids de son regard et de ses critiques seront pris en compte par l'écriture agressive et imagée d'une jeune écrivaine qui, même si elle ne parle pas en son nom propre, ose tenir un langage outrancier et percutant qui la projette, malgré le retrait volontaire d'un récit à la 3ème personne, dans un combat où la haine et la polémique affleurent de manière transparente. Et la parole de Nina Bouraoui, derrière un écran romanesque qui ne trompe personne, trouvera les mots lapidaires et décisifs qui inscrivent la femme dans le dernier espace qui lui restait à conquérir pour investir le contexte social, s'affranchir définitivement et enfin exister par elle-même, passant des balbutiements de la naissance et de la quête à la prise en commande de sa vie de femme.

*
* *

Après l'analyse de ces trois œuvres et les conclusions que nous en tirons sur leur progression en trilogie, on peut s'étonner de cette imbrication du langage dans une organisation aussi parfaite. La démarche inévitable qui suivra sera alors d'interroger le fonctionnement de la langue elle-même car les trois auteures de notre corpus posent, à leur insu, une interrogation sur les fondements même de l'écriture et ouvrent une perspective qui les dépasse et les englobe tout à la fois. Sans jamais oublier notre but initial, celui d'une construction féminine en action, cette recherche va dépasser nos trois auteures et s'ouvrir sur d'autres écrits de la littérature algérienne, maghrébine, et même française, pour questionner les "dessous" de cette fabrication, en interrogeant tous les registres pour essayer de comprendre cette alchimie du verbe qui s'offre avec une telle perfection, nous permettant même parfois de remonter le cours des siècles pour y trouver des concomitances, des arguments et des réponses.

Nous ne quitterons pas le sujet qui ciblait une production littéraire féminine, malgré quelques écarts quand la démonstration le demande, considérant que, de toute façon, la création est universelle et ne peut pas être confinée dans les frontières d'un sexe déterminé. Nous avons cependant privilégié cette production littéraire féminine romanesque francophone qui est le sujet de notre travail, ainsi qu'elle est définie dans le titre, de même que son évolution souterraine, telle que nous l'avons cernée dans les trois premières parties. La difficulté a, bien sûr, été de retrouver dans cette errance de la quête, un fil directeur pour déterminer le processus de création ainsi que ses stratégies souterraines d'organisation. C'est de l'écriture elle-même que va surgir la démarche analytique car les mots, loin d'être des objets inertes, nous dévoilent un fonctionnement sous-jacent et vivant :

> Les mots qui vont surgir savent de nous ce que nous ignorons d'eux. Un moment nous serons l'équipage de cette flotte composée d'unités rétives, et le temps d'un grain, son amiral. Puis le large la reprendra, nous laissant à nos torrents limoneux et à nos barbelés givrés.[21]

Nous étudierons, à travers le stratagème secret des jeux du langage, derrière le prisme de la psychanalyse, comment cette écriture féminine s'inscrit dans un futur, réintégrant, du même coup, la femme dans la reconquête d'elle-même, la réinstallant dans une attitude de contestation et de remise en question du monde et la rétablissant dans une affirmation de sa féminité et de sa personne. L'aventure scripturaire sera le révélateur d'une construction en marche et d'une montée en puissance de la parole féminine. Elle dévoilera, par-delà les écritures fictionnelles et autobiographiques, l'accomplissement d'un cheminement de la conscience littéraire créatrice, instaurant la femme écrivain algérienne francophone dans un nouveau statut personnel et social, celui de "la femme au livre".

---

[21] René Char, « Sept saisis par l'hiver », dans *Chants de la Balandrane*, Gallimard, 1977, p. 16.

PREMIÈRE PARTIE

Le retour des langues perdues

dans *Vaste est la prison* et *L'Amour, la fantasia*

d'Assia Djebar

Pour son premier roman, *La Soif*, paru en 1957, Fatima-Zohra Imalayène choisira, en pseudonyme, le nom d'Assia Djebar, riche en connotations symboliques.

Ce pseudonyme s'affirme dans un premier temps par sa féminité car le prénom présente une finale « IA » à consonance féminine traditionnelle. Assia Djebar veut donc s'imposer comme un écrivain femme, face au monde littéraire des hommes. De plus, en abandonnant ainsi ses prénom et nom et en utilisant une autre dénomination, elle se cache derrière un paravent et occulte ce qu'elle est véritablement dans sa vie privée. Elle précise d'ailleurs dans *le Monde* du 29/05/87 : « Le pseudonyme, c'était un voile. Je brouillais les pistes ». Ce déni ou ce camouflage d'identité pourrait donner lieu à l'interprétation suivante : la peur d'affronter la réalité et de se présenter pour ce qu'elle est.

Le choix de ce pseudonyme est émouvant car il semble contenir en lui-même une unité et une vérité qui seront contredites par la langue même de l'écriture de tous ses écrits, qui sera le français. Assia Djebar veut s'affirmer dans sa révolte contre les colonisateurs, mais elle va justement utiliser le langage qu'ils lui ont imposé. Cette contradiction entre le choix de son pseudonyme et le choix du français comme langue d'écriture révèle cependant une fêlure et un état de rupture propre à la littérature algérienne de langue française, même après l'Indépendance, en 1962, qui rétablira l'Algérie dans ses droits politiques.

La langue maternelle, l'arabe, étant rejetée dans l'oubli, cette dépossession culturelle a été vécue comme un viol portant atteinte à l'image identitaire, nationale et personnelle. Les auteurs algériens vont tous partir à la quête de cette identité perdue, de manière collective parfois, ou solitaire souvent comme Assia Djebar, en passant par des étapes successives, pour recouvrer leur unité perdue.

CHAPITRE I
LA LANGUE DES AUTRES

1. L'envahissement par les mots ou la langue du père

La colonisation française s'installe dans une violence guerrière et culturelle. Assia Djebar fera revivre cette époque dans *L'Amour, la fantasia*, où le saccage d'Alger, évoqué comme un viol, se conjugue avec l'invasion linguistique vécue comme un rapt car, après la prise d'Alger, « une fièvre scripturaire a saisi les officiers supérieurs ». C'est ainsi que l'envahissement par les mots va occulter non seulement la langue arabe, mais l'histoire elle-même, en installant la colonisation dans un système pervers, infamant, hypocrite et efficace qu'Assia Djebar dénonce, par roman interposé :

> Leurs machines de liquidation et d'exécution sont déjà mises en place. Le mot lui-même, ornement pour les officiers qui le brandissent comme ils porteraient un œillet à la boutonnière, le mot deviendra l'arme par excellence. Des cohortes d'interprètes, géographes, ethnographes, linguistes, botanistes, docteurs divers et écrivains de profession s'abattront sur la nouvelle proie. Toute une pyramide d'écrits amoncelés en apophyse superfétatoire occultera la violence initiale. (p.56)

L'Histoire elle-même en sera falsifiée car les événements sont détournés de leur véritable signification.

Pour souligner ce mécanisme dévastateur, Assia Djebar choisira des titres représentatifs de cette démarche :
- L'intitulé du 1er chapitre, « La prise de la ville ou *L'Amour s'écrit* », fait allusion à cette prise de possession de la ville-femme, à cette histoire d'amour entre la France et l'Algérie.
- Mais le chapitre de conclusion s'intitulera « *Biffure* », ce qui exprime le raturage de l'écriture et l'effacement. On en arrive alors à une contradiction et au non-sens suivant : c'est que l'écriture de cet amour contient en elle-même sa négation.
- La biffure linguistique est consommée dans le chapitre : « *Mon père écrit à ma mère* ». Pourtant, il est étonnant de constater que la langue de cette

écriture n'est pas nommée. C'est la mère, elle-même, qui dévoilera, de manière détournée, aux femmes de sa tribu, avec une touche de vanité :

> Je vous rappelle que j'ai appris à lire en français maintenant. (p.49)

C'est le père qui se fera le relais des envahisseurs, en se posant comme transmetteur de cette culture d'importation, dans l'école, car « il est instituteur à l'école française », ce qui est affirmé dans les cinq premières lignes du roman, et, en se révélant l'initiateur de sa femme, il laisse ainsi pénétrer le langage étranger jusque dans l'intimité de sa famille.

En fait, ce sont les mots français qui envahissent le paysage et qui repoussent symboliquement la langue arabe derrière le miroir, comme un double inversé, qui va s'estomper et devenir difficile à décrypter :

> Des lettres de mots français se profilent, allongées ou élargies dans leur étrangeté, contre les parois des cavernes, dans l'aura des flammes d'incendies successifs, tatouant les visages disparus de diaprures rougeoyantes...
> Et l'inscription du texte étranger se renverse dans le miroir de la souffrance, me proposant son double évanescent en lettres arabes, de droite à gauche redévidées ; elles se délavent ensuite en dessins d'un Hoggar préhistorique ... (p.58)

Le miroir fait référence à la dualité de l'écrivain arabe qui se trouve projeté dans un univers linguistique étranger qu'il n'arrive pas à décoder au début car le miroir renvoie l'image d'une écriture hiéroglyphique et, quand il intégrera le français, il franchira le miroir et rendra illisible la première écriture. C'est une allégorie du déchirement ; l'arabe perd son identité, en devenant le reflet inversé. Le miroir symbolise le double et le pareil, mais aussi l'altération ainsi que l'image d'une représentation qui oublie ses origines car le reflet, en inversant les signes, va les rendre indéchiffrables et les inscrire dans un sentiment de travestissement, de dépossession et de perte irrémédiable, faisant oublier le modèle, en ne conservant pour finir que la nostalgie de tous ces mots perdus. Par cette agression linguistique, la colonisation a accompli son œuvre et l'on en arrive à l'absurdité suivante : Assia Djebar utilise les mots de l'envahisseur pour dénoncer l'inscription de ce texte comme étranger.

La biffure de la langue arabe s'est achevée ... rien qu'en tournant la page. La brutalité de cette symbolique est accentuée par l'image d'un Hoggar préhistorique, ce qui gomme d'un seul coup plusieurs siècles d'histoire. Assia Djebar évoque cette mémoire du passé qui disparaît avec « les images érodées, délitées », « les visages disparus », « les lettres qui se délavent », « les images du noir ». De ligne en ligne, la filiation devient de plus en plus floue et l'on peut lire un peu plus loin :

> Pour lire cet écrit, il me faut renverser mon corps, plonger ma face dans l'ombre, scruter la voûte de rocailles ou de craie, laisser les chuchotements immémoriaux remonter, géologie sanguinolente. Quel magma de sons pourrit là, quelle odeur de putréfaction s'en échappe ? [...] Hors du puits des siècles d'hier, comment affronter les sons du passé ?...Quel amour se cherche, quel avenir s'esquisse malgré l'appel des morts, et mon corps tintinnabule du long éboulement des générations-aïeules. (p.58)

Les voix du passé deviennent des chuchotements, puis un magma de sons qui s'avèrent indéchiffrables, et la rupture avec les générations anciennes est consommée dans le plus grand désarroi. Tous les repères sont alors perdus, gommant jusqu'à la perception du monde qui devient illisible et étranger, s'inscrivant dans une perdition sensorielle complète. Le toucher, l'odorat, l'ouïe et la vue sont perturbés : elle « tâtonne », son odorat est « troublé », ses oreilles sont « ouvertes en huîtres » et elle « fai(t) face aux images du noir ». Elle se sent totalement « dépouillée ».

La disparition de la langue arabe conduit à un véritable effacement. « La biffure » n'est pas seulement linguistique mais aussi historique et identitaire. Assia Djebar évoque ce sentiment de perte dans *L'Amour, la fantasia*, lorsqu'elle souligne la difficulté d'une écriture autobiographique qui ne s'affirme pas comme libératrice et ne s'inscrit pas vraiment dans le réel :

> L'autobiographie pratiquée dans la langue adverse se tisse comme fiction, du moins tant que l'oubli des morts charriés par l'écriture n'opère pas son anesthésie. Croyant « me parcourir », je ne fais que choisir un autre voile. Voulant, à chaque pas, parvenir à la transparence, je m'engloutis davantage dans l'anonymat des aïeules ! (p.243)

Pour Assia Djebar, cette langue de l'envahisseur, celle des « Autres », avec un grand **A**, l'enveloppe et l'emprisonne dans un carcan douloureux dont elle n'arrive pas à se dépêtrer mais qu'elle évoque avec une lucidité pleine de poésie et de délicatesse :

> La langue encore coagulée des Autres m'a enveloppée, dès l'enfance, en tunique de Nessus, don d'amour de mon père qui, chaque matin, me tenait par la main sur le chemin de l'école. Fillette arabe, dans un village du Sahel algérien. (p.243)

Le français n'est pas nommé, mais le poison linguistique s'est distillé de manière efficace car, malgré son inscription dans le monde arabe et son appartenance à la terre algérienne, Assia Djebar n'écrit pas dans la langue de ses ancêtres : la langue du père a ici totalement remplacé la langue de la mère. Mais le souvenir de cette langue perdue remontera dans l'imaginaire collectif et envahira toute la littérature.

2. La reconnaissance d'un rapt ou le constat d'un exil linguistique

La conquête coloniale du langage a été vécue comme un déracinement et une souffrance. Elle a symbolisé une rupture et une séparation brutale de tous les milieux d'origine. De nombreux auteurs ont ainsi ressenti cette nostalgie qui est devenu un thème très récurrent de la littérature algérienne :
- Jean Amrouche écrivait déjà dans *Les chants de l'Exil* :

> Eboulez-vous, montagnes
> Qui des miens m'avez séparé.
> . . .
> Mère, ô mère bien aimée,
> Ah ! L'exil est un calvaire.[22]

- Et la mère d'Amrouche, Fadhma Aït Mansour, écrit également qu'elle est « restée toujours l'éternelle exilée, celle qui jamais ne s'est sentie chez elle nulle part »[23].
- Malek Haddad s'exclame de manière encore plus explicite que « la langue française est [son] exil ».

Dans le premier chapitre de *Vaste est la prison*, Assia Djebar ressent également « cette écorchure dans l'oreille et dans le cœur », comme elle

---
[22] Extrait des *Chants berbères de Kabylie,* parus à Tunis en 1939.
[23] *Histoire de ma vie,* Editions Maspéro, Paris, 1968.

l'appelle, et elle exprime alors ce sentiment de bannissement qui la saisit à l'improviste et qui la vrille comme une douleur :

> [...] parce qu'une langue soudain en moi cognait l'autre, parce que la voix d'une femme, qui aurait pu être ma tante maternelle, venait secouer l'arbre de mon espérance obscure, ma quête muette de lumière et d'ombre basculait, exilée du rivage nourricier, orpheline. (p.14)

L'épisode du 4e mouvement, intitulé « *De la narratrice dans la nuit française* », est également significatif à ce sujet. L'ostracisme de la langue y est vécu comme un éloignement et une rupture par la petite Isma de trois ans, lorsqu'elle se réveille un matin et que le lit parental est occupé par une institutrice française avec son fils à cause des bombardements :

> - Où étais-je ? Je ne bougeais pas. Mon cœur battait. Où se cachaient mes parents ?
> - Ils ne dormaient pas près de moi, je le vérifiai peu après : la fenêtre s'éclaira. Une main de femme, pas celle de ma mère, une main blanche et grasse, sortit des draps, alluma l'abat-jour, une autre voix que celle de ma mère chuchota.
> Chuchota quoi ? Une interrogation. Je ne dus pas la comprendre. Mais je reconnus la langue française : je me réveillais bien chez des étrangers !
> J'ouvre les yeux, dans la lumière de la lampe et dans celle, grise, de l'aube. Je regarde : dans le lit parental dort notre plus proche voisine, une institutrice veuve ou divorcée, je ne sais... Surtout, à ses côtés, est étendu – dans « notre » lit, je le pensais comme s'il s'agissait d'une effraction définitive, nocturne et irréparable – le fils de l'institutrice, un garçon de dix à douze ans, Maurice [...] (p.261)

C'est la langue française qui va créer cette impression de se retrouver « ailleurs », « chez des étrangers », avec la conscience « d'une transmutation », d'« un bouleversement », car la langue française représente « l'autre monde ». La petite fille ne sait plus où se situer. Elle est incapable d'analyser les raisons d'un tel désarroi lorsqu'elle avoue : « Quel était mon sentiment, d'où venait mon trouble ? ». Elle ressent une fêlure, une cassure qu'elle n'arrive pas à définir et ne trouve aucune réponse à ses questionnements immédiats : « [elle se] sentai(t) à la frontière, mais laquelle ? ». Il y a une perte de tous les repères par rapport à elle-même, aux personnes et aux lieux :

Est-ce que soudain je n'allais pas devenir autre ? Est-ce que, dans le lent glissement de cette nuit surprenante, je n'allais pas rester ainsi : à la fois dans la chambre de mes parents (peut-être même avaient-ils choisi, eux, d'autres rôles, chez les autres, dans un autre appartement français ?) et me retrouvant dans le camp d'en face ? (p.263)

Les réflexes identitaires, collectifs et spatiaux sont brouillés, remettant en question l'essence même de son existence.

Ce sentiment de perte irréparable se retrouve chez Kateb Yacine dans *Le polygone étoilé*[24] où l'expression dans la langue des oppresseurs s'affirme comme une déchirure et une absence à soi-même : « Jamais je n'ai cessé de ressentir au fond de moi cette seconde rupture du lien ombilical, cet exil intérieur qui ne rapprochait plus l'écolier de sa mère que pour les arracher, chaque fois un peu plus, au murmure du sang, aux frémissements réprobateurs d'une langue bannie, secrètement, d'un même accord aussitôt brisé que conclu... Ainsi avais-je perdu tout à la fois ma mère et son langage, les seuls inaliénables – et pourtant aliénés ! »

Cet exil intérieur est la prise de conscience d'une inadéquation au monde des conquérants et la révélation d'une vacuité.

3. L'absence à soi ou la perte d'identité

Dans ces conditions d'oppression politique, économique et culturelle, le peuple algérien se sent spolié de son propre passé et de sa langue. L'expression de ce malaise se retrouve dans la littérature, même après l'Indépendance. Antoine Raybaud, dans un article intitulé, *Roman algérien et quête d'identité*, constate que de nombreux personnages du roman algérien expriment ce nouveau désarroi, à la recherche d'une appartenance et d'une insertion : « Errants, en fuite, exilés, délirants – ces figures du roman souligneront cette situation vécue de déracinement, d'incertitude ou de quête liée à la dépossession d'une identité. [...] Identité est ici à comprendre selon deux dimensions : l'une, qui est la fidélité d'un devenir à une origine ; l'autre, plus complexe, impliquant une appartenance à un lieu et un cadre, la possession d'un nom, le pouvoir de parler et de

---

[24] Kateb, Yacine, *Le Polygone étoilé*, Paris, Editions du Seuil, 1966.

nommer »[25]. Antoine Raybaud fait référence ici au problème du retour à l'enfance et aux origines, à l'inadéquation de l'enfance aux lieux, et des lieux à l'histoire.

Ce sentiment d'absence à soi va conduire à un constat terrible : « J'ai une langue, mais elle ne m'appartient pas ». C'est le constat d'une dualité et le refus d'une assimilation à la langue du colonisateur : Assia Djebar parle du français comme « langue marâtre », et Kateb Yacine de « gueule du loup ». Le français, langue anthropophage, va faire naître un sentiment de dépossession et le prix de cette prise de conscience est énorme à payer : c'est la perte d'identité. Assia Djebar, dans *L'Amour, la fantasia,* soulèvera le problème de ce vide linguistique où s'affirmera le décalage entre le signifié et le signifiant et où le vocabulaire devient absence :

> J'écris et je parle français au-dehors : mes mots ne se chargent pas de réalité charnelle. J'apprends des noms d'oiseaux que je n'ai jamais vus, des noms d'arbres que je mettrai dix ans ou davantage à identifier ensuite, des glossaires de fleurs et de plantes que je ne humerai jamais avant de voyager au nord de la Méditerranée. En ce sens tout vocabulaire me devient absence, exotisme sans mystère, avec comme une mortification de l'œil qu'il ne sied pas d'avouer... Les scènes des livres d'enfant, leurs situations me sont purs scénarios ; dans la famille française, la mère vient chercher sa fille ou son fils à l'école ; dans la rue française, les parents marchent tout naturellement côte à côte... Ainsi le monde de l'école est expurgé du quotidien de ma ville natale comme de celui de ma famille. A ce dernier est dénié tout rôle référentiel. (p.208)

La culture ne participe plus à la vie et se vide de tout contenu. Cette acculture est déstabilisante et destructrice. De nombreux auteurs, avant Assia Djebar, éprouveront ce même désarroi.

Jean Amrouche exprime son désespoir lorsqu'il se sent condamné à vivre dans un déchirement perpétuel :

> Qui suis-je ? Qui est en moi et par moi ? ... On peut vivre ayant faim et soif ... mais nous, nous sommes à la recherche de notre nom.

Mammeri en 1955, dans *Le Sommeil du juste*[26], fait dire à Arezki :

---

[25] Extrait d'un article de la Revue « Europe », de juillet 1976, intitulé, *Roman algérien et quête d'identité : L'écriture délire de Kateb Yacine et Nabile Farès* par Raybaud, Antoine, p. 54.

Le retour des langues perdues

> Longtemps pour tout le monde je resterai l'étranger, il fallait chaque jour m'arracher un peu de ce qui avait été moi ; je ne croyais pas que ce dût être si douloureux.

Jean-Jacques Gonzales, quant à lui, replace ce questionnement dans un domaine politique, lorsqu'il écrit en 1998 : « Comme si avant la conquête de l'Algérie, l'Algérie n'était rien, comme si elle était née à la venue des Français et que la confrontation aurait commencé seulement lors de la "mission civilisatrice" de la France au Maghreb »[27].

Ce vide laissé par le rapt du colonialisme, cette négation de tout un contexte sociologique, philosophique et historique, va provoquer une quête éperdue et va pousser le peuple algérien et ses penseurs à la recherche d'un principe fédérateur.

---

[26] Mammeri, Mouloud, *Le Sommeil du Juste*, Paris, Plon, 1955 ; 2ème édition, Paris, Union Générale d'Editions-SNED, Col. 10/18, 1978.
[27] Extrait de l'avant-propos de Jean-Jacques Gonzales dans, *2000 ans d'Algérie,* tome I, Carnets Séguier, Paris, 1998, p. 10.

CHAPITRE II
LA LANGUE DU PROPHÈTE

1. L'arabe coranique

L'arabe coranique, langue de l'Islam et de l'Histoire, va s'imposer comme langue de la résistance au français, apport culturel obligatoire de la colonisation, et va proposer une filiation fédératrice, religieuse, littéraire et philosophique.

Assia Djebar, dans *Ces voix qui m'assiègent*[28], l'appelle « la langue du livre et des prières cinq fois par jour, celle du Prophète dans sa caverne écoutant, et voyant, et subissant Gabriel, la langue arabe donc, qui pour moi, enfant, se donnant des airs de précieuse, affichait, pour nous autrefois, ses manière hautaines ». Il en est de même dans *L'Amour, la fantasia*, où elle l'appelle : « l'arabe pour nos soupirs vers Dieu étouffés ».

L'arabe est, à l'origine, la langue du sacré. Le livre de son « ensourcement », comme l'écrit Beïda Chikhi, est le « CORAN ». Les prescriptions de l'Islam sont contenues dans ce texte, transcription en arabe de la parole divine. Cette langue était essentiellement écrite et s'enseignait dans les écoles coraniques où l'on apprenait la totalité ou des extraits du Coran. Dans *L'Amour, la fantasia*, par exemple, la mère organisait une fête quand sa fille avait appris par cœur une sourate.

Le Coran reste souvent le livre dans lequel on apprend à lire et cette acquisition des connaissances doit se faire dans l'arabe ancien des origines. Des écoles d'un niveau supérieur, les medersas, enseignaient des commentaires du Coran et des éléments de grammaire et de droit. Et, à un niveau plus élevé, des « universités » formaient des savants, des oulamas, qui, par l'accès à des disciplines complémentaires (éloquence, sciences religieuses, histoire), devenaient, individuellement ou collectivement, des autorités reconnues pour interpréter la religion et le droit, en délivrant des fatwas. Le Coran se fait donc la voie incontournable d'une pratique de la

---

[28] La parution de cet ouvrage date de 1999. Ces textes ont été écrits pour des conférences, entre 1982 et 1998, et témoignent du parcours de la romancière. Ses analyses et ses réflexions, sur la langue et la religion, prennent en compte la montée de l'intégrisme et sont un constat virulent et lucide sur la place de la femme dans la famille, dans la société et dans l'écriture.

langue et de la pensée. Et cela va conforter à travers les siècles cette idée d'une identité culturelle intimement liée à la religion islamique et à la langue arabe.

La langue arabe et l'Islam vont s'imposer comme le latin et le Christianisme[29], car l'arabe classique comme le latin est une langue écrite et le restera. Et, comme le latin dans le monde chrétien, il finira par perdre la notion d'oralité car il n'évoluera pas avec la langue du peuple et se cantonnera à une production littéraire codifiée et rigide qui restera la langue du Coran et la langue d'apprentissage des textes sacrés. Cette civilisation religieuse ainsi que l'arabe classique se pérenniseront dans un cercle qui ne pourra que renvoyer à lui-même car le Coran est le prétexte et le but à la fois, l'acquisition des connaissances passant par la connaissance du livre, et vice-versa. Le sentiment d'appartenance à l'Islam étant prépondérant, c'est lui qui jouera le rôle fondamental dans l'élaboration d'une idéologie nationale.

2. Le rêve d'une unité islamiste ou les tentations nationalistes

L'histoire de l'Islam se conjugue avec son expansion géographique. Il suffit de considérer son évolution pour constater que son désir et son besoin de conquête s'affirment par un comportement guerrier. Mais on peut noter également que celui-ci se révèle toujours intégré dans une idéologie religieuse et mystique. Selon Fathi Triki, dans *L'esprit historien dans la civilisation arabe et islamique*, « Le militantisme révolutionnaire du Prophète Muhammad, fondé sur l'idéologie de l'engagement, sur la révélation, (sa conduite, ses actes,

---

[29] Il est intéressant de constater, qu'à des siècles d'intervalle, l'arabe classique et le latin classique ont fonctionné de la même manière, comme langue de la religion et langue écrite, se coupant au fur et à mesure de la langue du peuple. On peut rappeler à ce propos, qu'en France, les textes officiels politiques étaient écrits en latin jusqu'en 840, date des "Serments de Strasbourg", qui représentent le premier texte écrit de langue romane, c'est-à-dire d'ancien français. Les études littéraires, philosophiques et scientifiques, ainsi que celles de médecine, se sont longtemps faites en latin. On peut noter, par exemple, que les discours de distribution des prix, dans toutes les écoles, se faisaient encore en latin au début du XX° siècle. En ce qui concerne la langue de la religion, le latin était la langue des prêtres et des fidèles et l'est resté, presque jusqu'à la fin du XX° siècle. Même encore aujourd'hui les chants religieux et certaines prières se font parfois en latin. Et les traditionalistes revendiquent ce droit malgré l'évolution de la société qui fait qu'actuellement la connaissance du latin reste le fait d'une minorité d'intellectuels.

Le retour des langues perdues

ses guerres, ses dires) est perçu et vécu par les musulmans comme un exemple à suivre »[30], ce que le Coran reconnaît au verset 21 du chapitre 33 :

> Vous avez, en vérité, en le messager de Dieu, un si bel exemple pour celui qui espère en Dieu et en Jugement Dernier, et se souvient fréquemment de Dieu.

Cette exemplarité de la lutte trace le chemin à suivre : lutter, les armes à la main, pour le rétablissement de la vérité, « al-jihâd ». Le Coran appuie cette idée dans le verset 4 du chapitre 47 :

> Lorsque vous affrontez en combat les impies, portez-leur des coups mortels au point d'anéantir leurs forces.

Le Coran s'affirmera comme un élément fédérateur, autour d'une idéologie spirituelle et politique, et, par cela même, porteur d'une civilisation d'un très grand renom à travers l'Histoire. Et l'Algérie, inscrite dans cette tradition islamique séculaire, saura retrouver cet enthousiasme unitaire et religieux dans un élan de nationalisme lorsqu'elle sentira son identité menacée.

La prise d'Alger en 1830 et la conquête de l'Algérie par les Français vont provoquer ce sursaut identitaire, après une occupation et une domination de plus en plus féroces. La spoliation des identités linguistique, culturelle, historique et religieuse va provoquer des mouvements de résistance, qui mêleront la riposte armée et guerrière à une revendication de l'appartenance religieuse et linguistique. L'Emir Abdelkader en est un exemple très significatif. Il s'est illustré par des exploits guerriers et a résisté pendant 15 ans, de 1832 à 1847, à l'invasion française. Mais il s'est aussi affirmé comme un poète et un penseur, dans *Le Diwan poétique,* un recueil de poèmes.

Dans un article, intitulé *L'œuvre littéraire de l'Emir Abdelkader,* Abdelkad Benkarrat, professeur d'université à Alger, a développé les idées d'Abdelkader : « L'idée centrale de son recueil est bien l'idée religieuse. Elle est là, tantôt apparente, tantôt subtile, pour dicter tour à tour à l'homme d'action ou au mystique qu'il a été, la conduite à suivre. C'est elle qui pousse le croyant à devenir moudjahid et à défendre à la fois sa

---

[30] Cité dans *L'esprit historien dans la civilisation arabe et islamique,* Maison Tunisienne de l'Edition, Faculté des Sciences Humaines et Sociales de Tunis, 1991.

religion et son pays (l'Emir ne faisant aucune différence entre l'une et l'autre). La religion y joue un rôle moteur »[31].

L'Emir Abdelkader décrit, à ce propos, ses exploits guerriers dans un poème intitulé : « Tu as atteint ton but »[32]. Il y évoque deux batailles auxquelles il a participé, sous les ordres de son père, en 1832, contre les Français et s'affirme, ainsi, par une écriture engagée en arabe, comme un fils de la guerre et de l'Islam.

Ce sursaut de nationalisme se retrouvera, au début du XXe siècle, dans la renaissance de la littérature arabe et religieuse qui va devenir une arme dans la lutte de libération. En 1925, une presse nationale arabe forte se fait jour avec deux revues : *Ash-shib* (1925) qui veut dire « le météore » et *Al-Basair* (1936). Ces parutions favoriseront un élan de la culture arabe car ce sont deux organes de l'association des Ulamas d'Algérie. Cette association a été fondée en 1931 par Abdel-Hamid Ben Badis avec la collaboration d'un certains nombre de réformateurs et arabisants algériens : ils veulent purifier l'Islam et arabiser l'Algérie menacée par la francisation. Leur but se résume dans la devise des Ulamas écrite sur la couverture d'un livre dans lequel Cheikh El Madani[33] publie son histoire patriotique : « L'Islam est notre religion, l'Algérie notre patrie, l'arabe notre langue »[34].

---

[31] Extrait de la revue Europe, 1976, p. 9.
[32] Voici un extrait de ce poème (*opus cité* ci-dessus) :
« Mais nous sommes des guerriers. Dans tous les combats, nous avons abreuvé les lames blanches de nos sabres au sang des ennemis, et nos lances brunes ont attisé les feux de la lutte.
Rappelez-vous, Français, comme nous avons chargé à Khanq-en-Nit'âh, tels des braves défendant leur étendard.
Que de têtes, ce jour-là, mon sabre a tranchées, tandis que ma lance semait des blessures mortelles ! […]
Telles sont nos occupations habituelles. Par nos actions notre religion revivra et le rameau de la guerre sainte ressuscitera.
Qu'Allah récompense tous ces héros intrépides qui se couvrirent de gloire dans la plaine de Ghris. Nous connaissions leur valeur, ce jour-là ils ne faillirent pas.
Combien de fois, bondissant, le cœur enragé, ont-ils embrasé la mêlée !
Nous sommes les fils de la guerre sans cesse renouvelée. C'est une joie pour nous lorsqu'elle se lève, alors que nos ennemis hurlent de désespoir. […]
Au sein de mon peuple, j'ai mené la vie exemplaire d'Omar, et j'ai versé à boire les principes de la voie juste aux assoiffés et ils s'en sont abreuvés abondamment ».
[33] Tewfiq al-Madani, *Le Livre de l'Algérie,* 1932.
[34] Cette devise a franchi les frontières de L'Algérie et a fait le tour du monde. Elle reste encore actuellement un symbole nationaliste fort et prépondérant dans lequel se

Ce regain d'intérêt pour la culture arabe dans une optique patriotique se retrouve chez un personnage du roman d'Assia Djebar, *Vaste est la prison* : il s'agit du fils, Salim, qui est incarcéré comme prisonnier politique et considéré comme un agitateur parce qu'il réclame des droits politiques et s'occupe d'alphabétisation.

Le besoin de reconnaissance de sa propre culture fait partie de la réhabilitation d'un pays qui reprend ses droits linguistiques, dans un sursaut nationaliste identitaire tout à fait justifié, après une longue période de spoliation et d'oubli. C'est ainsi qu'après l'Indépendance de l'Algérie, l'arabisation sera une réponse au mépris de l'Histoire qui avait gommé la langue arabe pendant la colonisation. L'introduction de l'arabe dans l'enseignement et les services publics correspond ainsi à un devoir de restauration et à la reprise en main d'une identité. Mais le processus identitaire privilégiera le choix monolinguistique de l'arabe classique et, dans un besoin de retrouver des racines perdues et unificatrices, va interdire les langues berbères et arabes dialectales, ce qui va favoriser le courant traditionaliste et islamiste et préparer la route aux intégristes.

3. Les menaces intégristes

La langue blanche

C'est la symbolique de l'ensevelissement de la femme qu'Assia Djebar développe tout au long du roman dans *Vaste est la prison*. La page 174 est assez explicite sur ce point[35]:

> Corps femelle <u>voilé</u> entièrement d'un <u>drap blanc</u>, la face <u>masquée</u> entièrement, seul un <u>trou</u> laissé libre pour l'œil. <u>Fantôme</u> que l'interdit rend encore plus sexué, inversant l'apparence ; <u>ombre</u> qui déambule sans que, des siècles durant, nous ayons hurlé notre <u>ensevelissement</u>, sans que nous ayons arraché le <u>drap</u>, et au besoin notre peau avec. Cette image-réalité de mon enfance, de celle de ma mère et de mes tantes, de mes cousines parfois du même âge que moi, ce scandale qu'enfant j'ai vécu norme, voici qu'elle surgit au départ de cette quête : silhouette

---

reconnaissent la plupart des mouvements arabes de libération et que revendiquent les mouvances islamistes qui rêvent d'un grand Etat arabe unifié dans les préceptes de l'Islam.

[35] Nous nous sommes permis de souligner certains mots pour faire ressortir de manière plus évidente cette symbolique de l'ensevelissement.

unique de femme, rassemblant dans les pans de son <u>linge-linceul</u> les quelque cinq cents millions de ségréguées du monde.

La langue blanche est l'enfermement et le silence de la femme dans une maison-tombeau ou sous son voile. C'est le refus de sa sexualité symbolisée par la mort blanche, ce corps sans menstrues :

> Faudrait-il le dire, ô mère (pourquoi je te parle soudain comme si c'était moi, l'enfant mort, l'enfant jamais pleuré, l'enfant enterré sans que je sache retrouver sa trace ?), oui, faudrait-il te rappeler, ô mère, que lorsque j'étais âgée de douze à seize ans, autour de moi, inquiète tu as attendu mon sang, le sang de mes menstrues ?
> En vain, j'ai eu une adolescence, une nubilité blanches. Comme on dirait une mort blanche. (pp. 312-313)

La langue blanche est aussi dans l'Algérie d'aujourd'hui cette dégradation du statut de la femme avec l'approbation du nouveau Code de la Famille en 1983 et son vote à l'Assemblée Nationale en 1984. Ce code, dont la source d'inspiration est la Chari'a (en arabe classique), considère la femme comme une mineure à vie dans tous les domaines qui concernent sa vie privée et sexuelle, la privant ainsi de la libre disposition de son corps. Elle dépend, de sa naissance à sa mort, et, quel que soit son âge, d'un tuteur matrimonial qui conclut tout mariage en son nom.

Dans *Ces voix qui m'assiègent*, un chapitre s'intitule « Ecrire sans nul héritage »[36]. Assia Djebar y dénonce le Code de la Famille qui rend légale l'exclusion des femmes, en 1984, en pleine Algérie socialiste. Elle évoque ces « filles, non héritières. Ou plutôt depuis la loi islamique et pour la contourner : déshéritées. », qu'elle appelle encore « exhérédées ». La langue blanche est déjà, selon elle, celle de Fatima Ben Mohamed, la fille du Prophète, qui fut déshéritée à la mort de son père « d'un jardin de son père ; de beaucoup plus forcément », car cette dernière ne supporta pas cette dépossession et clama sa révolte, mais elle fut réduite au silence, « ... et elle en meurt ». C'est la première victime et « la première révoltée de l'Islam ».

Cette mort blanche, ce dépouillement des droits et de la parole, dans l'Islam ancien, s'inscrit dans la symbolique de toutes ces morts blanches des femmes d'aujourd'hui, héritières de ce « *non-héritage* ». Les nouvelles lois enferment à nouveau la femme dans une politique du renoncement,

---

[36] Cf. pp. 259-264.

dans un déni de son existence, en la spoliant de ses droits élémentaires à la transmission d'une filiation et en la condamnant à cette décence obligée du silence, à ce vide d'elle-même, au blanc de sa non-existence. Fatima, qui en fut brûlée la première parce qu'elle avait dit non, représente la parole assassinée. Et quatorze siècles après, Assia Djebar explicite l'histoire contemporaine par son regard sur ces faits anciens :

> L'héritage qu'elle n'a pu recevoir. Dont elle aurait dû taire la perte...
> Soudain je me le dis dans une pure fantaisie : C'est pour cela que, de l'Iran chiite en fièvre aujourd'hui soudain, ce tchador noir, couvrant les chevelures, se charge d'une telle valeur symbolique : pour que jeunes filles et vieilles dames oublient la tentation de Fatima, pour qu'elles taisent, elles, la perte de l'héritage, pour qu'elles célèbrent à leur manière leur propre dépossession ! (p.260)

La langue du sang ou le sang de l'écriture

« Le sang de l'écriture » est le titre de la quatrième partie de *Vaste est la prison*. C'est la symbolique des assassinats d'intellectuels qui entrent en résistance en utilisant la raison et la parole. Asssia Djebar évoque deux exécutions : celle d'un ami, sacrifié devant sa fille et évidé de son sang en 1993, et la mort cruelle, sous le couteau, de Yasmina, jeune professeur, correctrice dans un journal indépendant, fin juin 1994. Ce n'est pas par hasard qu'ils ont été choisis car ils représentent tous deux la liberté de la parole et, chez Yasmina, ce nouveau pouvoir de la femme qui s'accomplit dans un rôle social, éducatif et journalistique.

Les images de cette barbarie font retrouver à Assia Djebar le cri de souffrance des ancêtres, quand elle écrit dans *Vaste est la prison* :

> - Je vomis quoi, peut-être un long cri ancestral. Ma bouche ouverte expulse indéfiniment la souffrance des autres, des ensevelies avant moi, moi qui croyais apparaître à peine au premier rai de la première lumière.
> - Je ne crie pas, je suis le cri.
> - Je ne crie pas, je suis le cri tendu dans un vol vibrant et aveugle.
> (p.339)

L'épigraphe, placée en tête de ce chapitre, extraite de *La Meurtritude* de Jeanne Hyvrard[37], trace déjà le chemin qu'Assia Djebar s'est fixé :

---

[37] Jeanne Hyvrard, *La Meurtritude*, Editions de Minuit, 1977.

> « Tu dis que la souffrance ne sert à rien. Mais si.
> Elle sert à faire crier. Pour avertir de l'insensé.
> Pour avertir du désordre. Pour avertir de la fracture
> Du monde. » (p.341)

Pour un écrivain, le seul moyen de prévenir réside bien sûr dans l'écriture ! Mais un problème se posera : « Ecrire comment ? », car la violence de l'émotion ne s'avère pas libératrice de la parole et Assia Djebar, dans un premier temps, ne trouvera pas les mots pour dire l'horreur et se demandera « Comment inscrire traces avec un sang qui coule, ou qui vient juste de couler ? ». Mais elle suivra plus tard l'exemple de Jeanne Hyvrard et cette écriture de la douleur, cette langue du sang, trouvera sa réponse dans le poème, *Raïs, Bentalha...un an après*, dédié à Jean Pélégri :

> [...]
> et j écris, une tête coupée d'inconnue tout près de ma main attend
> ma caresse,
> [...]
> J'écris sur ma peau et sur mon effroi
> Dans le puits sec du tréfonds de moi
> [...]
> J'écris la langue des morts ou la mienne qu'importe
> J'écris une langue offensée
> Fusillée
> [...]
> J'écris vos voix pour ne pas étouffer
> Vos voix dans ma paume dressées
> Raîs Bentalha, j'écris l'après.

Et dans le chapitre, « Chemin d'encre, chemin de sang », Assia Djebar prend la plume pour dénoncer les atrocités et le retour de l'inquisition, en montrant du doigt « ces Algériens meurtriers, instrumentalisés par une propagande dite intégriste, au nom de l'Islam politique ... ; ces « fous de Dieu » qu'on a suffisamment drogués, manipulés, tordus et retournés pour être lancés contre...des intellectuels ». Elle préconise, un peu plus loin, la nécessité d'une « revisitation critique de l'héritage de la culture religieuse, surtout par la laïcisation de la langue qui conditionne celle des pratiques sociales... ».

Ces langues de la douleur, la langue blanche et la langue-sang, se mêlent à une réflexion sur la société et sur le droit à la vie et à la dignité.

Le retour des langues perdues

Le retour de cet arabe classique, teinté d'une religiosité exacerbée dans la vie de tous les jours pose la question essentielle de la séparation de l'Eglise et de l'Etat car le terrorisme intellectuel et sexiste n'aurait pas pu s'épanouir d'une telle façon si l'on avait gardé cette langue écrite uniquement pour les études religieuses, comme c'était le cas auparavant. Et l'arabe classique n'était pas, de toute façon, la langue parlée maternelle. Les langues universellement parlées au Maghreb étaient et sont toujours l'arabe dialectal et le berbère.

CHAPITRE III
LA LANGUE DE LA MÈRE[38]

La colonisation française en Algérie ayant occulté pendant plus d'un siècle la parole des autochtones pour imposer le français, le retour aux langues anciennes ne peut se faire dans un premier temps de manière explicite. La rupture avec les racines linguistiques semble alors totale puisque la plupart des auteurs algériens utilisent la langue des envahisseurs pour leurs productions littéraires. Cependant, ce reniement, vécu comme une blessure et comme un manque, prend des détours imprévus pour affirmer justement, de manière implicite, la résurgence des traditions linguistiques en apparence oubliées et gommées.

Par un phénomène de substitution, la création remplace la représentation et l'expression manquantes pour, selon Gaétan Picon, « faire produire au langage ce qu'il ne peut plus exprimer » car le discours ancien est devenu proscrit. C'est la manipulation de la langue dans un creuset poétique original qui fait resurgir un langage novateur qui intègre dans le carcan des mots une véritable révolution culturelle. L'écrivain maghrébin, et Assia Djebar en particulier, s'approprie la langue des conquérants, en la remodelant, en la revisitant, en repoussant jusqu'aux frontières de l'indicible toute cette imagination créatrice, porteuse de son passé et de son histoire. L'œuvre clef qui marque ce retour aux sources est incontestablement *Vaste est la prison* d'Assia Djebar, un roman-quête publié en 1995, qui affirme, comme nous l'annoncions dans notre introduction, dans une polyphonie éblouissante cette redécouverte des traces perdues jusqu'à la langue matricielle des origines.

Nous étudierons, dans un premier temps, comment le français, langue de rupture, s'inscrit dans une filiation par le jeu des métaphores et des rythmes. Puis, dans un deuxième temps, comment certains mots de l'arabe, la langue originelle, sont détournés pour devenir instrument de rupture. Et, finalement, dans ce jeu des ruptures, comment l'harmonie des origines se récupère par l'expression artistique du chant et du cinéma.

---

[38] Ce chapitre a fait l'objet d'une parution : Nahlovsky, Anne-Marie, « La langue dans tous ses états : jeux de rupture et de filiation dans *Vaste est la prison* d'Assia Djebar », in *Francophonie et diversité linguistique,* Opera Romanica 7, Actes du Colloque International, Université de Bohème du Sud, Ceské Budèjovice, République tchèque, 2005, pp. 247-260.

On pourra établir à partir de cette démarche les trois étapes nécessaires à ce périple de la reconstruction identitaire et linguistique : l'écriture-subterfuge, l'écriture-révolte et les écritures de substitution ou réécriture du passé.

1. Le substitut d'un métalangage ou l'âme scripturaire du français

Pour définir le principe essentiel de cette écriture, je citerai Beïda Chikhi, dans *Maghreb en textes - Ecriture, histoire, savoirs et symbolique* : « Jamais littérature n'aura été aussi fortement impulsée par le désir d'identité. L'étrangeté des textes maghrébins est d'abord lisible dans la quête insistante d'une antériorité lointaine, irrattrapable autrement que par une écriture de l'imaginaire, du délire et du fantasme. S'imaginer, c'est s'originer. L'imaginaire assure une fonction de suppléance des traces disparues de l'histoire et de la culture. »[39]

Dans le roman d'Assia Djebar, le français est ainsi détourné de la langue originelle et devient une arme de transgression où le "hors-texte" s'avère le dernier recours et le réceptacle de tous les non-dits de l'histoire et où la présence de l'arabe, langue interdite, est palpable derrière son absence. C'est par le truchement des images et des rythmes qu'Assia Djebar va créer une langue originale en donnant de l'épaisseur à son écriture et en laissant entendre une musicalité proche de la poésie.

Les métaphores de l'eau, de la lumière et du ciel

Dans *Vaste est la prison*, elles parcourent toutes les pages, dans un constat évident de littérature méditerranéenne :
L'élément liquide envahit l'imaginaire scripturaire, englobant à la fois le souvenir de la mer et la symbolique de la femme. Tout devient liquide avec « l'éclaboussure des rires d'enfants » et « les eaux grises de la sieste » ou « l'eau noire » du « regard en crue » qui submerge l'espace. Le silence flotte, la pénombre engloutit, l'œil devient fontaine et le pays « un cargo ayant déjà amorcé le début d'une dérive en mer inconnue ». Les voix s'éclaboussent, la mémoire devient digue et les traces se diluent. Même la

---

[39] Chikhi, Beïda, *Maghreb en Textes – Ecriture, histoire, savoirs et symboliques, Essai sur l'épreuve de modernité dans la littérature de langue française*, Editions L'Harmattan, Paris, 1996, p. 41.

Le retour des langues perdues

femme se transforme « en sirène nageant dans l'azur » et laisse éclater sa féminité lorsqu'elle écrit :

> J'ai fait égoutter ces fontaines de moi-même, alors qu'il fallait les tarir, ou au moins les endiguer. (p.116)

La lumière et le ciel participent à cette alchimie du verbe, avec la « sécheresse de l'air translucide » et « le paysage qui [étincelle], tel une aurore infinie», après les averses. Et dans ce jeu des chatoiements, la blancheur du crépuscule et les lueurs de l'aube s'opposent à la violence lumineuse de la journée quand « la strie d'une poussière dorée scintille en biais devant les volets baissés » ou quand le « patio éclatant d'une lumière presque violette [...] semble ruisseler d'une fontaine céleste ». Même les sentiments et les personnes entrent en harmonie avec le cosmos : le silence semble translucide, le bonheur illumine et, « lorsque la joie fuse, au-dessus de [la] tête, aussitôt des épées [s'entrecroisent], poussières d'étoiles filantes dans la nuit immémoriale...».

La richesse grisante des sensations de l'Orient se retrouve dans la sensualité de l'écriture car les notations sensorielles, tactiles et visuelles sous-tendent tout le texte qui fonctionne dans une vitalité et une exubérance propres à la débauche de lumière et de chaleur ainsi qu'à la violence d'une sensibilité méditerranéenne exacerbée :

> - Ainsi sentir l'éclat des aurores, le poids aveuglant des midis, le blanc des trop longs après-midi, sentir la gratuité de la liberté. Celle-ci n'est pas forcément un chemin, elle est un éther dans lequel on s'enfonce, on dort debout, on danse immobile ou à demi incliné, ou à demi penché, on se fond avec des retenues de jouissance. Lumière palpant tout le corps... (p.296)

> - Je ne vis dehors que le soleil. Je sentis même sa chaleur, sa vibration exploser presque contre moi, en pleine poitrine. (p.307)

Assia Djebar est également hantée par cet imaginaire du désert qui déploie son immensité et sa solitude, avec son sable à perte de vue, son ciel interminable et ses chemins perdus. L'image idyllique de la danse nocturne sous les palmiers près de l'oued ou le jeu de la course vers une oasis recoupe cette vision d'un paradis perdu. Même le sentiment de la solitude et du désespoir recourt à ces images enfouies dans la mémoire collective.

La thématique du silence, de la pierre et de la vastitude s'apparente au désert et se développe tout au long du texte, en continu. Et, à cette constante mélodique intérieure, se mêle et se dévoile toute une symbolique du vide et de la pérennité, propre à la nostalgie de ces grands espaces, comme une musique sous-jacente toujours présente :

> La vie continue, distante, le monde s'immobilise, frémit comme un être invisible et géant avant de se statufier : j'écarquille les yeux. Une béance de l'atmosphère se creuse autour de moi ; (p.21)

L'image du drap et du suaire fait aussi partie de cet imaginaire du voile des femmes et de la mort qui parcourt tout le roman. Les « ombres voilées » qui flottent à l'horizon et le « linceul de sable ou de soie » qui se déplie, s'érigent comme les oriflammes d'une condition féminine qui ne peut avancer que masquée. On retrouve à tous les niveaux ce jeu cruel de l'"être" et du "paraître", du "non-être" et de la mort : « C'est mon apparence, mon fantôme que vous voyez, pas moi-même, pas moi pour de vrai... Moi, je suis masquée, je suis voilée, vous ne pouvez pas me voir ! »

Tout va prendre la couleur de la dissimulation et du mensonge avec « l'emmaillotement des yeux et de l'âme ». Même l'écriture reste ligotée dans cette métaphore qui revient comme un leitmotiv de l'enfermement avec « le drap immense de [la] révolte », les « écharpes de bruits » et les « voiles de poussière ».

La chorégraphie des mots rejoint le jeu des images

Car on trouve à l'intérieur même de l'écriture d'Assia Djebar une influence de la poétique de l'arabe classique[40]. Ses phrases avancent comme une récitation lancinante et scandée, rappelant la psalmodiation des versets coraniques. Cette rythmique répétitive comporte une ligne mélodique qui va insuffler au langage une puissance évocatoire et créatrice, transformant le texte de son roman en prose poétique :

> Je veux m'effacer. Effacer mon écriture. Me bander les yeux, me bâillonner la bouche. Ou alors que le sang des autres, des nôtres, m'engloutisse toute nue ! me dilue. Me fige... (p.331)

Cette musicalité sera particulièrement perceptible lors de l'emploi de rythmes ternaires où la technique d'organisation de la phrase transmutera la prose linéaire en discours poétique. C'est le principe même des

---

[40] Cf. l'étude de Jamel Eddine Bencheikh, *Poétique arabe,* Editions Anthropos, 1975, réédition Gallimard précédée de la préface : *Essai sur un discours critique,* 1989.

Le retour des langues perdues

répétitions litaniques de la langue religieuse qui saura intensifier l'émotion des mots par une vibration incantatoire, amplifiée parfois par une reprise en leitmotivs comme à la page 61 :

| -Je dansais. / J'ai dansé. / Je danse encore depuis cet instant…/ | → rythme 3/3/9, ternaire |
| -Je dansais. / J'ai dansé. / Je danse encore depuis cette nuit. / | → rythme 3/3/9, ternaire |

Cette poétisation rythmique se retrouve à des moments paroxystiques où la douleur se fait chant, où la mélodie se transforme en mélopée, où la mélopée se transforme en hululements de sanglots, comme à la page 339 :

| - Je ne crie pas, / je suis le cri. / | → rythme 4/4, répétitif |
| - Je ne crie pas, / je suis le cri tendu / dans un vol vibrant et aveugle; / | → rythme 4/6/8, ternaire |

/--------1-------/----------2------------/------------------3-----------------/ → amplification du rythme

Assia Djebar s'inscrit dans un chant polyphonique, dans une écriture ancestrale en continuité avec le passé et en harmonie avec le présent dont elle accepte le poids de l'histoire car elle intègre dans la langue de l'usurpateur tous les fondements de la langue ancienne, en filigrane, en métaphores et en rythmes. Ce sera elle, la voleuse de mots et l'alchimiste, pour réaliser un double mouvement de déstructuration et de restructuration. L'influence de la grande lyrique arabe se retrouvera dans l'art de l'arabesque, cette écriture aux formes aériennes et répétitives, dans le langage prophétique et la nostalgie des images.

Assia Djebar saura intégrer dans son écriture le passé, le présent et la projection d'un avenir « pour tisser le quotidien avec l'enfoui », comme l'affirme Antoine Raybaud dans *Le roman algérien en quête d'identité*[41]. Le but est, selon lui, « d'atteindre au substrat profond ce quelque chose sous les ondes qui tisse une trame dans le temps […] afin de capter dans le déracinement et dans le désarrimage des mots la conscience à la fois brisée de ses appartenances et de ses confrontations ». Assia Djebar, dans *Ces voix qui m'assiègent*, revendique cette appartenance multilingue et affirme qu'« écrivain en langue française, [elle] pratique sûrement une

---

[41] Extrait d'un article de la Revue « Europe », de juillet 1976, p.54.

franco-graphie »[42]. Elle est consciente qu'elle est « portée le plus souvent par des voix non-françaises », qui la « hantent » et elle constate un peu plus loin :

> Oui, ramener les voix non-francophones – les gutturales, les ensauvagées, les insoumises – jusqu'à un texte français qui devient enfin mien.[...] Oui, faire réaffleurer les cultures traditionnelles mises au ban, maltraitées, longtemps méprisées, les inscrire, elles, dans un texte nouveau, dans une graphie qui devient mon écriture.[43]

Elle ressent même une forme de jouissance dominatrice à remodeler ainsi cette langue française et à la juguler quand elle écrit page 150 :

> Ainsi, je me vois chevaucher, avec de telles ombres, avec aussi mes voix d'invisibles, chevaucher une langue à diriger, quelquefois à flatter, comme une cavale rétive... une langue de mouvement qui s'invente tout le temps du roman à écrire...

Mais l'écriture n'est pas seulement révélatrice d'une vérité cachée. Et les mots en arabe resurgiront à l'improviste.

2. La fronde des mots anciens

La démarche consciente de l'écriture privilégie le français mais le subconscient fera remonter les mots arabes ou berbères. Il s'agit bien sûr d'arabe dialectal et de berbère de Kabylie. Le langage de la raison s'inscrira dans la logique du français mais le retour à l'arabe contiendra toujours une charge émotionnelle : c'est le langage du cœur et de la sensibilité. Il va concerner l'amour et la religion.

Le langage de l'amour proposera trois mots

- « l'e'dou » ou « l'ennemi » (p. 13),
- « l'Aimé », cité en français page 26, mais elle affirme, plus loin, page 28, penser ce dernier mot en langue arabe.
- et « le khettaf el-araïs » ou « le voleur de mariée » (p. 94).

---

[42] Djebar, Assia, *Ces voix qui m'assiègent,* Albin Michel, Paris, 1999, p.29.
[43] *Ibidem.*

Le retour des langues perdues

Ils suffiront à eux seuls pour brosser un tableau de la dialectique amoureuse car ils dévoilent de manière symbolique les fondements mêmes de la structure familiale.

- Il est significatif de constater que le premier mot est « l'e'dou » :

> Ce mot, dans sa sonorité arabe, l'e'dou, avait écorché l'atmosphère environnante. (p.13)

Ce terme est donné directement en arabe, sans explication, dans un style abrupt : il écorche l'oreille comme le cœur. La traduction ne s'avère pas nécessaire car c'est une façon habituelle d'évoquer le mari. La langue, ici, est révélatrice des non-dits car ce mot synthétise, à lui tout seul, l'histoire d'une communication amoureuse du couple, qui n'en est pas une puisque le petit mot "doux" pour parler du mari veut dire « l'ennemi ». Cela pose immédiatement en filigrane le problème des rapports maritaux. Cette dénomination suppose une atmosphère tendue, conflictuelle et pleine de suspicion entre le mari et la femme. Assia Djebar précise qu'il ne s'agit pas d'une parole de haine, mais « plutôt de la désespérance depuis longtemps gelée entre les sexes » car la cassure est inscrite entre les époux et enferme la femme dans sa solitude, dans « une pulsion dangereuse d'effacement ».

Les rapports de connivence se lisent entre les femmes et non à l'intérieur du couple. Cela fait appel à toute une culture de la communication propre aux femmes arabes qui ont l'habitude de se retrouver entre elles, en général au hammam ou au sein des maisons :

> Je le répète : les femmes parlent ainsi entre elles depuis bien longtemps...Sans qu'ils le sachent, eux ! ... (p.14)

Elles compensent leur relégation dans un éloignement et un isolement non choisi par une vie sociale féminine de chuchotements et de rumeurs.

- Le deuxième mot est « l'Aimé », avec une majuscule.

Il est l'inverse du précédent et symbolise toute la situation du désir dans laquelle se trouve la narratrice. Cette dénomination participe à la tradition de la poétique amoureuse de la littérature orientale ancienne. Le retour à l'arabe traduit deux constantes :
- celle du rêve qui rejoint la tradition de la grande lyrique arabe où l'amour-désir peut exprimer sa nostalgie,

- celle de l'inavouable quand la langue-mère sert de refuge, de paravent : elle est la marque de l'écart et du non-dit car l'objet de l'amour est toujours à la 3ème personne. La narratrice, Isma, ne dira jamais "mon aimé ". Elle ne s'adressera jamais directement à lui pour prononcer des mots d'amour et gardera le A majuscule pour tenir ses distances.

Le terme « l'Aimé » nous offre, en un seul mot, toute la symbolique d'une autre dialectique : celle du désir et de son inassouvissement « car il n'y a pas d'Iseut en Islam », écrit Assia Djebar, page 106, et l'amour, vécu comme un espoir inaccessible, devient langueur, douleur et désespoir :

> Je cherche désespérément l'amant auprès de qui, certes faire l'amour des nuits et des nuits, mais surtout, mais en fin de compte, mourir auprès de lui, avant ou après lui, le rejoindre en terre, gésir en lui éternellement ... (p.106)

- Le troisième mot est « le khettaf el-araîs », le voleur de mariée.

Cet homme représente toute l'imagerie de la tentation et de l'interdit pour les jeunes filles qui ne choisissent pas leur mari :

> - Beaucoup d'entre elles préféraient celui qui aurait toute la beauté du diable au mari désigné ! (p.94)

> - Elle se met à espérer, comme tant de fillettes jeunes épousées, l'intervention inespérée du « voleur de mariée », c'est lui qui va entrer, l'adonis, il va se glisser, invisible à toutes, il va, lui, soulever la voilette de gaze, lui frôler les lèvres, lui tendre les doigts, la faire lever, et tous les deux, soudain, deux fantômes qui flotteront, sortiront jusqu'au vestibule... (p.210)

Le voleur de mariée, même s'il est affirmé comme un fantasme, reste l'unique échappatoire et une ouverture vers le monde du rêve, pour la jeune fille confrontée à la cruauté d'une réalité qu'elle doit subir sans discuter : le destin de Fatima sera scellé par son père lorsqu'il la donne en mariage, à l'âge de quatorze ans, à un vieillard de soixante-dix ans :

> On laissa la fillette de quatorze ans être emportée pour la nuit de noces entre les bras de l'homme (la tante hésita, puis ajouta crûment :) entre les bras glacés du presque-cadavre !... (p.208)

Le retour des langues perdues

Le rituel religieux propose les formules de l'invocation d'Allah et de la répudiation

• Dans le premier cas, l'invocation d'Allah et la récitation de la fatiha, page 43, aident Isma à se prémunir contre un élan inconsidéré car elle veut conjurer son désir amoureux et résister à la tentation. Mais les mots ne participent pas à un vrai sentiment religieux, ce qu'elle reconnaît un peu plus loin lorsqu'elle parle de « recours à la magie de la religiosité » et lorsqu'elle avoue avoir « prononcé la fatiha, sans doute pour la première fois de sa vie ». C'est pour elle une manière de revenir à la langue de l'enfance, mais la symbolique religieuse s'est vidée de son contenu.

• Dans le deuxième cas, la narratrice chasse son mari et le répudie avec la formule consacrée : « Au nom de Dieu et de son prophète ! ». Elle rejoint ici la filiation des générations de femmes, en retrouvant les mots anciens pour se guérir de son humiliation. L'époux retrouve le rôle traditionnel de l'ennemi et se fait répudier dans une résolution de colère par un serment solennel qui se conclut instinctivement en langue arabe, avec les mots de la première tradition coranique. Cette récupération de l'arabe résonne comme une révolte et une libération car la répudiation se fait habituellement dans le sens inverse, quand l'homme chasse la femme, et car ces mots président aussi à l'enfermement de la femme. Ici, il y a un détournement des traditions puisque c'est la femme qui quitte le domicile conjugal et reprend sa liberté.

Le chapitre 7, « L'adieu », représente une illustration de ce rejet de l'homme par la femme, une application de la règle ancienne, « selon laquelle les femmes elles aussi répudient leurs hommes ! ». Isma, la narratrice, fera ses adieux à tous les hommes qu'elle a connus et elle quittera successivement son poète, son Julien, son deuxième mari et son Aimé. Ils seront tous répudiés, rejetés, oubliés, et ce sera seulement après ces expériences multiples qu'elle pourra enfin réagir en franchissant l'interdit du désir pour « esquisser les premiers pas de sa vacillante liberté ».

De toute façon, l'arabe ancien est considéré par Assia Djebar comme le résidu d'une langue savante momifiée qui ne fait plus pour elle partie de la culture vécue car :

> La langue arabe, enseignée et utilisée comme langue dite « nationale », a été une langue de plus en plus différente du dialectal, une langue qui prenait la pose. J'ai ressenti cet arabe, vers lequel, en tant que romancière, j'aurais bien voulu aller, comme une langue qui, en se drapant, perdait son oxygène, sa chair, son rythme profond. (p.178, dans *Ces voix qui m'assiègent*).

3. La reconquête d'une harmonie des origines

Dans ce jeu des ruptures, seule l'expression artistique du chant et de l'image pourra rétablir cette harmonie perdue.

Le chant est une constante de son écrit

Il l'est, non seulement pour ses effets rythmiques, mais aussi pour ce fond musical qui participe à la culture psalmodiante des femmes berbères et arabes[44]. La plainte hululante et les déchirantes lamentations des pleureuses de village répondent aux ombres voilées. Les vibratos du tzarlrit et les youyous de la foule, avec leurs spasmes et leurs vibrations excitées, participent aussi à cet univers communautaire féminin. Mais le souvenir de la mélopée berbère maternelle reste cependant le moment le plus fort dans *Vaste est la prison,* quand elle remplace les paroles, pour calmer la douleur et retrouver le chant des origines :

> Les paroles des noubas... Je me les remémore : où que j'aille, une voix persistante, ou de baryton tendre ou de soprano aveugle, les chante dans ma tête tandis que je déambule dans quelque cité d'Europe ou d'ailleurs. (p.172)

Pour Assia Djebar, les paroles des noubas andalouses participent à la langue orale et font partie du quotidien. Les vers de ces couplets poétiques chantés lors des veillées ont traversé les siècles et perpétuent la tradition féminine andalouse. Dans *Vaste est la prison*, c'est la mère d'Isma qui est porteuse de ce legs ancestral et « l'héritière de cette mémoire ensablée » de Cordoue et de Grenade, « de cette écriture venue de si loin, d'au-delà des siècles et des rivages, transmise de femmes à femmes ».

---

[44] Leïla Sebbar a la même sensibilité musicale en ce qui concerne la langue arabe, « langue de son père », dont elle a pourtant été séparée car elle a été élevée dans la langue de sa mère qui, elle, est française. Elle garde la nostalgie des mots chantants de son enfance qu'elle ne comprenait pas et qui sont restés pour elle « la langue nourricière des femmes universelles ». Elle évoque cette douleur de l'absence linguistique et cette récupération de son passé dans la musique des mots qu'elle a intégrée dans sa mémoire affective :
« Les mots ne sont pas les mots d'une langue à comprendre, les mots sont juste des sons qui accompagnent les gestes domestiques [...] Je m'arrête à la voix d'une langue de la parole, de l'émotion ». Extrait de « Le corps de mon père dans la langue de ma mère », in : *L'arabe comme un chant secret,* Editions Bleu Autour, Saint-Pourçain-sur-Sioule, 2007, p. 27.

Le retour des langues perdues

Lors de la mort de Chérifa, les paroles et le chant vont envahir l'espace lorsque la paysanne de la zaouia parle « la langue étrange » ou « langue de la montagne ! ». Elle va chanter la complainte berbère de *Vaste est la prison*. Et il se produit un miracle sous la plume d'Assia Djebar parce que, page 236, les paroles de ce chant nous sont transcrites en toutes lettres dans la version berbère, ancienne et traditionnelle.

> **« Seg gwasmi yebda useggwas**
> **Wer nezhi yiggwas ! »**
> ....
> **« Meqqwer lhebs iy inyan**
> **Ans'ara el ferreg felli ! »** [45]

Or le berbère est une langue orale depuis des millénaires, qui fait partie de la culture profonde, qui se transmet de bouche à oreille et ne s'écrit pas[46]. Il est aussi appelé kabyle en Algérie et représente pour Assia Djebar la langue de la mère, la langue des ancêtres, avec laquelle elle se sent en communion. Cette langue orale, transcrite et utilisée pour la première fois dans un roman, prend ici une place éminemment symbolique car le titre du roman lui-même reprend un vers de ce poème (en traduction française, bien sûr) et deux des vers ont été choisis par l'auteur pour être placés en tête du livre en épigraphe :

> «… Vaste est la prison qui m'écrase.
> D'où me viendras-tu, délivrance ? »[47]

---

[45] Nous avons choisi de transcrire ce poème en caractères gras pour appuyer son originalité car il fait partie de la tradition orale berbère.
[46] La langue berbère est vieille de 5000 ans mais c'est une langue sans tradition écrite qui a laissé peu de traces dans la littérature. (Cf. les travaux suivants concernant le sujet : Camps, Gabriel, *Berbères. Mémoires et identité,* Errances, Paris, Réédition en 1987. Bougchiche, Lamara, *Langues et littératures berbères des origines à nos jours,* Bibliographie internationale, Ibis Press / Awal, Paris, 1997. Chaker, Salem, *Base bibliothèque berbère,* in site Internet INALCO, www.inalco.fr, Rubrique "Berbères".)
En Algérie, l'enseignement du berbère a été institutionnalisé dès les années 1880 à l'École Supérieure des Lettres d'Alger qui deviendra la Faculté des Lettres d'Alger, ainsi qu'à l'École Normale Supérieure de Bouzaréah. Un brevet de langue kabyle est créé en 1885 et un diplôme de dialectes berbères en 1887. Mais, après l'Indépendance, l'enseignement du berbère, qui est perçu comme une atteinte à l'unité nationale, est supprimé. Cependant, le 29 mai 1995, un décret présidentiel institue un « Haut Commissariat à l'amazighité » (= berbérité), chargé de coordonner et d'impulser les initiatives en faveur de la langue et de la culture berbères. Et, la même année, l'enseignement du berbère est mis en place comme troisième langue. (Extrait d'un document de l'INALCO sur l'enseignement du berbère par Salem Chaker).
[47] La chanson berbère de l'exergue de *Vaste est la prison* est tirée du livre de Jean Amrouche, *Chants berbères de Kabylie*, publié en 1939, où ce dernier propose une

C'est cette chanson, répétée par Bahia, tout au fond d'elle, à la mort de sa sœur, qui va lui apporter la sérénité. Le chant, venu du fond des âges, devient libérateur.

Cette complainte ainsi que beaucoup d'autres sont la voix-mémoire de la Kabylie et ont traversé les siècles, en passant de mère en fille, nous transmettant un chant ancestral, porteur de tout un passé et de toute l'histoire des femmes[48]. Les aïeules préservent, pour Assia Djebar, le lien avec les ancêtres car ce sont les gardiennes de la mémoire. Elles représentent la permanence de l'oralité et symbolisent une filiation qui remonte à la nuit des temps. Dans *Vaste est la prison,* Isma, lors de la trahison de l'Aimé, saura retrouver en elle cette voix, celle de sa grand-mère qui, par-delà la mort, lui parle : « Elle ne s'exprime ni en français, ni en arabe, ni en berbère, une langue d'au-delà, celle des femmes évanouies avant moi et en moi. »

Cette voix, qui halète et harcèle, va oublier et dépasser toutes les langues connues, pour ne retenir que celle des femmes :

- Peut-être est-ce la fatalité, peut-être que sur cette terre, **nous les femmes...**
- Elle me parlait. Elle disait « **nous** », puisqu'elle se continuait en moi.
- Tu dis : **notre lot présent...** (p.105)

---

traduction en vers des complaintes, ou plutôt une transposition en langue française, et où il affirme dans sa préface :
« Avant que j'eusse distingué dans ces chants la voix d'un peuple d'ombres et de vivants, la voix d'une terre et d'un ciel, ils étaient pour moi le mode d'expression singulier, la langue personnelle de ma mère. »

[48] Jean Amrouche avec sa sœur Taos participeront, entre 1935 et 1938, à cette redécouverte d'un patrimoine authentique et à la renaissance de ces chants berbères qui ramènent à la mère et à « quelque chose de plus ! », comme l'écrit Assia Djebar dans *Ces voix qui m'assiègent,* page 133.
Et Taos Amrouche reprendra ces chants, pour les interpréter et même les enregistrer en langue berbère. C'est ainsi qu'elle recueillera les chants zaouaoua du pays natal de sa mère et ceux des Aït Abbès, pays de son père. Selon Assia Djebar, dans *Ces voix qui m'assiègent*, Taos comprend que « ces chants anciens sont plus que des chants, toute une mémoire déployée en ramures, en griffures et en vibrants déchirements », et elle s'affirmera comme cantatrice et archiviste pour raviver « ce passé berbère, cet ancrage et ces lamentos de l'austère liberté déchaînée puis s'essoufflant dans les révoltes » (p.135). Et toujours selon Assia Djebar, « peut-être que, dans la culture algérienne, ou même maghrébine, ... cette voix de Taos ... est la seule à nous restituer la beauté irréductible de notre passé et notre désir obsédant d'unité » (p.136). Même André Breton, lorsqu'il entendra en 1955 Taos interpréter ces chansons anciennes, écrira à ce propos :
« Ces merveilleuses monodies, par quel miracle venu du fond des âges, rien moins que le chant du phénix, consumant toutes les ardeurs et débusquant l'aurore du sein d'un buisson de larmes... »

Isma saura répondre à cette voix intérieure des aïeules. Et la reconnaissance de cette filiation et de cette communauté de pensées s'avérera, pour elle, porteuse d'enseignement et propice à la remise en question. Ce dialogue, par delà les générations, dépassera la révolte et le combat pour l'inscrire dans la dignité et l'honneur retrouvé.

Dans son discours, en octobre 2000, à l'occasion du "Prix pour la Paix" des éditeurs et libraires allemands, Assia Djebar évoque cette langue berbère :

> Je crois, en outre, que ma langue de souche, celle de tout le Maghreb, je veux dire la langue berbère, celle d'Antinéa, la reine des Touaregs où le matriarcat fut longtemps de règle, celle de Jugurtha qui a porté au plus haut l'esprit de résistance contre l'impérialisme romain, cette langue donc que je ne peux oublier, dont la scansion m'est toujours présente et que pourtant je ne parle pas, est la forme même où, malgré moi et en moi, je dis "non" : comme femme, et surtout, me semble-t-il, dans mon effort durable d'écrivain.

Le berbère représente ainsi pour elle la langue de la résistance.

L'expérience musicale se doublera du cri des images

Car Assia Djebar qui veut faire entendre la voix des femmes se trouve confrontée à la difficulté de cette transcription et déchirée par la richesse linguistique de son pays, ainsi qu'elle l'affirme dans *Vaste est la prison*, page 201 : « Moi, femme arabe, écrivant mal l'arabe classique, aimant et souffrant dans le dialecte de ma mère, sachant qu'il me faut retrouver le chant profond, étranglé dans la gorge des miens, le retrouver par l'image, par le murmure sous l'image. »

C'est ainsi qu'elle prendra conscience que, seule, une expérience nouvelle peut répondre à son attente et l'expression cinématographique d'Assia Djebar découlera de ce besoin de musique, d'images et de retour aux sources. Elle évoque cette situation à deux reprises :

- dans *Vaste est la prison* :

> Décidément, je m'avance vers l'image-son, yeux fermés, tâtonnant dans le noir, recherchant l'écho perdu des thrènes qui ont fait verser des larmes d'amour, là-bas chez moi. Je quête ce rythme dans ma tête…Seulement après, tenter de voir par le regard intérieur, voir l'essence, les structures, l'envol sous la matière. (p. 201)

- dans *Ces voix qui m'assiègent* :

> Pourtant j'avais besoin de m'exprimer dans une langue qui renvoyait à la langue de ma mère. J'ai décidé que j'allais saisir le son, saisir la langue brute [...] la voix, enregistrer la parole et la langue du vécu, en particulier du vécu féminin. (p.178)

C'est la musique andalouse qui représentera pour elle le retour aux origines, dans la double symbolique du retour à la mère avec son cahier de musique andalouse et surtout du retour à une musique-mère, exprimant l'histoire de la nostalgie des femmes.

Assia Djebar, par l'expérience cinématographique[49], va renouer avec ses racines linguistiques, et son besoin d'oralité va donner naissance en 1978 au film, *La Nouba des femmes du Mont Chenoua,* où la femme se récupère dans la mémoire des aïeules. Dans cette réalisation, les femmes dansent sur des rythmes anciens, à l'intérieur de la grotte illuminée du Mont Chenoua, tout en revendiquant le droit à la circulation au milieu même de l'espace masculin. Si Assia Djebar insiste sur l'importance de renouer avec ses racines et les femmes traditionnelles, c'est pour se réapproprier par ce retour en arrière une identité collective, dans le but de se réconcilier avec le présent et pour permettre aux femmes de se projeter dans un avenir où elles auront leur place. Elle en parle dans *Vaste est la prison,* à propos de l'expérience cinématographique du synopsis : *Femme arable VI* :

> Ce regard réflexif sur le passé pouvait susciter une dynamique pour une quête sur le présent, sur un avenir à la porte.
> Apprendre à voir, je l'ai découvert, c'est se ressouvenir certes, c'est fermer les yeux pour réécouter les chuchotements d'avant, la tendresse murmurante d'avant, c'est rechercher les ombres qu'on croit mortes... Puis dans la lumière délavée, ouvrir les yeux, interroger ardemment du

---

[49] Robert Varga évoque, à ce propos, à la page 239 de sa thèse « une rhétorique de la *dé-scription* de la position d'énonciation féminine de ses cadres » en citant Mireille Calle-Gruber : « La scène filmique est construite pour faire la place [...] à ce qui n'a pas place hors les murs : le récit des femmes qui est mémoire d'Algérie. » (p. 120 dans l'étude citée ci-dessous.)
Cf. : Varga, Robert, *En(je)(u)x. Effets de métissage et voies de déconstruction dans l'autobiographie maghrébine d'expression française,* Thèse de doctorat, Université Marc Bloch, Strasbourg, 2007.
Cf. : Calle-Gruber, Mireille, *Assia Djebar ou la résistance de l'écriture*, Maisonneuve-Larose, Paris, 2001.

regard, poser celui-ci, transparent et discret, devant l'inconnu c'est-à-dire les autres, que l'on voit enfin bouger pour de bon, vivre, souffrir, ou simplement être, être le plus quotidiennement ; oui, être. (p.298)

La prise en compte de cette oralité et des voix oubliées conduira la femme dans un cheminement intérieur et vers la prise de conscience d'elle-même. Lila en est un exemple et un symbole dans le film d'Assia Djebar quand elle revient à la terre ancestrale, écoute les voix de la guerre, les femmes du passé et de l'enfance ; et, pour finir, elle se récupère totalement dans l'apaisement de la mémoire recouvrée et de l'identité collective réapprise.

Plus tard, en 1982, Assia Djebar réalisera, dans le même esprit, un second film qu'elle intitulera *La Zerda ou les chants de l'oubli* où elle cherche à saisir, comme dans la précédente réalisation, les paroles de sa tribu pour, au bout du compte, fixer par l'image et par le son, dans « un cinéma pour la reviviscence », « la renaissance, et le frémissement d'une Algérie tatouée »[50].

La naissance d'une nouvelle expression théâtrale

Elle ne concerne pas directement Assia Djebar. Mais, après l'Indépendance et le processus d'arabisation, les traductions du théâtre en langue arabe littéraire rendaient souvent les œuvres inaccessibles à un large public, et ce décalage entre la langue savante et la langue populaire a provoqué les mêmes problèmes d'incompréhension et la même démarche réactive pour ce genre littéraire que chez Assia Djebar, c'est-à-dire un retour aux langues-mères de l'oralité, l'arabe dialectal[51] et le berbère.

Assia Djebar évoque cette bifurcation de l'arabe classique vers une langue parlée plus populaire, dans un entretien avec Lise Gauvin[52], lorsqu'elle rappelle l'expérience linguistique d'AbdelKader Alloula[53],

---

[50] *Ces voix qui m'assiègent*, p. 175.
[51] Dans la vie de tous les jours, c'est la langue la plus courante, « la langue joyeuse », comme l'appelle Leïla Sebbar dans « Si je ne parle pas la langue de mon père », in *L'arabe comme un chant secret*, œuvre citée, p. 10. Dans ses souvenirs d'enfance, elle évoque cette langue des femmes comme une nourriture : « Elles étaient bavardes [...]. Elles nous alimentaient de la langue inépuisable et des plats traditionnels... » (p. 17).
[52] Gauvin, Lise, *L'écrivain francophone à la croisée des langues. Entretiens,* Editions Karthala, Paris, 1997, p. 18.
[53] Abdelkader Alloula est un dramaturge algérien assassiné en 1994. Son théâtre est généré par la culture populaire. Dans les souks, les « diseurs » annonçaient une nouvelle, un événement... etc. Ceux qui entendaient sa voix se dirigeaient vers lui pour mieux écouter.

écrivain de théâtre et metteur en scène, « un Gogol algérien, le seul à [ses] yeux qui, depuis trente ans, avait forgé une langue, un arabe entre la langue populaire de la rue et la langue littéraire ». Sa créativité, générée par la culture populaire, engendre une reviviscence de la tradition orale :

> Cet arabe est une langue vivante – ce n'est pas un hasard que c'est une langue de théâtre et de dialogue – dans laquelle il faisait des allées et venues constantes entre la langue du « meddah », chanteur populaire des marchés et une langue de lettrés. [...] Pour nous tous, il forgeait cette langue qui tenait aussi du chant et était au carrefour de plusieurs traditions.[54]

Ce même genre de recherche linguistique a été repris après la mort d'AbdelKader Alloula avec des pièces de Kateb Yacine. La première expérience de ce type est la transposition en arabe d'une pièce de cet auteur par une jeune troupe qui monte *La Poudre d'intelligence*[55], en 1996. La deuxième pièce, de Kateb Yacine également, est créée simultanément en arabe dialectal à Alger et en français à Lyon, en 1971. C'est *L'Homme aux sandales de caoutchouc*[56].

Mais la tentative la plus intéressante est celle d'une autre pièce de Kateb Yacine : *Mohamed prends ta valise*[57], à cause de l'expérience kabyle. Cette pièce, initialement prévue comme une composition théâtrale en arabe populaire, va prendre la forme d'une création collective tout à fait originale.

Le dramaturge s'appuyait sur une jeune troupe, *Le Théâtre de la Mer*, qui était chargée de l'animation culturelle dans les centres de formation

---

D'emblée, ils formaient un cercle qui s'appelle *halqa* en arabe. Ce cercle permet ainsi de situer le diseur, qui est appelé officiellement le *goual*, au centre. Ce personnage devient le centripète de la narration. Puisant dans cette tradition, Abdelkader Alloula a écrit une trilogie : *El-Agoual (Les Dires)* en 1980, *El-Adjouad (Les Généreux)* en 1984, et *El-litham (Le Voile)* en 1989. Rassemblée sous le titre, *Les dires éclatés de 1980 à 1989*, l'omniprésence de la narration est prise en charge par le *goual*. (Résumé de l'article de Lamia Bereksi, « L'omniprésence de la narration chez Abdelkader Alloula », *Loxias*, Loxias 13, mis en ligne le 26 mai 2006, URL :
http://revel.unice.fr/loxias/document.html?id=1140)

[54] *Ibidem*.
[55] Kateb, Yacine, *La Poudre d'intelligence*, in *Le Cercle des représailles*, théâtre, Paris, Éditions du Seuil, 1959.
[56] Kateb, Yacine, *L'Homme aux sandales de caoutchouc*, théâtre, Paris, Éditions du Seuil, 1970.
[57] Kateb, Yacine, *Mohamed prends ta valise*, in *Boucherie de l'espérance : Œuvres théâtrales*, Editions du Seuil, Paris, 1999.

Le retour des langues perdues

professionnelle en Algérie et dont les éléments venaient de toutes les régions du pays. Ces jeunes ont travaillé avec Kateb Yacine sur la pièce, en discutant le texte, en l'enrichissant et en l'agrémentant de passages de liaison chantés. Le choix de ces chants populaires s'est fait dans la langue arabe dialectale et la trame en français a été également traduite en langue populaire. Kateb Yacine espérait y intégrer des passages en berbère et, finalement, deux versions linguistiques ont été tirées de cette pièce :
- Les étudiants de la cité universitaire de Ben Aknoun ont traduit la pièce en kabyle (berbère des Aurès) et ont remplacé les chansons arabes par des chansons berbères.
- Une version arabe a été créée pour être jouée à Alger dans les centres de formation professionnelle et a même été exportée en France pour être représentée devant un public de travailleurs émigrés dans les maisons de la culture de la région parisienne et des grandes villes.

C'est donc une victoire de l'oralité sur le scripturaire quand les langues maternelles parlées prennent le détour du théâtre ou du cinéma, pour réintégrer une mémoire spoliée et mêler enfin les mondes du passé et du présent, permettant ainsi de retrouver une unité linguistique perdue.[58]

---

[58] Leïla Sebbar évoque également cette quête douloureuse indispensable pour dépasser sa déchirure linguistique, rassembler les deux parties d'elle-même et se reconstruire : « Je suis poursuivie et séduite par la voix, les voix des femmes arabes qui ne se taisent pas. [...] Archéologue désespérée et confiante à la recherche des morceaux épars... », p. 28, dans *L'arabe comme un chant secret* (*opus cit.*).

CHAPITRE IV
LA LANGUE DU CORPS

1. La prison des interdits

Dans les romans d'Assia Djebar, le thème de la gisante fait partie d'une constante ainsi que l'immobilisme de la sieste et l'envahissement du blanc. La femme est évoquée comme « un blanc », comme « une vie suspendue », comme une forme de mort à soi-même. Elle se vit comme une absence d'identité et de corps. Le voile des musulmanes est constamment repris dans la thématique du suaire et du linceul, et ce jeu des métaphores va faire surgir en continu toute une imagerie de la mort qui participe en contrepoint à l'écriture du roman, *Vaste est la prison,* où la douleur de l'absence est enfermée dans les mots comme dans la femme.

Le statut des femmes, avec le nouveau Code de la Famille qui ne leur donne jamais leur émancipation, va les enfermer encore davantage dans le monde des interdits. Dans la religion musulmane, la femme doit se soumettre à la volonté de Dieu mais aussi à celle de son mari. « Islam » veut dire "soumission" et cet état de fait se retrouve dans le couple car la femme est dévolue au contentement et au plaisir de l'homme. La sourate XXX du *Livre des Romains* explicite cette fonction principale du repos du guerrier avec celle corollaire de faire des enfants :

> Parmi ses signes Dieu a créé pour vous, tiré de vous, des épouses afin que vous reposiez auprès d'elles.

Le mariage est vécu comme un enfermement et, quand Fatima épouse le vieillard, c'est l'apologie de l'amour-possession masculin, un déni de la sexualité féminine. Cela pérennise l'idée de la tradition coranique où la femme n'existe que pour le plaisir du mari, « la femme arable », comme l'appelle Assia Djebar (pour rappeler les paroles du Coran), celle que l'on ensemence comme un champ, celle que l'on espère fertile pour perpétuer la race, celle enfin que l'on possède comme une terre conquise.

Le rêve du « voleur de mariée », que nous avons déjà évoqué dans le chapitre précédent, est un rêve de liberté contre cet enfermement. La révolte impossible et le désir de sexualité feront trouver le jeu grisant. La jeune promise rêve d'un Adonis, de frôlement, de tendresse, alors que le vieil homme, son futur époux, va prier pour que lui soit donnée la puissance, afin de pouvoir « jouir des présents de Dieu ». La femme est présentée ici, sous couvert de la religion coranique, comme un objet de consommation. Le mariage sera d'ailleurs le résultat d'un troc :

- Je ne sais comment ils eurent l'idée de ce marché ... (p.207)
- En tout cas le troc eut lieu entre les deux hommes... (p.207)

Il sera impossible à la femme de s'échapper de cet univers carcéral pour chercher le plaisir ou l'amour ailleurs car l'adultère est puni de la lapidation. La femme musulmane se retrouvera donc prisonnière de son corps, de son mari et de sa maison, parfaitement consciente de ce drame mais ne sachant pas comment y échapper. Assia Djebar pose le problème, par personne interposée, dans son roman, quand la tante interroge Isma, sans trouver de réponse :

Hélas où se trouve notre droit, les analphabètes et les instruites, toutes, nous, les femmes, d'aujourd'hui comme d'hier ? (p.212)

Abdelwahab Bouhdiba précisera à ce sujet dans *La sexualité en Islam*[59] : « Le voile va faire passer la musulmane dans l'anonymat le plus total. Etre musulmane, c'est vivre incognito. Et pour être sûre, la société arabe n'a plus qu'à séquestrer la gent féminine. La maison arabe ne sera plus qu'un voile de pierre renfermant le voile de coton ou de laine. »

Cette notion d'interdits va envahir tous les espaces.

L'enfermement du regard

Pour la société berbère ou musulmane, « la culture islamique en général – se définit par un interdit sur l'œil »[60], comme l'affirme Assia Djebar. La femme n'a pas la liberté de voir ni d'être vue car la conquête du regard est un dévoilement du visage et, plus largement, du corps. Le drapé du voile doit cacher ses formes et elle doit tenir les yeux baissés. Le livre du prophète est formel sur ce point :

---

[59] Abdelwahab, Bouhdiba, *La sexualité en Islam,* 1ère édition en 1979. Réédité par P.U.F., Collection Quadrige, Paris, 2004.
[60] *Ces voix qui m'assiègent,* p. 181.

> Dis à tes épouses,
> à tes filles et aux femmes des croyants
> de se couvrir de leurs voiles...

Cet ordre donné par *la sourate des Factions* est repris dans *la sourate de la Lumière*.

L'enfermement dans l'espace

Les murs se dressent de toutes parts pour protéger et cacher le monde féminin. La femme a droit théorique d'égalité, « mais "dedans", confinée, cantonnée, incarcérée ». Même le Tombeau de la Chrétienne, ce monument d'époque numide près de Tipaza, qui rappelle le sépulcre ou la caverne, recoupe cette image de l'enfermement de la femme. Assia Djebar reprend cette thématique dans les « maisons-tombeaux » ou la « maison ensevelie » et développe le thème de la gisante, habitante de ces lieux :

> Je gis sur un étroit divan dans la bibliothèque de mon père ; [...] Et je me noie, je m'endors dans la maison-vaisseau. (p.20)

> Une heure après, je m'écroulais dans la chambre de ma fille ; seule. Sur le matelas, à même le sol. Je ne quittais plus cette place. Une journée ; peut-être deux. Je gisais. (p.104)

La vie maritale est évoquée comme un monde clos où la femme est prisonnière et où l'échappatoire est impossible car la maison reste pour elle, de manière lancinante, « la prison » de l'éternel retour. La femme se retrouve engluée « dans une nasse » et rejoint le « peuple des cloîtrées d'hier et d'aujourd'hui... ».

L'enfermement dans le corps

Le langage du corps est interdit. La femme se retrouve, statue froide, sans langage charnel, sans échange dans la sexualité. Le sport ou le mouvement lui est interdit également. Même l'écriture représentera, de manière sous-jacente, ce récit de l'absence du corps car l'arabe classique, véhiculé par le Coran, retrouve à l'intérieur même du langage ce déni de la représentation physique.

Cette notion d'interdit du corps est ressentie, dans *Vaste est la prison*, par la petite Isma, à trois ans, quand elle joue avec Maurice, le Français, dans les arbres. Elle ne veut pas grimper à côté de lui, de peur de le toucher, car elle ressent déjà cette culpabilité du corps : « Dans ce silencelà de l'enfance, l'image de la tentation puérile, du premier jardin, du premier interdit se dessine. Apparaît intense, mais paralysante ». La symbolique de la femme-tentatrice, Eve, est déjà perceptible, avec tout ce que cela implique comme condamnation implicite, solitude et absence à soi :

> Moi, je reste accrochée à la branche du bas... Bizarrement, je refuse ; je reste à ma place. Je crains le contact. Comme si parvenir à la même branche, m'accroupir à ses côtés paraissait confusément le péché suprême. Mon cœur bat. Une culpabilité à l'angoisse picotante m'habite... Je restais immobilisée sur ma branche. (p.265)

Cette incapacité de s'épancher dans une émotion amoureuse est inscrite dans l'inconscient d'une fillette, déjà marquée malgré son jeune âge par tout un contexte de civilisation castratrice, propre à gommer tous ses désirs, à l'enfermer dans l'immobilisme du corps et l'impossibilité de communiquer :

> Et le regard que je levais sur le sommet de l'arbre, sur le visage du garçon aux cheveux châtains, au sourire moqueur, était celui d'un silencieux désir informe, démuni à l'extrême car n'ayant aucune langue, même pas la plus fruste, pour s'y couler... soudain tarie, ma voix se vidait : de ses rires, de ses cris, de ses mots. (p.266)

L'enfermement dans le silence

Le dialogue avec l'homme s'avère donc inexistant et la parole se mure dans les non-dits. Isma, par exemple, qui fréquente la classe indigène de son père est une « observatrice silencieuse » dans cette classe de garçons. Elle ne déroge pas aux conventions et, comme « une sorte d'ombre voyeuse », observe le plus profond silence :

> Naturellement je ne leur ai jamais parlé, ni avant ni après. Pas le moindre mot : ce sont des garçons. Malgré mon âge si précoce, je dois ressentir l'interdit. (p.268)

Assia Djebar parle du murmure, du bruissement, des cris et des chuchotements des femmes qui sont amortis à l'intérieur des murs de la maison ou du hammam. Isma s'abandonne « au brouhaha et à cette tiédeur murmurante ». La vie s'écoule invariablement « parmi la marmaille, les criailleries, la vapeur du couscoussier, et les soupirs, mon Dieu, les soupirs ». Même les visiteuses, avec leurs « propos intarissables », s'intègrent dans cette « rumeur chaude et confuse ».

Le retour des langues perdues

Mais ces voix, dont on ne distingue pas les paroles, fonctionnent comme un bruit de fond dans la profondeur des harems et participent en sourdine à ce silence des femmes qui ne sont plus que des ombres, englouties dans une forme d'anéantissement collectif. Car « oser la parole, c'est déjà exister, devenir une personne », comme l'écrit Tahar Ben Jelloun, dans *Harrouda*[61], en 1973.

Assia Djebar s'assimile aux femmes musulmanes lorsqu'elle parle de « notre ensevelissement » et elle évoque « les quelque cinq cents millions de ségréguées du monde islamique », car tous ces interdits conduisent à une perte totale d'identité et la femme devra réapprendre la vie pour sortir de sa prison.

2. La conquête du corps

Le rêve d'un retour à l'enfance

Pour répondre à la frustration ancienne des désirs refoulés, Isma dans *Vaste est la prison* va faire remonter en elle la nostalgie des amours enfantines qu'elle n'a pas vécues, à cause « des interdits de [son] éducation musulmane », comme elle le constate page 35. Elle ressent en même temps la nostalgie du corps absent ou perdu :

> Si, avec un frère, ou avec un cousin, j'avais, autrefois, une seule fois, joué sur les chemins ou dans la forêt... (p.48)

Elle regrette ce corps momifié et rêve de ce monde perdu de l'enfance où la sexualité n'est pas encore interdite et où le corps n'est pas encore séquestré. C'est ainsi que sa passion amoureuse va prendre les apparences de cette enfance à deux qu'elle n'a pas eue :

> - Je me surprends à vivre, comme si c'était la première fois, et avec une fraîcheur inattendue mon enfance. (p.35)
>
> - Que signifiait cette houle, pourquoi, me demandais-je, ce désir fou d'enfance à revivre ou plutôt à vivre enfin et pleinement ? (p.37)

C'est le rêve d'un retour à l'enfance qui va réveiller chez Isma ce besoin de liberté et de bonheur du corps. Elle prendra alors possession de

---

[61] Ben Jelloun, Tahar, *Harrouda,* Denoël, Paris, 1973. Réédition Gallimard, 1988, p. 175.

ce corps par la griserie des mouvements retrouvés : « Je cours, je gambade, mon bras se lève haut ».

Cette révélation à elle-même est un déclic qui lui restituera de manière abrupte son corps mort, loin de l'image des femmes odalisques enfermées dans les harems, « quittant la joie quasi-funèbre de leurs corps, frôlant un désespoir entravé ». Elle réalise, par cette gestuelle revivifiante, que « l'essentiel était…ce défi de son corps englouti qui prétendait improviser le mouvement ». Même le rire participe à cette renaissance dans une manifestation physique, expressive et bruyante du bonheur :

> Encore à présent me parvient l'éclat de nos rires, de ma joie bondissante, de ma vivacité […] Mon rire s'élève […] car je gagne, je triomphe, […] Je chantonne […] Je m'esclaffe, je m'essouffle, […] je m'impatiente, je… (p.34)

Cette nouvelle liberté et perception intime de son corps lui permet de franchir deux interdits :
- le plaisir du sport qu'elle découvre lorsqu'elle joue au ping-pong (Interdit de son enfance),
- la projection de la jouissance d'un amour (Interdit de la femme).
On sent déjà dans son rêve de délire amoureux un défi aux rites et aux traditions et tout un éveil de la sensualité :

> Certes, dans la pénombre de la chambre, quelle opacité nous attendrait, des étreintes, des silences, deux corps se rapprochant, une tension de plus en plus nouée, qui se délierait, qui céderait au fléchissement du cou, aux lèvres qui se cherchent, aux morsures qui s'esquissent, peut-être aux pleurs de délivrance s'il y a jouissance, y aura-t-il jouissance… (p.34)

Le regard de l'homme

Mais, même si la femme remet en question son enfance et semble prête à assumer sa sexualité, c'est le regard de l'homme qui sera déterminant et qui va lui révéler son corps jusque-là absent. L'homme devient alors, malgré lui, pour la femme, le médiateur indispensable à sa transmutation, en se faisant successivement :
- l'intercesseur
- le libérateur de la prison
- le miroir qui lui renvoie son image.

Isma analyse parfaitement ce processus de libération et de prise de conscience d'elle-même sous ce regard :

> Mon corps, auparavant porté par le saxo, semblait avoir libéré quel influx en moi et en dehors de moi ? De quel mystère sourd et liquide avait-il été, malgré lui, l'intercesseur ? Plus prosaïquement, et pour l'anecdote, je compris que je devenais attentive à quelqu'un d'autre. Ainsi un homme m'avait regardée danser et j'avais été "vue".
> Bien plus, je me sentais avec une conscience aiguisée, heureuse (rien à voir avec l'amour-propre, ou la vanité narcissique, ou la coquetterie dérisoire) d'être vraiment "visible" pour ce jeune homme, lui, presque un adolescent au regard meurtri. Visible pour lui seul ? Pour moi donc par là même. (p.64)

C'est le regard de l'autre, de l'homme, qui fait miroir et révèle la femme à elle-même, lui prouvant ainsi qu'elle existe. Isma, au moment de l'adieu, comprend qu'elle est redevable à l'Aimé de sa liberté retrouvée :

> …moi, regardée par lui et aussitôt après, allant me contempler pour me voir par ses yeux dans le miroir, tenter de surprendre le visage qu'il venait de voir, comment il voyait, ce « moi » étranger et autre, devenant pour la première fois moi à cet instant même, précisément grâce à cette translation de la vision de l'autre. (p.116)

Cette découverte de soi correspond à toute une démarche du détour par l'autre, car l'émotion érotique privilégie la vue, une communication d'un œil à un autre.
- Je suis vue / donc j'existe.
- Je suis vue / donc je me vois.

La narratrice est enfin libérée du carcan ancien qui l'avait privée de son corps. Elle est mûre maintenant pour une histoire d'amour car, selon Jean Pierre Vernant, dans *L'individu, la mort, l'amour*, « Le flux érotique qui circule de l'amant à l'aimé pour se réfléchir en sens inverse de l'aimé vers l'amant, suit en aller et retour le chemin croisé des regards, chacun des deux partenaires servant à l'autre de miroir où, dans l'œil de son vis-à-vis c'est le reflet dédoublé de lui-même qu'il aperçoit et qu'il poursuit de son désir »[62].

---

[62] Vernant, Jean Pierre, *L'individu, la mort, l'amour. Soi-même et l'Autre en Grèce ancienne,* 1989, Editions Gallimard "Folio", 1996, p. 160.

Le réveil du corps dans la danse

C'est la vie exprimée par le mouvement, « une source soudain jaillissante ». Cette libération du corps est le refus de la séquestration de ce corps à l'intérieur de lui-même. Isma sort des frontières de l'enfermement rituel, « du théâtre de l'emmaillotement des yeux et de l'âme » qui la maintenait prisonnière. Elle sort d'elle-même : «... en dehors de moi... », et cette exaltation du corps retrouvé ne va pas seulement s'affirmer dans l'instant mais s'inscrira dans la pérennité de son être pour prendre place dans sa mémoire :

> Vous savez, répondis-je..., même quand cela ne se voit pas, je danse. Je danse tout le temps ! Je danse dans ma tête ! (p.65)

La prise de possession de l'espace extérieur par le mouvement correspond à la prise de possession de l'espace intérieur.

La symbolique de l'eau est très forte dans tout ce passage. On sait que l'eau est la métaphore de la femme. Mais il ne s'agit plus ici d'une symbolique fœtale, avec de l'eau qui dort, car Assia Djebar évoque « une source jaillissante », qui figure la vie et la violence de sa pulsion, avec une libération de « l'influx », « une fulgurance » qui coule et une « fermentation de la passion ». L'allégorie de la femme rejoint ainsi celle de la naissance.

Cette irruption brutale de la vie est symbolisée par le mouvement envahissant des bras. Ils se font « lianes », « arabesques », « calligraphie », utilisant tout l'artifice de la strate ancienne de sa vie de recluse, en y intégrant la thématique des « serpents » qui évoquent sans détour le sexe de l'homme. Et ces « bras nus » qu'elle offre aux regards représentent, en litote, le déferlement d'une sensualité exposée au grand jour, s'affirmant justement contre la tradition arabe ancestrale. On peut estimer que ce corps emprisonné vient de franchir, grâce au regard de l'homme, les murs de son enfermement.

Pour retrouver ce corps absent, ce *« grand blanc »* de sa vie d'enfant, d'adolescente et de femme, le langage perdu du corps lui sera révélé par des conquêtes successives :
- La prise de possession de l'espace extérieur, par le mouvement de la danse. Elle retrouve le bonheur de circuler.
- La prise de possession de l'espace intérieur, par la jouissance et par la projection de cette jouissance dans un avenir. C'est la prise de conscience du bonheur.

Le retour des langues perdues

- La prise de possession scripturaire, quand la narratrice analyse par des mots, sur le papier, son évolution.
- La prise de possession de la parole, car elle sait affirmer à l'Aimé, de manière détournée, l'irruption de sa sexualité :

> Je danse tout le temps, je danse dans ma tête. (p.65)

L'Aimé sera le témoin privilégié de cette sexualité retrouvée.

3. Le retour de l'unité perdue

Le retour du corps perdu est vécu dans un rapport de confrontation avec la langue coranique de l'Islam, car le franchissement de cet interdit du corps de la femme va à l'encontre des préceptes religieux.

Mais Assia Djebar, auteure-narratrice, ne va pas s'arrêter à cette notion sclérosante de l'Histoire. Consciente de cette dualité, elle va s'attacher à retrouver l'unité perdue, car elle participe au monde arabe mais refuse d'être cette femme "arable", coupée de son corps et de sa sexualité. Elle va donc chercher une réponse, non dans l'accomplissement d'un acte à caractère sexuel, mais dans l'accomplissement d'un acte à caractère intellectuel et historique.

A l'intérieur du roman *Vaste est la prison*, un des sujets d'étude de la narratrice à la bibliothèque est Averroès, qui a vécu entre 1126 et 1198. C'est un penseur, grand représentant de la philosophie musulmane, qui a eu une influence considérable sur la pensée orientale et occidentale. Il semble pouvoir être une réponse intellectuelle à la dualité, un trait d'union entre les inconciliables, entre l'Orient et l'Occident. Toute l'œuvre de cet écrivain tente de définir les rapports entre la philosophie et la révélation coranique. C'est d'une certaine manière un rationaliste qui tient à l'unité philosophique du genre humain, considérant que, si le Coran est infaillible, la philosophie doit néanmoins militer pour l'unité de la vérité – ce qui implique de recourir à l'interprétation entre raison et révélation, estimées égales comme sources de vérité, en partant de la théorie logique d'Aristote et de sa propre appréciation de la révélation divine. Dans son *Traité décisif*[63]*,* il explique comment il est possible d'être à la fois un musulman sincère et un philosophe. Il a écrit aussi un autre livre important, intitulé *Le livre du dévoilement*[64]*,* qui offre une symbolique troublante de la vérité et de la liberté et où il réhabilite la philosophie en démontrant son adéquation avec la religion car, selon lui, le philosophe dépend des textes sacrés pour assurer son salut. En tenant compte de ses idées philosophiques et religieuses et connaissant l'impact intellectuel qu'il a eu sur son époque et à travers les siècles, on peut estimer le conflit avec la langue arabe classique désamorcé. Et Assia Djebar peut retrouver dans cette remise en question de l'islamisme actuel une crédibilité qui ne la coupera pas de ses racines.

On peut constater également que tous les auteurs de la littérature arabe qu'Isma va consulter à la bibliothèque font partie de la période soufiste. C'est un courant d'idées où un vent d'émancipation souffle sur l'Orient. La pensée grecque est abondamment traduite, diffusée et commentée. Et les grands philosophes de cette époque vont se faire les protagonistes de la raison, de l'intelligence et de l'esprit critique. Averroès, parmi eux, affirme la liberté du philosophe de chercher la vérité, en admettant toutefois sa croyance dans les livres révélés. Mais tous ces grands penseurs, même s'ils s'inscrivent dans un profond mysticisme, prendront leurs distances par rapport au Coran. Abou Madyan et Averroès (qu'elle cite) ont d'ailleurs tous les deux souffert des interdits des théologiens.

Dans un récit fantasmatique, la narratrice redonne vie à ces grandes figures de la tradition arabe. Elle participe avec ces personnages mythiques à un voyage initiatique virtuel et elle apprend au contact de ces hommes le bonheur des paroles qui font oublier les déchirements de sa vie de transfuge en lui enseignant une nouvelle sérénité. Elle est en harmonie avec leur idéologie religieuse arabe mais, comme eux, en rupture avec le monde rétrograde des théologiens. Elle s'inscrit dans cette tradition philosophique du soufisme et adhère à ce nouveau mode de pensée, propre aux penseurs mystiques du XIIe siècle qui la guident et lui montrent le chemin de ronces déjà parcouru.

---

[63] Averroès, (Ibn Rushd), *Traité décisif sur l'accord de la religion et de la philosophie*. Extrait de Jean Bor, Errit Petersma et Jelle Kingsma, *Histoire universelle de la philosophie et des philosophes*, Flammarion © 1995.
[64] Averroès, (Ibn Rushd), « Dévoilement des méthodes », dans *Islam et Raison*, Paris, Garnier Flammarion, 2000.

CHAPITRE V
LA LANGUE DES PIERRES

Les romans d'Assia Djebar sont une réflexion conjointe sur le cheminement de l'homme dans la fuite du temps ainsi que sur son propre cheminement dans sa quête personnelle scripturaire. Ils vont nous dévoiler un parcours de renaissance au monde de l'Histoire et de réenracinement dans la durée, en même temps qu'un processus de reconstruction identitaire où l'écriture ouvre à l'écrivain les portes d'un avenir pour retrouver les fondements mêmes de son essence et de son existence.

1. La quête des signes ou l'inscription dans une filiation millénaire

Dans le roman *Vaste est la prison*, la deuxième partie, intitulée « L'effacement sur la pierre », retrace la quête d'un alphabet perdu. Elle s'ouvre sur la découverte d'un monument funéraire, les indices de la mort représentant pour les générations qui se suivent le seul élément concret de connaissance et de compréhension des hommes disparus et la seule trace du témoignage de leur vie. La pierre, symbole de la durée, est indestructible et l'on a écrit l'histoire des hommes à partir des nécropoles ou des vestiges de leurs villes. Mais ici, ce monument est un **cénotaphe** : un tombeau commémoratif vide. C'est une allégorie de la perte car le mausolée ne contient rien ; le passé de la pierre ne garde pas toujours les traces physiques des hommes. La symbolique est d'ailleurs double car, même si le cénotaphe n'est qu'une apparence de tombeau par sa vacuité, son but est commémoratif : il a un devoir de mémoire. Ce qu'il contient est insaisissable puisqu'absent et développe l'allégorie de la dualité humaine, avec, d'un côté la fragilité et le néant du corps qui n'est même pas poussière, et de l'autre la pérennité de la pierre et de ses marques scripturaires et picturales.

Cette mémoire concrète de la pierre nous guide vers une mémoire abstraite, celle de la pensée, qui va nous pousser à retrouver la signification des représentations sculpturales et graphiques. Mais ce questionnement ne peut trouver de réponses immédiates car les codes culturels ne sont plus les mêmes et la communication semble brisée. L'image cependant peut se donner en tant que telle car la sculpture se présente comme objet de préhension directe du regard et dévoile ici, par la représentation d'un char avec l'homme qui le conduit, une symbolique de la guerre et de la conquête. Par analogie et recoupement, on pourra comprendre qu'il s'agit d'un monument à la gloire de l'armée romaine ; puis, l'analyse architecturale et esthétique situera l'œuvre dans le contexte d'une évolution artistique et permettra des déductions assez précises sur la datation historique et le type de civilisation.

Par contre, les inscriptions sur la stèle ne sont plus transparentes au lecteur qui veut les décrypter. Elles sont vides de signification, comme le caveau est vide d'un corps. L'image peut s'emprisonner dans la pierre ou le dessin, mais on n'emprisonne pas les langues. Cette incompréhension du scripturaire pose le problème de la filiation des civilisations et des langues car ces signes sont représentatifs d'un monde disparu avec ses lettres devenues illisibles, son écriture oubliée et son sens perdu. Pour retrouver le secret de ces mots, les archéologues vont s'installer dans une quête et une errance qui les mettront sur la trace des anciens. Cette deuxième partie du livre, « L'effacement sur la pierre », retrace le cheminement de cette errance qui va s'inscrire du chapitre 1 au chapitre 5, dans une progression historique chronologique, échelonnée de 1565 à 1842, dans laquelle Asssia Djebar nous présentera une succession de personnages, acteurs symboliques de cette quête.

La recherche archéologique : les traqueurs de l'Histoire

Le premier découvreur, Thomas d'Arcos, dans « L'esclave à Tunis », se situe dans l'empire ottoman, pendant la domination des Turcs, en 1628. Il est arrivé à Tunis par hasard car des corsaires l'ont capturé sur une tartane et l'ont vendu là-bas. Malgré son âge (60 ans) et son origine provençale, il va parfaitement s'adapter à la société arabe puisqu'il rachètera sa liberté, deviendra un bourgeois de Tunis et se convertira à l'Islam en devenant Osmann, nom éminemment symbolique car c'est celui du fondateur de la dynastie ottomane. C'est un exemple d'intégration harmonieuse car il s'intéresse à ce nouveau pays et à sa civilisation. C'est dans cet état d'esprit qu'il écrit une relation sur l'Afrique et marque son admiration pour sa faune en envoyant une gazelle de Nubie à un de ses amis. Il est également très curieux d'archéologie. C'est lui qui découvrira ce fameux mausolée et remarquera « cette inscription en deux faces parallèles, non semblables ». Il comprendra aussi que les deux écritures de la stèle représentent en fait un texte bilingue et il suppose alors que l'une des deux inscriptions est punique. Plus tard, il transmettra son livre sur l'Afrique ainsi que les copies des signes mystérieux à ses amis français qui ne donneront pas suite, montrant un total désintérêt.

La deuxième histoire, « Le comte transfuge », se tient en 1815, à Tunis également. C'est la période des beys et des consuls qui voient défiler toute l'Europe dans un ballet de voyageurs, d'explorateurs, de commerçants et de diplomates. C'est aussi l'époque des expéditions maritimes – américaines en 1815, franco-hollandaises en 1816 – pour en finir avec la piraterie. C'est une forme d'ingérence dans les pays africains. Le second personnage, Camille Borgia, est un Italien napolitain qui doit fuir son pays pour des raisons politiques. Il choisit de traverser la Méditerranée pour faire de l'archéologie car il aime les antiquités. Il participera à la vie mondaine diplomatique et rejoindra Dougga pour étudier le mausolée. Il ne trouvera pas d'autres réponses pour les deux types de caractères mais sera sensible au style architectural du cénotaphe, constatant dans la facture un mélange d'inspiration hellénique et d'archaïsme oriental. Malgré sa grande culture, il ne saura pourtant pas affirmer avec exactitude l'origine du mausolée mais il en exécutera des croquis et écrira un récit de ses voyages. A sa mort, en 1817, sa femme réunira l'ensemble de ses papiers, *Les Borgiana,* mais son œuvre tombera dans l'oubli.

Le troisième personnage, Sir Granville Temple, dans « Le lord archéologue », est un Anglais passionné d'archéologie qui arrive avec toute sa famille pendant la période d'occupation française. Sa visite au mausolée ne rajoutera pas grand chose, si ce n'est le motif de deux sculptures : celle d'un quadrige avec deux guerriers et un conducteur de char ainsi que celle d'une statue de femme drapée. Et l'étude des signes l'amènera à penser que les caractères concernant la deuxième inscription sont « en vieil africain ». Il transmettra tous ses documents, dans un livre intitulé *Excursions en Méditerranée* (qui paraîtra en 1835), et retournera en France pour participer à des réunions archéologiques. Quand il reviendra en Algérie, en 1837, il sera témoin des atrocités de la prise de Constantine, puis il reprendra dans la ville occupée son travail de répertoriation des monuments antiques.

Le quatrième individu, Thomas Reade, dans « La destruction », est le consul général d'Angleterre en Tunisie, personnage politique qui ne pense qu'à son intérêt personnel lorsqu'il démantèle le mausolée à Dougga pour récupérer la stèle où s'encastre l'inscription, afin de la vendre. Pendant ce temps, en Algérie, l'occupation française va déposséder Hamdane Khodja, haut dignitaire algérien, de son pays. Ce dernier s'exile alors à Paris où il publie le premier livre de mémoire sur la guerre d'Algérie, *Le Miroir*[65], et il devient le premier essayiste de la résistance.

En fait, l'histoire de ces "chasseurs de signes" sera révélatrice de tout un état d'esprit qui traversera les siècles et qui nous dévoilera les véritables motivations de la recherche archéologique.

Le pillage archéologique : le saccage des signes

Dans ces quatre histoires, une double constante se développe dans un mouvement dialectique inversé : d'une part l'intérêt croissant des étrangers pour l'archéologie arabe, et de l'autre le mépris croissant de ces étrangers pour le peuple arabe.

La naissance d'un engouement archéologique se dessine en filigrane dans le choix de tous les personnages, pisteurs d'histoire, que nous propose successivement Assia Djebar :
- Thomas d'Arcos n'y connaît pas grand chose mais « a le goût des langues orientales, des médailles et des monnaies antiques, des objets rares, des livres anciens…».
- Camille Borgia aime les antiquités comme le souligne l'auteur :

> Camille Borgia écrira que, « étant né dans un musée », il avait pour ainsi dire « sucé la passion des antiquités avec le lait ». Il décide […] [de] devenir enfin ce qu'il croit être sa véritable vocation : un archéologue. (pp.129-130)

- Sir Granville Temple est un passionné d'archéologie, un voyageur infatigable, preneur de notes et de croquis, qui fondera en 1837, avec d'autres membres, une association archéologique à Paris.
- Thomas Reade, le consul général d'Angleterre, deviendra fou d'archéologie par rapacité :

> Celui-là même qui accueillit Lord Temple et ses amis en 1833, voit, au deuxième voyage de celui-ci, l'intérêt croître pour l'archéologie

---

[65] Hamdane Khodja, *Le Miroir. Aperçu historique et statistique sur la régence d'Alger*, introduction d'Abdelkader Djeghloul, collection Sinbad, Editions Actes Sud, Paris, 2ᵉ éd. 2003.

Le retour des langues perdues

carthaginoise. Sachant combien ses collègues de toutes nations en Egypte rivalisent dans ce lucratif commerce, il jette son dévolu sur la stèle bilingue de Dougga. (p.142)

Mais, si l'intérêt pour l'archéologie augmente, il n'en est pas de même pour la qualité des rapports humains ou politiques car le mépris pour le peuple arabe va croissant :
- Dans la première histoire, datant de 1630, Thomas d'Arcos, homme simple et généreux, s'installe à Tunis « chez les Turcs, les mécréants ». Il apprécie leur accueil, leurs idées et leur religion et il s'assimile sans problème à leur mode de vie. Il est bien accepté et se sent « adopté par tous », mais il fait, de son côté, l'effort de s'initier à d'autres parlers. Il travaille, fait du commerce. Il se convertira même à l'Islam et choisira de mourir là-bas en Afrique. C'est un exemple d'intégration réussie et de tolérance. Il va jusqu'à écrire à son ami français à propos des religions : « Le premier caractère de Salut que l'Eglise m'a donné ne s'effacera jamais de mon âme bien que l'habit soit transformé ». Ses rapports à l'archéologie sont donc motivés par une curiosité naturelle : « La curiosité des lieux glorieux l'a ramené là ». Face aux témoignages du passé dans ces pierres, ces ruines et ces inscriptions mystérieuses, il est plein d'admiration (« Il a dû s'émerveiller... »), d'émotion (« les larmes aux yeux »), d'enthousiasme (« il garde l'esprit comme brûlé par ce nouvel enthousiasme »). Et c'est cet appel de l'histoire, cet intérêt pour la découverte d'une filiation linguistique qui va provoquer son désir d'apostasie et l'apprentissage d'une nouvelle sérénité, « comme si son être, attiré par un appel obscur de l'inconnu, loin en arrière, aussi loin que l'âge de ces pierres de Dougga, retrouvait une sorte d'équilibre grâce à cette conversion ».

- Le comte transfuge, Camille Borgia, lorsqu'il arrive à Tunis en 1815, n'établira pas de vrais rapports sociaux. Il ne se mêlera qu'aux gens de son monde et continuera à vivre à l'occidental :

> Accueilli par le consul danois à Tunis, il est présenté aux ministres du bey et introduit dans le cercle diplomatique [...] il se lie avec un ingénieur hollandais, [...] familier de plusieurs dignitaires du souverain tunisien. [...] Il s'installe au seul hôtel de la capitale aménagé à l'européenne, l'«Impérial » ; (p.130)

C'est lui qui choisit cependant de traverser la Méditerranée, « pour explorer, [...] réfléchir, parmi les pierres de l'antiquité, sur la destruction des empires de ce monde... ». Pourtant, il ne s'intéresse pas vraiment à l'Afrique, mais à lui-même, car cette allusion aux empires du monde le renvoie à sa propre histoire comme ancien général de l'armée napoléonienne face à la monarchie de l'ancien régime. D'un autre côté cependant, il est attiré par les ruines romaines. Mais il ne se préoccupe que d'architecture, « le mystère de l'écriture inconnue ne le frappe pas ». Il est exclusivement sensible à l'aspect extérieur des choses, au style architectural et ne s'attache qu'à la technique et à la poésie des formes. Ses recherches archéologiques restent superficielles. Il pense néanmoins « devenir enfin ce qu'il croit être sa véritable vocation : un archéologue ». Mais, comme il ne regarde que les objets et que sa passion de l'antiquité s'arrête aux formes, son voyage en Orient s'avère être « plutôt une déambulation [...] au milieu des ruines », sans véritable contact avec les autochtones et sans communication authentique avec l'âme de l'Histoire.

- Sir Granville Temple, le lord archéologue anglais, qui débarque à Alger en 1832, ne fréquentera que des Anglais et, comme le comte Camille Borgia, ne se mêlera pas aux indigènes : il participera à des mondanités et à des bals et logera chez les consuls de Tunis et d'Alger. Passionné d'archéologie, le site de Carthage est pour lui « le but ultime ». C'est un érudit qui a de larges connaissances en histoire et une expérience consommée des ruines et des inscriptions antiques. Il possède aussi des qualités d'observation, d'analyse et de déduction. Il semble donc avoir toutes les dispositions requises pour faire un archéologue parfait. Mais, ses observations archéologiques ne s'adressent qu'aux Occidentaux : la publication de son recueil, *Excursions en Méditerranée*, se fait à Londres et ne concerne pas les Tunisiens ou les Algériens, qu'il ignore superbement comme s'ils n'étaient pas dignes d'intérêt, et qu'il ne voit même pas lorsqu'il visite les villes :

> Il découvre aussi la ville, note les prix des marchandises au marché d'Alger, le nombre d'écoles (vingt-six coraniques, trois chrétiennes et huit juives). (p.134)

Non seulement il gomme les indigènes, comme une donnée inutile dans sa prise de notes sur le quotidien, mais il ira encore beaucoup plus loin, dans son mépris pour les Arabes, lorsqu'il se fera témoin de la deuxième bataille de Constantine, assistera au massacre des populations civiles et en rapportera brièvement un épisode :

> La mort, par centaines, de gens de la ville tentant de fuir par le ravin d'el-Medjerdah - « ils descendent le précipice à l'aide de cordes » qui lâchent sous le poids, « ils sont entraînés les uns sur les autres dans leur chute ». Le lendemain, on décomptera des centaines de corps non emportés.
> A la fin de la matinée du 14 (« la nuit du 13 au 14, intervint encore le témoin, il y eut une éclipse de lune totale, entre 9 heures du soir et 2 heures du matin »), la Casbah est prise : le drapeau tricolore flotte sur la ville. (p.137)

Il raconte cet événement tragique comme un fait divers anodin, sans émotion, comme un observateur impassible, en mettant sur le même plan la mort de centaines d'hommes, l'éclipse de lune et le drapeau tricolore. Cela ne l'empêchera pas, avec son ami, de continuer tranquillement ses repérages archéologiques et de s'intéresser davantage à la statue d'une belle inconnue qu'au désastre de toutes ces morts :

> Au-dessus d'elle, en ces jours d'octobre où les deux étrangers, l'Anglais et le Danois, ne sont venus que pour le passé, la fureur et la mort en marche se déploient devant eux mais ils ne s'inquiètent que d'elle, l'inconnue au visage érodée par les siècles... (p.139)

Ils sont plus réceptifs à une émotion esthétique qu'à une émotion humanitaire et leur manque de générosité videra la recherche archéologique de son sens en la rendant stérile et inopérante car le passé nous raconte avant tout l'histoire des hommes.

- Le quatrième personnage est le Consul Général d'Angleterre lui-même, Sir Thomas Reade, qui procédera en 1842 au pillage et au saccage du monument de Dougga, par seul souci de rapacité car il veut récupérer la stèle pour la rapatrier en Angleterre et la vendre au British Museum. Cela porte à son comble le mépris que l'on peut avoir pour ce nouveau type d'envahisseurs car leur seul but est le profit. C'est d'autant plus grave qu'il s'agit d'un homme ayant des responsabilités politiques, agissant de surcroît de connivence avec un organisme d'Etat. Cela correspond à tout un état d'esprit de l'époque de la colonisation où les Occidentaux ont procédé au pillage systématique des œuvres d'art. Il s'organise alors tout un commerce très lucratif qui va dépouiller l'Orient de ses trésors archéologiques. C'est un détournement de la mémoire, un vol de nation à nation ; et Assia Djebar dénonce avec véhémence ce crime de l'histoire, en utilisant pour qualifier ces actes le champ sémantique de la guerre : « mettre à bas », « un champ de ruines », « le tronc d'une statue...sans tête, sans bras et sans jambes », « mutilé », « démolition éhontée », « mis en pièces », « barbare », « pillage ». Mais la stèle qui a disparu porte en elle une autre symbolique, beaucoup plus importante : celle du langage volé, celle de la filiation perdue car l'inscription bilingue restait à décrypter. Et le vol de la pierre devient alors le viol de l'écriture.

La découverte archéologique : la révélation des origines

Cet alphabet indécryptable trouvera son déchiffrement au milieu du XIXe siècle. Après cette agitation stérile des archéologues du passé, une coordination de savants porte ses fruits et explicite le sens des sept lignes libyques de la stèle de Dougga, en réussissant à établir la liste exacte de 23 caractères de cet alphabet perdu. Les signes de cet alphabet sont également retrouvés sur d'autres monuments anciens et sur des roches dans les déserts fréquentés par les Touaregs. Assia Djebar précise, à ce sujet, dans *Ces voix qui m'assiègent,* en parlant de cet alphabet perdu :

> Il s'agit de l'alphabet de la langue berbère, la langue première et païenne, elle toujours vivante, depuis les îles Canaries autrefois jusqu'à Siwa, en Egypte ; or cet alphabet, depuis le IIe ou le IIIe siècle de notre ère, jusqu'au XIXe siècle, a été oublié, sauf chez les Touaregs. (p.33)

Il semble que les marques d'écriture trouvées sur les roches dans les déserts attestent que « certains signes ont plusieurs siècles, que d'autres sont de facture plus récente » (p.147). Cette langue ancienne serait donc toujours vivante et elle serait parlée aussi bien qu'écrite :

> « Et si cette écriture ancienne continuait, se disent-ils enfin, à s'écrire ? » (p.147)

Pour finir, un informateur voyageant avec les cavaliers nomades apporte la preuve attendue, en communiquant une liste de signes tifinaghs qui correspondent aux inscriptions de la stèle de Dougga. Le mystère est levé : les origines sont révélées.

Ayant retrouvé cette filiation, Assia Djebar va plonger dans le passé et faire renaître dans une fresque historique les événements de Dougga. L'auteur va évoquer la ville mythique de Carthage et les grands noms de l'antiquité qui s'y rattachent, faisant revivre sous nos yeux l'inauguration du somptueux cénotaphe en 138 avant J.-C., en commémoration du dixième anniversaire de la mort du grand Massinissa, roi de toute la

Numidie, allié des Romains, qui permit de vaincre Carthage et brisa la résistance punique. L'anéantissement de Carthage par le feu a réduit en poussière et en cendre toute une civilisation, sous les yeux de Scipion Emilien et de Polybe, l'écrivain grec déporté, « le plus grand esprit de tous les temps », qui témoignera pour les siècles futurs. Et pendant que sept siècles de « munificence et de beauté » s'évanouissent en fumée, tous se souviennent de Scipion l'Africain écrasant Hannibal. Mais Scipion Emilien a un geste de clémence et sauve de l'incendie les livres de la bibliothèque pour conserver l'héritage de la pensée punique : **la mémoire restera intacte car l'écriture préserve l'Histoire de l'oubli.**

Les discours officiels d'inauguration de ce cénotaphe s'énoncent ainsi en trois langues :
- la langue berbère ou libyque, la langue des ancêtres,
- la langue punique, la langue des autres, celle des études,
- la langue latine, celle de l'avenir.

Et c'est Jugurtha, le futur prince rebelle berbère, qui sera chargé de lire les deux inscriptions de la stèle : il commencera par la langue des autres, prononçant les premiers mots en punique, puis s'appesantira sur la langue de ses ancêtres, le libyque. Il s'inscrit déjà dans une symbolique de résistance, comme ce mythe vivant de la révolte qu'il deviendra aux yeux des Berbères, « l'éternel Jugurtha » comme le définit Amrouche.

Cette dualité de la langue mère et de la langue des envahisseurs se retrouvera dans le chapitre suivant lorsque Polybe, l'écrivain grec déporté, devra faire un travail d'historiographe, dans la langue latine et non dans la langue grecque de ses aïeux, sur la destruction de Carthage ; et plus tard, comble de la douleur, sur la destruction de Corinthe, « perle de l'Afrique », sa patrie.

Assia Djebar se retrouvera devant le même déchirement lorsqu'elle se fera historiographe de son enfance et de sa douleur, dans la langue des envahisseurs, le français ; mais elle entre en résistance d'une autre manière, en remodelant son français et en y intégrant son substrat berbère. Ce besoin de continuité historique et cette affirmation d'une identité linguistique inaliénable sont une constante de l'histoire des hommes et Assia Djebar reconnaît que l'appropriation de la langue des envahisseurs par une manipulation linguistique n'est pas un processus nouveau mais qu'il existait déjà du temps des Latins, ainsi qu'elle l'écrit dans *Ces voix qui m'assiègent* :

Le retour des langues perdues

> ...la langue latine, adoptée d'abord comme un corset rude et raide, se forge, se déforme, se trahit et s'invente pour devenir langue créatrice chez nos ancêtres. (p.55)

Par cette superposition des cultures, l'écriture se nourrit « à tant de chutes concomitantes » et devient « polygame », pour reprendre le mot d'Assia Djebar, page 158, dans *Vaste est la prison*. Mais le véritable dévoilement de l'histoire passe par l'écriture « originelle » et la découverte de l'alphabet perdu va réinscrire l'homme dans sa filiation en révélant le chaînon manquant qui rétablira son identité perdue.

2. L'écriture de soi entre mythe et actualité politique[66]

Assia Djebar s'inscrit de manière personnelle dans cette quête des signes et utilise l'Histoire comme tremplin pour affirmer dans un discours polyphonique une redécouverte des traces perdues et une réinstallation à l'intérieur d'une généalogie personnelle, familiale, littéraire et historique, jusqu'à la langue matricielle et mythique des origines, pour dépasser ainsi la vision d'un présent et d'un futur sans issue et l'inscrire dans une quête d'elle-même et de son écriture.

Par un subtil jeu d'analogies, de contrastes et d'exemples fondateurs, elle met à jour une expérience scripturaire polysémique où elle joue entre fiction et dévoilement[67]. Ce roman, qui ne s'affirme pas comme une autobiographie, même s'il se laisse à lire comme telle, fonctionne dans une superposition de strates et navigue[68] dans un éternel aller-retour entre ce qui est dit et ce qui est sous-entendu. La considération de trois modèles féminins, intégrés à l'intérieur même de l'histoire est symptomatique à cet

---

[66] Ce chapitre a fait l'objet d'une parution sous le même titre : Anne-Marie Nahlovsky, « L'écriture de soi entre mythe et actualité politique dans *Vaste est la prison* d'Assia Djebar», in *De près, de loin. Visions et perceptions du Maghreb*, Cahiers Francophones d'Europe centre-orientale, sous la direction de Zsuzsa Simonffy et Laurent Fleuret, Pécs, Hongrie, 2008, pp. 203-218.
[67] Au chapitre III, p. 98, dans la première partie intitulée « De l'écriture comme voile », Assia Djebar développe cette idée d'une écriture masquée, quand elle précise qu'au début de sa pratique d'écrivain son rapport à la langue française déployée en narration s'approchait assez justement de l'image d'une Mauresque s'avançant voilée en pleine rue.
[68] Ce terme est utilisé par Assia Djebar qui parle de « navigation de l'écriture », p. 171.

égard et se donne à lire de manière immédiate sans passer par le « je »[69], participant à cette démarche initiatique de la prise en compte de soi.

La première figure féminine, « Tin Hinan », concerne un personnage de légende historique, la deuxième, « Zoraïdé », une image de la littérature épique et la troisième, « Yasmina », rejoint l'actualité politique immédiate. Ces trois destins de femmes se superposent mais marquent une évolution et révèlent le fonctionnement caché du texte quand l'impossibilité de "se dire" prend chez l'auteur les détours de l'Histoire, du mythe et de l'actualité pour trouver dans les temps ancien et présent une stratégie du dévoilement.
Il sera intéressant d'étudier comment ces trois personnages féminins s'inscrivent, au nom de la personne d'Assia Djebar, dans un processus d'appropriation de son écriture et de justification de son métier d'écrivain, en abordant successivement les écritures de la fuite, du départ et du sang.

Tin Hinan ou l'écriture penchée de la fuite

La mise en valeur de ces histoires de femmes, à l'intérieur même du roman, est soulignée par leurs placements dans l'organisation de son architecture. La première évocation féminine, celle de Tin Hinan, se situe à peu près au milieu du livre, en final de la 2e partie, dans un chapitre autonome de quatre pages intitulé *Abalessa*. Cette position stratégique n'est pas un hasard et fonctionne en réponse à ce qui précède.

Il faut préciser qu'Assia Djebar est une historienne et qu'Abalessa représente pour elle, à la fois, la naissance de l'Histoire et la naissance d'un mythe. C'est le nom d'une région située au cœur même de l'Algérie, en plein Hoggar, où a été découvert en 1925 un tumulus avec une sépulture où se trouvait un squelette de femme bien conservé, ainsi qu'un mobilier funéraire, des bijoux et des pièces de monnaie. Cette tombe[70], datée du IVe ou du Ve siècle, est celle de Tin Hinan, l'ancêtre des Touaregs qu'ils appellent encore « Notre mère à tous ». Assia Djebar, dans sa quête éperdue d'une identité féminine, linguistique, géographique et historique, élève ce modeste caveau, au fin fond du désert, à une dimension mythique

---

[69] Monique Gadant étudie cette difficulté de l'écriture autobiographique et l'impossibilité de dire "je" dans une étude sur un autre roman d'Assia Djebar, *L'Amour, la fantasia* :
« La permission de dire " je". Réflexion sur les femmes et l'écriture à propos d'un roman d'Assia Djebar, *L'Amour, la fantasia* », Colloque Femmes et Pouvoir, *Peuples méditerranéens*, juillet-décembre 1989, pp. 93-105.
[70] Ce lieu est devenu un site touristique mais le corps de Tin Hinan a été transporté au musée du Bardo à Alger ainsi que tous les objets retrouvés près d'elle.

et, dans sa mémoire comme dans son livre, Abalessa prend une place à part, comme un chant retrouvé dans la poésie du monde. Elle participe ainsi à l'imaginaire collectif d'un peuple, poussé par la nostalgie d'une Histoire insaisissable, qui cherche à « s'originer » en s'assimilant aux grandes figures historiques qui affleurent aux consciences depuis les découvertes archéologiques et ressortent de la nuit des temps. Cette jeune femme, apparemment de sang royal, qui reposait avec ses suivantes dans une chambre mortuaire, rejoint la légende, magnifiée par la tradition orale des récits et des chants véhiculés par les hommes du désert et qui remonte à une antiquité si reculée que la datation exacte est impossible.

Cette reine mythique des Touaregs, Tin Hinan, dont le nom voudrait dire « celle qui vient de loin » ou « celle qui se déplace », aurait été, comme le raconte une légende, une fugitive qui avait tout abandonné pour s'enfoncer avec sa suivante et ses servantes au-delà des oasis sahariennes, peut-être pour préserver sa liberté menacée ou pour sauver l'alphabet archaïque qu'elle emporta dans sa fuite. Cette ancienne écriture libyque, le tifinagh, dont on a retrouvé les caractères peints sur les murs des chambres mortuaires et gravés sur des pierres autour de la nécropole, est constituée de signes qui restent encore aujourd'hui indéchiffrables.[71]

Dans *Vaste est la prison*, « *Abalessa* », titre du dernier chapitre de la deuxième partie intitulée « L'effacement sur la pierre », est un chapitre à part, non numéroté, qui clôture les sept précédents et qui symbolise l'aboutissement d'une quête car "sept" est un chiffre mythique qui fait partie de la constante imaginaire des contes et des légendes. Ce chapitre est aussi mis en relief par une écriture d'une typographie différente, italique[72], pour mettre en alerte l'esprit et mettre en relief ce qui va suivre.

---

[71] « Malgré la forme moderne du libyque, les tifinaghs, que les Touaregs sont les seuls parmi les Berbères à avoir conservés, malgré l'inscription bilingue en punique et libyque du temple de Dougga (Tunisie), datée de l'an 138 ou 139 avant notre ère (10e année de Micipsa, roi des Numides), qui a permis de transcrire l'alphabet libyque oriental, malgré les quelque 1200 inscriptions publiées dont la majorité provient du pays massyle, berceau de la Numidie berbère (Camps G. 1996, p. 25-64), sans compter toutes celles qui ont été peintes et gravées sur les rochers du Sahara — les plus mal connues — la langue des Paléoberbères reste indéchiffrée, même si on connaît la valeur d'une partie de ses signes ! À l'heure où les paléo-linguistes retrouvent et reconstituent des langues mortes qui remontent à la préhistoire en comparant les langues qui en sont issues, on ne sait pas encore lire le libyque ! » Citation tirée de l'étude de Malika Hachid, *Les Premiers Berbères. Entre Méditerranée, Tassili et Nil*, Édisud, Aix-en-Provence, 2001.
On peut se référer également à l'ouvrage de Kahen Khettouch sur les origines des Tifinaghs : « Origines des Tifinaghs ? », in *Revue Tifinagh 9*, pp. 57-59. (Revue de culture et de civilisation maghrébine, publiée à Rabat sous la direction d'Ouzzin Aherdan,1996.)
[72] Ceci explique que toutes les prochaines citations soient en italique.

Le retour des langues perdues

C'est aussi le seul de cette partie chapeauté par un exergue ; il s'agit d'un extrait d'une poésie très nostalgique, *« Rêveurs / sépultures »* de l'auteur algérien Malek Alloula[73] :

> *« Départs départs départs*
> *En ces lieux de l'ancrage*
> *Un vent tourne sur ses chaînes*
> *A desceller les arbres »* (p. 161)

Le premier vers « *Départs départs départs* » suffit, à lui seul, à résumer les sept chapitres précédents. Il est une allusion aux invasions successives qui impliquent à chaque fois de nouveaux départs car les civilisations passent et se succèdent comme un déracinement et un cheminement éternel. Les trois vers suivants, « *En ces lieux de l'ancrage / Un vent tourne sur ses chaînes / A desceller les arbres »,* laissent entendre la violence de la résistance[74]. La vie se résume ici aux trois éléments essentiels : la terre, le vent et les arbres. La terre retient l'histoire des hommes et « ancre » le souvenir dans la pierre scellée des sépultures. Le vent symbolise la pérennité et la violence du rêve libertaire et identitaire qui, tel un ouragan, saura briser les chaînes de l'esclavage guerrier et linguistique, en retrouvant le souffle violent et insaisissable du rêve existentiel derrière l'effacement des pierres. Et les arbres représentent l'image idyllique de l'oasis d'Abalessa, allégorie de la régénérescence, où fut retrouvé le mausolée de la princesse berbère.

Après cette citation prophétique, le chapitre développe, en illustration symbolique, l'émouvante découverte de cette princesse, comme la révélation d'une filiation enfin retrouvée. Le texte s'ouvre et se termine comme un poème, débutant par cette exclamation :

> *Que je rêve enfin à la royale Tin Hinan, l'ancêtre des Touaregs nobles du Hoggar !* (p. 161)

Et se concluant par ces mots :

> *...Tin Hinan ensevelie dans le ventre de L'Afrique !* (p. 164)

---

[73] Malek Alloula, *Rêveurs / sépultures,* suivi de *l'Exercice des sens,* Éditions Sinbad, Collection La Bibliothèque arabe, Paris, 1982.
[74] Se reporter principalement aux chapitres 4, 6 et 7 du roman qui sont significatifs à ce propos et qui évoquent des épisodes douloureux de l'Histoire de l'Algérie.

Cette chronique de l'histoire prend l'allure d'un récit mythique qui rejoint la légende car :
- cette nécropole se trouve en plein Hoggar, dans le cœur du désert, image du monde perdu par excellence,
- cette découverte archéologique est tardive et le mystère inviolé a traversé les siècles, puisqu'il s'agit d'une tombe de basalte préislamique,
- le mausolée est celui d'une femme, princesse fauchée dans la fleur de sa jeunesse,
- ces inscriptions « *tifinahs* » sont antérieures à celles de Dougga et sont d'une acception si ancienne que même les Touaregs ne les comprennent plus. Elles font ainsi implicitement référence au mythe de l'origine première.
- cette chronique s'inscrit dans la lignée de l'histoire d'un pays et de la langue berbère, *« plus de quatre siècles après la résistance et le dramatique échec de Yougourtha au Nord, quatre siècles également avant celui, grandiose, de la Kahina — la reine berbère qui résistera à la conquête arabe... »* (p. 162).

Pour Assia Djebar, dans ce chapitre comme dans sa mémoire, le personnage de Tin Hinan développe toute une poétique cachée riche en émotions et en connotations ; et l'écriture de ce texte se dévoile sous sa plume comme un chant retrouvé. L'image de cette femme, symbole d'un passé resurgi, sort de l'effacement de l'emmurement pour être révélée au grand jour, par le biais d'une expression typographique particulière, qui exacerbe les polyphonies implicites de la musique intérieure propres à la graphie du texte.

Cette écriture italique, en oblique, se démarque en effet de tout le reste du livre et termine cette partie comme un morceau de poésie. Elle s'avère, à la fois, écriture intimiste de la lettre penchée, symbolique d'un retour à une image femme/mère, et écriture de retrait qui remonte à l'intérieur de la mémoire pour se fondre avec l'exergue du poète Malek Alloula (p.161), porteur du message et du rêve.

Cette typographie, proche de l'écriture manuscrite, effectue un décrochement dans la trame narrative et modifie le point de focalisation de l'énonciation, où la narratrice omnisciente et dominatrice entre dans son écriture, comme on "rentre" en écriture, et s'affirme elle-même comme écrivaine de la mélopée du désert, en s'abandonnant dans un rêve, pour se réapproprier une identité africaine, aux côtés de Tin Hinan et de la Kahina, dans l'histoire du combat des femmes. Elle se présente alors comme une dépositaire de cet héritage de la révolte et comme un relais, en s'assimilant à leurs revendications libertaires et identitaires lorsqu'elle évoque *« notre écriture »*. Cette nouvelle démarche lui permet de s'affirmer pour ce qu'elle est, c'est-à-dire une écrivaine arabe de langue française, et lui permet de se projeter dans un avenir où elle franchira les portes de sa prison car confession et connaissance[75], malgré une apparente contradiction, sont intimement liées, l'une appelant l'autre dans un jeu d'allers-retours, et ce roman, qui oscille entre autobiographie et chronique historique, est inévitablement un cheminement vers la connaissance de soi et du monde, refermant ainsi la boucle du questionnement originel.

Zoraïde ou l'écriture du départ[76]

La deuxième évocation féminine, « Zoraïde », fait pendant à la précédente, en se situant directement en ouverture de la 3e partie, dans un chapitre autonome, sans numérotation, suivi de sept autres chapitres. Le parallélisme de ces deux récits, au cœur même du roman, dénote une logique argumentative qui installe le discours romanesque dans une structure de réflexion propre à l'analyse autobiographique. Ce jeu des correspondances apparaît clairement aussi dans la présentation typographique puisque ce sont les deux seuls chapitres écrits en italique.

Le personnage de Zoraïde, dans ce chapitre intitulé « *Fugitive et ne le sachant pas* », instaure une continuité par delà la rupture du découpage en parties car, comme Tin Hinan, Zoraïde est installée dans l'imaginaire populaire de la légende et participe au mythe de l'éternel féminin. Mais, contrairement à la princesse berbère attestée par les traces archéologiques, elle n'a jamais existé. Elle est une image de la littérature épique, tirée du *Don Quichotte* de Miguel de Cervantès[77], paru en 1605. Peut-être cet écrivain a-t-il eu en mémoire une femme comme elle qu'il aurait connue lors de son séjour de prisonnier au bagne d'Alger entre 1575 et 1580, mais rien ne permet de l'affirmer. Assia Djebar tire ses sources d'une œuvre de fiction puisqu'il s'agit des aventures de l'Ingénieux Hidalgo de La

---

[75] Référence à la citation : « La confession n'est rien, la connaissance est tout » de Hermann Broch, *Hoffmannsthäl et son temps,* mise en exergue à l'ouverture de la partie suivante, « Un silencieux désir », (p.165). Cette citation était déjà évoquée dans notre introduction.

[76] Contrairement au personnage de Tin Hinan, c'est elle qui prend l'initiative de ce départ et qui va le provoquer.

[77] Miguel de Cervantes, *Don Quichotte*, traduit de l'espagnol par Claude Allaigre, Jean Canavaggio et Michel Moner. Édition publiée sous la direction de Jean Canavaggio avec la collaboration de Claude Allaigre et Michel Moner, dans *Œuvres romanesques complètes*, tome 1, Paris, Éditions Gallimard, Bibliothèque de la Pléiade, 2001.

Manche, dans le « Récit du Captif » inséré dans le tome I de cette œuvre de Cervantès, dans les chapitres XXXIX à XLI.

Don Quichotte, attablé dans une hôtellerie, rencontre un couple de Moresques qui lui raconte son histoire, laquelle ressemble à un conte des Mille et une Nuits : Un chevalier chrétien, en captivité à Alger, délivre une jeune fille arabe qui lui a fait parvenir un message au bout d'une canne derrière la jalousie de sa fenêtre, depuis la chambre où elle est enfermée par un père qui l'adore. Après avoir fait déchiffrer la missive en arabe, il organise leur évasion, grâce à la fortune de la jeune fille, et tous deux s'enfuient sur un bateau, en pleine mer, pour rejoindre l'Espagne avec quelques hommes. Les fugitifs connaissent une traversée difficile, sont attaqués par des corsaires, jettent les bijoux à la mer et après de multiples avatars arrivent en Espagne, libres mais dépouillés de tout bien. Zoraïde a gagné sa liberté mais elle a perdu la possibilité de s'exprimer car elle ne parle que l'arabe. Elle paie l'abandon de sa vie dorée et le prix de sa fuite par le dénuement et le silence. La belle Algéroise est devenue une femme comme les autres mais elle y a gagné le bonheur de la mobilité.

Le mythe littéraire fonctionne ici en écho au mythe historique car Tin Hinan et Zoraïde vivent un destin similaire : ce sont deux fugitives qui prennent en main leur avenir, sans se soucier de ce qu'elles auront à sacrifier. Le titre, « *Fugitive et ne le sachant pas* », est significatif à ce propos. Ce sont deux femmes qui marchent, l'une pour fuir l'endroit d'où elle vient, l'autre pour accéder à un autre monde. La première part pour protéger l'écriture et la cacher afin de la préserver, la deuxième met l'écriture au grand jour comme instrument de sa libération. Ces deux textes tissent un réseau subtil de correspondances où l'écriture s'avère salvatrice, que ce soit pour le présent ou l'avenir. Les caractères italiques, au même titre que l'urgence des exodes, s'inscrivent dans une fuite en avant, dans une « *écriture de fugitive, écriture par essence éphémère* ». C'est aussi l'écriture raffinée et délicate du rêve où la femme, par-delà sa « *condition permanente de fugitive... — d'enracinée dans la fuite —* », se pose « *en libératrice de qui s'aventure avec elle dans la transgression ultime* ».

Cette écriture, qui s'échappe en oblique, sous-tend l'histoire de ces femmes en mouvement, tournées vers un but existentiel. L'écriture est en marche, comme les pas qui les portent vers l'accomplissement essentiel de leur destin. Il est intéressant de constater que cette obstination à revendiquer la liberté de circuler se retrouve dans un autre personnage féminin, la mère, dont Asssia Djebar évoque le souvenir dans ce même chapitre et qu'elle assimile, par ce biais, aux personnages de légende. Ceci pour deux raisons : tout d'abord, elle est, comme les autres, dépositaire de l'écriture parce qu'elle possède en legs de ses ancêtres un cahier de chansons andalouses qui datent de l'époque où les Arabes habitaient l'Espagne, avant d'en être chassés. C'est la langue-poésie des fugitifs, juifs et musulmans, qui ont dû regagner l'Afrique à la fin du XVe siècle. Ce cahier représentait pour elle l'histoire de sa filiation, héritage qui lui venait de sa mère, transmis de femme à femme, et qui a été détruit par les militaires français lors de la guerre de libération car ils pensaient qu'il s'agissait d'un langage codé séditieux. Ensuite, c'est aussi une femme qui abandonne son univers pour se mettre en marche. Elle, qui n'était jamais partie de chez elle et avait toujours conservé les traditions, se dépouille du statut de femme arabe en s'habillant pour la première fois à l'européenne afin d'aller rendre visite à son fils, prisonnier politique en France.

Dans ce chapitre, fiction et réalité se côtoient et se soutiennent mutuellement sans que l'une écrase l'autre. L'imaginaire a la texture du réel, se confond avec lui et inversement, au point que la mère, être authentique et ordinaire, se mue en personnage romanesque et devient figure mythique au même titre que Tin Hinan et Zoraïde[78].

L'écriture de la transgression unit, par delà les chapitres et par delà les époques, le destin de ces femmes car ce sont toutes trois des fugitives qui quittent un espace cerné pour un ailleurs illimité mais incertain et qui se rejoignent dans leur rêve libertaire. Assia Djebar, exilée de son pays et de sa langue, se reconnaît dans ces transfuges, dépositaires de la parole et porteuses du legs ancestral, qui participent à « *la navigation de cette écriture venue de si loin d'au-delà des siècles et des rivages, transmise de femme à femme, les unes en fuite, les autres enfermées* ». C'est ainsi qu'elle inscrit leurs aventures qui ressemblent à la sienne dans une symbolique, placée « *sous le signe d'une écriture arabe de femme* », qui traverse les siècles pour arriver jusqu'à elle :

> *J'écris pour me frayer mon chemin secret [...] ayant gagné quoi, sinon la simple mobilité du corps dénudé, sinon la liberté.* (p. 172)

---

[78] Assia Djebar explicite cette idée dans *Ces voix qui m'assiègent*, dans le chapitre intitulé *L'écrit des femmes en littérature maghrébine* (pp. 92-93) :
« "Fugitive et ne le sachant pas". J'ai, quant à moi, mis en avant la silhouette de cette Zoraïdé de Cervantès pour, dans ce sillage, oser esquisser dans mon roman *Vaste est la prison* la trajectoire passée de ma mère : vivant en citadine traditionnelle depuis près de quarante ans, elle trouvera force pour, transformée en apparente Occidentale, traverser à son tour la Méditerranée et sillonner seule la France, rendre visite, de prison en prison, peu avant et peu après 1960, à son fils unique, jeune détenu politique... L'audace de ces voyages, de ce qu'ils impliquaient en courage silencieux, en secrète pudeur, il me semblait qu'ils méritaient cette aura de la première Algérienne, créée par Cervantes en personnage littéraire. »

Yasmina ou l'écriture du sang

Dans la quatrième partie, intitulée « Le sang de l'écriture »[79], qui clôture le roman, Assia Djebar se dresse contre les effacements des femmes et de l'écriture, en réhabilitant la mémoire d'une jeune fille qu'elle appelle « Yasmina », sans citer son nom de famille. Cette dernière figure féminine rejoint l'actualité politique immédiate car l'évocation est datée d'un jour précis de juin 1994. Il s'agit d'une époque très douloureuse de l'histoire contemporaine de l'Algérie où la presse internationale relatait journellement les assassinats d'intellectuels, d'artistes et d'opposants libertaires. Entre 1993 et 1997, les terroristes intégristes ont en effet mené une guerre sans merci contre les journalistes et les écrivains, mettant en application, de manière systématique, un programme d'épuration résumé par le sinistre slogan des Groupes Islamiques Armés : « Ceux qui nous combattent par la plume périront par la lame »[80]. Assia Djebar fait ici allusion à une jeune femme qui a réellement existé et qu'elle a sans doute connue puisque c'était une amie de sa fille. Il s'agit de Yasmina Drissi, professeur de français et correctrice au quotidien *Le Soir d'Algérie*, retrouvée égorgée le 12 juin 1994, du côté de Rouiba, à l'est d'Alger.[81]

Dans le premier chapitre de cette quatrième partie, intitulé du même prénom, « Yasmina », Assia Djebar reprend, en contrepoint des chapitres précédents en italique, l'évocation de cette jeune fille, inscrite comme les autres dans l'histoire du combat et de la résistance des femmes. Son histoire tragique pourrait s'intégrer à une chronique de ces années de terreur. Mais, le fait de ne pas citer son nom de famille l'installe dans un anonymat qui l'érige en symbole de la parole assassinée et elle devient, par son martyre, sous la plume d'Assia Djebar, l'allégorie de la femme

---

[79] "L'écriture du sang" est l'histoire d'un meurtre et le rappel de tous les autres.
« Le sang de l'écriture » est l'encre qui lui sert à témoigner, ainsi qu'elle l'écrit dans un poème, pp. 346-347 de *Vaste est la prison* :
> « Comment inscrire traces avec un sang qui coule, ou qui vient juste de couler ?
> Avec son odeur, peut-être
> Avec son vomi ou sa glaire, aisément
> Avec la peur qui lui fait halo
> Ecrire certes même un roman
> De la fuite
> De la honte
> Mais avec le sang même : avec son flux, sa pâte, son jet, sa croûte pas tout à fait séchée. »

[80] Cf. l'article de journal : « Chronique des années d'espoir et de terreur » de M. H., 15 mai 2005, in *Le Soir d'Algérie*.
[81] Informations tirées de l'article précédemment cité.

nouvelle, de l'Algérienne, de l'Algérie. L'écrivain transfigure ainsi un fait divers tristement banal à l'époque et nous offre par sa réécriture l'image mythique d'une femme libérée.

Yasmina n'est plus enfermée dans un monde clos. Elle voyage ; elle sort de chez elle, et même de son pays puisqu'elle se retrouve à Paris. Elle a brisé les portes de sa prison et reconquis ce langage du corps refusé à la femme. Issue d'une double culture, puisque sa mère est française, elle ne se sent plus transfuge et affirme son algérianité, sans rejeter son ascendance. Elle ne veut pas fuir et décide de retourner en Algérie : « Elle, elle a refusé l'exil, à vingt-huit ans. [...] "Je ne peux vivre hors d'Algérie, non !" avait-elle décidé ».

Comme Tin Hinan, Zoraïde et la mère, elle est dépositaire de l'écriture. Elle est représentatrice de la langue orale, puisqu'elle est professeur et perpétue ainsi ce droit à la parole qui s'offre aux futures générations. Elle est aussi détentrice et propagatrice de la langue écrite puisqu'elle travaille comme correctrice dans un journal. Elle revendique même une parole politique en ayant choisi un journal indépendant. Et elle meurt précisément parce qu'elle affronte ses meurtriers et parce qu'elle est journaliste.

C'est lorsqu'elle se trouve dans sa voiture en compagnie d'une amie polonaise, dans une station-service, qu'un groupe d'hommes en armes, se présentant comme des policiers, les accoste dans l'intention d'enlever son amie étrangère. De toutes ses forces, Yasmina s'oppose à eux et, devant sa farouche détermination à la défendre, les ravisseurs abandonnent cette dernière. Mais ils s'emparent de Yasmina, la fouillent et, lorsqu'ils découvrent sa carte de presse, ils l'emmènent de force pour l'assassiner. Elle aura payé son courage et sa rébellion de sa vie :

> Jusqu'à la fin, jusqu'à la dernière seconde de souffle, Yasmina nargua, insulta, défia ses meurtriers : sa voix de colère, de fierté impuissante, fut interrompue seulement par son râle, sous le couteau. (p.344)

Assia Djebar se fait, par ce livre, le témoin de cette parole perdue quand elle écrit : « Cette voix de Yasmina — « Fleur de Jasmin » —, je l'entendrai aux quatre coins du monde... ».

Et même lorsqu'Assia Djebar traduit le prénom de Yasmina en « Fleur de Jasmin », ce n'est pas pour improviser une poésie funèbre, mais pour évoquer la fragilité de la fleur, sa beauté éphémère et surtout la violence de la vie car le jasmin, avec son parfum pénétrant et enivrant, représente

Le retour des langues perdues

l'image de la pérennité du souvenir et de la force de la mémoire. Assia Djebar écrira plus loin dans ce sens :

> Car les morts qu'on croit enterrer aujourd'hui désormais s'envolent. Eux, les allègres, les allégés : leurs rêves pétillent alors que la pioche du fossoyeur travaille, que le deuil est filmé, projetant aux quatre coins la douleur réanimée, pour un retour de la procession des linceuls. (p.346)[82]

Ces destins de femmes se superposent car elles représentent, chacune à son époque et à sa manière, l'histoire d'une rébellion se terminant pour toutes de façon tragique, par la solitude ou par la mort. Elles sont prêtes à payer le prix de leur liberté de penser en s'inscrivant comme les martyrs d'une cause qui leur survivra et dont elles ne représentent qu'un chaînon. Cette exploration oscille entre la chronique historique, l'autobiographie et la fiction, dans un jeu ambigu où les discours s'imbriquent les uns dans les autres et se renvoient à l'infini, comme des miroirs, la parole de l'auteur qui balance entre dissimulation et exhibition, sans jamais véritablement proposer une simple continuité autobiographique ou un vrai roman. Les allers et venues de ces réminiscences sont camouflés, ainsi que l'évoque Beïda Chikhi dans son étude *Littérature algérienne, Désir d'histoire et esthétique*[83].

Assia Djebar le reconnaît dans *Ces mots qui m'assiègent* lorsqu'elle définit le texte autobiographique comme une « écriture à vif », comme une exposition de son "moi" qui lui est difficile à cause de sa culture arabe. Écrire, c'est pour elle s'afficher à la vue des autres. Elle affirme que « se voiler même écrivant a été pour [elle] un mode naturel ». Tout se joue pour elle dans un rapport entre le « devoir dire » et le « ne jamais pouvoir dire » ou disons, entre garder trace et affronter la loi de l'« impossibilité de dire », « le devoir taire », « le taire absolument ».

Vaste est la prison s'avère pourtant une tentative de représentation de soi, car l'autobiographie propose ici, selon Georges Gusdorf, « un théâtre dans le théâtre, théâtre d'ombres où l'auteur joue à la fois les rôles de

---

[82] *Le Blanc de l'Algérie*, publié en 1996, est une réponse au blanc du silence et au blanc du deuil car Assia Djebar va retrouver cette langue perdue de la conversation avec les morts pour les faire revivre. Elle le reconnaît lorsqu'elle écrit :
« Les morts qu'on croit absents se muent en témoins, qui à travers nous désirent écrire. » (p.346)
[83] Cette idée est évoquée dans le chapitre, « Assia Djebar. Histoire et histoires » :
« Ecriture de la suspicion que celle d'Assia Djebar ; d'abord à l'égard d'elle-même dans ses comportements ambigus de révélation : dissimulation, ensuite à l'égard des systèmes sémantiques qui habitent le hors-texte ».

l'auteur, du metteur en scène et des acteurs »[84]. Dans ce même esprit, ces trois personnages féminins s'inscrivent, au nom de la personne d'Assia Djebar, dans un processus d'appropriation de son écriture et l'inscrivent par ce biais dans un projet autobiographique où le roman lui-même participe, en tant qu'œuvre de fiction, au mécanisme de sa métamorphose. L'écriture fonctionne, à la fois, comme un détonateur et un révélateur et met au grand jour ce besoin de se dire qui la conduit jusqu'à l'affranchissement de sa parole.

Dans le dernier chapitre, intitulé « Le sang de l'écriture —Final — », Assia Djebar évoque dans un poème la douleur de tous les assassinats et reconnaît son évolution lorsqu'elle écrit :

> « Fugitive et ne le sachant pas », me suis-je nommée dans ton sillage
> Fugitive et le sachant, désormais
> La trace de toute migration est envol... (p.347)

Elle justifie son écriture dans la conscience aiguë de cette nécessité d'inscrire des traces pour faire resurgir la langue des morts, qui s'affirme par delà toutes les langues, et revendique ainsi une parole politique :

> « Fugitive et le sachant au milieu de la course
> Écrire pour cerner la poursuite inlassable
> Le cercle ouvert à chaque pas se referme
> La mort devant, antilope cernée
> L'Algérie chasseresse, en moi, est avalée. (p.348)

Le cheminement scripturaire conduit ainsi Assia Djebar à un paradoxe[85] scriptural quand l'implication politique dans son algérianité lui fait perdre, à l'inverse, la couleur locale de sa territorialité, en gommant les frontières des mots, pour l'inscrire dans l'universalité d'un combat humaniste. Et, de la même manière, il est étonnant de constater que c'est justement cette prise en charge de la voix des disparus et cette

---

[84] Georges Gusdorf, *Les écritures du moi : lignes de vie I,* Editions Odile Jacob, Paris, 1991, page 311.
[85] Le paradoxe est double : c'est, d'une part, en évoquant les autres qu'elle arrive à parler d'elle. Et, d'autre part, c'est en retournant à ses racines et à la banalité tragique d'une histoire de tous les jours, image d'un repliement sur soi, qu'elle retrouve l'ouverture vers un élargissement qui dépasse le "moi", pour aller vers les autres et s'inscrire dans l'universel.

reconnaissance de son appartenance à une Algérie déchirée qui vont amener Assia Djebar à une certaine forme de sérénité linguistique. C'est ainsi qu'elle en arrive à récuser le choix d'une langue car la parole et l'écriture deviennent alors, pour elle, plus importantes que la langue elle-même :

> Ecrire comment ?
> Non en quelle langue, ni en quel alphabet – celui double de Dougga ou celui des pierres de Césarée, celui de mes amulettes d'enfant ou celui de mes poètes français ou allemands familiers ?
> Ni avec litanies pieuses, ni avec chants patriotiques, ni même dans l'encerclement des vibratos du Tzarlrit ! (p.346)

Elle évoque, un peu plus loin, l'urgence d'une expression artistique quelle qu'elle soit, pour être un jalon, un témoin et retrouver ainsi le cri de souffrance des ancêtres. Il lui faut « écrire pour cerner la poursuite inlassable ». Mais cette conscience aiguë de la nécessité d'inscrire des traces s'affirme par delà toutes les langues. Elle va ainsi dépasser le monde des polémiques culturelles et linguistiques, déclarant dans *Algérie, littérature, action,* une interview du 1er mai 1996 :

> En terminant ce livre *(Le Blanc de l'Algérie)* et pour dépasser la mort, en me demandant comment écrire aujourd'hui l'Algérie, comment envisager le futur, les nouveaux horizons, j'ai été amenée dans la conclusion à établir ma conviction que la culture algérienne se fait en plusieurs langues.
> La littérature algérienne s'est toujours faite ainsi, et si notre Etat a seulement 35 ans, notre culture a, elle, plusieurs siècles. J'avais besoin de trouver ces assises de l'écriture bien en amont. Ensuite je pense que mon écriture, même quand elle se fait sur le présent le plus immédiat, ne peut s'envisager ni dans la polémique, ni dans l'analyse théorique qui appartiennent aux universitaires, aux politiques et aux chercheurs. Elle est ma façon de penser ma subjectivité et de la sentir.

Assia Djebar ne ressent plus cet exil de l'acculturation propre aux premiers écrivains de langue française. Elle a pris le français « comme butin », ...« comme une écriture de déshéritée, pour dire encore le soleil », comme elle l'écrit en final dans *Ces voix qui m'assiègent*. Son voyage dans l'écriture, réparateur et salvateur, conduit à une renaissance, en dépassant les déchirures du verbe et de la personne, faisant des "voix qui l'ont assiégée" le philtre d'une parole libérée qui brise les chaînes de "sa vaste prison", pour investir avec sérénité et bonheur les espaces vierges qui lui restent à conquérir. Elle le reconnaît lorsqu'elle écrit :

> Mon écriture ne s'alimente pas de la rupture, elle la comble ; ni d'exil, elle le nie. Surtout, elle ne se veut ni de désolation, ni de consolation. En dépit de la déshérence en moi du chant profond, elle jaillit, gratuite ; elle est de commencement.[86]

---
[86] *Ces voix qui m'assiègent*, extrait de l'article, « Ecrire sans nul héritage », p. 262.

DEUXIÈME PARTIE[87]

Le mythe d'une renaissance
ou
la renaissance d'un mythe

dans *N'zid* de Malika Mokeddem

---

[87] Cette partie a déjà fait l'objet d'une parution sous le même titre : Anne-Marie Nahlovsky, « Le mythe d'une renaissance ou la renaissance d'un mythe. *N'zid* de Malika Mokeddem », in *Destinées voyageuses. La Patrie, la France, le Monde,* Collection Lettres francophones dirigée par Beïda Chikhi, Presses de l'Université Paris-Sorbonne, 2006.

CHAPITRE I
L'EAU

Dans ce roman de Malika Mokeddem, *N'zid,* une femme s'érige dès le premier mot du récit comme le personnage central. Elle a quitté le lieu de séquestration de sa maison et a investi des horizons nouveaux. Mais le flou de sa dénomination, « elle », qui se borne à préciser sa féminité, lui conservera un anonymat pesant et d'autant plus inquiétant qu'elle ne s'affirmera que dans sa propre négation, car l'élément aquatique va envahir tout l'espace.

1. L'envahissement

Dès les premières lignes, l'eau entre en possession de tout le champ scriptural, emprisonnant le personnage féminin dans un réseau douloureux de métaphores aquatiques qui dépossèdent son corps de toute sa substance vitale :

> Une douleur lui vrille le front, la tire entre deux eaux comme un poisson harponné. [...] Elle s'en éloigne, se laisse couler. Happée par le néant, elle flotte en totale apesanteur. [...] La torpeur la submerge et de nouveau la noie. [...] Un visage tuméfié flotte comme une flaque d'eau. [...] Exténuée, elle s'échoue de nouveau sur les marches du rouf. (pp. 11-15)

L'eau est à la fois dévoratrice de vie quand elle laisse la femme comme « un pantin abandonné » et dispensatrice de force lorsqu'elle étanche la soif de la jeune femme qui « s'ébroue », reprenant alors conscience de son environnement. Elle sait aussi calmer les ardeurs lorsque la jeune fille se mesure à elle en nageant. Mais l'eau habite les corps aussi bien que les lieux et enferme le personnage dans un univers sans issue et un silence de mort :

> ...la mer et le ciel sont deux lames de lumière [...] A perte de vue, la mer et le ciel, une même peau lisse, sans indice. [...] Autour d'elle le silence semble avoir claqué le ciel sur la mer. (pp. 11-13)

Le danger pressenti est d'ailleurs clairement énoncé un peu plus tard, lorsque la femme trouve un mot la mettant en garde et lui intimant de quitter ces eaux. Cependant, le plus terrible reste l'effacement de sa mémoire. L'eau symbolise ici l'oubli et gomme les identités et les origines. Elle dissout le passé et les souvenirs :

> Elle (la femme) se revendique de la communauté des épaves, jetées à l'eau par le confluent de l'absence et du désarroi. Elle les observe toujours avec ravissement. La mer les porte sans plus rien leur demander. Sans rien leur demander, elle les saoule, les racle, les décape de tout. Plus de passé. Plus de terre. Même plus leur nostalgie. Os ou bois flottés délavés. Comme une indéfinissable dérive de la détresse à l'abandon. Avant le plein flot de l'oubli. (p. 22)

On ne peut s'empêcher de penser à la déesse Calypso qui retint Ulysse et ses amis pendant dix ans sur son île perdue au milieu des flots, surnommée île de la Cachette, leur faisant oublier d'où ils venaient, où ils allaient et même qui ils étaient.

2. L'adéquation à l'élément aquatique, reconnaissance de sa féminité

Pourtant, la femme finit par retrouver dans la mer une correspondance, une communion et une véritable filiation. Elle a l'impression de retrouver et de récupérer un espace perdu, elle se sent au diapason d'un univers intimement lié à sa personne, à son moi profond ; elle ressent une vie intérieure en corrélation avec les frémissements de ce monde aquatique et partage avec lui une harmonie qui la fait participer à une adéquation parfaite où elle pénètre la mer par le rêve autant que la mer l'habite. Cette interpénétration lui fait revendiquer la mer, comme une personne de cœur, de chair et de sang, comme une escale possible dans un entre-deux, comme un lieu de passage vital, comme une mère :

> La vue de la mer l'apaise. Elle ne lui est pas seulement familière. Elle est un immense cœur au rythme duquel bat le sien. En la regardant, elle rêve encore d'elle. Elle fait partie d'elle. Patrie matrice. Flux des exils. Sang bleu du globe entre ses terres d'exode. (p. 25)

Cette osmose de l'être qui s'engouffre et se fond dans l'univers aquatique n'est pas sans rappeler la gestation fœtale, ce lieu d'asile parfait, où l'eau sert de rempart aux agressions, où le monde du dehors avec ses rumeurs arrive amorti et fait remonter l'âme à l'aube des temps et où l'heure n'est plus aux questionnements sur un monde étranger qu'il faudrait affronter avec des mots tels que : « Et lui ? Où est-il ? Qui est-il ? », mais au doux repliement à l'intérieur d'un cocon où le temps s'est arrêté et n'a plus cours.

La symbolique de la femme rejoint cet univers mythique de l'eau quand la féminité se fond dans le ruissellement. La mère, source de vie, et la mer, source du monde, sont toutes deux régénérescence. La vie a pris naissance dans les profondeurs des océans, tirant de sa substance toute la filiation de l'humanité. Nous sommes tous issus de cet élément aquatique. La mer est la femme première, avec « ses dentelles de corail. Ses parures d'écailles. Ses chevelures d'algues. Ses sexes d'anémones ». C'est elle qui enfanta dans ses entrailles séculaires les racines ancestrales de nos mémoires perdues :

> La mer est d'encre, rétrécie par la nuit aux dimensions d'un berceau. Sommeil balancé entre des rêves engloutis. L'abondance du plancton cisèle le sillage en queue de comète. Le ciel est une éruption d'étoiles.
> (p.33)

La profusion du plancton et des étoiles ainsi que les dauphins qui sautent autour du bateau et les danses des baleines sont une image fantasmatique de cette maternité prolifique, une métaphore de la genèse et de la création du monde. Selon Bachelard, nous projetons sur l'univers aquatique l'image même de notre amour filial : « C'est le chant profond [...] qui a de tout temps attiré les hommes vers la mer. Ce chant profond est la voix maternelle, la voix de notre mère »[88]. Cet attrait vient de souvenirs inconscients, issus de nos amours d'enfance pour « la créature-abri », « la créature-nourriture »[89]. Et cette image de la mère nourricière, terrain du premier bonheur, se retrouve dans les métaphores lactées, dans les apparences laiteuses des flots, lorsque l'héroïne du roman mélange les gouaches pour peindre la mer :

> Couche de blanc pur, puis des pointes d'ajouts divers pour donner à l'eau sa splendeur au clair de lune. Ruissellement argent, incrustations de nacre, frise de cristal... La pleine lune émerge

---
[88] Bachelard, Gaston, *L'eau et les rêves. Essai sur l'imagination de la matière*, Librairie José Corti, Paris, 1942, dans le chapitre « L'eau maternelle et l'eau féminine », p. 156.
[89] *Ibidem*.

> pareille à un nénuphar de givre sur un ciel de lait. Scène immaculée où commence alors un ballet de baleines... (p. 54)

Cette valorisation substantielle qui fait de l'eau un lait inépuisable, le lait de la nature même, n'est pas la seule valorisation qui marque l'eau d'un caractère profondément féminin. Et Bachelard affirme qu'une seconde femme va aussi être projetée sur la nature : « A côté de la mère-paysage prendra place la femme-paysage. Sans doute les deux natures projetées pourront-elles interférer ou se recouvrir. Mais il est des cas où l'on pourra les distinguer »[90].

La mer participera à l'éveil de sa féminité. Cette seconde femme se complaît dans l'abandon à « l'élément berçant »[91], comme l'appelle Bachelard, qui exacerbe sa sensualité. C'est un trait de son caractère féminin. Et quand le mouvement rythmé du bateau se met en branle, elle participe à ce balancement :

> La joue posée contre le rebord du cockpit, elle se laisse envahir par les remous du sang se mêlant dans son oreille à ceux de l'eau contre la coque. Les deux bruissements fusionnent, l'habitent, l'enveloppent. Leurs flux et reflux la remplissent, distendent les limites de sa peau, la vident. Leurs tourbillons l'étourdissent... (p. 28)

La mer, dans le va-et-vient de ses vagues, est à l'unisson de la jeune femme qui s'abandonne à la sensualité d'une expérience sensorielle aussi parfaite.

---

[90] Bachelard, *L'eau et les rêves*, p. 171.
[91] *Ibidem*, p.177.

CHAPITRE II
LA NEF, UNE AVENTURE SOLITAIRE

1. La grande solitude ou la mort à soi

Au début du roman, une femme, personnage central du récit, se retrouve en pleine mer, coupée de toute attache terrestre, dans un univers inconnu. L'anonymat identitaire ainsi que le flou spatial et temporel vont appuyer le sentiment de néant et de dessaisissement de soi, car, si la marque diégétique du « elle » s'affirme au premier mot du texte, les mots qui vont suivre s'attacheront à nier cette position centrale du personnage, cette anti-héroïne, qui « bascule » dès le deuxième mot, sombrant ainsi dans une agonie douloureuse et une immobilité proche de l'inconscience qui prélude à la mort. La femme, dans l'affolement de la souffrance, n'existe plus que par son corps souffrant : ses « mains », son « front », son « cœur », son « sang » et ses « poumons ». Elle semble alors devoir rejoindre l'élément liquide qui l'entoure pour se fondre en lui et disparaître dans les profondeurs de la noyade :

> Une douleur la tire entre deux eaux comme un poisson harponné. [...] Un tumulte, des cris lui parviennent. Elle s'en éloigne, se laisse couler. Happée par le néant, elle flotte en totale apesanteur. [...] Rien ne bouge. Elle resserre les paupières. La torpeur la submerge et de nouveau la noie. (p.11)

Même les yeux se ferment déjà dans l'attitude mortuaire propre aux cadavres. La vie semble l'avoir abandonnée pour ne laisser que sa dépouille de « pantin abandonné sur un manège en panne », métaphore qu'elle reprend plus loin lorsqu'« elle a l'air d'un arlequin sous l'hypnose d'une farce muette ». On retrouve ici l'image tragique d'un théâtre de la vie où l'homme en positon centrale n'est que le comédien de son propre néant, comme dans *Macbeth* de Shakespeare[92] :

> Tomorrow, and tomorrow, and tomorrow,
> Creeps in this petty pace from day to day,

---
[92] Nous avons choisi de faire apparaître en caractères gras ce qui appuie notre argumentation, dans le texte de Shakespeare ainsi que dans la traduction.

To the last syllable of recorded time;
And all our yesterdays have lighted fools
The way to dusty death. Out, out, brief candle !
Life's but a walking shadow ; a poor player,
That struts and frets his hour upon the stage,
And then is heard no more ; it is a tale
Told by an idiot, full of sound and fury,
Signifying nothing. [93]

2. La nacelle d'un enfantement libertaire

Les seuls repères perçus par la femme avant de sombrer sont la ligne d'un bastingage ainsi qu'une grand-voile et un génois immobiles, c'est-à-dire l'image des limites d'un encerclement et l'inscription dans cet enfermement lui-même car les voiles inutiles rétrécissent le monde au cercle de cette prison. Le franchissement vers l'univers extérieur, « par-dessus bord », est alors ressenti comme une perdition, comme un glissement vers l'Empire des Ténèbres.

La nef se retrouve alors, dans une symbolique sacrée, comme la dépositaire d'une âme morte en partance vers l'au-delà. Cette barque des morts se retrouve dans de nombreuses civilisations et principalement dans la mythologie grecque, où elle est le symbole du passage vers l'Autre Monde, l'image du voyage aux Enfers, dans le royaume d'Hadès, où il faut traverser le fleuve du Styx sur la barque de Charon, le nocher infernal, pour rejoindre l'autre rive avec « le champ de la vérité ». Mais selon Bachelard, la figure de la barque ne représente que le premier cercueil, celui de la mort à soi-même qui conduit vers le premier voyage et qui est en même temps la figure du « berceau redécouvert » qui évoque dans le même sens le sein ou la matrice, symbole d'une véritable naissance qui libérera toutes les énergies d'une nouvelle conscience de soi.

---

[93] Shakespeare, William, *Macbeth,* Acte V, Scène V. Nous avons retranscrit pour les besoins de notre travail le texte anglais car il s'agit d'un passage extrêmement célèbre et connu. Voici cependant la traduction de Victor Hugo, révisée sur les textes originaux par Yves Florenne et Elisabeth Duret dans la collection Le Livre de Poche, Paris, 1984, p. 372 :
« Demain, puis demain, puis demain glisse à petits pas de jour en jour jusqu'à la dernière syllabe du registre des temps ; et tous nos hiers n'ont fait qu'éclairer pour des fous le chemin de la mort poudreuse. Eteins-toi, éteins-toi, court flambeau ! **La vie n'est qu'un fantôme errant, un pauvre comédien qui se pavane et s'agite durant son heure sur la scène et qu'ensuite on n'entend plus** ; c'est une histoire dite par un idiot, pleine de fracas et de bruit, et qui ne signifie rien... »

Le mythe d'une renaissance ou la renaissance d'un mythe

De la même manière, Malika Mokeddem insufflera aux flots un sursaut qui va emporter d'un seul coup le bateau dans un tourbillon : « Une onde, sans doute celle d'un cargo lointain, soulève la lisse des eaux, fait soudain rouler le bateau ». Cette force centrifuge anime à la fois le bateau et la jeune femme, insufflant un nouvel élan à la grand-voile aussi bien qu'à la femme, superposant de manière étrange les pronoms personnels, - « elle » signifiant la voile et la femme -, comme si elles ne faisaient plus qu'un[94] :

> La bôme de grand-voile bondit à tribord. Bridée par l'écoute, **elle** revient d'un coup sec. Sa toile claque comme une gifle.
> **Elle** sursaute, s'assied. (p.11)

Sous cette impulsion, la femme sans mémoire retrouve d'un seul coup le sens du mouvement. Elle va au fur et à mesure se désolidariser du bateau et également lutter contre ce sentiment de relâchement et d'abandon qui la ramène si loin en arrière, dans le giron maternel :

> Où a-t-elle entendu l'absurde analogie entre ce sentiment et celui de l'embryon dans son liquide amniotique ? " *Niaiserie. Il n'y a pas plus suspect que cette idée de bien-être fœtal*[95]. " (p. 28-29)

Pour la première fois, elle semble rejoindre la boucle, se dédoublant elle-même dans un jeu de l'énonciation, quand la troisième personne, « elle », va se superposer à un « tu » qui sera ici sous-entendu. Le changement de typographie instaure cette rupture chaque fois que cette parole adverse s'installe. Il s'agit en fait de la résurgence de sa mémoire, qui se réinstalle en elle, établissant un dialogue entre son moi profond et son moi conscient :

> Qu'est-ce que ...Cette voix ? Elle court dans la tête. Elle dit "elle" ? (p.21)

C'est la voix de la vie, celle qui s'étonne, celle qui constate et analyse, celle qui prend conscience, prend du recul et se juge, celle qui gagne et qui doute, mais qui retrouve les mouvements du cœur et les raisonnements, celle qui fait renaître les émotions, les peurs et le goût du combat.

---

[94] Nous avons voulu souligner cette assimilation de la femme à son bateau en faisant ressortir, en caractères gras, le "jeu" des pronoms personnels.
[95] Nous avons conservé la graphie du texte de Malika Mokeddem avec les variations en italiques.

3. L'inscription dans une cosmogonie de l'eau

Les symboles se précipitent pour appuyer cette idée de renaissance. La soif de la jeune femme correspond à ce nouveau besoin de connaissance, à cette ouverture qui s'offre à elle. L'eau qu'elle boit est la métaphore de cette vie qu'elle va s'approprier, et ce ruissellement liquide sur son cou ressemble au jaillissement d'une source. Le miroir qui lui renvoie son visage est l'image d'une acceptation de ce qu'elle est, une reprise en possession d'elle-même. Quant à la baignade, on peut la lire comme une régénérescence[96].

Cette quête du sens parcourt tout le roman de Malika Mokeddem. L'héroïne anonyme porte cette interrogation sur soi et sur le monde : partie du néant, elle va fouiller la mer de sa mémoire pour remplir la page blanche et renaître à la vie. Le titre de ce roman est lui-même porteur d'une symbolique implicite car *N'zid* est un mot arabe signifiant « je continue » et aussi « je renais ». La régénérescence d'une femme, telle Vénus sortie des entrailles des flots, sera l'histoire d'un regard à la conquête du monde. Et nous arriverons à ce paradoxe inattendu : l'œil véritable de la terre, c'est l'eau. Dans les yeux de la femme qui regarde, c'est l'eau qui rêve :

> Elle ne bouge pas. La respiration rouille et or de la mer l'absorbe de nouveau. Elle glisse, se laisse envahir par la vision, le ruissellement de l'eau sans plus de projection. Redevenue moire sans mémoire, la mer la remplit, navigue en elle. Toutes rives larguées, elle rivalise avec le ciel, dévalise ses lumières. La mer et le ciel, face à face aveugle. (p.29)

---

[96] L'eau symbolise la dynamique du monde car tout sort de la mer et y retourne ; c'est le lieu des naissances, des transformations et des renaissances. Elle est l'allégorie toujours renouvelée de la dynamique de la Vie.
Le Coran, l'une des références essentielles chez les écrivains francophones du Maghreb, présente aussi dans ses écritures cette image de l'eau comme force de régénération. Dans la Sourate de la Caverne (18, v. 61, 63), le poisson, jeté au confluent des deux mers, ressuscite dès qu'il est plongé dans l'eau. Le symbolisme développe alors un thème initiatique car le bain devient la source de l'immortalité. Cette tradition mystique se retrouve dans toutes les religions et dans de nombreuses légendes. Dans la Bible, par exemple, les puits dans le désert sont des lieux sacrés, sources de rencontre et de vie pour les nomades ; mais en passant de l'Ancien Testament au Nouveau Testament, l'eau deviendra le symbole de la vie spirituelle et de l'Esprit et revêtira, de la même manière que dans la religion musulmane, un sens d'éternité.

Le mythe d'une renaissance ou la renaissance d'un mythe

Et, dans cette même poétique d'un imaginaire aquatique, ne pouvons-nous pas dire avec Paul Claudel : « Nos yeux ne sont-ils pas cette flaque inexplorée de lumière liquide que Dieu a mis au fond de nous-mêmes ? »[97].

---

[97] Claudel, Paul, *L'oiseau noir dans le soleil levant,* Excelsior, 1927. Collection Blanche, Gallimard 1929, 1942. Edition in *Œuvres en prose,* Paris, Gallimard, coll. "Bibliothèque de La Pléiade", 1965. Réédition Henri Micciollo avec introduction, variantes et notes, Paris, Annales littéraires de l'Université de Besançon, n°31, Les Belles Lettres, 1981. Réédition sous le titre *Connaissance de l'Est suivi de L'oiseau noir dans le soleil levant,* préface de Jacques Petit, coll. "Folio Poésie", Gallimard, Paris, 1974, 2000. p. 229.

CHAPITRE III
LE VOYAGE CIRCULAIRE

Le bateau, voguant sur les flots méditerranéens, est inscrit dans un périple maritime, loin de toute attache et de toute terre ; et la jeune femme à son bord, étendue sur le pont au début du roman, se verra enfermée dans des univers concentriques s'emboîtant les uns dans les autres : celui de sa mémoire, quand elle fouille son subconscient à la recherche de ses souvenirs perdus, celui de son corps, quand elle gît, inanimée, et a perdu tout sens du mouvement, celui de son bateau, que les flots cernent de toutes parts, celui d'une mer intérieure, encerclée par des terres, ne laissant comme issue que quelques minces détroits.

Cette pérégrination sera en fait l'image d'un voyage intérieur, pour tenter de cerner les contours d'un enfermement et partir à la quête d'une réponse.

1. L'identité perdue

Le récit commence comme une mise à mort, une descente aux enfers où la voyageuse abandonne toute référence à un monde connu, quand elle sombre dans le néant, telle « un poisson harponné ». Mais il est étrange de constater que les images de la douleur et de la destruction (dont nous avons déjà parlé précédemment) se mêlent à la jouissance d'une certaine forme d'abandon volontaire : « Elle s'en éloigne, se laisse couler…elle flotte… ». Le voyage symbolise ici, à la fois, une agression et un déchirement, en même temps qu'une fuite, une volonté d'anéantissement et une forme de refus de soi.

Le réveil, après cette expérience cataleptique, se vivra comme une redécouverte d'un monde vierge et comme la quête d'une vérité perdue. L'eau bue par la voyageuse ouvre le passage initiatique qui va redonner au regard son innocence et sa curiosité, lui livrant tout d'un coup un univers qui a fait table rase de son passé : « Bouche bée, elle regarde ce chaos… », ouvrant des yeux qui « ne cillent pas » et « s'écarquillent ». Elle reçoit de plein fouet cette vision du dehors quand ses « yeux agrandis balaient le champ de bataille devant elle ». Puis, elle cherche à aiguiser sa perception du réel en s'attachant aux détails :

> Elle porte une attention particulière à chaque objet, à son emplacement, et tente de se convaincre que c'est peut-être là une autre façon de chercher, de mieux percevoir. (p. 24)

Cet étonnement et cette acuité du regard qui veut à tout prix percer le mystère de son passé se doublent d'une symbolique des objets quand elle découvre des lunettes et des jumelles, car « Les yeux à l'horizon », « ...les yeux rivés... » ne lui suffisent plus pour saisir le réel. Il lui faut aiguiser, amplifier et parfaire son regard, pour répondre à ses interrogations et donner un sens à ce qu'elle voit ; et « la paire de lunettes pour myope » qu'elle emprunte montre cette difficulté à appréhender et à comprendre le monde. Elle prend, au fur et à mesure, conscience du naufrage de sa mémoire et ressent alors le vide de sa vie, se posant le douloureux problème de son identité :

> Maintenant elle sait. Quelque chose s'est détraqué dans sa tête. Elle sait qu'elle ne se souvient plus de rien. [...] Elle, elle a été effacée. Elle est comme un fantôme qui aurait oublié de déterrer son histoire. Elle n'a plus rien à hanter. [...] Pourquoi ? Comment sa mémoire est-elle ainsi devenue ? Pareille à un tissu mité. Des trous à la place de l'intime. Des bouts de savoir élimé. (p. 16-22)

Sans souvenirs, sans repères, le regard de l'anamnèse va dévoiler les monstres tapis de ses peurs car c'est de la réalité gommée que semblent venir en elle des terreurs irraisonnées :

> Elle demeure comme une arête piquée dans sa gorge qu'elle ne parvient ni à avaler ni à recracher. Sentant l'épouvante la regagner, elle se rencogne contre le rouf, prend la mer à témoin :
> - "Rien à savoir ! Pas de pays. Pas d'amour. Mémoire déchargée. Du vent, du vent!" (p.28)

C'est le problème d'une déchirure ancienne qui conduit la voyageuse à l'amnésie car cette dichotomie devient insupportable et la Méditerranée représentera l'entre-deux de manière symbolique. Cette mémoire des deux rives, comme l'appelle Berque, est perdue, d'où l'errance loin des terres, dans une sorte de no man's land, un endroit de liberté factice, où l'incertitude et les dangers guettent, où il faut affronter les tempêtes, où le

Le mythe d'une renaissance ou la renaissance d'un mythe

bateau, telle une nef ballottée, dérive au gré des vents, sans véritable destination.

L'entre-deux, c'est l'oubli momentané, pour gommer la souffrance des origines, le souvenir d'une histoire violente et l'impossible accostage vers un port d'attache inconnu qu'il lui faudrait rejoindre. C'est cette perte d'identité totale, dans une navigation solitaire, avec ses errances et ses blancs, synonymes de non-vie, de gestation fœtale, de silence, de repliement sur soi et, finalement, de cheminement à l'intérieur de soi. Car l'esprit sans mémoire est, à la fois, fermeture et ouverture quand la sensibilité exacerbée retrouve les repères spatiaux d'un monde oublié.

2. La mélopée des origines

Des images oubliées vont resurgir par flashes dans la mémoire de la jeune femme. Ce sont des paysages très vivants qui remontent à sa conscience. Ils s'imposent par leur violente puissance évocatrice. Ce sont des réminiscences de sa vie passée qui occultent toutes ses facultés sensorielles, faisant éclater d'un seul coup, à l'intérieur du tableau lui-même, des impressions visuelles, olfactives, auditives si vivaces que ce souvenir envahit et imprègne son corps et son esprit. Elle ressuscite ainsi par le biais des émotions une mémoire sélective qui remet dans le blanc de son présent tous les lieux mythiques de son passé disparu. C'est le nom du bateau, « Tramontane », qui rétablit, l'espace d'un instant, un lien avec ses paysages perdus, évoquant alors tour à tour la terre et la mer des rives méditerranéennes, sans préciser toutefois de quelle rive il s'agit :

> "Tramontane, Tramontane, Tramontane." Un tumulte de chênes verts et de pins lui monte à la tête. La tramontane est tiède d'avoir crapahuté de vallées oubliées par les eaux en rocailles où l'été brûle encore. Elle sent la garrigue. Un mélange d'aromates et de résineux dans les narines, elle se voit courir entre des vignes gorgées de sang. Devant elle un vol d'étourneaux tourbillonne, enfume l'azur. Une voix d'homme se visse dans ses tympans. C'est une voix rieuse. (p. 17)

La description de la mer démontée au Cap Creus développe aussi un tableau envoûtant avec les bruits hurlants des bourrasques et les explosions des paquets de mer, avec les couleurs appuyées et tout le jeu des lignes abruptes, avec les sensations tactiles des brûlures du froid et du sel des embruns qui plantent comme des échardes dans sa peau. Mais l'évocation de la mer trouve parfois des accents incantatoires et la description se fait "poème à la Méditerranée", réveillant une sensualité exacerbée et un lyrisme inattendu comme pour une véritable histoire d'amour :

> La mer est son incantation. Elle est sa sensualité quand elle lèche les recoins les plus intimes des rivages, son sortilège quand elle hante les yeux des guetteurs. Elle est son impudeur quand elle chavire, sans retenue, dans ses orgies et ses fugues[…]. Elle est sa complice quand elle court, roule et embrasse, dans une même étreinte, Grèce et Turquie, Israël, Palestine et Liban, France et Algérie. Elle est son rêve en dérive entre des bras de terre, à la traverse des détroits et qui va s'unir, dans un concert de vent au grand océan. (pp.68-69)

Ce chant amoureux, dédié à la mer, est aussi, tout simplement, un hymne passionné à la vie et à sa féminité retrouvée. Et, dans la fièvre de sa vitalité sensorielle réintégrée, la voyageuse revit également ses impressions de voyage en Turquie et aux îles grecques ; et ses sensations visuelles et olfactives sont si prenantes que « cette rétrospective tisse en elle une touffeur animale ». Elle reprend ainsi possession de ses terres méridionales oubliées, retrouvant la jouissance d'une communion sensuelle avec les éléments de la nature, et ce sont ces décharges émotionnelles qui vont lui ouvrir un chemin dans le brouillard de son esprit.

3. Les marques d'une appartenance

Le premier repérage partira du journal de bord et de relevés cartographiques. La jeune femme amnésique cherche à se situer dans un contexte géographique, espérant que l'évocation des lieux, ou plus exactement de leurs noms, fera surgir l'étincelle du souvenir pour lui permettre de remonter le fil de sa mémoire perdue. Des noms de ports vont, au fur et à mesure, s'imposer à elle et ils lui traceront un itinéraire avec un lieu de départ, quelques escales et une destination : elle apprend ainsi qu'elle est partie du Golfe du Lion, et plus précisément de Port-Camargue, qu'elle a gagné la mer Egée, sillonné les eaux de l'Archipel du Dodécanèse, puis qu'elle a mis le cap sur l'Egypte en passant par Chypre, pour remonter ensuite à travers les Cyclades jusqu'à Athènes dans le golfe de Corinthe. Mais après une relâche, elle reprendra sa navigation, en remontant le long des îles de la Mer Ionienne en direction de la Tunisie, pour passer le bas de la botte italienne et rejoindre le détroit de Messine.

Son premier port d'escale après son réveil est Syracuse sur la côte sicilienne. Cet itinéraire qui balaie les côtes du Péloponnèse, de l'Afrique, de l'Italie, de l'Espagne et de la France s'inscrit dans un périple méditerranéen. C'est le voyage de l'entre-deux car la mémoire des deux rives garde son mystère et ne lui livre pas le secret de ses origines.

La voyageuse, par cette errance géographique, lorsqu'elle affirme vouloir « fouiller le fourbi du monde », exprime un sentiment de rupture existentielle. Le flou de sa mémoire gomme ses véritables douleurs et l'idée d'une navigation pour « aller à Tatouin », c'est-à-dire au bout du monde ou à « perpète », lui est plus facile que d'accepter les accostages possibles d'une vérité oubliée. Elle se souvient cependant de la rupture de ses deux rives, lorsque son père et sa mère se séparent et lorsque le désespoir installe alors en elle le silence et le vide. Le froid de la neige, le blanc du ciel et le gris dans le cœur vont l'habiter, instaurant alors cette amnésie, qui l'installera dans une paix factice et dont il lui faudra resurgir pour affronter à bras le corps la douleur de sa déchirure. La fosse méditerranéenne représente de manière symbolique cet état de l'exil, entre le Nord et le Sud, dans une zone incertaine et précaire, où toutes les côtes l'interpellent mais où la voyageuse ne sait pas de quel havre se revendiquer :

> Elle pense à l'ambiguïté avec laquelle se débrouillent tous ceux qui portent en eux plusieurs terres écartelées. Tous ceux qui vivent entre revendications et ruptures. (p.22)

Elle ne trouvera pas de réponse dans cette navigation circulaire qui l'enferme dans ses contradictions et ne lui offre pas de véritable issue. La révélation ne viendra pas de cette course vagabonde, mais d'un objet qui va faire affleurer d'un seul coup la conscience profonde d'une émotion refoulée, remontant très loin dans le temps :

> Au fond du sac, une Croix du Sud en argent massif, ornée de motifs touareg et montée en pendentif sur un fin ruban noir. La croix du Sud lui remplit la main, lourde, indéchiffrable. Elle pose l'autre main sur elle et ferme les paupières. (p. 14)

La croix est un symbole attesté depuis la plus haute antiquité. Elle est la base de tous les symboles d'orientation spatiale, car elle représente les quatre étoiles les plus brillantes de la constellation australe qui dessinent dans le ciel la figure d'une croix dont les bras sont dirigés vers les quatre points cardinaux. La Croix du Sud a la particularité de posséder une branche plus grande, orientée vers le pôle Sud et destinée à donner la direction aux observateurs et aux marcheurs se trouvant dans cet hémisphère austral. Elle est l'emblème de la population touareg, ces nomades, « ces hommes qui marchent », comme les appelle Malika Mokeddem, et qui cherchent leur chemin dans les dessins des étoiles. Elle prend un sens cosmique d'appartenance où le peuple du désert est inscrit sur cette terre aride mais trouve son chemin sur les routes du ciel. La Croix du Sud signifie la totalité du cosmos, reliant l'homme du désert depuis sa course terrestre jusqu'aux chemins d'un rêve, englobant tous les éléments primitifs de la vie : la terre, le ciel et la lumière qui conduiront ses pas vers l'eau des oasis.

    La femme sans mémoire retrouve à son contact la chaleur de la vie et une émotion ancienne, sentant confusément qu'elle partage un lien avec une fratrie oubliée. Et cet emblème indéchiffrable se verra lié de manière indissociable dans le récit à un autre symbole de son appartenance, qui sera plus facile pour elle à décrypter et qui apparaît, de façon sous-jacente, lorsqu'elle touche la Croix du Sud pour la première fois sur le bateau : « Le sang chauffe, monte à la tête avec un ballottement sous les cheveux ». Car, sous les cheveux, à la naissance du front, se trouve une marque qui sera affirmée depuis le début du récit et jusqu'à sa dernière ligne. C'est « un énorme hématome semblable à un champignon vineux » qui descend sur son front et sur sa joue. Et cette trace d'un traumatisme ancien va évoluer tout au long du récit, en se réduisant au fil des jours et en perdant cet aspect inquiétant du début. Mais cette marque indélébile finit par prendre une connotation mystique car sa couleur et sa texture vont virer et s'affirmer comme un signe de son appartenance, inscrit depuis toujours et de manière irréversible dans sa chair. La femme sans nom, qui s'en effraie au début du récit, finit par s'y habituer et même à le reconnaître comme faisant partie intégrante de sa personne.

    Cette marque sur le visage de la voyageuse est celle de son histoire personnelle qui l'a meurtrie et blessée, et, s'est imprimée de manière irrémédiable dans sa chair ; c'est aussi celle de l'histoire de son peuple, marquée comme un atavisme ou comme une délivrance, celle de son histoire perdue mais indélébile dans sa « mémoire tatouée », comme l'appelle Khatibi, cette mémoire ancestrale des voyageurs du désert, cette mémoire des hommes qui marchent.

    Le petit tatouage vert, indélébile entre les deux yeux, est en fait l'œil intérieur d'une mémoire vivante. C'est un emblème tribal, le signe inaltérable d'intégration à un groupe social. C'est un symbole d'identification qui marque une appartenance. Ce rite initiatique, propre aux hommes du désert, est imprégné d'un potentiel magique et mystique car il introduit l'individu dans le cercle d'une confrérie où le signe tient lieu de parole, de promesse, de solidarité. Il instaure une forme de permanence en inscrivant la tribu sur la terre de ses ancêtres, et un simple

Le mythe d'une renaissance ou la renaissance d'un mythe

petit dessin sur le front va tresser tout un réseau de significations, avec la reconnaissance d'un groupe et l'intégration dans une filiation et dans une tradition ancestrale mythique. Et souvent ces figures imprimées sur la peau développeront des qualités picturales et poétiques d'où émanera un halo de mystère car ce langage des signes repousse hors du cercle tous les non-initiés. Malika Mokeddem évoque ces tatouages étranges chez Zohra[98], la grand-mère bédouine, avec leurs motifs vert sombre de croix, de branches ou de ciselures, faisant office de bracelets ou de kholkhales.[99]

Les tatouages, au même titre que la Croix du Sud, font partie de ce patrimoine touareg dont la vraie richesse ne consiste que dans le pouvoir symbolique et dans l'empreinte qu'ils laissent dans la conscience de tout un peuple, celui des grandes tribus nomades de la tradition bédouine.

---

[98] Zohra est la conteuse bédouine dans le roman de Malika Mokeddem, *Les Hommes qui marchent,* opus cit., p. 9.
[99] *Kholkhale* : anneau en argent porté aux chevilles.

CHAPITRE IV
L'ART,
MÉDIATEUR D'UNE RÉAPPROPRIATION DE SOI

Le désert, comme l'eau, est un lieu de révélation à la poésie du monde et devient alors une source de fécondation de l'âme. Sur le bateau, la jeune femme, qui a réchappé de la mort, ouvre un nouveau regard sur l'univers qui l'entoure, réceptive à toutes les émotions qui s'offrent à elle.

1. Le chant du luth

Dans le blanc de la mémoire, sans comprendre pourquoi, une phrase mélodique de luth envahit son imaginaire. Comme un leitmotiv, elle resurgira à plusieurs reprises, s'imposant de manière imprévue et faisant naître une violente émotion et le sentiment d'une étrange nostalgie. Comme un paradis perdu et oublié, les notes s'égrènent et semblent réintégrer un espace connu quand la jeune femme entre en communion profonde avec cette musique intérieure. C'est une complainte ancienne qui semble s'exhumer d'un passé englouti, en franchissant les frontières du temps et de l'oubli. Elle est l'image d'un bonheur révolu qu'il va falloir reconquérir ; elle est le trait d'union entre hier et aujourd'hui ; elle est le fil d'Ariane de sa mémoire. C'est le bruit régulier de l'eau sur la coque du voilier qui réveillera « le solo d'un luth » et la musique s'égrène comme un poème à la mer en lançant « des gammes errantes » qui « hantent sa tête » comme l'appel d'un luth esseulé. Le mouvement de l'eau et de l'instrument semblent s'épouser quand « Les roulades du luth reprennent, vibrent dans le bateau, le transforment en luth plaqué sur le ventre de la mer. Il joue sur ses fibres et tourmente son sang ».

Le message est clair : ce poème à la mer est un cantique à la terre-mère, un chemin rebroussé jusqu'aux confins de la mémoire où le bateau se fait luth pour franchir les espaces du temps à reculons. Cette allégorie du retour, comme le refrain d'une nostalgie existentielle, scandera le récit et l'habitera de part en part, revenant comme une image lancinante du passé et c'est le jeu de l'eau sur le bateau qui fera resurgir cette « petite

Le mythe d'une renaissance ou la renaissance d'un mythe

musique du souvenir ». Cependant, c'est la Croix du Sud, cet objet éminemment symbolique qui saura faire renaître, lorsqu'elle s'en saisit, les mêmes impressions musicales qui la transportent dans les tréfonds de sa conscience. A plusieurs reprises, le seul contact de ses mains sur ce bijou d'argent la projette dans des transes où la musique du passé vient l'habiter tout entière :

> Elle rebrousse chemin, saisit en passant la croix du Sud, referme les mains sur elle, s'allonge sur l'une des banquettes du carré. Des notes de luth creusent le ventre du rouf, tendent les amarres, les haubans, l'emportent sur-le-champ. (p.39)

Ce jeu des réminiscences rappelle l'expérience de Marcel Proust, lorsque le goût de la madeleine trempée dans le thé fait resurgir, d'un seul coup dans sa mémoire, le monde tout entier de son enfance. Le village de Combray avec ses souvenirs si présents sort de sa tasse de thé et se trouve ainsi ressuscité, pour être immortalisé ensuite dans une œuvre qui n'en finira pas de remonter le temps pour partir *A la recherche du temps perdu*[100], tout au long de huit ouvrages qui se terminent par un dernier, intitulé *Le Temps retrouvé.*[101]

« Ce n'est pas par hasard », comme le souligne André Maurois dans sa préface à Proust, « mais par un ferme dessein, que Proust, dès le premier mouvement de sa symphonie, expose le thème du réveil ». Car, selon lui, si nous retrouvons notre identité, chaque matin après quelques instants de confusion, c'est que nous ne l'avons jamais perdue et « nos moi ne se perdent pas tout entiers, puisqu'ils peuvent revivre dans nos songes et même dans l'état de veille »[102]. De la même manière, dans *N'zid,* la femme amnésique, qui se réveille sur le pont du bateau au début du récit, part à la recherche de ce passé qui semble irrémédiablement perdu mais qui « [lui]

---

[100] L'œuvre de Marcel Proust, intitulée, *A la recherche du temps perdu,* publiée de 1913 à 1925, est composée des titres suivants : *Du Côté de chez Swann*, Editions Grasset, Paris, 1913. *A l'ombre des jeunes filles en fleurs*, Editions N.R.F., Paris, 1018. *Le Côté de Guermantes*, Editions N.R.F., Paris, tome I en 1920 et tome II en 1921. *Sodome et Gomorrhe*, Editions N.R.F., Paris, tome I en 1921 et tome II en 1922. *La Prisonnière*, Editions N.R.F., Paris, 1923 (posthume). *Albertine disparue*, Editions N.R.F., Paris, 1925 (posthume).
[101] *Le Temps retrouvé*, Editions N.R.F., Paris, 1927 (posthume).
[102] Extrait de la préface d'André Maurois, p. XIV, dans : *Marcel Proust. A la recherche du temps perdu,* tome I, Editions Gallimard, N.R.F., Bibliothèque de la Pléiade, Edition établie et annotée par Pierre Clarac et André Ferré, Paris, 1973.

Le mythe d'une renaissance ou la renaissance d'un mythe

demeure incorporé »[103] et qui remonte à sa conscience « par la coïncidence entre une sensation présente et un souvenir »[104].

En effet, presque à chaque fois, le chant du luth se mêle à la voix ou au visage d'un homme. Il sert de prémices pour faire revivre soudain le souvenir d'une histoire d'amour oubliée. La petite phrase musicale qui introduit cette remontée émotionnelle s'annonce comme un vibrato, une mise en condition psychologique qui favorise l'irruption d'images enterrées très profond dans la mémoire et laisse alors libre cours à la sensibilité amoureuse, établissant ainsi une communication avec le passé :

> Soudain une voix d'homme, une voix rauque, étouffée par la rumeur de la mer, demande :
> - N'zid ?
> Elle répond d'un signe de tête que l'imploration des yeux transforme en supplique muette ? (p.30)

La femme amnésique retrouve alors des bribes de sa vie ancienne et le seul mot, donné en arabe, qui la questionne et qui franchit l'écran de sa conscience, **« N'zid »**, est symptomatique de cette renaissance car il signifie, rappelons-le, "je nais".

De même que chez Proust, la musique joue un grand rôle chez Malika Mokeddem. Comme cette mélopée du luth qui scande le roman, « la petite phrase d'une sonate » rythme, par ses apparitions, cette remontée dans la contemplation de l'essence des choses. La petite sonate de Venteuil, qui est un musicien imaginaire, agira sur la sensibilité dès les premiers accords, libérant dans ces « phrases-types » que les personnages reconnaissent immédiatement « une réalité cachée, révélée par une trace matérielle »[105].

---

[103] Pour reprendre le terme d'André Maurois dans sa préface, *ibidem*, p.XIV.
[104] *Ibidem*.
[105] Marcel Proust, *La Prisonnière*, Editions Gallimard, Paris, 1942, t. II, p. 230. A propos de l'influence de Proust dans la littérature du Maghreb, voir Beïda Chikhi, Motif et effets proustiens : une leçon de polyphonie dans le roman francophone du Maghreb » in *Marcel Proust aujourd'hui*, Amsterdam, Société Internationale Marcel Proust, Rodopi, 2003.

2. Les doigts dansants

Parfois, une fébrilité incontrôlable et un besoin impératif de s'exprimer par la peinture s'emparent de la voyageuse. Le chant du luth se double alors du ballet de ses mains :

> Le besoin de peindre, celui de se jeter à l'eau, la regagne aussi indissociable qu'irrépressible dans la même « intranquillité ». Elle saisit les pinceaux et fusains sans idée aucune de ce que ses mains vont produire. Des réminiscences atomisées lui reviennent, comme un pianiste, un luthiste, retrouvent inconsciemment les notes d'une partition au bout des doigts. (p.71)

La panoplie du peintre et la paire de lunettes pour myopes retrouvées de manière concomitante sont explicites. Elles représentent le jeu du double regard, celui ouvert sur l'extérieur et celui tourné vers l'intérieur. La préhension du monde, derrière ses lunettes ou des jumelles, lui permettra de river ses yeux à l'horizon, pour déduire à partir de son présent des bribes de son passé, dans un éternel aller-retour, passant du monde des contours tangibles aux profondeurs insondables de son « moi ». A cette attention de l'œil se superposera une acuité des perceptions de l'ouïe et du toucher, pour remarquer, s'émouvoir, déduire, décider. Mais la panoplie du peintre lui permettra de pénétrer et de sonder un autre univers, celui de son amnésie et de cette conscience qui refuse de se livrer. C'est la danse de ses mains, dans le jeu des pinceaux et des couleurs, qui mettra à jour, au fur et à mesure de ses impulsions et de ses révélations, des interrogations, des bribes de son passé, puis des pans entiers de sa vie qui se reconstruira, à rebours, sous ses yeux, au fil du voyage.

C'est la voyeuse à l'œil de chat qui entamera le premier dessin. Le regard fixe de ce sphinx a toujours été considéré pour son pouvoir de voyance et peut être interprété comme une faculté hypnotique propre à révéler les profondeurs insondables de l'âme :

> Tout à coup, avec l'effarement du regard du chat qui s'immobilise offrant la totalité de la pupille à l'impression d'une seule image arrêtée, elle fixe les incandescences du couchant. Déposant son verre, elle saisit la carte restée à proximité, la retourne, s'empare d'un crayon, commence à dessiner. (p.31)

Le premier tableau qui sortira sous ses doigts est celui d'un soleil, comme un œil ou poulpe géant, qui dévore une mer, réduite à la taille d'une méduse. Elle dessine ensuite sur sa lancée la mer dans tous ses états avec un soleil qui trône et intitule l'ensemble « Voie d'eau ». Le titre est aussi symbolique que ses dessins car elle sait qu'elle vient de retrouver ainsi le meilleur d'elle-même et que la peinture de la mer lui ouvre le chemin pour dénouer ses peurs et trouver des réponses à ses angoisses.

Elle abandonne à nouveau ses doigts un peu plus tard à la transe des couleurs et peint l'histoire d'une méduse amoureuse d'un oursin, image d'un amour impossible par excellence, consolé cependant par un départ en voyage à dos de baleine. Si l'on pense à la tradition islamique, la baleine de Jonas représente, après la mort initiatique, la résurrection, ce qui pourrait exprimer que le voyage de la petite méduse lui ouvrira les horizons d'une nouvelle naissance. Et la fiction finit par rejoindre la réalité quotidienne lorsque la dessinatrice amnésique, qui craint d'affronter le regard des autres, pense « qu'elle n'est qu'une peau et rien dedans », comme la méduse de son dessin.

La confusion du terme "dessin" avec "destin" est, sur ce point, tout à fait symptomatique car Malika Mokeddem établit dans son récit tout un jeu subtil de correspondances où elle passe aussi facilement du dessin au réel que du message transparent au message codé, mêlant le discours de l'image à l'imaginaire de l'écriture. Et, lorsqu'elle s'amuse à se peindre en petite méduse qui a une forme de point d'interrogation, face à une seiche qui jette de l'encre, elle se met en théâtre face au voyageur de l'autre bateau et intitule ce tableau « La mémoire et l'oubli ». Cette représentation picturale figure en fait, au milieu du roman, un rappel du titre, *N'zid,* en l'illustrant comme une allégorie. La femme-méduse transparente, qu'elle est, oscille entre les réminiscences et les révélations, dans son interrogation existentielle, mais « son petit œil rond » lui ouvre déjà les portes de sa renaissance. La cadence des dessins va ensuite s'accélérer et leur sens deviendra de plus en plus évident. Son inspiration créatrice prendra alors de plus en plus de fougue et d'intensité et s'exprimera dans la rage de ses mains et dans son corps à corps avec la peinture :

> Ses longues mains ressemblent à deux chats qui bondissent, griffent, mordent, lèchent le papier, se figent aux aguets, hérissées de crayon, gomme et pinceaux, sautent de nouveau, comme prêtes à se dévorer. (p.53)

Cette frénésie picturale lui dévoilera successivement le tableau d'un viking, en pleine mer, entouré de baleines et qui se révèle être son père, et, une esquisse découvrant une mer calme où vogue une multitude de barques portant des cadavres, avec son père comme seul rescapé. Puis, ses doigts retrouvent « le calme et la souplesse » du calligraphe, pour faire ressortir de ses fouilles d'archéologue de la mémoire, le visage d'une femme, prénommée Zana, dont la voix sortira du silence, sur le fond d'un vieux chant andalou, avec les mots magiques de la conteuse et rendra enfin à la petite méduse, sous la pointe du crayon, son visage humain.

3. "Hagitec-magitec" ou la magie du conte

Ces mots magiques, « Hagitec-magitec », résonnent comme un signal, déclenchant chez la dessinatrice la fièvre de ses doigts et le déferlement de son imagination. Ils reviennent de manière récurrente et transcendent la femme sans mémoire, ouvrant la porte à la profondeur d'un domaine intérieur, sans qu'elle en comprenne vraiment la signification. Ce n'est que plus tard que cette formule magique sera décryptée. Cependant, cette forme de libération dans la peinture lui procure un bonheur et une émotion intenses qui vont jusqu'aux larmes. La prononciation de ces mots, aux consonances étranges, semble instaurer la femme dans un rite initiatique qui la met en transes picturales et lui donne accès à un imaginaire où le rêve devient porteur d'un message d'enseignement et de sagesse. Les tableaux, les uns après les autres, prennent vie et se mettent à raconter des histoires. Malika Mokeddem nous entraîne dans l'univers merveilleux du conte, nous ouvrant les portes d'un monde aquatique enchanteur, peuplé d'animaux mythiques comme les méduses et les baleines.

Ce souffle poétique du conte parcourt tout le roman, où des signes avant-coureurs nous installent déjà dans une atmosphère particulière quand l'imaginaire de façon insidieuse prend le pas sur le réel. C'est ainsi que la voyageuse, qui a oublié jusqu'à son nom, affirme s'appeler « Ghoula » :

> - « Un surnom d'enfance. En arabe, ça signifie "ogresse". Je l'ai d'abord adopté pour la peinture, puis il a remplacé mes nom et prénom. J'aime bien les ogres et les démons. Et vous ? » (p.49)

Le temps du récit semble ici s'arrêter d'un seul coup, laissant le temps du rêve faire irruption et envahir le réel sans cependant entrer en rupture avec lui. Les deux écritures vont se superposer et Malika Mokeddem fera chanter le merveilleux du conte à l'intérieur même de la chronique du voyage. Pourtant les indices, saupoudrés avec humour et fantaisie, fonctionnent immédiatement et sans explication pour alerter le lecteur qui aiguise alors son regard second afin de décrypter au fur et à mesure toutes

Le mythe d'une renaissance ou la renaissance d'un mythe

les avancées souterraines de ce deuxième discours qui s'imposera par touches successives, englobant par ce biais l'univers onirique au monde du quotidien pour gommer ainsi les frontières de l'imaginaire et du réel.

L'appétit d'ogresse de Nora participe à cette écriture ambiguë et l'auteur en joue lorsque Nora, elle-même, s'affirme de la race des ogres qui n'ont pas d'insomnies, racontant même qu'ils dorment les yeux ouverts. Ce pouvoir de voyance et cette plongée dans le conte nous ouvrent la dimension d'un autre voyage vers l'enfance et vers le passé, où la voyageuse retrouve l'image vivante d'une mémoire reculée qui affleure par intermittence lorsqu'elle est prise par la nostalgie : « Une voix court dans ma tête. Me raconte…[…] Une voix sans timbre. Pas la mienne. Elle vient de loin ». C'est l'imaginaire ancestral qui resurgit, celui de la conteuse qui berçait les insomnies et apportait le réconfort, semblable à des bras maternels. Il s'imposera brutalement au souvenir de Zana, alors que le bateau est englué dans une brume opaque, « dans une mélasse qui ne laisse aucune visibilité » ; car le chuchotement de la voix de Zana ne peut sourdre que de l'obscurité et du silence, quand le temps du réel s'arrête et « qu'elle se sent merveilleusement petite entre ses gros seins ».

Le conte est pour Nora, aussi bien que pour Malika Mokeddem, indissociablement lié au giron maternel et aux images de l'Algérie. Car la terre-mère sort de l'ombre et part à l'assaut de l'eau dès que le visage de Zana pointe dans la mémoire ou sous le crayon :

> « *"Hagitec-magitec !"… Zana, tu prononces toujours cette formule avant tes contes d'Algérie. Des histoires de Djaha[106], de Targou[107], de Ghoul[108] et de Ghoula. Moi, je dis "Hagie-magie". Ça te fait rire… "Hagitec-magitec", maintenant, je me souviens de leur signification : je te conte sans te venir ? Je te donne mon conte sans me livrer ? Tu vas avoir mon conte mais tu ne m'auras pas ? Quelque chose de ce goût là !* »[109]

Si la magie du conte est inscrite dans l'univers de l'enfance, elle reflète aussi la conscience d'un pays. Et la jeune femme amnésique, en quête de

---

[106] Personnage de conte drolatique.
[107] Personnage de conte fantastique.
[108] Un ogre.
[109] Ce passage est écrit, par Malika Mokeddem, en italique pour se démarquer du reste du texte. Ce sont les paroles magiques *"Hagitec-magitec !"* qui introduisent brutalement un changement de registre et débouchent sur une autre typographie d'écriture, matérialisant ainsi sur le papier le basculement du réel dans le monde du rêve, ouvrant les portes d'un univers onirique où l'irruption de l'imaginaire rejoint la mémoire profonde et ancestrale de l'enfance.

mémoire, retrouve, par l'intermédiaire de Zana, l'initiatrice et la passeuse, ses racines personnelles en même temps que ses racines territoriales ; mais les histoires, racontées depuis la nuit des temps, doivent garder leur part de mystère, sans livrer tous leurs secrets, pour conserver la magie du rêve et l'échappatoire magique de l'imaginaire.

4. L'Art : remise en harmonie du monde

Le détour par l'art est un principe de libération et cette fonction libératrice devient alors un enjeu fondamental.

L'Art se fait tout d'abord le principal vecteur de la connaissance. Iil va sortir la jeune femme des limbes de son amnésie avec le chant du luth et la danse de ses pinceaux qui la feront émerger du néant. C'est le dessin de la méduse qui la conduit à la perception de sa propre personne et lui fait reprendre possession de son corps. C'est le jeu des tableaux qui se racontent et se dévoilent sous ses yeux qui lui fait découvrir qui elle est et d'où elle vient. L'émotion musicale et l'inspiration picturale se conjuguent pour lui réapprendre l'espace du dehors et l'espace du dedans : « Deux traversées en une. Le vide de l'espace et le temps plein du dessin, les confins de la liberté ! ». Cette irruption de la vie va s'accentuer dans une communion de l'esprit avec la beauté du monde. L'art sera le médiateur entre le moi profond et un réel qui va participer à la construction de soi : « Mais Nora, ta mer, ton dessin, c'est la nique à la mort... ».

L'émotion artistique fait appel à la mémoire personnelle, familiale aussi bien qu'ancestrale, en les dépassant jusqu'aux mythes, reliant à nouveau le passé au présent et le présent à l'avenir. La femme enfermée sur son bateau s'est faite magicienne « au bout de ses crayons » pour apprendre « à vivre ses vertiges » avec la liberté de sa pensée enfin retrouvée. Elle peut enfin s'affirmer avec toutes ses contradictions dans un présent réappris et maintenant librement accepté et assumé : « Lâche-moi le souvenir. Nora, c'est moi. Moi, Carson. Fille du vent, de la mer et du dessin ».

L'art s'affirme alors non seulement comme le nouveau souffle de la vie mais comme le médiateur des contraires qui réconcilie le Nord et le Sud, le corps avec l'esprit et le voyage solitaire et vide avec la plénitude du rêve et de l'Algérie retrouvée.

CHAPITRE V
LE MYTHE D'ULYSSE

1. La quadrature du cercle : l'odyssée méditerranéenne

Le périple méditerranéen est à la fois un enfermement à l'intérieur de soi et une ouverture sur un espace, libre et sans frontières. Lorsque toutes les rives sont larguées, la Méditerranée représente un point de fuite et de refuge, un lieu de confrontation et de sérénité, un monde de perdition et de renaissance. Malika Mokeddem reprend le thème du voyage mythique d'Ulysse, pour faire, à travers l'héroïne de son roman, un constat lucide de cet entre-deux qui oscille entre l'enfer des tempêtes et le berceau des deux rives.

Par le jeu des allégories, face à la douloureuse fracture historique, elle saura trouver des réponses aux questionnements identitaire, linguistique, artistique et territorial.

Le butin des deux rives

Le choix du personnage principal est significatif à ce sujet ; il est porteur d'un message transparent. C'est une voyageuse, qui se réveille sur le pont d'un bateau, en pleine Méditerranée. Amnésique au début du périple, elle ne sait plus quelle est son identité, mais elle prendra cependant conscience, dans un premier temps, dans le blanc de sa mémoire, de son appartenance diffuse à toutes les côtes méditerranéennes : « Les noms de son agenda forment une mosaïque dont les consonances viennent des cinq continents ».

Cet élargissement au pourtour méditerranéen est une ouverture qui brise la fermeture de la mer et qui gomme les frontières, inscrivant la jeune femme en dehors des nationalismes :

> Sa Méditerranée est une déesse scabreuse et rebelle que ni les marchands de haine ni les sectaires n'ont réussi à fermer. Elle est le berceau où dorment, au chant de leurs sirènes, les naufragés esseulés, ceux des causes perdues, les fuyards de Gibraltar et bien des illusions de vivants. (p.69)

La deuxième révélation sera celle de son identité. Elle apprend qu'elle s'appelle « Nora Carson ». C'est une dénomination symbolique car elle réunit à l'intérieur d'elle-même l'Afrique et l'Europe. Elle est la fille d'un couple mixte, l'enfant des passions extrêmes rassemblant le Nord et le Sud. Ses parents sont l'image des deux continents, l'allégorie des deux peuples. Et le prénom comporte encore une autre symbolique car il signifie « lumière » en arabe. On peut, bien sûr, y retrouver la connotation de la lumière et du soleil propres à l'Afrique ; on peut aussi penser que cette enfant des deux rives, cette fille des contraires, fruit d'un amour difficile, est une illumination, un phare pour les autres, un chemin à suivre et, pour finir, une réussite car elle arrive à surmonter sa dualité, en réconciliant le Nord avec le Sud et finit par revendiquer ses deux origines, en n'en gommant aucune, s'inscrivant aussi bien dans le monde arabe que dans le monde européen.

Les trois Gorgones

La figure de la méduse représente en contrepoint l'attitude de l'héroïne qui reconnaît « avoir mis une voix d'eau entre les langues » car le choix est impossible, c'est un écartèlement douloureux. La "voie" d'eau s'est transformée, au fil du roman, en "voix" d'eau. Le véritable problème s'avère être un nœud linguistique et c'est justement le fait de devoir préciser quelle langue choisir qui conduit au silence :

> Je n'aime pas les mots. Surtout dans ma voix. Ils m'écrasent et m'étouffent. Je préfère la légèreté du dessin. Dès l'enfance, le dessin a été ma façon de ne choisir aucune de mes langues... (p.113)

La palpitation des couleurs lui a permis, de manière instinctive et visuelle, de fondre toutes ces langues, sans prononcer un mot, pour échapper justement à une préférence ou à une élimination et pour tenter peut-être de leur inventer un langage commun. L'allégorie des trois Gorgones illustre cependant le danger d'une telle situation. Le navigateur met la dessinatrice en garde contre cette complaisance mortifère qu'elle entretient vis-à-vis d'elle-même. Il fait appel à la mythologie et va passer par le jeu des symboliques pour expliciter ses reproches : Méduse, dont elle se revendique depuis son premier dessin, est justement, selon lui, l'ennemie à combattre car elle représente comme ses deux sœurs, Euryalé et Sthéno, une déformation monstrueuse de la psyché. Ces monstres ailés, aux cheveux hérissés de serpents et aux yeux pétrifiants, sont le reflet d'une faute. Et la punition des Dieux s'est cruellement abattue sur Méduse car elle s'est rendue coupable d'une vanité narcissique, en se voulant l'égale de la déesse Minerve. Cette perception de soi falsifiée empêche la lucidité et l'objectivité, nécessaires à la réparation et à la guérison. Cette maladie de l'âme ne peut se combattre qu'en s'efforçant de réaliser la juste mesure, en gommant cette exaltation vaniteuse des désirs, pour retrouver l'harmonie, symbolisée dans la mythologie par l'entrée-refuge dans le temple d'Apollon. Le pilote de L'Inutile, tel un guide, cherche à orienter la femme-méduse vers une spiritualisation progressive, grâce au développement de sa conscience, en la détournant cependant de ses pulsions narcissiques :

> Parfois lui filer un coup de trique à la tripe. C'est le meilleur moyen pour faire cracher l'inconscient. [...] J'ai dit la tripe, pas le nombril. (p.116)

D'un autre côté, les trois Gorgones, qui ont perdu leurs figures humaines et sont devenues des monstres avec des masques hideux, représentent à ses yeux les trois pays, l'Algérie, l'Irlande et la France. Ils ont saccagé l'amour de Samuel et d'Aïcha, cette passion "transcontinentale" des brumes du Nord et du soleil d'Afrique, réduisant la violence du rêve amoureux à la démence, au silence et à la mort. Les parents de la voyageuse, rejetés de toutes parts, se sont sentis exilés même de leurs pays d'origine et ont subi l'humiliation du statut d'apatride. Malgré la force de leur amour, ils ont été broyés par les monstrueuses machines nationalistes et Nora Carson, leur fille, cette navigatrice amnésique, s'est alors retrouvée « une bâtarde de trois terres. Autant dire une enfant de nulle part. »

Mais le jeu symbolique de la méduse, chez Malika Mokeddem, indépendamment du danger narcissique, représente l'unique salvation possible. Ces quelques gouttes d'eau qui la composent participent à cet entre-deux aquatique qui relie de manière indissociable les rives de ces continents dévorateurs. L'ogre ne sera plus celui que l'on croit car la petite méduse, à l'air si fragile, a le pouvoir de pétrifier tout ce qui tombe sous son regard et de se l'approprier. Son petit œil rond, dans les profondeurs de la mer, retrouve le regard mythique de la Méduse, cet être fabuleux, qui, avec son unique œil, change en pierre tout ce qu'elle touche. Et même sa décapitation ne lui enlèvera pas la magie de ce pouvoir car il suffira de son image sur l'égide de Persée pour transformer Atlas, ce géant inhospitalier, en cette chaîne de montagnes qui barre l'Afrique de l'Est à l'Ouest, le long de la Méditerranée, et qui s'élève si haut dans le ciel que ses sommets se perdent dans les nuages. La légende de la Méduse retourne de manière irrémédiable au continent africain au même titre que l'écriture de Malika Mokeddem, au fil des pages, se verra submergée par l'imaginaire de la pierre, retournant à son atavisme originel, en pétrifiant par les mots les univers touchés par sa plume, pour s'approprier dans son regard de nomade de l'écriture la mélopée ancestrale des terres du désert.

Le chant des sirènes

Le luth, comme la pierre, relie la femme amnésique à son passé au même titre qu'il réconcilie tous les naufragés d'une double histoire avec leurs racines premières, car la musique ne ment pas, elle imprègne directement l'âme d'un peuple qui, sans l'ombre d'une hésitation, se reconnaît en elle.

Ce luth amoureux, qui scande à intervalles réguliers le texte du récit, résonne comme un leitmotiv inscrit dans l'imaginaire musical d'une conscience populaire imprégnée des rythmes de la grande tradition lyrique arabe. Le chant des instruments traditionnels et les mélodies habitent l'âme du peuple algérien comme un *rebato*[110].

Mais la plongée dans l'essence musicale nous fera remonter encore plus loin car le luth est depuis l'antiquité grecque considéré comme un objet hautement symbolique, porteur de toute une tradition mythologique. C'est la lyre, autre appellation du luth, qui permet à Orphée d'apaiser et de charmer Cerbère, le chien monstrueux aux têtes hérissées de serpents. Par

---

[110] Bela Bartok s'y était déjà intéressé au début du siècle dernier dans son étude sur la musique populaire pour laquelle il s'était spécialement déplacé en Algérie afin de retranscrire et d'enregistrer les témoignages restants des morceaux les plus anciens. Cf. son article sur ce sujet : « Die Folkmusik der Araber von Biskra und Umgebung » in : *Zeitschrift für Musikwissenschaft,* Leipzig, juin 1920, pp. 489-522.
De la même manière, de nombreux musiciens, parfois musicologues, ont cherché dans ces écritures mélodiques des résurgences des anciennes traditions arabes et berbères d'Algérie, surtout depuis le congrès de musique arabe du Caire, en 1932. Dernièrement, Mehenna Mahfoufi, un musicien algérien, docteur en ethnomusicologie, a repris les travaux de Bela Bartok car cette étude algérienne du chercheur hongrois constitue l'une des plus rares explorations scientifiques de ces profils mélodiques algériens anciens et il a analysé dans un article paru en 1998 les résultats très concluants de cette prospection qu'il faudrait à son avis continuer. Pour souligner l'intérêt de ce retour aux sources, il cite le propos du musicologue Janos Karpati : « Ce qui attirait Bela Bartok dans la musique arabe, ce n'était ni l'Orient plein de couleurs, ni l'exotisme vide, mais la force intérieure, l'expression spontanée, l'enchantement primitif ancestral, de la musique populaire. » voir à ce propos Karpati, Janos, « Bartok et la musique arabe », in : *Revue France-Hongrie,* Paris, 1963, pp. 92-105.

cette action spirituelle, le chant de la lyre vaincra la férocité et permettra le retour dans le ventre de la terre, au pays des enfers, pour sauver Eurydice.

Cette filiation musicale inscrit la voyageuse sur la terre du désert où chante le luth amoureux de la grande lyrique arabe et dans l'Odyssée où résonne le chant des sirènes, jusqu'aux rêves mythiques où le pouvoir de la musique permet à l'homme de franchir des espaces interdits. Comme Ulysse, sur son noir vaisseau, enchaîné contre le mat, est charmé par la voix mélodieuse des femmes-oiseaux qui lui content les aventures de sa terre nourricière, la voyageuse se laissera bercer par la mélopée nostalgique du chant andalou inscrit dans la mémoire collective des tribus, conservé et perpétué par la tradition orale des femmes. Elle se fond alors avec la musique, retrouvant le mouvement du corps, gommant les mots qui deviennent inutiles et pénétrant à l'intérieur même de cette essence musicale, qui lui fait traverser les espaces du temps pour communier avec le chant tribal et les mélopées ancestrales qui parcourent encore le désert :

> Elle danse à la plainte d'un luth [...] Elle est une clé de sol accrochée au manche du luth. La musique obsède le dessin. Court-circuitant la menace des mots, elle rive les sens à son jeu sur l'épiderme, sur la rétine et sur les nerfs tendus comme des cordes. (p.98)

L'art du luth restitue l'identité des ancêtres nomades en permettant de fixer par la musique et le chant une mémoire de l'oralité. Mais il va dépasser cette filiation en remontant encore plus loin dans le temps et dans l'espace, récupérant ainsi les racines d'une histoire voyageuse, qui traversera la mer, passera par l'Espagne de Cordoue, pour retourner aux sources musicales indo-persanes. Ce périple musical à rebours est symbolisé et synthétisé par le luth de Sallah dont Djamil, l'ami de Nora, hérite :

> Regarde. Il est à toi. Prends-en soin, il appartenait à mon grand-père, qui lui-même le tenait de son maître, l'illustre Hammadou. Il paraît qu'il est andalou. Il a fait le voyage de la mer, celui de plusieurs vies pour venir jusqu'ici, dans cet endroit perdu du désert. (p.202)

Le joueur de luth devient alors le dépositaire sacré d'une tradition musicale, issue d'un creuset artistique très ancien et très riche, fruit d'une interaction permanente entre Arabes, Persans, Turcs et Indiens.

La marque de la piste des vents

Quand les pinceaux de la voyageuse poursuivent leur odyssée, « ils mélangent mer et désert, racontent l'onde et la dune, l'écume des lames et les rimes de l'erg, la gomme des brumes et les mirages du reg... », car le vent de la mer apporte la nostalgie des vents de sable qui parcourent les univers nomades. « Raconte-moi le désert, implore la méduse » pour la voyageuse qui languit de ne point se souvenir des paysages de son enfance et souffre de leur absence. C'est le manque existentiel qui va faire naître cette superposition des écritures de la mer et du sable et qui donnera à la prose de Malika Mokeddem sa puissance poétique et son originalité. Car le sable, la pierre, la lumière et le vent habitent cette écriture, peut-être même à l'insu de l'écrivain qui ressent tous les lieux de la terre à travers les yeux de son enfance nomade. Et les mots de tous les jours prendront alors la couleur de la terre saharienne car le sable envahira tout l'espace scriptural : lorsqu'elle a sommeil, « elle a l'impression d'avoir du sable sous les paupières » ; et quand l'orage se déchaîne, la mer prend la couleur rouge sang des dunes du Grand Erg, la tempête se mue en vent de sable, la mer se coagule en désert et la retombée de la houle ressemble à « une avalanche de dunes ». Les poissons migrateurs eux-mêmes deviennent « des nomades des surfaces et des profondeurs » et le pauvre oursin « un sédentaire [...] vissé à son rocher, au milieu d'une tribu hérissée » car, dans la sensibilité de ces hommes du désert, la sédentarité est vécue comme une tare :

> Un de ces demeurés d'immobiles seulement préoccupés à se momifier les racines. Ces espèces-là prolifèrent en ce moment. Ils s'abêtissent par bans à force de se fixer les crampons. » (pp.34-35)

Même l'odyssée maritime prend l'allure étrange d'une odyssée nomade quand le souvenir des tentes en plein air fait refuser l'enfermement d'une maison où les têtes se cognent contre les murs :

> *« Non, Tu ne vas pas remonter d'une traite. Tu vas jouer à ta méduse nomade. Nager. Dormir, promener ta peau. Non, pas te cogner la tête contre les murs des maisons. Les yeux des gens. Les certitudes de la terre. Tu t'arrêtes où tu veux[111] »*. (p.67-68)

---

[111] On peut remarquer encore une fois le jeu d'une écriture italique qui installe le discours dans un registre différent. La narratrice s'adresse ici à elle-même et fait ainsi participer le lecteur à cette intrusion dans l'intimité de sa réflexion.

Le désert resurgit au détour des comparaisons et des métaphores, avec l'oursin à l'allure de « chardon », le « mirage » d'une imagination, « la fleur de sel» de la Sebkha ou le navigateur « qui étire son corps avec un long remuement de serpent », quand la flore, la faune et le minéral du Sahara envahissent l'espace maritime, mêlant ainsi le monde de la pierre à celui de l'eau.

2. N'zid : la conquête d'un paradis perdu

L'Odyssée féminine

Ce périple féminin souligne le parti pris et les conventions qui diabolisent la femme lorsqu'elle veut agir au même titre que l'homme et s'affranchir. La punition méritée reste souvent le lot de ces tentatives qui ne peuvent qu'avorter car il ne faut surtout pas déroger au code social qui laisse ces prérogatives à l'homme, la femme étant censée ne pas quitter les murs de son foyer. On peut rappeler à ce propos le sombre destin d'Aïcha, la mère de Nora. Cette dernière a franchi la Méditerranée et a tenté de se rebeller à la fois contre les traditions de son pays et contre l'humiliation d'une vie difficile mais son voyage est une expérience ratée, une odyssée de mort qui finit dans un silence monstrueux ressemblant à un suicide :

> Elle est restée trente-cinq ans posée comme une pierre sans dire un mot. Un seul. Est-ce que tu sais ce que ça veut dire, trente-cinq ans de silence ? (p.143)

Son retour au pays après l'Indépendance ne va pas lui apporter la liberté individuelle rêvée, mais une douloureuse et mortelle désillusion. Et c'est sa fille, Nora, au nom symbolique prémonitoire de "Lumière", qui reprendra l'odyssée interrompue et qui devient la dépositaire des meurtritudes de la mère, à la recherche d'une renaissance. C'est elle qui continuera cette quête qui n'a pu aboutir. Aïcha, malgré sa fin tragique, porte en elle le germe d'une rébellion qui portera ses fruits une génération plus tard. Le nom d' « Aïcha », qui signifie "vivante", symbolise déjà les prémices d'une victoire à venir car le voyage vers la liberté féminine commence avec elle. Malika Mokeddem dénonce l'enfermement des femmes et leur exil à l'intérieur de leur famille, même après l'Indépendance où les rêves les plus fous auraient pu laisser espérer un changement de leur situation :

> On devient vite orphelin dans les bagnes de la tribu et de la communauté. C'est là qu'est le pire des exils. Celui de soi. Corps de femmes, corps de délits. Corps des lits. Seulement ça. Indépendance ou pas. Nationalisme, pervers. Il ne berne les individus que pour mieux les aliéner. (p.140)

Par l'intermédiaire de Nora, Malika Mokeddem fait allusion à un de ses romans précédents, *L'Interdite*. C'est une mise en abîme d'autant plus intéressante qu'elle ne prononce pas le nom de l'écrivain et que le titre de l'œuvre n'est pas donné en français mais en arabe, *Koulchite*. C'est au lecteur de tirer ses conclusions et Malika Mokeddem brouille les pistes sciemment pour justement établir un rapport entre cet ancien roman et le nouveau qu'elle est en train d'écrire sous notre lecture car l'histoire d'Aïcha est « une mal vie », « une Koulchite », et sa fille Nora sera sa vengeance et sa renaissance par-delà sa mort.

La quête de l'identité sexuelle est aussi une quête des origines. L'itinéraire psychologique, marqué par le manque et la frustration, se résout par un retour au corps. Dans un premier temps cependant, la réaction de la voyageuse consiste en un mouvement de recul :

> Elle se hâte de ramasser ses cheveux, de les cacher sous sa grande casquette, enfile un jean sur son short pour se donner une silhouette masculine. (p.24)

La peur des autres, symbolisée par ce bateau qui la poursuit, la remplit d'inquiétude et la conduit à se donner l'apparence d'un homme. Elle cherche à camoufler sa féminité pour affronter le regard des autres et semble considérer sa condition de femme comme une fragilité et une difficulté. Elle n'a pas confiance en elle et, prise de panique, elle finit par s'écrouler dans le cockpit et éclate en sanglots.

Mais à mesure que l'histoire avance, elle va s'affirmer dans sa communion avec la mer, laissant resurgir alors une féminité refoulée, et, lorsqu'elle dessine la mer, « son relief à l'envers derrière l'étain de son miroir », elle retrouve la sensualité des mots et réinvente l'abandon de son corps dans une « désinhibition » verbale qui dévoile un lyrisme amoureux et érotique où l'Odyssée féminine rejoint alors l'Odyssée scripturaire. Elle participe ainsi à cet univers aquatique dans une osmose charnelle et va jusqu'à revivre dans les remous du bateau le souvenir érotique d'un échange amoureux. Son imaginaire retrouve de cette manière les gestes et les plaisirs de l'amour, mais reste tendu du désir inassouvi. C'est le regard d'un homme, celui du navigateur, qui va réveiller son corps et la révéler à

Le mythe d'une renaissance ou la renaissance d'un mythe

elle-même, réconciliant la femme avec l'univers intime de sa féminité et lui conférant à nouveau une identité qu'elle est capable d'assumer en s'affirmant d'un seul coup par la première personne :

> « Dis, tu as pris du "je" sous son regard de mer. Tu as pris une autre mer. Perdue pour perdue, tu aurais bien aimé t'égarer un peu contre lui. » (p.40)

Le féminin n'est plus ici une métaphore. Il est une ligne de force, de résistance, de construction. Le nom dont est qualifiée l'héroïne, bien plus tard dans le roman, n'a pas vraiment d'importance car cette voyageuse est portée depuis le début du périple par les résurgences de l'épopée homérique : elle est le mythe réinventé d'Ulysse-femme. Malika Mokeddem s'en amuse d'ailleurs lorsqu'elle lance un clin d'œil en direction de James Joyce, écrivain d'un « Ulysse » également et dont la femme s'appelle Nora comme sa navigatrice. C'est le navigateur de l'Inutile qui, s'étonnant du détournement de la légende homérique, citera Ulysse en évoquant, avec une certaine dérision, l'anachronisme d'une aventure féminine :

> Maintenant on peut rencontrer en pleine mer des Ulysse tout en crinière, en croupe, en poitrail et le noir fiché dans l'œil et au front. C'est foutu ! (p.77)

La femme devient ici l'héroïne d'un voyage solitaire, bravant la tradition largement établie d'un Ulysse masculin, seul habilité à tenter une expérience hors du commun pendant que Pénélope, sa femme, l'attend sagement à la maison. Le mythe est ici inversé et prend une connotation supplémentaire car la marque sur le front fait référence au tatouage de la femme nomade, qui, elle, voyage depuis la nuit des temps. La condamnation d'un tel renversement des situations, qui est vécu comme une aberration et une atteinte à l'imaginaire collectif, est reprise en contrepoint par la navigatrice lorsqu'elle refuse cette image d'elle comme d'un « Satan déguisé en Ulysse ».

La suite du récit nous emmènera encore plus loin dans la revisitation du mythe homérique, quand la jeune femme amnésique comprendra que sa quête identitaire passe par la recherche d'un homme. Ulysse au féminin ne serait-il pas alors cette fameuse recherche mythique du *yin* pour rejoindre le *yang* ? [112]

---

[112] Allusion aux principes fondamentaux de la philosophie taoïste chinoise, marquant ici le passage d'une notion de passivité à une notion d'activité.

L'Odyssée scripturaire

L'odyssée est une métaphore de l'écriture, qui représente une aventure solitaire au même titre que le bateau est un voyage intérieur qui charrie des héritages culturels multiples. Les explorateurs de l'espace deviennent des aventuriers de l'imaginaire. L'écriture, avec son déluge de mots, va permettre une ouverture, comme un voyage sur le papier, qui gommera le flou de la mémoire. Le cheminement de la plume dévoilera, au fur et à mesure du déroulement du texte, une vérité cachée, un « contexte ». Ce mot peut être compris à deux degrés : le contexte, étant ce qui fonctionne avec le texte lui-même, implique l'histoire qui soutient cette avancée scripturaire. Mais ce contexte, en étant rapproché insidieusement du « cortexte » dont les syllabes se superposent pratiquement, s'amuse à jouer encore plus loin avec le langage :

> Un flou dans le cortexte.
> Drôle de mot, cortex. Corps-texte, c'est ça. Ton corps a le texte flou...Tu es déjà une désinhibition verbale.[113]

Il est fait allusion ici à la perception de l'espace scriptural. La transcription de ce que l'on veut exprimer passe par les mots et, même si l'écriture n'est pas transparente et ne sait pas toujours où elle va, elle se conçoit comme une quête où le verbe lui-même libère les non-dits du moi profond qui finiront par prendre corps à l'intérieur même du texte pour se révéler au grand jour. La grand-mère, Zohra, des *Hommes qui marchent*, affirme être la dépositaire de mots : « elle a la tête lestée de mots qu'elle fait revivre dans des images ». Elle est la conteuse « qui se joue de tout, même de sa propre histoire » qu'elle trafique et refaçonne « entre ses rêves et les perditions de la réalité ». Cette ancienne nomade a perdu le désert, son espace vital ancestral, en se sédentarisant ; mais elle va le reconstruire, pas à pas, dune après dune, en faisant revivre dans les contes tout cet univers perdu qui va ainsi resurgir dans les paroles retrouvées d'une tradition bédouine et, bien sûr, dans l'écriture de Malika Mokeddem qui se pose comme relais de cette oralité et comme transmettrice de cette mémoire. Car cette mémoire qui s'écrit et se reconstitue au fil des pages est « une reconstruction », pour reprendre les mots de Claude Mauriac à propos de Proust. L'écriture, selon lui, va produire la forme et la solidité d'une œuvre matérialisée, d'une œuvre d'art ; et l'art, comme l'écrit Marcel Proust lui-même, « recompose exactement la vie, autour des vérités

---

[113] Extrait de *Les Hommes qui marchent, opus cit.*, p.61.

qu'on a atteintes en soi-même »[114]. La création littéraire va alors transmuter une réalité perdue dans le temps et dans l'espace, pour en saisir la poésie, proie plus réelle que le réel, dans un effort de transcription et de résurrection d'un passé évanoui, qui va se réécrire sur un espace-page où le voyage scripturaire se donnera au lecteur comme à l'écrivain dans un double et commun dévoilement d'une odyssée des mots, en cours d'exécution sous nos yeux.

Malika Mokeddem, au même titre que Proust, s'interroge sur « les métamorphoses nécessaires qui existent entre la vie d'un écrivain et son œuvre, entre la réalité et l'art, ou plutôt, [...] entre les apparences de la vie et la réalité même qui en faisait un fond durable et que l'art a dégagé »[115] ; et, lorsqu'elle choisit en épigraphe de son livre, *L'Interdite*, un texte de Pessoa extrait du *Livre de l'Intranquillité*, c'est pour donner à l'avance une réponse au pourquoi de son écriture et à toute sa production romanesque à venir : « Il y a des êtres d'espèces différentes dans la vaste colonie de notre être, qui pensent et sentent diversement... Et tout cet univers mien, de gens étrangers, les uns aux autres, projette, telle une foule bigarrée mais compacte, une ombre unique – ce corps paisible de quelqu'un qui écrit... ».

L'écriture devient alors tout simplement un moyen de se rendre maître des événements et de se réapproprier sa propre vie. C'est ainsi qu'elle explique, par cet en-tête, sa stratégie, dans son premier livre, *L'Interdite*, face au désespoir de son héroïne, Sultana, déchirée, comme Nora dans *N'zid*, et certainement comme elle-même, par une double appartenance.

La seule façon, pour elle, de concilier les contraires sera d'écrire car l'expérience de l'écriture représente un voyage à l'intérieur de son moi, pour décrypter les non-dits, domestiquer ses peurs et retrouver une sérénité en acceptant toutes les facettes de sa personne. Pessoa, aux multiples pseudonymes, qui se sentait l'éternel exilé de lui-même, est un exemple hautement symbolique de cette quête douloureuse qui ne trouve un exutoire que dans l'écriture pour se remettre en adéquation avec lui-même. Oser dire les choses est le premier pas vers la liberté mais oser les écrire pour raconter son cheminement témoigne d'un voyage solitaire au long cours où le questionnement sur soi et sur le monde ouvre des perspectives car, selon Malika Mokeddem, « l'immobilité du sédentaire, c'est la

---

[114] Dans Proust, Marcel, *Le Temps retrouvé*, Gallimard, 1942, II, 25, *sqq*.
[115] Dans Proust, Marcel, *Jean Santeuil*, Gallimard, 1952, I, p.54.
A propos des influences de Proust sur les littératures du Maghreb, voir Beïda Chikhi, « Motifs et effets proustiens : une leçon de polyphonie dans le roman francophone maghrébin », in *Marcel Proust aujourd'hui*, Amsterdam – New York, Rodopi, 2003.

mort... », et « le nomadisme des mots » reste l'ultime voyage possible de tout exilé.

Malika Mokeddem se fait romancière « pour faire cracher l'inconscient » et, comme Nora, l'héroïne de *N'zid*, « [remplit] et [noircit] les blancs de sa vie sur des pages et des toiles ». Ses romans vont s'écrire dans un fourmillement de symboles et un jeu de paraboles où le récit nous invite, comme dans un *Conte des Mille et Une Nuits*, « à ouvrir les yeux sur les choses » et à poursuivre « le rêve d'une pénétration magique de l'univers »[116] pour donner à lire les affrontements du présent. Son Odyssée scripturaire est une quête démystifiée d'un langage mythifié où le jeu de symbolisation métaphorique, picturale et musicale des mots installe l'inspiration créatrice dans le feu d'artifice d'une écriture polysémique, d'une grande intensité poétique et lyrique.

L'Odyssée des sables ou la légende des hommes qui marchent

Les mythologies du voyage sur mer et sur terre s'entrelacent. Que l'on pense à Marco Polo, Ibn Battûta, Rabelais, Swift et bien d'autres, les itinéraires des voyageurs nous rappellent les périples de l'antiquité grecque où les héros homériques s'affirment, à la fois, comme les découvreurs d'un espace géographique, les traverseurs de rêves et les déchiffreurs de mythes. Et leur quête de la richesse, de l'amour ou du savoir, s'avère une revendication d'existence et une mise à l'épreuve où la navigation devient celle d'un pays intérieur. L'itinéraire des voyageurs, avec ses difficultés et ses merveilles, rejoint la tradition orale des contes, prétexte à rêver, à replonger dans une filiation historique et à réfléchir sur soi. L'histoire et la légende se mêlent, récupérant et brouillant tout à la fois les traces des Anciens.

Le thème du voyage sur mer, chez Malika Mokeddem, se rapproche de la tradition bédouine où le nomadisme fait partie d'une culture ancestrale. Le vocabulaire du désert s'approprie souvent d'ailleurs celui de la mer. Le vaisseau du désert ou l'âne des mers évoque l'incontournable dromadaire qui tangue sur les sables comme le bateau sur les vagues, et la mer de sable suggère l'étendue interminable des dunes. Malika Mokeddem jouera de cette ambivalence pour décrire la mer avec les mots du désert. L'imaginaire de son enfance prendra alors possession de l'univers aquatique, en pétrifiant la transparence jusqu'à la transmutation du liquide

---

[116] Cité par Bencheikh, Jamel Eddine, *Les Mille et Une Nuits ou la parole prisonnière*, Gallimard, Paris, 1988, p. 20.

Le mythe d'une renaissance ou la renaissance d'un mythe

en solide. L'image de la petite méduse qui se fond dans la mer et sur laquelle se superpose la Méduse mythique qui transforme tout ce qu'elle touche en pierre en est une illustration. Malika Mokeddem est comme cette pieuvre de pierre avec, au tréfonds d'elle-même, cette mémoire séculaire des voyageurs des sables et du désert, cette tradition nomade de la grande caravane inscrite dans l'imaginaire collectif et transmise de génération en génération par la voix des conteurs.

Dans la vie tribale, les poésies récitées ou chantées racontent l'univers quotidien et les grandes sagas des héros du passé. Le *Hida,* cantilène chamelière, célèbre le dromadaire, ce symbole de l'endurance et du rêve voyageur. Le *Hamasa,* cette épopée populaire, glorifie les héros bédouins. Et la *Quasida*, à la fin du Ve siècle, va mettre en scène, dans un majestueux poème arabe d'inspiration lyrique, le preux chevalier, dévoué à sa foi et à sa dame. Une de ces figures mythiques de la littérature arabe primitive est encore chantée aujourd'hui et représente, aux yeux de la population nomade, le modèle du chevalier du désert : c'est Imrul Qays, surnommé al Malik al Dillik, « le roi errant », qui aurait vécu avant l'Hégire et dont la légende raconte la longue quête et ses multiples exploits pour reconquérir son trône. Le mythe de ce roi errant a traversé les âges comme celui d'Ulysse ; l'image du chevalier du désert et celle du navigateur méditerranéen se superposent comme archétype d'un périple mythique où les sables et les eaux offrent de la même manière cette vastitude, cette solitude et ces dangers propres à révéler les héros.

On pourrait aussi se demander, avec cette route du sel, du sable, du vent et de l'eau, avec ces odyssées qui se recoupent, si les nomades n'étaient pas, en vérité, un ancien peuple de la mer, du temps où le désert étalait ses océans et ses forêts au bord du grand Erg de Timimoun, rappelant aux peuples des sables qu'il est lié à sa mère nourricière, au grand peuple disparu des eaux. Malika Mokeddem va encore plus loin lorsqu'elle affirme :

> Chez moi, avant, les nomades disaient qu'ils n'étaient pas des palmiers pour avoir besoin de racines, qu'eux ils avaient « des jambes pour marcher et une immense mémoire »[117] ! Ils disaient qu'ils devaient quitter, partir, trahir, pour pouvoir revenir, pour pouvoir aimer... Ils disaient que les déserts étaient « de grands larges au bord desquels l'immobilité était une hérésie »[118]. (p.162)

---

[117] Il s'agit là d'une autocitation de Malika Mokeddem, tirée d'un roman précédent : *Les Hommes qui marchent, op., cit.*
[118] *Ibidem.*

Le mythe d'une renaissance ou la renaissance d'un mythe

Dans *Les Hommes qui marchent,* Malika Mokeddem, sous couvert de la conteuse Zohra, qui aurait pu être sa grand-mère bédouine, nous explicite le sens profond de cette Odyssée des Sables, qui rejoint le mythe éternel du voyageur, symbolisé et sacralisé par Ulysse, cet aventurier des temps antiques, lorsqu'elle écrit, page 25 :

> Ce sont des hommes qui marchent. Ils marchent tant que la vie marche trop vite en eux. Ils sont, sans doute, à la recherche de quelque chose. Ils ne savent pas quoi et pressentent même qu'ils ne trouveront jamais. Alors, ils se taisent et avancent. Peut-être ont-ils l'intelligence des premiers humains qui comprirent que **la survie était dans le déplacement**. Celle des derniers hommes qui fuiront les apocalypses des cités. Celle **des rebelles de toujours qui jamais n'adhèrent à aucun système établi**. Maintenant je crois que **leur marche est une certaine conception de la liberté**.[119]

D'une certaine manière, Malika Mokeddem nous donne ici la clef de son livre. Ce roman, avec son histoire, son écriture et sa poésie, représente une naissance, « N'zid », un voyage, pour une récupération de tous les espaces : celui des sables et de l'eau, celui des filiations mythologiques, celui des écritures mêlées, et, celui de ses retrouvailles avec son univers intérieur. Le voyage circulaire ouvre sa boucle et brise son enfermement :

> Qu'est-ce qu'il y a au bout de la mer ? Le désert ? (p.101)

Le voyage représente ici une valeur cathartique[120]. Mais la réappropriation de soi ne peut se faire qu'en se réinscrivant de manière harmonieuse et indéfectible sur ces terres-rivages de la mer qu'elle sillonne en acceptant la richesse de ses origines et la multiplicité de ses espaces d'ancrage :

> Tu n'es pas de nulle part. Tu es de cette mer et tu as trois terres d'ancrage. S'il prenait à l'une la manie de se mutiler, il t'en resterait encore deux. Tu es forte de ce trépied. Il t'équilibre, borde ta mer et te libère. Tu n'es pas de nulle part. Tu es un être de frontière. (p.161)

---

[119] Nous nous sommes permis de mettre en caractères gras l'essentiel de ce message à deux entrées qui fonctionne indifféremment pour l'Odyssée des sables, dans *Les hommes qui marchent*, et pour l'Odyssée maritime dans *N'zid*.
[120] Thème traité par Jacques Madelain dans *L'errance et l'itinéraire, Lecture du roman maghrébin de langue française,* Editions Sinbad, Paris, 1983, p.78 : Pour lui, la mer comme le désert sont un lieu de passage, une « Thébaïde », « une thérapie », une « réoxygénation spirituelle avant de retrouver la densité des relations sociales et affectives avec les hommes. »

Le mythe d'une renaissance ou la renaissance d'un mythe

Dans le roman, *N'zid*, même si Malika Mokeddem entretient le doute et ne s'affirme à aucun moment être la jeune femme amnésique du roman, les références à sa propre histoire sont légion. Le personnage de Nora, qui change d'identité à plusieurs reprises, pourrait s'avérer un camouflage qui ne trompe cependant personne. Mais l'important n'est pas de savoir qui se cache derrière le personnage central car l'essentiel réside dans la face cachée des choses.

L'autobiographie se fond avec le voyage, dans un univers étrange où les terres ont disparu, où l'héroïne a oublié jusqu'à son nom, où le rêve, la poésie et les mythes deviennent le nouvel espace sensible. Les réalités sont inversées et ce retour aux sources de la vie maritime va permettre de faire le vide pour évacuer l'inutile et rentrer en concentration.

Et le bateau, au milieu de la Méditerranée, comme une force centrifuge, réinsuffle l'énergie première pour chanter la mer et la découverte de soi. Dans cet univers clos, comme dans un long poème à l'eau et à la vie, la renaissance[121] va s'opérer, mêlant tout à la fois douleur et émerveillement, pour se réapproprier, dans les tréfonds de la conscience et par-delà l'immensité des flots, l'espace perdu de ses terres intérieures et de ses rivages d'accostage.

---

[121] Voir à ce sujet Françoise Gaudin, *La fascination des images, les romans de Tahar Ben Jelloun*, L'Harmattan, 1998, p.16. : « L'accomplissement du trajet permet une "délivrance" où le spatial converge avec le qualitatif : le corps s'ouvre au plaisir, la mémoire à la conscience, transformant l'absence en présence, le vide en plein, exprimant une joie nouvelle par des mouvements déliés. »

TROISIÈME PARTIE

Le "je" du regard
comme réappropriation d'un contexte social

dans *La Voyeuse interdite* de Nina Bouraoui

Dans le premier roman de Nina Bouraoui, *La Voyeuse interdite,* une jeune fille enfermée dans sa chambre cherche à élargir son horizon en se postant derrière l'unique ouverture possible, une fenêtre obturée par des rideaux qui laissent passer ses regards en voilant cependant son visage. L'observation sera pour elle le point de départ de tout un processus de transformation et de maturation de sa personne car la femme à sa fenêtre passera, dans un premier stade, d'un constat féroce de sa condition à la colère, au refus du statut féminin et à la remise en question du pouvoir prépondérant de l'homme. Puis, cette même démarche de rejet et d'accusation conduira la femme à une affirmation d'elle-même et à une prise de conscience de sa place dans la société, prémices d'une libération et d'une réappropriation des espaces interdits.

On pourrait définir, à partir de cette évolution, les trois étapes psychologiques implicites et essentielles à ce périple de la reconstruction identitaire et de la reconquête de soi et du monde : voir, juger et choisir.

CHAPITRE I
UNE FENÊTRE OUVERTE SUR LE MONDE

Kafka évoque dans nombre de ses écrits l'image de la fenêtre[122] qui excède la structure architecturale ordinaire de l'ouverture et se pose entre le spectateur et le spectacle du monde en mettant le regard en acte. Et, lorsque Jean Starobinski[123] examine de près cette « fenêtre » de Kafka, il constate que l'objet banal se complique et se charge dramatiquement en devenant une distance impalpable qui met le spectateur à la fois au contact et en retrait du « spectacle mouvant ». Pour Kafka, le fait d'aller à la fenêtre est une façon de marcher au monde et de nouer un lien[124]. Gérard Wajcman s'appuie sur cette idée dans son étude, *Fenêtre, chroniques du regard et de l'intime,* lorsqu'il affirme : « en tous lieux et pour tout le monde la fenêtre paraît cette place singulière où on se fait son cinéma, d'où le monde se regarde et se rêve, d'où il se désire, et où on attend. Où parfois il manque. Et par où, aussi, il nous invite, nous rejoint et nous entraîne, parfois ». Selon lui, on a besoin d'une fenêtre pour « gagner le monde »[125] car c'est elle qui porte la réponse, en étant l'ouverture sur les autres, vers ailleurs.

Mais elle est aussi une frontière qui délimite l'espace du dehors et l'espace du dedans. Elle borne notre propre monde et « dessine l'espace de chez soi », en faisant « se rejoindre le plus lointain et le plus proche, le

---

[122] Son premier recueil publié en 1913 se nommait *Regard* et contenait deux textes intitulés, l'un, « Regards discrets à la fenêtre », et l'autre, « Fenêtre sur rue ».
[123] Cf. Jean Starobinski, « Regards sur l'image », in *Le siècle de Kafka,* catalogue de l'exposition du Centre Georges Pompidou, Paris 1964.
[124] Il aborde ce sujet dans « Fenêtre sur rue », publié sous ce titre dans le recueil *Regard (Betrachtung)* en 1913, précédemment cité. Traduit par Claude David sous le titre « La fenêtre sur rue », in *Œuvres complètes,* t. II, « La Pleiade », Paris, Gallimard, 1980, p. 3 :
« Quiconque vit abandonné et voudrait cependant, çà et là, lier quelque relation, quiconque, en face des changements que lui imposent les heures, les saisons, le métier ou toutes autres circonstances, veut trouver un bras quelconque auquel se tenir – celui-là ne pourra pas se passer d'une fenêtre sur rue. Et même s'il en est au point de ne plus rien chercher, même s'il n'est plus qu'un vieil homme recru de fatigue qui s'appuie à sa fenêtre et promène ses yeux entre le public et le ciel, la tête un peu rejetée en arrière, sans plus rien vouloir, les chevaux l'entraîneront dans leur cortège de voitures et de bruit, pour le replonger enfin dans le concert des hommes. »
[125] Extrait de *Fenêtre, chroniques du regard et de l'intime* de Gérard Wajcman, Collection « Philia », Editions Verdier, Lagrasse, 2004, p. 12.

monde et moi »[126]. Et Wajcman va encore au-delà lorsqu'il précise le rôle et la fonction de la fenêtre, lui conférant ainsi un pouvoir particulier : « "Qu'est-ce que le moi ?" demandait Pascal. "Un homme qui se met à la fenêtre pour voir les passants." Mais plus encore, les reliant et les séparant, n'est-ce pas l'ouverture frontière de la fenêtre qui crée le dedans et le dehors ? Si la fenêtre invente le monde, elle a peut-être aussi inventé notre monde, notre intimité, là où, dans l'ombre, se tient le cœur, l'être même du sujet »[127]. L'objet fenêtre devient alors, selon Wajcman, un objet de pensée, « fondateur du sujet moderne et instrument de la conquête du monde »[128].

1. L'acuité du regard et la réappropriation de l'autre

Dans le roman de Nina Bouraoui, une femme, enfermée dans l'espace clos de sa chambre, va se poster à la fenêtre et tourner son regard vers l'extérieur en choisissant de ne pas se couper du monde qui l'entoure et en concentrant dans ce regard toutes les forces vives de son inactivité obligée. L'ennui, l'isolement et les interdits vont aiguiser l'attention de cette voyeuse en posture d'attente devant le monde extérieur où le seul univers qui s'ouvre à elle se résume à la rue devant la maison et au monde étriqué et rétréci de sa vie de tous les jours qui lui offre surtout la vision d'une « forêt d'hommes », seules personnes habilitées à se promener en toute liberté, et qui se borne, par ailleurs, à quelques femmes qui s'aventurent dans ce monde hostile ainsi qu'à des enfants, des chats et des tramways qui déambulent, indifférents au regard qui les fixe depuis la fenêtre. Exacerbée par le poids de sa claustration, la voyeuse va se repaître d'une vie qui lui échappe et elle suivra avec acuité ce mouvement et cette agitation du dehors, seul rapport ténu de son existence avec celle des autres.

La fixité de sa posture à la fenêtre fera de son œil un dévorateur de rue. La fenêtre devient « un trou de serrure pour lorgner le monde », « pour épier au-dehors », et « pouvoir voir sans être vu voyant »[129]. C'est une « fenêtre-lunette », une « fenêtre-de-vue »[130], un instrument de connaissance

---

[126] *Opus cit.,*, p. 24.
[127] *Ibidem.*
[128] *Ibid.,* p. 22.
[129] *Ibid.,* p. 39.
[130] *Ibid.,* p. 42.

qui exacerbe les désirs et, pour résumer en quelques mots, selon Gérard Wajcman, c'est « disons un trou avec un œil. Un trou pour l'œil »[131].

Comme Emma Bovary[132] qui rêve d'une autre vie, la voyeuse-narratrice, qui s'exprime par « je », sans qu'on sache véritablement qui elle est, cette femme sans visage, tirera sa substance de la vie qu'elle vole aux autres. Elle va guetter toutes les miettes d'activité de la rue et, depuis sa position dominante de regardante à sa fenêtre, elle se sentira rentrer en possession de toutes ces vies qu'elle va surprendre. C'est de son perchoir qu'elle appréhendera ce réel auquel elle ne sera jamais confrontée que par personnes interposées. Elle va extraire des trottoirs de sa rue la sève d'une aventure qui ne sera jamais la sienne :

> Je suis l'œil indiscret caché derrière vos enceintes, vos portes, vos trous de serrure afin de dérober un fragment de Vie qui ne m'appartiendra jamais ! Je détaille mes cibles avec une sonde et un verre grossissant, j'arrache les vêtements, taillade la peau, je creuse jusqu'aux chairs, je dissèque, dépèce, sépare, je désosse et recolle les bouts détachés, je taille en pointe et ressoude le tout quand il n'y a plus rien à découvrir, je fais de leurs viscères une « mappe-vie » où serait établie une biographie intéressante à parcourir. (p.16)

Le regard de la voyeuse opère la réduction du visible à l'état de spectacle car la fenêtre est comme un oculus qui met en scène l'indiscrétion de ce regard qui raconte une vérité cachée et inavouable. Son œil de voleuse pratique une autopsie implacable du réel en transformant le monde en images, transgressant le silence des non-dits et violant un secret bien gardé, celui d'une intimité familiale et sociale qui s'expose alors au grand jour. « Regarder par la fenêtre revient en somme à rentrer à l'intérieur d'un corps défendu, accomplissant ainsi un acte hautement interdit, qu'on cherchait à empêcher par tous les moyens. Cela équivaut à un viol. »[133]. Malgré la passivité de sa posture de spectatrice, le geste délibéré de regarder devient ainsi un acte de pouvoir, « commandé par le souci de voir – le vœu de voir, l'envie de savoir »[134]. Le monde lui appartient désormais. Elle se rend « maître du visible »[135] par son seul

---

[131] *Ibid.*, p. 43.
[132] Cf. *Madame Bovary* de Flaubert : « Emma était accoudée à sa fenêtre (elle s'y mettait souvent : la fenêtre, en province, remplace le théâtre et la promenade). »
[133] Gérard Wajcman, *op. cit.*, p. 50.
[134] *Ibidem* p. 40.
[135] *Ibid.*, p. 62.

regard. L'écriture va délimiter le cadre de la fenêtre comme champ de vision et d'investigation, au même titre que la peinture cerne son sujet par un cadre géométrique qui borne le tableau, ainsi que le définit Gérard Wajcman dans son étude. La vision scripturale ou picturale qui en résulte connote le même travail du regard qui s'appesantit pour recréer le réel par le mot ou l'image. La représentation du dehors incombe à la subjectivité de l'œil qui saisit un champ de vision qu'il s'approprie en en devenant le sujet[136], mettant en perspective, dans le cas présent, un effet de plongée issu d'un point de focalisation qui surplombe l'objet du tableau. La fenêtre-passage organise deux portions d'espaces : l'espace intérieur, celui du sujet, qui est à peine un espace, et l'espace extérieur, « l'espace de l'espace, du monde, des éléments, des "objets" et des autres », qui représente le complément du sujet, « tout le reste, tout ce qui n'est pas lui ». La fenêtre articule « le monde du sujet » et « le monde du monde », nouant l'intérieur du sujet et l'extérieur des objets et des autres pour, dans un mouvement inversé et complémentaire, ouvrir le sujet au monde et faire entrer le monde chez lui.

Dans le roman, *La Voyeuse interdite*, l'étude du point de focalisation dévoile tout un mécanisme très savant des angles de vision. Nina Bouraoui s'instaure, dans un comportement en chaîne, comme un "Auteur qui regarde" "la Voyeuse qui regarde". Le champ du regard passe par des points de relais successifs dans une combinaison secrète et indécelable dont le point de départ est son œil. Elle observe le monde dans un premier champ d'exploration et transmet à la griffe de sa plume d'écrivain de recréer son regard par la médiation du personnage fictif de la Voyeuse qui, du point de focalisation relayé de son œil, tourne son regard sur la fenêtre de sa chambre qui s'ouvre sur la rue. Le voyage du regard devient une véritable pérégrination où le vrai sujet s'efface et où le cheminement devient flou, quand le champ de vision qui s'étale sous les yeux de la voyeuse et sous nos yeux de lecteurs répercute, dans les mots, le voyage de cet œil qui remonte, à rebours, du lecteur à la voyeuse, jusqu'à la pointe du stylo de l'écrivant, pour revenir dans les tréfonds du regard d'un auteur qui s'érige comme écrivain pour donner existence au tableau.

---

[136] Selon Wajcman, même si le monde pictural ou scriptural se construit à partir du sujet regardant, cette perspective « naturelle », qu'il qualifie de « perspective humaine », est cependant restrictive car « quand l'homme voit, il ne voit toujours que d'un point, de là où il est. En quoi il n'est pas Dieu. Telle est l'irrémédiable condition humaine – on ne s'étonnera pas que Magritte nomme le tableau de 1933 figurant une peinture de paysage encadrée dans une fenêtre, *La Condition humaine*. » (Extrait du chapitre 6, *Ut pictura fenestra*, p. 159. de l'*op. cit.*)

Le "je" du regard comme réappropriation d'un contexte social

Lorsque les mots sont écrits, le regard prend vie et le tableau existe. L'interdit du monde se dévoile alors, passant par le rite initiatique de la fenêtre[137], révélatrice d'un champ de vision quand l'œil soulève le rideau qui ferme la prison, pour explorer le monde et l'exposer aux yeux de tous, multipliant les points de focalisation à l'infini, portant ainsi un petit bout de vie aux yeux de l'humanité tout entière.

Mais, dans le roman, cet œil anonyme, qui se nourrit du spectacle de la rue, se double de tous les autres regards, à travers toutes les autres fenêtres des chambres où sont claustrées toutes les jeunes filles cachées derrière les rideaux car ces Mauresques plaintives, sans nom et sans visage, réduites à l'état de pierre inanimée, se dressent derrière leurs fenêtres, telles des statues érigées à la gloire du silence. Et c'est la voyeuse de Nina Bouraoui qui saura trouver le lyrisme pour raconter, en leur nom et au sien, des histoires de la vie de tous les jours « tissées de mots et de maux ». L'écriture se révèle ainsi le seul exutoire possible à l'enfermement de la parole dans ce gynécée au mutisme de mort et l'hymne à la douleur commune sera repris en symbolique dans le discours de la voyeuse, au nom de toutes les femmes présentes derrière les rideaux opaques de la rue et que l'on ne verra jamais, mais que l'on devinera comme un chœur dans cette « petite musique de la mort ».

---

[137] La fenêtre s'impose, selon Gérard Wajcman, comme une machine à transformer le monde en image. Cette nécessité d'une telle médiation est affirmée p. 188 quand il écrit : « En quoi faire une image c'est interposer une fenêtre entre le sujet et le réel ». Il cite ensuite Pessoa pour appuyer son raisonnement : « Entre la vie et moi, écrit Fernando Pessoa, une vitre mince. J'ai beau voir et comprendre la vie très clairement, je ne peux la toucher ». (*Le Livre de l'intranquillité*, Fragment 80, Paris, Editions Christian Bourgeois, 1999). Il évoque aussi chez Marcel Proust, p. 199, cette « fenêtre de la distance du monde et du passé, fenêtre tableau, fenêtre souvenir » au début du *Temps retrouvé* lorsque le narrateur est de retour à Combray et qu'il découvre le clocher de Combray s'encadrant dans la fenêtre de sa chambre : « ...Je me disais : "C'est joli d'avoir autant de verdure dans la fenêtre de ma chambre", jusqu'au moment où, dans le vaste tableau verdoyant, je reconnus, peint lui au contraire en bleu sombre, simplement parce qu'il était plus loin, le clocher de l'église de Combray. Non pas une figuration de ce clocher, ce clocher lui-même, qui, mettant ainsi sous mes yeux la distance des lieues et des années, était venu au milieu de la lumineuse verdure et d'un tout autre ton, si sombre qu'il paraissait presque seulement dessiné, s'inscrire dans le carreau de ma fenêtre ». (Marcel Proust, *A la recherche du temps perdu*, t. III, collection La Pléiade, Gallimard, Paris, p. 698).

2. Le déferlement des rancunes et de la haine

La fenêtre est pour la voyeuse l'arme essentielle de sa conquête du monde[138] car elle est une machine à images qui la lie en tant que sujet à l'objet de son regard, comme « médium du réel ». La "regardeuse" ne se postera cependant pas seulement face au monde de la rue mais aussi face au monde de la maison. Et même si la fenêtre est absente dans cette autre préhension du monde qui est celui de sa vie de tous les jours, Gérard Wajcman considère que la démarche visuelle est la même car le regard initié par l'expérience de la fenêtre recréera de lui-même le cadre nécessaire : « Cette fenêtre essentielle, nous la transportons avec nous, nous avons toujours avec nous une fenêtre portative, d'autant plus discrète et commode à porter qu'elle est intégrée à l'œil, qu'on parle de la fenêtre palpébrale ou de la pupille. Le cadre est condition de la vision, la condition de ce qu'il y ait des images. Pas de cadre, pas d'objets dans la vision. Il ne suffit pas d'un œil en état de marche, d'un objet et de la lumière : pour voir, il faut en découdre, il faut couper... »[139], en un mot, il faut "cadrer" et "cibler", procédé indispensable à la Voyeuse, pour extraire du réel les images insupportables de sa vie, avec un tableau plus vivant que nature, dans un constat lucide de sa condition. Ce qui est vu pourra alors se nommer et se décrire et permettra la montée et l'explosion de sa révolte et de son refus devant cette exposition si criante de vérité. Nous pouvons alors conclure avec Gérard Wajcman que « faire un tableau ce serait peindre une histoire dans une fenêtre ou ouvrir une fenêtre sur l'histoire »[140] car la jeune fille à la fenêtre nous fait rentrer, par l'univers de son œil, dans son histoire et dans les douleurs de sa condition de prisonnière.

Face à ce monde de la maison et à cet univers de la rue, hostiles et inhumains, sa première réponse à la séquestration sera une révolte rageuse et suicidaire. La colère et les pensées meurtrières vont submerger tout le texte et cette porte-parole du silence va exsuder sa haine avec une rare violence, vomissant sa virulence contre tous les espaces conjugués : contre

---

[138] Gérard Wajcman développe cette idée de la puissance du regard dans le chapitre 11 de l'*op. cit.,* p. 360 : « La Vue, Sens-Maître de l'Homme. La fenêtre est l'instrument premier de cette promotion de la Vue, elle est le sacre du Regard. Elever la vue au rang de Premier Sens, c'est élever la fenêtre au rang de ce par quoi le monde devient spectacle, objet pour le regard, ce dont on jouit par l'œil, ce dont l'œil va prendre jouissance, mais à distance, avec modération. La fenêtre est l'affirmation de la maîtrise sur ce monde. »
[139] *Ibidem* p. 186.
[140] *Ibid.,* p. 192.

son propre corps, contre les hommes, contre son père, sa mère et la famille, contre la religion et contre les traditions qui résument, en un mot, l'aliénation de tous ces espaces.

Le sang inondera cet espace de séquestration et envahira les pages du roman, dans une imagerie constante qui mêle la douleur physique et morale. Jacques Madelain, lorsqu'il analyse l'écriture romanesque maghrébine francophone[141], évoque cette symbolique du sang, témoignage d'une blessure et d'une souffrance indicibles. Pour ce dernier, le sang est perçu comme l'élément constitutif du destin féminin placé sous le signe de la douleur et d'une tache indélébile. Le sang des menstrues est vécu comme une salissure, le sang de la défloration comme une négation de la femme et de sa féminité, le sang du suicide comme la seule issue susceptible d'apporter l'apaisement. Cette image du sang est révélatrice de la haine que la femme porte à son propre corps, « sans pénis », qui lui fait détester son destin de femme.

Dans la même démarche, elle honnira sa mère, perpétutrice de sa déchéance, avec ces mots déchirants de « Meurtrière maman ! », refusant ainsi l'avilissement de la condition féminine lorsque les femmes deviennent des objets repoussants. De la même manière, elle honnira son père, ce dictateur qui ne lui adresse plus la parole après sa puberté : « Mon père a été le déclencheur de ma violence. Le responsable que j'accuse ! ». Elle vomira aussi le monde de la rue où les hommes sont des violeurs et des désaxés, où la seule femme libre qui s'y aventure sera spoliée, violentée et brisée, et où les petites filles passent parfois sous les roues des camions.

Le tableau qui s'offre à elle, que ce soit en dehors ou dans la maison, dénote un changement de la vision du monde, « une manière de voir, une nouvelle façon de regarder autour de soi, ou peut-être, tout simplement, le fait de regarder enfin le monde – le regarder et non plus le lire »[142]. La fenêtre devient l'opérateur magique de cette métamorphose quand la vie de tous les jours devient « spectacle »[143], « Weltanschauung » comme l'appelle

---

[141] Cité par Jacques Madelain, *L'errance et l'itinéraire. Lecture du roman maghrébin de langue française,* Paris, Sinbad, 1983, pp. 67-71.
[142] Gérard Wajcman, *op. cit., p. 236,* dans le chapitre 8, « La fabrique du paysage ».
[143] Quand la fenêtre choisit ses cadrages, elle révèle, selon Gérard Wajcman, une essence commune avec le langage. C'est ainsi qu'il évoque Jean-Claude Milner quand il écrit que « La fonction même du langage est de créer du distinct, c'est-à-dire qu'il sépare, qu'il découpe infiniment. En cela, on pourrait parfaitement soutenir que le langage opère ainsi lui-même sur le réel comme une fenêtre, un instrument de cadrage, à toutes les échelles possibles, de l'infiniment grand au plus petit. Autant dire d'ailleurs qu'à cet égard le langage est aussi un instrument optique ; en distinguant, il sert à voir. Pouvoir séparateur

la philosophie allemande. Cette mutation ontologique s'instaure car l'office de la fenêtre est d'éloigner ce qui est près et de fabriquer « il lontano »[144], établissant ainsi une séparation avec une mise à distance des choses et du regard où le monde devient objet et où le sujet prend sur lui son pouvoir par ce regard lui-même.

3. La jouissance retrouvée d'une réponse à l'oppression[145]

La voyeuse pourra alors dépasser sa douleur, sa haine et sa rancœur grâce à la maîtrise de ce regard car il reste en effet pour elle le seul moyen de conquérir un espace interdit à la déambulation. Par la force de son imagination et la libération de l'écriture, le voyage intérieur devient le point de départ d'une longue marche introspective contre la séquestration des corps. C'est ainsi que la liberté de penser la réalité telle qu'elle est et de pouvoir la dire représente pour elle le premier franchissement de ces interdits et le premier bonheur d'une conscience retrouvée.

Et, même si la constatation et la considération de ses souffrances intègrent à l'intérieur d'elles-mêmes une forme d'apitoiement dangereux de soi et de masochisme, ce repliement sur soi permettra la prise en main

---

de la fenêtre, elle engendre aussi le distinct, en cela elle est un instrument de connaissance du monde. Et aussi de sa transformation » (p. 240). Dans le roman de Nina Bouraoui, la fabrique de l'image s'avère double quand elle est soutenue par le jeu de la fenêtre ainsi que par celui de l'écriture.

On peut aussi se référer à l'étude de Pascal Dethurens, *L'Art de la fenêtre. Images de la fenêtre dans la peinture et la littérature occidentales*, 345 p., (à paraître) où il évoque ce jeu entre l'intérieur et l'extérieur, quand la fenêtre offre du monde un pur spectacle et quand elle quitte son rôle d'objet pour devenir une « forme », un « mode d'être », un « langage ». C'est ainsi qu'il fait référence dans cette recherche aussi bien à la peinture qu'à de multiples auteurs comme Rilke, Shakespeare, Proust, Goethe ou Mallarmé.

[144] Cf. Gérard Wajcman, *op. cit.*, p. 250, où la fenêtre est évoquée comme « une machine à distance ».

[145] Le terme de « jouissance » est utilisé par Gérard Wajcman comme une des trois caractéristiques de la fenêtre dans le chapitre 7 de son étude, intitulé « Le triple de la fenêtre ». Il part, pour ce faire, du traité d'architecture d'Alberti, *De re aedificatoria*, livre IV, chap. 1, cité par Anthony Blunt dans *La Théorie des arts en Italie, 1450-1600*, Gérard Monfort, 1986, p. 27 :

« Les bâtiment ont été faits à cause des hommes [c'est-à-dire] pour satisfaire les besoins de la vie, pour convenir aux occupations des hommes, et enfin pour leur délice ».

Wajcman reprend cette idée de la trifonctionnalité de l'architecture pour l'appliquer aux fenêtres, estimant que les trois registres, besoins - occupations - délices, forment le Triptyque de « la Cause des Hommes » qui distinguent trois Êtres de l'homme : « l'être vivant, l'être social et l'être pour le "délice" », pouvant se traduire en « corps-sujet-jouissance », (*Op. cit.*, p. 194).

de son propre destin et le sursaut nécessaire pour juger la condition présente et la refuser en la dénonçant. Ce qui isole, ce qui déchire, ce qui exclut devient alors le moteur, « comme si la souffrance était le levier sur lequel prendre appui pour dépasser la souffrance »[146] et faire naître la colère.

Le bonheur viendra justement de cette âpre lucidité, derrière le regard inquisiteur et sans concession, quand la froide considération de la cruauté de sa vie lui donnera la hauteur et la détermination de prendre à son compte les désespoirs de toutes les jeunes filles enterrées vivantes derrière les rideaux des fenêtres de sa rue. La voyeuse entrera ainsi en possession, non seulement de l'espace délimité de sa rue et des yeux des autres voyeuses qu'elle devine derrière les autres volets clos, mais de toute une rhétorique de la révolte qui la conduira inévitablement à rejeter cette oppression, pour elle et pour toutes les femmes qu'elle défendra. La parole est déjà là pour affirmer sa prise de responsabilité et énoncer son droit de commandement :

> Dominatrice des Mauresques, porte-parole du silence, maîtresse des Hommes et des choses, la rue, la ville, le monde m'appartient ! Je suis la veine centrale de l'événement, le premier moteur des êtres, la libératrice des citadelles d'antan, la Cassandre du nouveau siècle ! Je détiens la perspective, maintiens l'horizon et rien n'échappe à mes pinceaux marron, supports sensibles de l'émotion. (p.99)

Pour la voyeuse, exclue du monde, la fenêtre symbolise le premier rite de passage vers la vie et devient « l'arme de l'œil » qui instaure son regard comme un « prédateur du visible »[147] qui se joue de l'ancienne castration et mortification de sa vue. Par sa médiation, la désespérance prend tout à coup le visage de l'espérance quand le défoulement de la haine et le refus vont permettre une reconnaissance de soi car la libération de son agressivité va réintégrer la voyeuse dans une perspective de "sujet voyant et dominant". Elle va « prendre désormais droit de regard sur le monde par l'œil »[148], redélimitant alors son espace personnel face à l'espace familial et face à l'espace du dehors.

La fenêtre va mettre en scène non pas seulement un sujet "voyant" mais "regardant", c'est-à-dire « non pas simplement doué de la vue, mais animé d'une envie de voir et de la volonté de cette envie, un désir de voir

---

[146] Jacques Madelain, *op. cit.* p. 19.
[147] Gérard Wajcman, *op. cit.*, p. 231.
[148] *Ibidem.*

Le "je" du regard comme réappropriation d'un contexte social

décidé à s'assouvir. Non plus un sujet patient recevant par la fenêtre sa ration utile ou sa dose d'esprit désincarné, mais un sujet agent, agissant, allant à la fenêtre, recherchant par la fenêtre au-dehors sa pitance, dans les gens et les choses, de quoi nourrir son œil, le contenter... »[149]. Cette « pulsion scopique », ainsi que l'appelle Gérard Wajcman, instaure la jeune fille sans visage du début du roman comme une Voyeuse, à la démarche volontaire, qui s'affirme dans un bouleversement de sa vision du monde, dans la jouissance de son nouveau pouvoir, celui de son œil en action.

En nouant le visible au dicible, la fenêtre va jouer un rôle dans la constitution de la narration et dans l'élaboration de l'histoire. Elle est la condition que quelque chose puisse se raconter et se décrire. « L'œil devient l'allié de la langue et la langue l'instrument de l'œil »[150]. Visuelle ou langagière, l'*historia* est une création de la fenêtre qui offre un monde déchiffrable dont la jeune voyeuse prend possession car « voir, décrire et connaître marchent ensemble ». L'écrivain se fait peintre des mots[151] et la femme de son récit, postée à la fenêtre de la rue et à l'affût du microcosme de la maison, regarde, en tant que sujet, au-dehors et au-dedans, « les autres personnes qui font aller le train du monde », ouvrant la fenêtre « sur l'homme en train de faire l'histoire », c'est-à-dire sur « le drame humain dont les hommes sont les acteurs » [152]. La fenêtre fait du spectateur le témoin d'une histoire qui devient sa propre histoire, et s'ouvre ainsi à la fois sur le spectacle du monde et sur l'histoire du sujet regardant.

Mais le dicible retourne au lisible car l'écriture ne se conçoit pas sans lecteurs. Et la fenêtre de la lecture, qui répercute en cascade l'œil de la voyeuse, fait entrer dans l'univers feutré de la maison ces nouveaux témoins d'un monde interdit. La fenêtre, même si elle s'instaure comme une frontière d'un monde clos, se joue des délimitations d'un dedans et d'un dehors quand l'œil projette son point de fuite éternellement recommencé de l'intérieur vers l'extérieur aussi bien que de l'extérieur vers l'intérieur. Ce double regard rejoint l'idée de Merleau-Ponty dans *L'Œil et l'Esprit* : « Il faut penser le tableau comme le dehors du dedans et

---

[149] *Ibid.*, p. 230.
[150] *Ibid.*, p. 282.
[151] Cf. Alberti qui évoque cette parenté profonde qui rapproche peinture et littérature dans *De re aedificatoria*, livre VII, chapitre X, cité par Anthony Blunt, *op. cit.*, p. 27 : « Et je puis fort bien contempler un tableau avec un plaisir égal à celui que j'éprouverais en lisant un beau récit historique ; car tous deux, peintre et historien, sont peintres – l'un peint avec des mots et l'autre avec le pinceau ».
[152] Gérard Wajcman, *op. cit.*, p. 294.

Le "je" du regard comme réappropriation d'un contexte social

le dedans du dehors »[153]. L'écriture ouvre une fenêtre sur cet espace intérieur fermé et invisible, verrouillé comme une boîte, où le paysage du dedans s'offre alors non seulement comme une scène de théâtre dicible et lisible mais comme un spectacle visible par tous.

Cet échange avec le monde, malgré la situation de retrait du regard, ne laissera pas la Voyeuse indifférente. En tant que témoin, elle rentrera en débat avec ce monde, pour l'affronter, choisissant de le remettre en question et elle partira en guerre, suivant l'aphorisme de Kafka, "le Grand Maître des Fenêtres"[154] :

Dans le combat entre toi et le monde, seconde le monde.[155]

---

[153] Maurice Merleau-Ponty, *L'Œil et l'Esprit,* Folio, Essais, 1980, p. 23.
[154] Dénomination donnée par Gérard Wajcman dans l'*op. cit.,* p. 470.
[155] Aphorisme 52, p. 456, in Franz Kafka, *Œuvres complètes,* tome 3 *: Journaux (1909-1924) - Lettres à sa famille et à ses amis - Extraits des feuillets de conversation,* traduit de l'allemand par Jean-Pierre Danès, Claude David, Marthe Robert et Alexandre Vialatte avec avant-propos et annotations de Claude David, Collection Bibliothèque de la Pléiade, n° 316, Gallimard, 1984.

CHAPITRE II
LE VOMISSEMENT D'UNE SOCIÉTÉ PATRIARCALE

Le regard de la voyeuse va mettre au grand jour cette « farce de la Vie », en dénonçant les interdits et le monde sclérosé de l'univers féminin. Il va remettre en question tout un système archaïque de fonctionnement social.

1. Le huis clos infernal de l'hypocrisie

Le mensonge baigne tous les actes de la vie quotidienne. Rien ne se fait au grand jour et rien n'est dit. Un silence oppressant et un immobilisme mortel annihilent les velléités de transgression et de vérité. Tout se trame derrière des fenêtres, des rideaux, des portes et derrière les murs des chambres et des maisons, « dans la semi-pénombre du huis clos infernal ».

La femme est « retranchée derrière toutes sortes d'ouvertures ». Son destin est de vivre cachée car, sous prétexte de se protéger des hommes, « Il fallut prendre une décision. Ferme et définitive. Dès la puberté, les femelles de la maison durent vivre cachées derrière les fenêtres d'un gynécée silencieux… ». La claustration est pour la femme le seul moyen d'éviter le regard impur des hommes. Il s'agit de dissimuler ses moindres attributs féminins et, quand elle sort, son visage est couvert pour dissimuler la joie, son corps est ficelé « dans des voiles grisâtres » comme des « fantômes borgnes… asexués ». Même les jeunes filles, grimées, avec les deux marques de henné sur le front, leur parure d'or et d'argent, offrent encore, sous le tissu de la robe de mariée, leur corps inachevé d'enfant. Toutes ces souffrances, tout ce mal sont prônés pour le bien de la femme, sous couvert d'une religion bienveillante et d'une tradition issue d'une longue filiation. Le père s'instaure alors comme gardien de la loi sacrée et se pose comme le bourreau de sa propre fille. Et la mère, comble de la tromperie, participe elle-même au terrible complot qui prive définitivement sa fille, chair de sa chair, de liberté : elle la donne en mariage à un inconnu, lui préparant ainsi la même vie d'esclave et de condamnée que la sienne. Car la mère-victime, qui prépare sa revanche dans le dos de sa fille, se venge à travers elle, de « sa naissance, de [leurs] existences et de son sexe ».

Mais la fille n'est pas dupe et laisse la duplicité et la dissimulation s'exercer, consciente de cet « héritage », de cette « maladie congénitale, transmissible et incurable ! ». L'hypocrisie se fait jour à tous les niveaux et se conforte dans tous les non-dits, enfermant la femme derrière « une grille inviolable faite dans le fer de l'éternel retour, de l'habitude, du souvenir et de la tradition ».

L'imagination participe aussi à cette duperie pour la voyeuse-écrivaine, quand les choses « se travestissent à son gré, s'arrachent à la banalité du vraiment vrai », posent un masque pour se donner en spectacle. C'est la narratrice-voyeuse qui crée ces « pantins farceurs de l'imagination » comme un tour de passe-passe, gommant le réel pour céder à la magie de l'illusion. Ce jeu du mensonge se confond avec celui de Nina Bouraoui pour partir vers un voyage sans valise, celui d'une écriture et celui d'un récit, qui s'affirmeront comme une histoire imaginaire, sans avoir l'air d'être une autobiographie. Ce camouflage dérisoire tient au fait que la parole libératrice ne s'apprend pas en une publication mais en un lent cheminement qui mènera Nina Bouraoui, quelques livres plus loin, au courage de révéler l'indicible Vérité.

2. La femme-matrice en question

Même si elle partage « la souffrance d'être née femme dans cette maison », la voyeuse, contrairement à ses congénères, refuse la résignation, la passivité et la peur. Elle dénonce les femmes qui l'ont précédée, ces grands-mères qui ont perpétré cette soumission, en la privant des plaisirs de son sexe :

> ...Qui doit payer ? Vous, grands-mères au doigt inquisiteur, détective de fautes et de souillures, vous les « rabat-plaisir », moralistes à la gomme, bourreaux obsédés par la similitude, voleuses d'extases, empêcheuses d'amour ! (p.14)

Elle revendique le droit à l'amour, elle refuse l'avenir « inscrit sur les yeux sans couleur de sa mère et les formes monstrueuses de ses sœurs : parfaites incarnations de toutes les femmes cloîtrées ! »

L'enfermement

La première injustice qu'elle dénonce sera justement cet enfermement qui l'isole du reste de l'humanité et qui la met à la merci de ses geôliers. En réaction, elle fera de sa chambre « une cellule mortuaire ». Elle évoque souvent avec virulence ce statut intolérable de prisonnière avec, par exemple, « une petite fille (qui) s'agrippe aux barreaux de fer forgé », « les jeunes filles des fenêtres closes » ou « les Sarrasines enfermées ». L'état subalterne de la femme est également tourné en dérision par la connotation animale, spécialement avilissante, lorsqu'elle la traite de « bique au poil trop long qui joue du sabot en attendant qu'on l'arrache du troupeau pour l'abattoir... ». Les femmes, qualifiées de « fantômes de la rue, animaux cloîtrés... ! » perdent tout visage humain en étant ravalées au niveau de la bestialité, comme une affirmation de leur non-existence.

L'idée de la mort imprègne de manière tragique cet univers carcéral de la séquestration. Cela se retrouve à la fin du roman, quand la camionnette du mariage, décorée de fleurs, est décrite comme un corbillard, la mariée faisant alors figure d'enterrée vivante :

> ...je m'avançais, borgne et résignée vers le véhicule de la mort...Poussée par ma mère, je m'engouffre dans l'antre métallique ; ...une porte noire se refermait sur mon voile...une ampoule accrochée au plafonnier éclaire la cassette à fond fermé, ...les vitres sont condamnées...une plaque de fer me sépare du chauffeur...encerclée de fleurs, je me dirigeais vers une nouvelle histoire. Derrière la camionnette, une cohorte de chiens suivait. (p.143)

Cette dérision cruelle atteint son comble quand le cortège funèbre (du mariage !) se borne à une meute de chiens, déniant ainsi à la femme toute valeur d'humanité et ravalant l'enterrement lui-même à celui des anonymes, que personne n'accompagne.

Mais ce sentiment d'enfermement ne s'arrêtera pas aux frontières d'une porte de chambre ou de voiture ; il se répercutera de manière amplifiée sur toute la ville d'Alger, jusqu'aux confins des terres, jusqu'au port :

> Il ne reste plus qu'un chant morne et monocorde, celui des jeunes filles cloîtrées, requiem pour le vide, le tragique et maintenant l'inutile ! plus rien à regarder, plus rien à attendre, plus rien à entendre. La mélodie de la mort tombe des murs, court sur le macadam puis, fuyante elle aussi, elle s'en va rejoindre les déserteurs. Etirée par une lumière énigmatique, la rue se prolonge jusqu'au port. La vue est distincte, l'horizon débarrassé de ses formes encombrantes livre sans crainte ni

> pudeur son secret : le Port. Dernière avancée de terre, no man's land de nulle part, transit intemporel, ultime instant, digue irréelle, temps d'arrêt entre le rien et le rien, bordure du néant, épouvantable vide, le port est le dernier rempart de la prison. (p.117)

La description des lieux, tout en négations, reprend en écho la plainte funèbre des jeunes filles, dans un requiem tragique sur la non-existence et le néant qui envahit tout l'espace scriptural.

Le silence

Cette séquestration des corps se double d'une confiscation de la parole. La chambre est le tombeau de la jeune fille comme la bouche est le cercueil des mots :

> Ma demeure a le calme d'un fond marin tapissé d'algues vénéneuses, le mutisme de la mort ! rejetées de la surface, les plantes meurtrières se meuvent en silence en évitant de se toucher, crachent le venin fatal au beau visage de la Vie puis portent avec disgrâce le deuil de leur victime. Avec cette toile de fond plus grise que ma jeunesse, je suis devenue l'ombre d'un tableau raté. (p.16)

Le statut de la femme est le silence, la règle d'or du confinement social qui la condamne à une solitude à vie. Et le fait de raconter ce silence et les non-dits est un franchissement d'un intérêt majeur, car la parole féminine est toujours occultée par la loi de la parole masculine. Le déni de parole représente la première règle de l'esclavage féminin, le premier pas vers la résignation, la censure absolue d'un totalitarisme masculin, l'autodafé ultime d'un fascisme qui ne dit pas son nom mais qui conforte l'homme dans son rôle de dictateur du microcosme social de la cellule familiale :

> Nous mangeons accroupis autour d'une table avec un seul pied pour la soutenir, nos jambes croisées se frôlent parfois mais aucune parole, aucun regard ne trahit le silence un peu solennel imposé par l'homme de la maison. (p.23)

Oser la parole, même par écrit, sera le premier pas vers la récupération d'un univers social et la réinscription dans un contexte de communication, chaînon indispensable à une reconnaissance identitaire de soi par les autres. Constater l'aliénation de cette confiscation de la parole sera le premier mot d'un long discours sur la révolte personnelle répercuté sur la trame sociale, la première fissure dans cette quadrature de l'encerclement où la femme est retenue prisonnière. La brèche est ouverte pour une revendication libertaire qui sapera les bases de cette citadelle du pouvoir, en remettant en question les principes mêmes de l'édification de ce pouvoir.

La génitrice

Le rôle essentiel de la femme est de perpétrer la race, en donnant naissance à des enfants mâles. L'évocation de cette femme-matrice se retrouve très souvent dans le roman car la jeune fille refuse cette image réductrice qui ravale la femme à « un ventre reproducteur ». L'homme n'a d'intérêt pour sa femme que dans la mesure où elle peut être porteuse d'un enfant mâle et le mépris qu'il a pour elle est proportionnel à sa religiosité et à l'attention qu'il se porte. En dehors de la procréation, qui suit à la lettre les préceptes du Coran, la femme est pour lui un objet de luxure et de perdition. Il lui dénie toute sexualité et ne considère chez elle que son penchant à l'impureté. Sa réaction à la survenue de la puberté de sa fille est symptomatique sur ce point car il la frappe, l'injurie et ne lui adressera plus la parole pendant des années :

> Il me roua de coups et dit :
> - « Fille, foutre, femme, fornication, faiblesse, flétrissures, commencent par la même lettre. »
> Ce furent ses derniers mots. (p.33)

Rejetée par son père, la narratrice reprend à son compte cette image dévalorisante de sa féminité : « Pubère, il m'a rendue inapprochable, dans le royaume des hommes, je suis LA souillure, sur l'échiquier des dames ». Rabaissées au rang de l'animal, les femmes ne sont plus, à partir de la puberté, que des « femelles » qui doivent vivre cachées dans un gynécée silencieux. Et même le mariage, qui aurait dû apparaître comme une libération, sera vécu comme une douleur, comme des « noces sanglantes ».

3. Le rejet d'un sexe dégradé

Le statut social humiliant de la femme, dans ce roman, est ressenti comme une atteinte à sa dignité et à sa liberté. Et, après un constat terrible et lucide, la narratrice, à l'intérieur même de son histoire, nous proposera, à travers plusieurs destins de femmes, différentes issues possibles à cet état de la désespérance.

Une fleur maudite et gangrénée

Sous le poids de la tradition et du regard de l'homme, la sexualité de la femme est vécue comme une perversion et une forme de malédiction originelle, auxquelles aucune échappatoire ne semble possible. La jeune fille est marquée par un stigmate ineffaçable : son « sexe est une fleur maudite plantée entre les deux cornes de Satan ! ». La femme est déjà coupable à sa naissance du seul fait d'être née fille et la féminité de son corps ne sera évoquée qu'avec les mots les plus ignobles. Son corps est accusé de baver et de « suinter l'impureté ». « [Elle a] beau [se] laver, panser [ses] "plaies" cycliques et épiler les poils de [son] intimité, [elle] reste sale et indigne de sa parole. ». Le peu de considération dans lequel la femme tient son propre corps confine même au dégout d'elle-même quand la jeune fille estime son corps « à la limite de la putréfaction ».

La femme est une fausse promesse car elle représente la déception de l'homme qui attend une descendance mâle et non une petite fille « au sexe amputé ». La narratrice reprend pour elle-même la rancœur du père en parlant d'elle en des termes difficilement soutenables :

> Je suis un épouvantail articulé, une femelle au sexe pourri qu'il faut absolument ignorer afin d'échapper à la condamnation divine. (p.31)

Le spectacle de cette déchéance féminine se retrouve à la fin du roman, sous forme d'allégorie, dans la description du méchoui qui nous présente de manière suggestive, en contrepoint, l'image même de la femme-objet soumise, offerte et consentante dans une métaphore festive de sa nuit de noce :

> Allongé sur un lit de pommes de terre, d'ail, de persil et d'herbes rouges, jambes en l'air, cuisses immobiles, sexes farcis, ventres béants et yeux mi-clos, graisse cirée et chair généreuse, le méchoui attend les doigts dévastateurs. (p.133)

Derrière le constat d'impuissance de la narratrice et de l'apparente acceptation de sa condition, le texte de Nina Bouraoui développe une violence et une agressivité des images à couper le souffle, ce qui ne laisse aucun doute sur la remise en cause de cet état de fait. Sa dénonciation ira même crescendo, amplifiant encore le tableau de la déchéance féminine qui envahit toutes les pages du roman comme tous les espaces entrevus par la jeune fille, jusqu'aux « trottoirs de la ville gangrenée ».

Le matriarcat des « chaloupes »

Dans l'espace confiné de leur maison, les mères ont appris à survivre. Esclaves de leurs maris, elles n'ont pas pu épanouir leur sexualité mais subissent l'accouplement procréatif comme de bonnes génitrices. Toujours claustrées, elles ont abandonné toute coquetterie, et l'inactivité, l'ennui et les maternités successives vont en faire des êtres repoussants peu dignes d'être aimés, les réduisant définitivement au rang d'objets. La narratrice n'a pas de mots assez durs pour décrire le spectacle de sa mère :

> Les femmes de la maison ont renié frivolité et séduction, pieds nus ou en claquettes, elles sont des tas de graisse insignifiants flottant dans des robes peu seyantes ou des corps aux formes disparues toujours proches de l'évanouissement ; erreurs irréparables que la nature aurait dû épargner, cancéreuses sursitaires, elles sont le spectre de mes nuits sans sommeil ! (p.26)

Elle la décrit plus loin comme « une outre grasse et poussive qui se débattait sur la berge », comme « une chaloupe beuglant comme un animal traqué » ou même comme une « génitrice [qui] n'était plus qu'un vulgaire colis déficelé », lorsqu'elle la surprend avec son père.

Mais la mère, qui a perdu tout son charme physique, compense par d'autres prérogatives et pallie la soumission à son mari par un regain d'autorité sur ses filles. C'est pour elle une revanche sur la vie de régenter des êtres encore plus faibles et plus vulnérables qu'elle. Et quand, forte de son pouvoir, elle organisera le complot pour le mariage de sa fille, elle oublie qu'elle a vécu les mêmes contraintes et se range ainsi résolument du côté du père, du côté des tyrans. C'est, en effet, pour elle, l'unique moyen de se valoriser et de retrouver une reconnaissance sociale : « On arrange son passé comme on peut, surtout quand on est une femme dans un pays musulman ». Le mensonge et la manigance lui regagneront une certaine forme de pouvoir et la réintégreront dans un univers de transaction et de communication qui lui donnera l'illusion de participer à la vie.

Les fantasmes « des hyènes affamées »

Dans ce monde de claustration, la rigueur des interdits exacerbe les désirs, et les jeunes filles, brimées dans l'éveil de leur corps à la sensualité, vont rêver d'une sexualité qui leur est refusée en comblant ce vide par des évocations paroxystiques, car la pulsion physique compense le manque par la richesse imaginative et va réveiller une forme d'hystérie sexuelle. Les fantasmes vont alors investir sans réserve l'univers de la solitude de ces jeunes filles, en franchissant tous les interdits et en laissant libre cours à l'exagération. La liberté la plus folle et les rêves les plus osés et les plus crus envahissent ainsi leur imaginaire, mais la jouissance du fruit défendu s'accompagne d'un sentiment de culpabilité inévitable car la pression des traditions ne peut être gommée d'un seul coup. Elles retrouvent en pensées l'arrogance d'une sexualité refoulée qui cherche à s'exprimer dans la provocation du sexe opposé : « Vicieuses ignorantes suspendues par un fil divin au-dessus de la chaussée des fantasmes, elles narguent les hommes, le désir et la promiscuité ». Leur apparente docilité cache des désirs sans pudeur où la morale n'a plus cours et où les interdits libèrent, à contre-courant, une frénésie des pulsions animales et perverses, libérant les instincts les plus secrets :

> Muses inassouvies ! laissez-moi rire ! jalouses de nos sens et de notre beauté nous entretenons une fausse pureté. Oui je le dis, fausse ! Venez hommes ! venez vous reposer de votre quête sans succès sur le creux de nos ventres, venez admirer les embryons d'impureté germer loin de vos caresses ! venez sentir l'âcre parfum du vice et de la décadence qui embaume nos jardins solitaires et délaissés ! attrapez des fenêtres les rêves des Mauresques qui s'imaginent sous leurs couvertures un ballet de verges insatiables aussi cinglantes que le fouet du père, aussi coupantes que la faux de la mort. (pp.12-13)

Elles sont prises d'une fureur névrotique, exacerbant une sexualité dévoratrice à fleur de peau, basculant dans les délires outranciers de l'imaginaire : « La nuit le rideau se déchire et je les entends ces hyènes affamées, ces prétendues figures de vertu ! La toile de muqueuse se déchire par les branles de l'esprit, et nos plaintes narguent la jeunesse dans la rue sans femmes ».

Même si la narratrice ne brave les interdits qu'en pensée, le décalage avec la mère est énorme. Une attitude libertaire d'insatisfaction et de provocation a remplacé la soumission et la rancœur. De plus, la jeune fille n'agit pas en son nom propre mais participe à une transgression qui concerne toutes ses congénères, comme si sa parole était représentative d'une révolution secrète. Elle quitte le « je » de sa solitude pour parler au nom de toutes les autres recluses qui ne prendront jamais la parole et, d'un seul coup, arrive à transformer un sentiment personnel de frustration en revendication communautaire :

> Je ne pourrai jamais quitter ma rue. Je fais corps avec elle comme **je fais corps avec ces filles** des maisons voisines. Chaque nuit, à tour de

> rôle, compagnes fidèles sans nom et sans visage, **nous nourrissons nos âmes** d'un nouvel élan strictement spirituel ; [156]

Cependant, cette prise de conscience, même si elle correspond à une évolution des mentalités, reste prisonnière d'un cheminement personnel car la révolte intérieure n'arrive pas encore à s'extérioriser et n'intègre pas de prise de risque.

Le paysage abyssal de la mort

L'expression d'un désaccord affiché devant la société est extrêmement difficile, étant donné la férule d'une autorité qui ne laisse aucune issue possible à une rébellion ouverte. Et, puisque la société ne tolère pas que l'on s'attaque à ses fondements, l'unique solution reste parfois tout simplement de récuser ce monde en le quittant.

Zohr, la sœur aînée de la narratrice, représente un emblème de cette résistance au système, quand elle refuse de donner prise à cette société qui la désavoue en tant que femme, en assassinant justement cette féminité qui n'est point reconnue. « Elle connaissait mieux que quiconque la souffrance d'être née femme dans cette maison ; une souillure qui deviendrait plus tard une souillon ! ». Elle choisit ainsi la voie du non-retour car cette remise en question existentielle la conduira à sa propre perte : « Zohr est en guerre contre sa nature, nature féminine, pourriture pour notre père, honte pour notre fautive de mère, c'est elle la traîtresse qui pousse Zohr toujours plus loin dans ses sacrifices, ses artifices et ses dissimulations grotesques ». Pour ne pas subir le même sort avilissant que sa mère et ne pas assumer cette féminité sordide, Zohr ne veut pas grandir et devenir une femme. Elle se bande les seins et refuse de manger afin de garder son corps d'enfant et son bassin sans hanches. Sa maigreur volontaire et sa volonté de détruire tout signe de fécondité évoquent l'anorexie, une maladie qui ne dit pas son nom. Elle se laissera mourir en silence et sa première victoire sera remportée lorsque sa tante l'estimera trop maigre pour espérer trouver un mari :

> Elle trouve Zohr encore amaigrie, lui reproche ses côtes, ses veines trop voyantes, son dos ailé et ses genoux tremblants. Tu ne trouveras jamais de mari, Zohr ! Vieille fille ! voilà ce que tu es, une vieille fille indécente ! Comment peut-on se laisser dépérir ainsi ? qui voudra de toi ma pauvre enfant avec tes yeux cerclés de noir et tes mains de

---

[156] Extrait de la p.11 où nous nous sommes permis de faire apparaître en caractères gras les mots affirmant cette revendication communautaire.

squelette ? ! Zohr ne dit rien, elle se contente de sourire puis ferme son poing gauche pour cacher un anneau invisible : son alliance avec la Mort. (pp.85-86)

Son sourire est une reconnaissance du but atteint car la jeune fille ne veut pas accepter le destin inhérent aux femmes et supporter le joug d'un homme qui la déconsidèrera et l'humiliera. Elle sait pourtant pertinemment que le prix à payer sera celui de sa vie, mais « elle flirte avec la mort et ses sourires ne sont adressés qu'à la sournoise qu'elle porte dans son dos ». Elle s'est délibérément choisi un nouveau destin et reste indifférente à cette issue fatale, semblant avoir trouvé un bonheur intérieur et une sérénité qui dénotent sa force de caractère et la récupération d'une harmonie personnelle et d'une paix de l'âme.

Le désespoir est parfois vécu de manière si violente qu'il appelle une réponse plus immédiate. C'est le cas, dans le roman, lorsque la narratrice ne trouve pas de répondant à sa demande d'amour paternel. Et, quand son père, le premier homme de sa vie, la laisse dans un sentiment d'abandon intolérable, elle appelle la mort de ses vœux : « Je ne demandais pas grand chose ! un baiser, une caresse, un sourire…Je me serais même contentée d'un soupir ! Non. Il a préféré me laisser à la solitude. Effroyable solitude qui donne aux plus faibles l'envie de mourir ». La jeune fille ne se sent reconnue ni dans ses relations filiales ni dans ses relations amoureuses car la mère prépare en secret son mariage et la narratrice « se sent prise au piège par une entreprise terrifiante ». Les deux solutions qui s'offrent à elles sont un dilemme monstrueux : le choix entre une vie maritale de prisonnière ou la mort. Ces deux possibilités représentent de toute façon une double image du suicide car des deux côtés, pour elle, la vie est sans issue :

> Je regarde autour de moi, l'horizon est coupé, […] je reconnais […] le dessin en demi-teinte de mon corps au bord de la mort. Mon regard […] s'est retourné vers moi, me jetant en pleine figure l'image tragique mais peu nouvelle de mon existence inutile qui me mène sans détour vers un paysage abyssal : mon décès. (p.106)

Même si le constat est douloureux, la lucidité et la clarté de l'analyse dénotent une maîtrise de soi exceptionnelle. L'image de la mort n'est pas vécue dans des rapports passionnels mais dans une détermination froide et introspective qui prouve que cette décision n'est pas le fruit du hasard mais la maturation d'un long cheminement. Mettre fin à ses jours participe au goût de la provocation ainsi qu'à la jouissance de la liberté retrouvée ; c'est sortir de l'enfermement et choisir la seule alternative de fuite immédiate et irréversible. Le choix de la mort implique alors un refus catégorique et sans appel ; c'est un pied de nez à tous ceux que la jeune fille laissera derrière elle. Et lorsqu'elle rêve qu'elle se suicide, les mots employés, même s'ils évoquent la cruauté d'un jeu mortel, sont ceux du bonheur et de la délivrance : « Comme un enfant découvrant un nouveau jouet, le petit cintre s'amusait à l'intérieur de moi, piquant au vif les plus gros organes, taquinant les plus petits, […] et je m'assoupis dans un grand éclat de rire ! »

Mais la dénonciation et le refus de la condition féminine ne seront que le premier palier de la révolte et ne pourront se passer d'une remise en question du statut masculin.

4. Le refus du statut prépondérant de l'homme

"Haram !" ou la dictature du fouet

Dans la société traditionnelle algérienne, le rôle du père est essentiel. C'est lui qui régente le microcosme familial : « La mère inquiète veille, le père dictateur ordonne : malheur à celui qui fixera pendant trop longtemps le corpus féminin dessiné dans les doublures des rideaux ! […] L'homme mourra de ses larmes impures. Sur son front, on pourra lire écrit en noir : HARAM ! [157] ». L'autorité paternelle est marquée du signe de la violence et du sang. D'ailleurs à la page suivante, « le fouet » cinglant du père est mis en corrélation avec « la faux » coupante de la mort. Cette métaphore d'une autorité implacable et sanguinaire exprime la place prépondérante du père au sein de la cellule familiale ; il est le maître des femmes, leur cerbère et leur geôlier. C'est lui le dispensateur des interdits, le maître de la séquestration, qui rétrécit l'espace imparti à sa fille en condamnant définitivement la belle terrasse ensoleillée du jardin d'hiver. Et sa férule semble s'attaquer aux objets aussi bien qu'aux personnes :

> Le cône poussiéreux de ma lampe de chevet laisse s'échapper des rayons désobéissants qui valsent sur le carreau de ma fenêtre avant de venir s'écraser contre le plafond : ultime limite imposée aux danseurs noctambules. La journée j'erre dans la solitude comme un chien

---

[157] *Haram :* interdit.

abandonné de ses maîtres dont l'unique jouissance est de tirer sur sa chaîne pour avoir encore plus mal ! (p.15)

Parfois, sous la colère, le père dépasse les bornes quand il roue sa fille de coups et l'insulte de la manière la plus grossière et la plus odieuse. Elle doit même « accepter les coups de martinet en [se] persuadant qu'[elle est] fautive ». Il en est ainsi également avec sa femme lorsque les rapports amoureux ne lui apportent pas le plaisir escompté : « Oh oui ! il en voulait à ce sexe difforme qui ne lui donnait pas entière satisfaction ! pour parfaire son discours peu élogieux il brandit son torchon et la fouetta violemment. »

L'abus de pouvoir

La cruauté du père atteindra des limites encore plus inacceptables lorsqu'il surprendra sa fille en train de fumer. Avec une apparente bonhomie, il lui offre une autre cigarette qu'il va complaisamment lui allumer et, quand elle s'y attendra le moins, il lui enfonce la cigarette incandescente sur la joue. La punition est d'autant plus terrible que la jeune fille avait été remise en confiance et ne s'y attendait pas. La douleur de la déception et de la surprise s'ajoute alors à la souffrance physique :

> Il me tendit la cigarette, et au, passage, l'écrasa sur mon sourire. Il dessina au fer rouge quatre petites boursouflures puis, une main collée derrière ma nuque, il pressa plus fort afin d'écraser la cigarette contre l'émail de mes dents. « Tu voulais fumer. Eh bien voilà ! » dit-il en quittant ma chambre. [...] Un parfum de viande grillée remontait des tissus rouges du pourtour de ma bouche jusqu'aux narines. (pp.67-68)

L'application évidente pour faire mal et le plaisir qu'il trouve à punir font ici du père un tortionnaire. La désobéissance devient à ses yeux un crime. Le comble de l'horreur est qu'il se sent investi d'un pouvoir absolu et qu'il ne doute absolument pas de son bon droit.

Dans un contexte de tensions aussi violentes, l'amour ne peut s'exprimer que dans l'agressivité. La narratrice accuse alors la religion d'être responsable de cet état de fait car, selon elle, elle a rendu les hommes fous en les séparant à jamais des femmes. Le premier constat se fait dans les rues de la ville, d'où les femmes doivent impérativement se retirer car elles sont devenues, aux yeux de la jeune fille, un « pays masculin », et un « vaste asile psychiatrique ». La brutalité et la grossièreté des hommes de la rue sont soulignées par la narratrice qui craint ces « hordes d'hommes agglutinés ». L'agressivité sexuelle de cette foule masculine anonyme est évoquée avec une violence animale et de manière très crue, quand « ils violent » sans vergogne et s'attaquent en hordes aux femmes sans défense comme Ourdhia, quand ils agressent les mères de famille de manière outrageante en les traitant de « poufiasses » et « vitriolent les jeunes filles dénudées » et quand même les jeunes garçons s'exhibent en descendant leurs braguettes.

L'intégrité des femmes étant attaquée sur tous les plans, la possibilité de circuler librement à l'extérieur est impossible. La femme est donc de toute façon condamnée à une séquestration volontaire pour se protéger. Mais elle n'est pas mieux protégée à l'intérieur des murs car l'homme de la maison, le père ou le mari, ne sera guère plus respectueux. La femme n'est, pour son époux, qu'un instrument de procréation dont il peut user à sa guise. Elle devient alors sa « victime », et qui plus est, sa victime consentante, puisqu'elle va jusqu'à avouer : « J'assouvirai les désirs de mon époux, même sur le carrelage d'une petite cuisine aveugle, je me cacherai quand il dînera et pleurerai quand il s'endormira... »

CHAPITRE III
LA PRISE DE CONSCIENCE DE LA PLACE DE LA FEMME DANS LA SOCIÉTÉ

1. Le mythe révolu du deuxième sexe

La prise de conscience de sa dépendance sera pour la femme le premier pas vers la liberté car cela revient à porter un regard de jugement, non seulement sur soi mais sur l'Autre. Son époux reste, dans son univers carcéral, le premier et le seul interlocuteur, même s'il est muet, d'une communication qui reste à établir. Mais le regard ne suffit pas. La prise de parole, même indirecte, par écrit, est indispensable pour franchir le stade suivant, celui du passage d'une pensée introspective vers un espace extérieur. La parole ne doit plus être séquestrée car les vérités même les plus insupportables doivent être exprimées. Et Nina Bouraoui, par l'intermédiaire de sa narratrice, fera un constat lucide et féroce de cette situation : « …un terrible complot se tramait **sous** sa chambre : elle allait devenir une femme. Une femme **sous**[158] le corps d'un homme ».

Le prochain palier sera le refus de cet état de fait et la prise en possession d'un espace qui englobera toute la communauté des jeunes filles qui subissent le même sort. La narratrice, d'ailleurs, très souvent, utilisera le « nous » et élargira d'un seul coup son univers social, malgré les murs de la séquestration. Mais la jeune fille ne prendra pas seulement en compte le destin de toutes ses congénères, ces femmes en devenir qui passeront directement, en se mariant, de la tutelle du père à celle du mari et qui ne gagneront jamais de véritable statut social d'émancipation. Elle prend aussi la défense de sa mère, malgré le contentieux qui les oppose et la rancune qu'elle lui porte de perpétuer ce système d'enfermement et de sclérose sociale. Elle dépassera ses ressentiments personnels en l'englobant dans sa revendication libertaire après avoir compris que cette dernière était prisonnière d'un conditionnement ancestral. Elle parlera même au nom d'Ourdhia, l'esclave noire dont elle a estimé la grandeur d'âme en dépit de

---

[158] Nous avons choisi délibérément les caractères gras pour ces prépositions apparemment anodines qui connotent cependant la violence des rapports de dépendance, aussi bien physique que mentale.

la bassesse de sa condition sociale. Elle parlera aussi au nom de ses petites sœurs, ces malades mentales que le système a détruites et broyées, et qui représentent des allégories de cette désespérance et de cette perdition. Elle prendra les armes de la parole, au nom de toutes les femmes, refusant pour elles le traitement indigne du sexe sans pénis[159], de ce « deuxième sexe » comme l'appelle Simone de Beauvoir[160].

Cependant sa réflexion scripturale ira encore beaucoup plus loin car elle prendra même en compte ce monde des Autres, ce monde des oppresseurs, qui sont en fait des exilés de la femme puisque le pouvoir n'engendre chez le père que solitude, désillusion et dégoût et puisque les désirs insatisfaits des hommes se heurtent à cette même incommunicabilité.

La libération de l'agressivité, chez Nina Bouraoui, est une régénérescence car elle prouve la prise en compte par les femmes de leur destin et la remise en question d'une société sclérosée qui laisse chacun, aussi bien les hommes que les femmes, dans une grande solitude et une stérile désespérance. Mais *La Voyeuse interdite* n'est pas qu'un vomissement de haine contre les hommes, c'est l'histoire d'un cheminement douloureux et nécessaire, et l'on peut reprendre, dans le même esprit, les mots célèbres de Simone de Beauvoir : « On ne naît pas femme. On le devient »[161].

Derrière ces hurlements de désespérance et ces vociférations de haine, *La Voyeuse interdite* est une véritable révolution car ce livre introduit dans la reconstruction identitaire de la femme la notion de refus qu'elle avait enterrée au plus profond d'elle-même et la jouissance retrouvée d'une réponse à l'oppression. Ce récit est celui d'un regard féminin ouvert sur un monde qu'il ne veut plus cautionner. La réalité quotidienne dévoilée par cet œil inquisiteur et sans complaisance permet de remettre en question tous les interdits instaurés par la religion et la loi des hommes qui enferment les femmes dans un système hermétiquement clos où l'unique évasion possible est le rêve et le désir :

> Je voudrais dormir sur un banc, me cacher dans une ruelle escarpée, je voudrais nager sous le soleil, courir dans la ville, pisser dans les cages d'escalier, et me battre comme une chiffonnière, je voudrais manger avec les Mozabites, flirter avec le chauffeur du bus, boire du café dans

---

[159] Référence à Nina Bouraoui, *op.,cit.*, p. 43.
[160] Simone de Beauvoir, *Le deuxième sexe,* tomes I et II, première parution, Éditions Gallimard, 1949.
[161] Simone de Beauvoir, *Op., cit.,* tome II, *L'expérience vécue*, dans la première partie, « Formation », dans le chapitre premier, « Enfance », p. 13.

un café et déchirer le voile des Sarrasines, [...] je voudrais me fondre aux bruits de la rue, regarder les hommes dans les yeux, taquiner les rats et nourrir les fous, [...] ! est-ce donc cela la liberté papa ? (p.92)

Le bonheur suprême consisterait tout simplement dans le franchissement de tous les interdits les plus anodins, non pas pour exprimer véritablement un manque mais tout simplement pour exercer une résistance, enivrante en elle-même dans la mesure où elle participe à une reprise de perception des espaces interdits, et grisante également car elle est le premier pas d'une concrétisation d'un désir de liberté. Simone de Beauvoir, lorsqu'elle considère l'évolution des femmes vers leur indépendance, écrit dans le même sens : « Le fait est que la femme traditionnelle est une conscience mystifiée et un instrument de mystification ; elle essaie de se dissimuler sa dépendance, ce qui est une manière d'y consentir ; dénoncer cette dépendance, c'est déjà une libération ; contre les humiliations, contre la honte, le cynisme est une défense : c'est l'ébauche d'une assomption »[162].

2. Une révolution féminine

La femme se réapproprie un contexte social en retrouvant les espaces essentiels : celui du plaisir, celui de la sexualité et celui de l'harmonie existentielle.

Le rapport primordial au monde est l'espace du plaisir

Il reste cependant le fruit défendu car la femme, maintenue dans l'asservissement total, n'a pas accès à ce royaume interdit, réservé uniquement aux hommes. De son enfance, la voyeuse a oublié jusqu'à ses jeux, ne se souvenant ni « des rires complices », ni « des farces des enfants de [son] âge » ; elle garde uniquement en mémoire « la fusion de [leurs] tristesses respectives ». Et sa vie d'adolescente est d'une contrainte mortelle quand elle se sent épiée et prise en défaut pour le moindre sourire : « J'ai souri. Il m'a vu sourire. Insulte suprême dans cette maison où la joie est prohibée ».

La femme est de toute façon toujours coupable, de par sa naissance, du simple fait de ne pas être un homme, et toute contrevenance aux lois de sa condition sera sévèrement punie par le père ou sinon par le mari. La

---

[162] Simone de Beauvoir, *opus cit.*, Tome II, troisième partie, « Vers la libération », Chapitre XIV, « La femme indépendante », p. 553.

rébellion sera alors chez elle promue en jouissance car la satisfaction de résister instaure une plénitude, comme le simple fait, pour elle, d'allumer une cigarette :

> Joyeusement, j'allumais une cigarette devant la ville entière ! [...] Le paquet traînait sur la table de la salle à manger avec cet air provocant qui appelle le pêché. Comment résister ? ! (p.67)

Même le fait d'imaginer son suicide lui procure une jouissance provocatrice. Elle en oublie sa douleur et ses rancœurs pour savourer cette forme d'accession à la liberté :

> J'ouvrais mes veines et appelais le plaisir. Solitaire, indécent mais bien mérité ! ... vautrée dans le « bonheur », je léchais le liquide satanique, reniant ainsi les règles religieuses, [...] Je jouissais pendant que la petite fille s'endormait. (pp.93-94)

Le plaisir devient ainsi significatif d'un phénomène de reconnaissance et de rupture car la désobéissance consiste en un regard complaisant sur soi en même temps qu'à une entrée en dissidence sous le regard de l'Autre.

L'autre rapport essentiel au monde est la sexualité

Elle découlera tout naturellement de la réhabilitation de l'idée de plaisir. Car, si l'entrée en puissance conceptuelle, par le regard et par la réflexion scripturale, est une révolution qui apporte à la femme-narratrice une forme de plénitude intellectuelle, la véritable révolution consistera dans la nouvelle préhension du monde, « corps et âme », qui libérera le corps, et, où l'éveil de tous les sens participera à une montée en jouissance et à un épanouissement complet. La femme, pour la première fois, prendra possession de ce corps impur, souillé, décrié, méprisé, pour tout simplement le laisser sentir et vivre. Cette redécouverte d'un corps tout neuf et palpitant est le franchissement de l'Interdit suprême, celui qui assied l'asservissement de la femme dont le corps séquestré, silencieux et momifié, était dévolu à l'unique plaisir de l'homme. Cette nouvelle vie, issue des tribulations douloureuses d'un regard sur soi, franchira le monde du silence, de la solitude et de l'abandon, et quittera « la petite musique de la mort » pour une renaissance : « Poussée par l'instinct de survie je chasse la décadence par la décadence, [...] et, par la douleur de l'interdit, je réveille mon corps, le sauve in extremis de la chute, le couvre de pensées meurtrières et je m'enfante moi-même ! ».

Un peu plus tard, Ourdhia, « bonne à tout faire, à tout essuyer, à tout combler », se révélera l'initiatrice de cette ouverture au monde de la sensualité. C'est elle qui fera découvrir à l'enfant-femme une forme de plaisir charnel, mêlant le tactile à l'olfactif et dont la mère est habituellement la dépositaire-relais :

> Toujours là pour prodiguer quelques fractions de tendresse, je tétais son sein vide [...], enfouissais ma tête dans son ventre creux ; [...] je captais l'étrange chaleur d'un long corps ..., j'étreignais avec mes deux petits bras [...], bercée par des mains et une voix plus douces que celles de ma mère, [...] Oui, je l'avoue, je l'ai préférée à vous ! (p.50)

La narratrice découvrira, chez cette femme simple, la richesse d'un pouvoir de communication exceptionnel, en dehors des mots, et la faculté de participer à une véritable communion des esprits et des corps :

> Elle vidait nos âmes de leur poussière et de leur ennui. Elle nettoyait mon cœur de ses angoisses, enlaçait nos maladies infantiles, balayait le doute, les cauchemars, gommait les ombres noires de nos visages, raclait la tristesse et récurait toutes les pensées moroses. (p.51)

Il faudra cependant attendre la quatrième partie du roman pour que cette initiation porte ses fruits et débouche sur un éveil de la sensualité et une prise en compte de sa sexualité. Et c'est par le biais de l'imaginaire que les portes de la sensibilité vont s'ouvrir et libérer ce trop-plein qui va s'épancher dans une écriture poétique et très sensorielle où, pour la première fois, la narratrice évoque la plénitude d'un rêve qui dévoile une perception intime de son corps et la conscience d'une sexualité exacerbée. Les mots employés à ce propos sont transparents car, derrière le rêve d'une nature paradisiaque, les désirs sont clairement exprimés et les pulsions sont reconnues. Et, malgré le cauchemar qui termine cette évocation idyllique et qui sous-entend que la menace du danger n'est pas encore évacuée, le langage montre que la jeune fille a déjà pris en compte sa sexualité, même si son expression doit encore passer par un détour métaphorique de la description de la flore et de la faune. C'est cet hymne à la Vie, à l'intérieur même de sa prison, qui dénote cette explosion profonde de sa féminité retrouvée et confirme la jeune fille dans l'affirmation d'une victoire qui n'a pas encore dit son dernier mot :

> ...Enivrée par ce surplus de vie, je me roule dans l'herbe, déclame des vers bucoliques et bénis la nature, le vin et la jouissance ! Les tiges

> transparentes massent mon corps, embrassent mon visage et l'humectent d'un délicieux parfum ambré... (p.112)

Pratiquement tous les mots concrétisent cette pulsion vitale tendue vers l'extase amoureuse des sens et l'alliance inattendue des contraires. Et, c'est la reprise en possession de son espace personnel et la reconnaissance de sa féminité qui vont permettre à la jeune fille une ouverture sur l'Autre pour vivre plus tard une histoire d'amour qui pourra alors s'écrire au grand jour dans un contexte social renouvelé.

La redécouverte d'une harmonie existentielle

C'est le rapport au monde essentiel, celui qui résume tous les autres car, dans cette situation de claustration apparemment hermétique, derrière cette pression violente d'une revendication de liberté, se profile, tout au long du récit chez la narratrice, le désir de retrouver un monde où elle aura sa place et le rêve d'une harmonie existentielle qui la réconciliera avec elle-même. Deux allégories traversent le roman et soutiennent cette idée de la liberté : ce sont celle du « désert » et celle de « la baigneuse ». Elles représentent toutes deux la nostalgie d'une unité perdue qu'il faut absolument retrouver pour se reconstruire.

- L'allégorie du désert

Le désert évoque pour la narratrice un retour à ses racines territoriales et ancestrales, une réintégration dans sa terre originelle. C'est Ourdhia, la voyageuse sans bagages, native de la terre rouge, qui ouvrira à la jeune fille ces horizons nouveaux où elle va se reconnaître. Encore une fois, la nomade, « ma nomade » comme l'appelle la prisonnière cerclée dans les murs de sa chambre, sera l'initiatrice. La narratrice sera, dès son arrivée, sensible à son pouvoir de séduction :

> Une aura mystique encerclait l'être de cette femme. Comme un voile opaque entourant ses formes, fragile, délicat, parfumé au roc et à l'alpha, son aura, si présente, me transperçait et je sombrais dans une guelta[163] où le temps avait interrompu sa marche inéluctable, son envie de toucher à la fin abyssale de sa fonction. (p.50)

Grâce à Ourdhia, la narratrice va pénétrer dans « un monde irréel mais bienfaisant : le monde de l'Imaginaire... ». Et elle va investir cet univers

---

[163] *Guelta :* trou d'eau.

du désert qu'elle s'appropriera, comme si elle le connaissait depuis toujours et ne l'avait jamais quitté :

> [...] Le paysage entier me traversait, [...] je sentais mille petits mirages miroiter sur mon corps [...]. Le désert était bien là. (p.53)

La vie grouillante de cet univers du désert éclatera en elle comme une vérité retrouvée et enfin réintégrée, avec ses paysages ocre de pierres, de dunes et de roses des sables, avec le vent, les lueurs de la lune et l'infatigable voyageur qui chemine avec son bâton.

- L'allégorie de la baigneuse

L'image de la baigneuse, dans un petit cadre suspendu au-dessus du bureau de la narratrice, évoque un retour à ses racines spécifiques de femme :

> Au-dessus de mon bureau, une nageuse en costume de bain d'époque est plaquée contre le mur. Un cadre de bois contourne la sculpture de chair, des pétales cristallisés dorent ses pourtours mais, si on regarde de plus près, c'est en fait l'eau d'un dernier plongeon qui court sur sa peau. (p.24)

La symbolique est ici évidente. Le choix de ce tableau n'est pas un hasard. C'est la représentation d'une femme libre :
- La photo est prise au bord de la mer, en extérieur.
- C'est une irruption de la vie, car la nageuse sort à peine de l'action ; elle vient tout juste de plonger.
- C'est une représentation d'un corps de femme, qui révèle au grand jour la beauté de ses formes, dévoilant de manière tout à fait naturelle sa chair et sa peau.
- L'eau, dans sa symbolique primitive, est l'expression de la naissance et de la vie.
- Elle représente aussi l'essence même de la femme.

Ce cadre va trôner dans la chambre de la narratrice pendant tout le récit et jouera un rôle de réconfort. La petite nageuse participera au cheminement vers la liberté et c'est son aura qui réchauffera les moments de solitude et de désespérance. Cependant, la jeune fille ne l'emportera pas vers sa nouvelle vie car elle aura déjà intégré la force nécessaire à la conquête de sa liberté.

- Le retour d'une harmonie perdue

Le désert et la baigneuse représentent le désir d'un univers perdu et la nécessité d'un retour à ces filiations pour réintégrer une unité primitive harmonieuse et épanouissante. La narratrice prend conscience de ses racines territoriales et ancestrales avec la reconnaissance du désert comme sa terre originelle. Elle prend également conscience de ses racines spécifiques et réintègre sa condition de femme qu'elle s'attachait à rejeter et à gommer.

La femme retrouve ainsi, en communiant avec cet autre « soi-même », sa véritable intégrité, cette unité perdue, pour se fondre dans l'histoire collective d'un peuple et dans son histoire individuelle de femme. Elle réinvestit un contexte social primitif essentiel, réconciliant l'individu avec ses racines, en l'inscrivant dans une filiation historique, géographique et temporelle qui la rattache au continent de l'Afrique, tout en revalorisant sa nature propre et sa féminité dans l'acceptation d'une sexualité épanouie.

Dans ce roman qui ne s'affirme absolument pas comme autobiographique, Nina Bouraoui nous conduit dans l'étrange périple d'un regard de femme et, même si ses paroles de narratrice passent par la fiction, cette stratégie romanesque lui permet, en dévoilant la vérité insoutenable et indicible de la condition féminine, d'entamer toute une réflexion de reconstruction car son personnage principal, cette voyeuse interdite, qui entre en résistance en choisissant de ne pas se couper du monde, rentre par ce biais en possession de son regard, se fait, par ce détour, le sujet de ce qui est vu et instaure la prééminence de son Moi face à toutes les humiliations subies. Ce jeu du regard recentre ainsi l'intérêt sur celle qui voit et aboutit à un renversement de la situation car son œil, maître du point de focalisation, engendre un processus d'appropriation de son identité et du contexte social.

Cette voyeuse s'arroge alors le droit de dire non, en refusant une condition féminine dégradante, revendique sa place dans un nouvel espace social et investit au fur et à mesure des domaines interdits jusqu'alors aux femmes, en se réappropriant, de manière insidieuse, le droit au refus, le droit au plaisir, le droit à la sexualité et la participation à une harmonie existentielle. Elle réintègre de cette manière une nouvelle image d'elle-même et de sa condition de femme et parvient à offrir d'elle une nouvelle représentation, symbole d'une dignité retrouvée.

Le roman fictionnel aura été le support de cette quête, qui ne s'est jamais affirmée comme telle, mais qui s'est glissée dans les interstices de la fantasmagorie et de l'imaginaire pour témoigner. C'est au fur et à mesure que se fait la prise de conscience d'un manque et, plus tard, la reprise en possession, pour la femme, de sa destinée. Le récit passe ainsi, par paliers successifs, d'un genre totalement romanesque à un dévoilement autobiographique sous-jacent, où le narrateur retrouve aussi son unité perdue avec l'auteur et réconcilie le « je » de la fiction avec le « je » de sa vie personnelle. La narratrice rejoint ainsi Assia Djebar et Malika Mokeddem, en englobant d'un seul coup, dans cette conquête sur l'Autre, les contextes historiques, spatiaux et sociaux. Cette unité perdue est rétablie dans une reconstruction identitaire grâce à une écriture de femmes qui, de relais en relais, retrouvent cette vie et cette sérénité qui leur ont été volées.

QUATRIÈME PARTIE

L'inscription dans un futur

Face à ce travail de construction qui se laisse lire derrière l'écriture, on peut s'interroger sur son fonctionnement et ses motivations pour essayer de définir les rouages secrets de cette fabrication.

Même si l'écriture demeure l'émanation d'une liberté créatrice, elle met au grand jour des mécanismes inconscients qui ont motivé à la fois la vie et l'œuvre du créateur. Il faut fouiller jusqu'aux racines de l'arbre comme le préconise Dominique Fernandez dans un ouvrage sur la psychanalyse et la création[164] et chercher dans la protohistoire du modèle comment un drame noué dans la nuit de l'enfance peut être la cause déterminante du devenir d'un homme et de son œuvre. Psychanalyse et psychobiographie s'avèrent ainsi des méthodes d'investigation tout à fait opérantes qui ouvriront des portes et donneront des réponses parfois troublantes de vérité car l'on mettra, d'un seul coup, des mots sur les non-dits.

On pourra constater, par cette nouvelle approche, que cette quête identitaire féminine, qui se dévoile derrière les écritures fictionnelle et autobiographique des trois auteures choisies, emporte dans son sillage de nombreuses femmes écrivant à la même époque et, encore, une multitude de femmes écrivant à d'autres époques et sous d'autres cieux. L'écriture de la contestation et de la quête, pour affirmer son existence en tant que femme écrivain, dépasse ainsi la littérature francophone algérienne pour participer au cheminement de la conscience féminine littéraire créatrice et s'inscrire dans une universalité qui gomme les frontières du temps et de la géographie. L'avantage de cette analyse réside aussi dans le fait que cette jeune littérature francophone algérienne, qui se situe principalement dans la deuxième moitié du XX° siècle, s'étale seulement sur une cinquantaine d'années et résume, à elle seule, de manière très compacte, sur une période aussi restreinte et aussi riche, le mécanisme de cette montée en puissance de la parole féminine, les détours de sa quête et son inscription dans un avenir, instaurant la femme écrivain dans un nouveau statut personnel et social, celui de "la femme au livre".

---

[164] Fernandez, Dominique, *L'arbre jusqu'aux racines. Psychanalyse et création*, Editions Bernard Grasset, Paris, 1972.

CHAPITRE I
LE "JE(U)" DES MASQUES

Nous pouvons considérer, dans un premier temps, ces romans de femmes derrière le prisme de la psychanalyse. Au même titre que Sigmund Freud parle, dans *Cinq leçons sur la psychanalyse*[165], de « nettoyage de l'âme » par la parole pour éloigner la confusion mentale causée par les traumatismes de l'enfance, la prise en compte d'une parole écrite peut, de la même manière, s'avérer une régénérescence. Freud, dans sa « première leçon », nous présente une malade atteinte d'hystérie qui libère ses préoccupations intimes en racontant « des fantaisies d'une profonde tristesse, souvent même d'une certaine beauté – nous dirons des *rêveries* […] » et qui donne à ce traitement d'un nouveau genre le nom de « talking cure ». Elle le désignait aussi en plaisantant de « chimney sweeping ». Cette théorie d'une thérapeutique de réparation liée aux troubles psychotraumatiques est reprise par Boris Cyrulnik[166] dans son ouvrage, *Autobiographie d'un épouvantail*. Il évoque, dans cette étude, les traumatisés de la vie, ces personnes à l'âme morte assassinée par la douleur et étudie ce processus de réhabilitation de soi qu'il appelle « travail de résilience ». Cette stratégie de retour à la vie implique, selon lui, inévitablement la fabrication d'un récit de soi qui devient entreprise de libération. Pour se réconcilier avec son histoire, le " troué de la vie" peut "se bricoler" une image en se construisant une chimère authentique : « C'est dire que tout récit est vrai comme sont vraies les chimères : le ventre est d'un taureau, les ailes d'un aigle et les pattes d'un lion. Tout est vrai et pourtant l'animal n'existe pas ! J'aurais dû écrire : tout est partiellement vrai et l'animal complètement faux »[167]. Mais quand la parole est impossible, ces survivants, qui ne sont pas totalement morts, ces « épouvantails », ces

---

[165] Freud, Sigmund, *Veber Psychoanalyse, Fünf Vorlesungen*, Conférences prononcées à la Clark University, septembre 1909, Worcester, édition originale de la traduction française, Bibliothèque Scientifique des Editions Payot 1924. *Zur Geschichte der psychoanalytischen Bewegung*, mars 1914. Edition française, *Cinq leçons sur la psychanalyse* suivi de *Contribution à l'histoire du mouvement psychanalytique*, traduit de l'allemand par Yves Le Lay (*Cinq leçons*) et Serge Jankélévitch (*Contributions*), 1966, Petite Bibliothèque Payot. 2001, Editions Payot & Rivages pour la présente édition.
[166] Cyrulnik, Boris, *Autobiographie d'un épouvantail,* Editions Odile Jacob, Paris, 2008. Cet écrivain, neuropsychiatre et universitaire, est l'auteur de nombreux ouvrages sur le sujet.
[167] *Op.cit.,* pp. 23-24.

« illusions d'êtres humains » ainsi qu'il les qualifie, ne peuvent redevenir de vraies personnes.

La sujétion au passé à caractère nettement pathologique[168] se retrouve dans les premiers sujets d'écriture car le souvenir d'événements douloureux passés depuis longtemps est inscrit comme un traumatisme dans l'inconscient et empêche de s'attarder à la réalité et au présent. L'écriture se révèle ainsi également « un traitement cathartique ». « Démasquer » le passé, les souvenirs et la douleur ancienne permettra de stopper le processus d'innervation ou d'inhibition, cette forme de paralysie qui est en fait très proche de la névrose[169]. De nombreux écrits de femmes passent par ce stade où l'indicible de réminiscences traumatiques est raconté dans des fictions, que ce soit *La Voyeuse interdite* de Nina Bouraoui qui régurgite ses dégoûts ou Assia Djebar dans *Vaste est la prison* qui met en scène dans la première partie le monde féminin du silence et de l'immobilisme. C'est le «chimney sweeping » qui permettra aux femmes d'accéder à leur présent, l'écriture suivant, sans le savoir, le jeu d'une démarche psychanalytique. C'est ce qu'indique Marie Bonaparte à propos d'une étude sur Poe : « Fantasmes du désir comme les rêves, les œuvres d'art constituent pour leur créateur [...] une sorte de soupape de sûreté à la pression trop forte des instincts refoulés »[170]. Elle reprend les idées de Jean Delay[171], qui fut le premier à utiliser les données freudiennes dans un ouvrage de critique littéraire, entre 1950 et 1960, et qui estimait

---

[168] Sigmund, Freud, *op. cit.,* p. 21.
[169] Boris Cyrulnik en arrive à la même conclusion pp. 192-193 de l'*op. cit.,* dans la partie intitulée, "Détruire le langage": « Quand un fracas chasse un homme de la condition humaine, quand il est indécent de parler et impossible de se taire, l'écriture apporte un détour supportable. Il ne s'agit pas de faire revenir le passé qui réveillerait la douleur, il s'agit de maîtriser le sentiment blessé et de le remanier pour en faire une action politique, philosophique ou artistique. »
[170] Bonaparte, Marie, *Edgar Poe,* Editions Denoël Steele, Paris, 1958. pp. 767-768.
[171] Jean Delay, (1907-1987), élu à l'Académie Française en 1959, est mondialement connu pour ses recherches en psychiatrie. Professeur de clinique des maladies mentales et de l'encéphale des Hôpitaux de Paris, Directeur de l'Institut de psychologie de l'université de Paris, Président du comité national d'études des fonctions et maladies du cerveau et du Collège International de Neuropsychopharmacologie, ses travaux, cependant, dépassent largement le contexte médical car il est parallèlement licencié en philosophie et docteur ès lettres. Il s'est intéressé à la psychophysiologie humaine, à la psychologie médicale, aux problèmes de la mémoire et à la création littéraire. Même s'il est réticent vis-à-vis des théories psychanalytiques, il inaugure de nouvelles techniques d'exploration du subconscient et affirme une interférence entre le mécanisme cérébral et nos dispositions affectives fondamentales. Appliquant ses théories à la littérature, il a obtenu le Grand Prix de la Critique avec un essai, *La Jeunesse d'André Gide, Psychiatrie et psychologie de « L'Immoraliste » La Jeunesse d'André Gide,* in t. I : André Gide avant André Walter (1869-1890), Paris : Gallimard, 1956.

déjà que le déséquilibre d'une personnalité, lié à des conflits inconscients, peut trouver une issue dans la création littéraire. Ce dernier va s'attacher à analyser minutieusement dans un ouvrage sur la jeunesse d'André Gide[172] « l'art avec lequel (ce dernier) a construit son mécanisme de protection et de défense, et réussi à réaliser, grâce à la création littéraire, une authentique catharsis ». Il est également étonnant de constater que Gide, l'objet même de son étude, le reconnaissait lui-même lorsqu'il observait que « l'œuvre d'art est un équilibre hors du temps, une santé artificielle ».

Jean-Paul Sartre s'est également intéressé à cet aspect de l'art dans son étude sur Genet[173], s'attachant à démontrer que la libération de la conscience chez cet écrivain ne peut passer que par la création littéraire, prouvant que « le génie n'est pas un don mais l'issue qu'on invente dans les cas désespérés »[174]. C'est, selon lui, quand Genet découvre « l'horrible outil du verbe »[175] que la douleur de vivre le tente à nouveau et qu'il devient « une liberté sans visage »[176]. Sartre retrace en détail l'histoire de cette libération et salue la naissance à l'existence de l'écrivain et de l'homme en ces termes : « ...Il s'arrache au passé en se donnant un passé tout neuf de créateur, en substituant aux souvenirs de son enfance le souvenir des mots qui la chantent ; il se libère du présent en transformant ses gestes en actes et ses rêves en motifs littéraires ; pendant que son avenir passif de voleur prophétisé se dépose dans l'œuvre comme avenir-objet, et du même coup se change en passé, l'œuvre en cours ou en projet propose au créateur un libre avenir de création »[177].

Toute œuvre d'art ou de littérature ne s'offre jamais dans sa transparence, elle est une métaphore : elle transpose. La statue, le tableau, le texte n'est jamais examiné pour lui-même mais il renvoie toujours à une absence. Le sens manifeste d'une œuvre, d'une phrase, d'une image se double ainsi d'un sens latent. Le structuralisme, qui s'en tient au texte lui-même, étudie le langage des auteurs pour en interroger les figures et en déchiffrer les symboles. Grâce à la psychanalyse, le critique n'est plus seulement « un miroir » mais il a « pour tâche première d'inventer la compréhension »[178]. Depuis les travaux et les découvertes de Freud, la

---

[172] Delay, Jean, *La jeunesse d'André Gide,* Gallimard, Paris, 1957, 2 vol.
[173] Sartre, Jean-Paul, *Saint Genet, comédien et martyr*, Gallimard, Paris, 1952.
[174] *Op.cit.,* p. 536.
[175] *Ibidem*, pp. 603-605.
[176] *Ibid.*, p. 510.
[177] *Ibid.*, p. 511.
[178] Extrait de la préface de Yvon Belaval, p.19, dans *Psychanalyse et critique littéraire* de Anne Glancier, Editions Edouard Privat, Collection « Nouvelle Recherche », Toulouse, 1973.

relation du patient et du psychanalyste se transpose sur la relation de l'écrivain et du critique qui, désormais, « communique avec une œuvre dont il sait maintenant que jamais elle ne parle seule »[179]. La source des symboles résidant dans l'inconscient, il devient possible, par le langage de l'écriture, de remonter jusqu'aux racines réelles de celui qui écrit.

Maïssa Bey, dans *Cette Fille-là*[180], reconnaît, derrière l'histoire fictionnelle, par l'intermédiaire du personnage de Malika, la nécessité de ce retour sur soi et sur son enfance. Cette dernière constate avec désespoir qu'elle ne peut pas « d'un trait de colère effacer [son] enfance » et qu'il lui faut alors passer un seuil qui lui paraît infranchissable : le travail de récupération de sa mémoire enfouie et, par là même, l'affrontement avec un passé qu'elle a voulu enterrer au fond du subconscient. Elle sait qu'il lui faut « prendre à rebours le chemin parcouru » et considérer, de face, les douleurs anciennes car c'est, pour elle, le seul moyen de continuer à vivre. Le phénomène du "chimney sweeping" opère, au début, à l'insu même de Malika qui combat cette remontée des blessures anciennes pour se rendre compte ensuite que la mémoire, même si elle est sélective, est inscrite dans le cœur et dans la chair aussi bien que dans l'esprit :

> Il suffit d'un mot qui s'insinue et fait son chemin par devers soi, d'un souffle venu des collines ou de la mer, d'un instant fugitif où, à l'orée du jour, une lumière oblique transperce les nuages.
> Il suffit d'un rien, une fêlure, pour que remontent de l'ombre, en flots bouillonnants et confus, des images, des mots, des cris, des souvenirs délétères que l'on croyait à jamais effacés. (p.37)

Il s'avère, pour Malika, impossible d'effacer les traces de son enfance. Il lui devient intolérable de subir cette pression du passé qui remonte en elle et qu'elle a, jusqu'alors, essayé d'étouffer, en s'enfermant dans le silence. Elle sait que le temps est venu pour elle de se retourner vers les épisodes de sa vie qui l'ont meurtrie, de les considérer avec lucidité et de les « dire » en écrivant, pour exorciser ce passé et lui permettre de continuer à vivre.

Un processus de refoulement empêche souvent les souvenirs oubliés de revenir à la conscience pour s'épargner la souffrance de regarder en face un désir insupportable. Et même si l'idée refoulée subsiste dans l'inconscient, elle est remplacée dans la conscience par une autre qui lui

---

[179] *Op. cit.*, p.17.
[180] Bey, Maïssa, *Cette Fille-là,* Editions de l'Aube, réédition en 2006.

L'inscription dans un futur

sert de substitut, d'«ersatz » comme l'appelle Freud dans sa « deuxième leçon »[181] et toutes les impressions de malaise que l'on croyait avoir écartées viennent s'y attacher et sont ramenées au grand jour.

1. Le jeu des symboles

C'est ainsi que la maladie inavouable de la douleur développe un langage crypté et instaure toute une stratégie des symboliques qui permettra de dire l'indicible. Georg Groddeck, dans *La maladie, l'art et le symbole*[182], étudie ce discours souterrain, son processus d'installation et de fonctionnement, pour rendre sensible derrière l'opacité de la création artistique tous les mécanismes psychopathologiques en utilisant le champ psychanalytique pour tenter de révéler ce qui est caché derrière la forme et élucider ce travail secret de l'inconscient. Pour rejoindre le fond, il soumet ainsi à l'interprétation les œuvres d'art et met au grand jour, par une analyse scientifique méthodique, les rouages intimes de leur fabrication. Selon Roger Lewinter, « la découverte de la psychanalyse, pour Grodeck, réside en fait dans la découverte du symbole : de son omnipotence et de son omniprésence. Et le caractère comme le langage, de masques qui masquent, deviennent alors masques qui démasquent [....]. Une fois saisis dans leur essence symbolique, ils permettent, selon la maxime goethéenne, de retrouver le tout dans la partie, et de considérer la partie comme un tout »[183]. Le monde des mots, ce discours métalinguistique, issu de l'infini du désir, s'avère ainsi révélateur des perceptions et d'une multiplicité de réseaux de correspondances qui s'inscrivent dans une interrelation cosmique décrite par Goethe.

Cette récupération de soi par le langage peut s'effectuer par le choix instinctif de l'écriture quand la maladie utilise le subterfuge d'un acte volontaire pour pallier un manque essentiel, dans un mouvement de survie où l'être humain passera insensiblement par ce processus du statut d'objet ballotté par la vie à un dévoilement de son "moi" profond, qui racontera sans le savoir sa douleur et ses manques, devenant à son insu le sujet d'une

---

[181]Freud, Sigmund, *opus cit,* p. 36.
[182] Groddeck, Georg, Limes Verlag, Wiesbaden : 1964, *Psychoanalytische Schriften zur Literatur und Kunst.* – 1966, *Psychoanalytische Schriften zur Psychosomatik.* Editions Gallimard, 1969, pour la traduction française, *La maladie l'art et le symbole,* traduit de l'allemand et préfacé par Roger Lewinter.
[183] Lewinter, Roger, page 31 de sa préface dans *La maladie, l'art et le symbole* de Georg Groddeck, Gallimard, 1969.

vérité qu'il finira peut-être un jour par décrypter, pour retrouver dans sa multiplicité sa Vérité immuable.

Le titre d'un autre ouvrage de Groddeck, *L'être humain comme symbole*[184], est significatif de cette démarche et développe une conception du symbole, non seulement en tant que formation verticale, par sublimation, mais surtout en tant que formation horizontale, par identification car le symbole est constitué, à la fois, par une présence et une absence. Et c'est cette présence, par sa dualité, qui récupère l'absence, faisant d'un symbole qui représente « le partiel » l'expression d'une totalité. Il n'est donc plus question d'opposer la présence et l'absence, ni de penser « que la vie humaine soit régie par des pulsions distinctes et antagonistes, Eros et Thanatos ; car chez Groddeck, tout comme il n'est plus possible d'opposer essentiellement santé et maladie, il n'est plus possible d'opposer vie et mort, puisqu'au contraire, selon le vers goethéen qui forme véritablement l'axe de la pensée de Groddeck, « meurs et deviens » (Stirb und werde), c'est Eros qui est la condition de Thanatos, et Thanatos, l'accomplissement d'Eros, comme le révèle clairement la dialectique sexuelle »[185]. L'étude des symboliques, selon Georg Groddeck, inscrit déjà l'être humain dans un avenir dont il n'a pas encore véritablement pris conscience, en lui ouvrant les portes de sa prison mentale, en lui faisant utiliser le passé pour dépasser le présent, et lui donner ainsi les armes de sa résistance, de sa survie, et de son libre arbitre car le symbole sera l'élément déterminant de sa guérison et de sa reprise en main.

Cependant, l'on ne saurait, d'après lui, prétendre percer à jour les raisons et les fins de la vie inconsciente même si les complexes refoulés se relient au cours conscient des idées et des fantasmes car les forces agissantes sont, dans leurs corrélations, encloses dans des profondeurs mystérieuses où nul œil humain ne pénètre. Mais nous parvenons, de temps à autre, à jeter un regard fugitif à l'intérieur de notre être lui-même et ce tâtonnement ne nous dévoile que des fragments de processus inconscients lorsque nous pénétrons profondément dans les formes enchevêtrées de la vie psychique, où les desseins apparemment conscients ne sont que les descendants de forces inconscientes.

L'écriture d'un roman sera un prétexte indirect à ne pas vouloir ou ne pas pouvoir parler de soi. Mais ce voyage des mots dans la vie de

---

[184] Groddeck, Georg, *Der Mensch als Symbol, Unmassgebliche Meinungen über Sprache und Kunst* (*L'être humain comme symbole ; considérations sans prétentions sur le langage et l'art*), Wien, 1933.
[185] Lewinter, Roger, page 21 de sa préface dans *La maladie, l'art et le symbole* de Georg Groddeck, Gallimard, 1969.

quelqu'un d'autre, qui n'est pas affirmé comme étant soi, va permettre le détour d'un discours plus révélateur car le masque se laissera plus facilement lever, si l'on évacue ce sentiment de gêne, de honte ou de méfiance à l'égard de soi. L'expression somatique de l'angoisse, comme l'affirmait Freud, est intimement liée au problème d'identité. Rien n'est donné dans la transparence mais tout se présente comme dissimulé. Les mots peuvent être envisagés à la fois en tant que tels et en tant que voiles de quelque chose d'autre de caché, où l'on peut percevoir une double signification en même temps. Selon Wolfgang Iser[186], cette pratique herméneutique ne recourt plus à un cercle simple ou à un enchâssement de cercles, mais à des «boucles transactionnelles» (*transactional loops*) c'est-à-dire à un aller-retour entre objet et « registre » qui aboutit à une autocorrection continuelle. Et même si l'avènement de la psychanalyse laisse espérer un processus d'interprétation relativement aisé, ce jeu de cache-cache du dit et du non-dit développera justement ainsi toute une polyphonie des sens et entretiendra cette ambiguïté où l'histoire elle-même devient le prétexte d'une cristallisation de l'émotion.

Cela reprend l'idée de Starobinski dans *Les mots sous les mots*[187] quand il évoque « l'arrière histoire des mots » qui doit nous faire saisir le mouvement de l'écriture derrière l'invention verbale. Et l'on peut même remonter jusqu'à Aristote dans sa *Métaphysique* quand il considère le mot non comme un produit statique, "ergon", mais comme une activité, une énergie, "energia". Cette théorie, reprise par Todorov dans *Théorie du symbole*[188], permet de mettre en lumière le double processus de la représentation et de l'expression, les mots étant pour lui non seulement « l'image des choses » mais surtout « l'image de celui qui parle ». Et Ricardou[189] reprend cette réflexion sur le pouvoir des mots en affirmant qu'ils doivent être « des centres d'irradiation sémantique » car sous « la croûte de leur sens immédiat, [ils] tendent à recomposer entre eux, de proche en proche, les relais d'un langage sous-jacent, libre et mobile » qui « libère les mots de leur servage », remettant en cause la notion de représentation.

Beïda Chikhi évoque une dynamique du retournement[190], reprenant l'idée de Freud qui, par le biais d'une fiction théorique, a changé

---

[186] Iser, Wolfgang, *The Range of Interpretation*, New York, Columbia University Press, 2000.
[187] Starobinski, Jean, *Les mots sous les mots : les anagrammes de* Ferdinand de Saussure, Gallimard, 1971.
[188] Todorov, Tzvetan, *Théories du symbole*, Seuil, Paris, 1977.
[189] Ricardou, Jean, *Problèmes du nouveau roman*, Seuil, Paris, 1967.
[190] Chikhi, Beïda, « Le texte maghrébin entre la trace et l'effacement » in *Quand le roman maghrébin s'interroge sur son écriture,* Actes du Colloque International, Faculté des

radicalement le concept d'interprétation : « Ecrire pour la survie du "je", c'est souvent donner la parole à quelqu'un qui se tient "derrière", à l'instance d'une affirmation étrangère qui déplace en permanence les mots, les détourne, les retourne et les rend méconnaissables à soi-même »[191]. Cette instance, que Meddeb[192] appelle, quant à lui, la « voix intérieure qui profère dans un entonnoir », est à l'origine du décalage et brouille le plan de la communication, jouant des superpositions, des glissements et des distorsions d'énonciation, installant une ambiguïté du discours et inscrivant le texte « entre la trace et l'effacement ».

Roseline Baffet[193] évoque ce retour envahissant du refoulé et pose le problème de savoir si l'écriture est susceptible de pouvoir dire l'innommable. Elle rappelle la dialectique de Heidegger entre "erfahren" et "erleben"[194] et constate que les auteures algériennes se sont trouvées confrontées à cette situation où l'urgence de la parole cherche une réponse immédiate dans une tentative désespérée de réappropriation de l'Histoire qui va se traduire par une esthétique nouvelle, la transposition d'un vécu insoutenable passant alors par le détour d'une représentation qui génère une écriture différente et originale : « "Ce que l'on ne peut pas dire, il faut le montrer" nous dit Wittgenstein, se référant à la notion d'esthétique. La "forme", "statue de Heidegger", métaphore désignant l'expression esthétique de l'être, est une esquisse de la réalité. C'est alors, à cette jointure du réel et de l'imaginaire, que l'indicible de la réalité "peut-être" se "montre". Le "peut-être", indiquant tant chez Heidegger que chez Wittgenstein, l'idée d'inachèvement, caractéristique de la poétique moderne »[195].

Lettres et des Sciences de l'Université Ibn Tofail, Série colloques et séminaires n° 2, Kénitra, 1992.
[191] *Ibidem*, p. 19.
[192] Abdelwahab Meddeb, écrivain, poète et penseur tunisien, préoccupé par le problème de l'écriture, évoque dans nombre de ses écrits cet « écart infranchissable entre la littérature de l'implicite et celle de l'explicite » dans sa « quête de quelque parcelle inexplorée de l'être. » (Propos recueillis par Jean-Christophe Millois, dans l'article, « Entretien avec Abdelwahab Meddeb », dossier Littératures arabes 2, pp. 34-39, in *Prétexte n°11,* Prétexte Editeur, Paris, automne 1996.
[193] Cf. l'article de Baffet, Roseline, « Littérature algérienne du temps présent : hantise et réappropriation du passé » in *Passerelles francophones. Pour un nouvel espace d'interprétation,* volume II, *Afrique et Antilles,* Textes présentés par Beïda Chikhi, in *Vives Lettres n° 11,* Université Marc Bloch, U.F.R. des Lettres de Strasbourg, 1er semestre 2001, pp. 104-115.
[194] Il s'agit de "l'expérience" et du "vécu". Roseline Baffet cite à ce propos l'étude de Lacoue-Labarthe, Philippe : *La Poésie comme expérience,* Collection Détroit, Editions Christian Bourgeois, Paris, 1997.
[195] Baffet, Roseline, « Littérature algérienne du temps présent : hantise et réappropriation du passé », *op. cit.,* pp.107-108. Roseline Baffet évoque dans son analyse l'étude de

Guy Rosolato, auteur des *Essais sur le symbolique*[196], voit également à l'origine du phénomène esthétique « un manque surmonté » mais il analyse de manière plus globale les propriétés du langage dans ses rapports avec l'inconscient, allant jusqu'à dégager une théorie d'une esthétique psychanalytique[197], en étudiant non seulement les mots mais le style qui représente pour lui « l'inconscient qui parle entre les lignes et qu'on se plaît à entendre, en écho du silence des choses tues »[198].

Même si la lecture d'une œuvre se fait au niveau de ses formes, c'est-à-dire de sa présentation extérieure, on ne peut évidemment pas gommer son contenu qui s'inscrit dans l'histoire ou parle de la psyché, de tous ces « ailleurs » dont Roland Barthes souligne l'interférence dans sa critique structuraliste. Les structures de langage recoupent les structures de l'inconscient et celles de la société. Pour lui, si l'on veut considérer l'œuvre en elle-même selon le point de vue de sa constitution, il devient impossible de ne pas évoquer « les exigences d'une lecture symbolique »[199]. On ne peut dissocier, selon lui, la nature symbolique du langage et la nature linguistique du symbole. Et, même si sa technique d'analyse part de l'affirmation que l'œuvre est faite avec de l'écriture, il rapproche à diverses reprises la critique structuraliste et la critique psychanalytique, qui ont, en effet, en commun d'étudier les formes de transformation des symboles. A l'intérieur d'une théorie générale des signes, il évoque une « langue plurielle » permettant une lecture immanente des œuvres.

Gérard Genette, qui fonde aussi sa critique dans une perspective structuraliste, centre toute son attention sur les figures, comme l'indiquent les titres de ses recueils de critiques[200]. Selon lui, « le parti pris du structuralisme est à peu près inverse de celui de l'analyse bachelardienne : il est que certaines fonctions élémentaires de la pensée la plus archaïque participent déjà d'une haute abstraction, que les schémas et les opérations de l'intellect sont peut-être plus *profonds*, plus originaires que les rêveries

---

Wittgenstein, Ludwig : *Tractatus logico-philosophicus,* traduit de l'allemand par Gilles-Gaston Granger, Gallimard, Paris, février 2001.
[196] Rosolato, Guy, *Essais sur le Symbolique*, Collection Connaissance de l'Inconscient, Gallimard, Paris, 1969.
[197] Une première approche de la théorie de Guy Rosolato fut établie dans une étude intitulée : « Difficultés à surmonter pour une esthétique psychanalytique », in *L'Hygiène mentale,* n°5, 1965.
[198] Rosolato, *op., cit.*
[199] Barthes, Roland, *Critique et vérité,* Le Seuil, Paris, 1966.
[200] Genette, Gérard, *Figures,* Le Seuil, Paris, 1966. *Figures II*, Paris, 1969. *Figures III*, Paris, 1972.

de l'imagination sensible, et qu'il existe une logique, voire une mathématique de l'inconscient. »[201].

Charles Mauron[202], grâce à la technique des superpositions de textes, décèle dans les œuvres étudiées des réseaux de métaphores, des figures, des situations dramatiques obsédantes, qui nous permettent de nous approcher du mythe personnel de l'auteur qui pourtant demeure inconscient à l'écrivain lui-même. Ce mythe personnel fonctionne, selon Charles Mauron, comme « un phantasme persistant » qui fait constamment pression sur la conscience de l'écrivain lorsqu'il se livre à son activité créatrice et qui traduit « des processus psychiques profonds ». C'est l'inconscient qui adopte sans effort et, sans doute même, suggère l'emploi de ce langage métaphorique qui constitue un mode courant de l'expression onirique. Il précise cependant que cela n'a rien à voir avec l'expression d'un inconscient pathologique car, selon lui, c'est l'art qui permet justement à l'écrivain d'échapper à la névrose.

Toutes ces références à un fonctionnement sous-jacent de la langue et du discours, même si les approches en sont diverses et peuvent s'affronter dans différentes techniques d'analyse, représentent toutes des moyens d'investigation extrêmement intéressants qui nous dévoilent une réalité ou plutôt une vérité intérieure inconsciemment ou volontairement cachée par l'auteur.

2. Le stratagème d'un discours allégorique

L'impossibilité de parler de soi pose le problème de la représentation de l'irreprésentable. Si l'on ne peut évoquer ses angoisses et ses douleurs, le sentiment de sa vacuité va s'illustrer dans le jeu des images dont le rôle sera de servir d'intermédiaire entre les concepts et les choses. Dans *La philosophie des images*[203], Jean-Jacques Wunenburger évoque par cette étude sur l'imaginaire et la rationalité les multiples fonctions de l'image. Mais, il relève aussi leur ambiguïté lorsqu'il analyse le mouvement de l'art figuratif vers l'art abstrait. Il estime que les représentations figuratives restent impuissantes à nous transcrire « l'expérience de l'Etre », alors que l'art non figuratif se révèle apte à nous faire « éprouver directement la

---

[201] Extrait de *Figures*, p.100.
[202] Référence à son étude : *Des métaphores obsédantes au mythe personnel. Introduction à la psychocritique,* Librairie José Corti, Paris, 1988.
[203] Wunenburger, Jean-Jacques, *Philosophie des images,* coll. Thémis, Philosophie, Presses Universitaires de France, Paris, 1997. Réédité en 2001.

vie ». Il soulève ainsi le problème du vide dans l'expression artistique (et même scientifique), estimant que les indices de l'absence exacerbe notre perception de l'invisible et nous donne plus à voir que les indices de présence.

La fictionnalisation de l'univers psychopathologique avec ses discours infiniment dédoublés et ses textes pleins de trous, avance, selon Beïda Chikhi, inexorablement vers l'indicible pour faire surgir la parole trouble du désir et de ses entraves, allant jusqu'à la confusion du réel et du fantasme. La littérature est alors le domaine par excellence où "oser voir" c'est risquer la folie, de la même manière que la névrose est inséparable de l'acte d'écrire. Elle affirme ainsi que « l'étrangeté des textes maghrébins est due à une précipitation quasi-pathologique du rythme de la recherche scripturale qui lève les interdits, bouscule les préjugés, abolit les frontières et produit par là une véritable explosion créative »[204]. A ses yeux, leur littérarité tient justement à ce que ce sont des textes fous « parce que le pathos est devenu, à la fois, le ferment essentiel de la fable et le stimulant même de l'écriture », laquelle « ne peut plus se concevoir en dehors de cette zone de risque où ce qui a été muet ou contraint au mutisme prend soudain la parole »[205]. La déconstruction du conformisme scripturaire s'avère alors à la fois un médiateur et un adjuvant pour désaliéner le corps de ses blessures et traverser la mouvance du désir interdit. En effet, la complexité même de l'écriture se constitue comme un blocage salutaire qui permet d'exprimer l'indicible sans avoir à s'épancher. C'est une écriture paradoxale qui cherche à dire autant qu'à cacher. Ce sera au lecteur à rentrer dans le substrat profond de la langue pour décrypter le double sens et le processus de symbolisation car, comme l'écrit Ricœur, « Là où un homme rêve, poétise ou prophétise, un autre se lève pour interpréter »[206].

Dans le même esprit, le philosophe et critique littéraire, Octave Mannoni, s'est attaché, dans une méthode qui allie les connaissances et les recherches de la linguistique, de l'ethnographie et de la psychanalyse, à étudier ce lieu de l'écriture où se réalise enfin « l'impossible union de la matière et de l'esprit », confirmant ainsi l'articulation entre le

---

[204] Chikhi, Beïda, « La psychopathologie et ses fictions. Discours théorique et mise en œuvre littéraire », p. 80, dans *Etudes littéraires maghrébines n°1, Psychanalyse et texte littéraire au Maghreb,* sous la direction de Charles Bonn et Yves Baumstimler, Université Paris-Nord, Centre de recherches en psychopathologie et Centre d'études littéraires francophones et comparées, Université d'Alger, L'Harmattan, 1991.
[205] *Opus cit.* p. 79.
[206] Ricœur, Paul, *Le conflit des interprétations. Essais d'herméneutique,* Seuil, Paris, 1969, p. 27.

fonctionnement du langage et celui de la psyché. C'est à propos d'une analyse sur Marcel Proust et Gérard de Nerval qu'il précise ce qui est, à son sens, la source de la création littéraire : « La littérature nous ferait penser que si le désir d'écrire est une sorte de sublimation du désir inconscient, ce n'est généralement pas une sublimation complète, à supposer que cela existe, et quelque chose de non sublimé dans le désir inconscient s'y manifeste aussi. Autrement dit, le désir d'écrire est aussi plus obscurément désir d'écrire sur le désir – au fond : désir impossible d'écrire sur le désir impossible. L'écriture contient toujours, même si elle le cache, la trace d'un désir qui n'a pas de vrai nom »[207]. D'après Octave Mannoni, il existe des clefs pour décrypter la réalité textuelle de ses affirmations, à savoir, les rapports du conscient et de l'inconscient, avec l'imaginaire que l'un et l'autre animent. Il s'attachera dans son travail de critique littéraire à mettre en lumière ce processus de fonctionnement et de construction de la langue et du symbole.

Cependant, même si Groddeck estime, sous le prisme de la psychanalyse, que chaque mot peut être « l'allégorisation d'un processus inconscient », il n'en est pas moins évident que certains écrivains utilisent en connaissance de cause ce procédé de l'allégorie pour camoufler derrière un subterfuge ce qu'ils ont envie d'exprimer malgré la censure sociale, politique ou personnelle. Le critique, Djamshid Mortazavi, étudie, dans *Symbolique des contes et mystique persane* [208], comment les vérités impossibles à dire peuvent être affirmées sous une couverture métaphorique, permettant ainsi plusieurs lectures à la fois et préservant de cette manière la liberté de pensée et la pudeur à se dévoiler. Il propose de nous révéler, à travers les contes et les anecdotes, derrière l'apparence naïve de ces histoires, une profondeur psychologique, philosophique, théologique et spirituelle, car les contes renferment, selon lui, des messages transmis dans un langage symbolique. Pour éclairer notre compréhension de ces textes, il analyse dans son introduction les origines et le sens du soufisme dont le propre est, à ses yeux, de dépasser toutes les divisions religieuses en prenant sa source dans une réalité transcendante pour offrir une ouverture libertaire à prendre en exemple, face au courant intégriste islamique de cette époque (ce qui s'avère encore valable pour la

---

[207] Mannoni, Octave, *Clefs pour l'imaginaire ou l'autre scène*, Seuil, Paris, 1969 : recueil de vingt essais consacrés à des textes psychanalytiques, à des problèmes de linguistiques et, en ce qui nous intéresse principalement, à la littérature et au théâtre. (Etudes de Nerval, Baudelaire, Mallarmé, Proust, Henri James, Salinger et Boris Vian).
[208] Mortazavi, Djamshid, *Symbolique des contes et mystique persane*, Jean-Claude Lattès, Paris, 1988.

nôtre). « Le conte de l'âne », par exemple, qui critique l'imitation aveugle et l'adhésion à une confession par nécessité due à des circonstances, est une manière de dénoncer la religion formaliste. C'est une remise en question de l'enfermement dans son moi et dans une religion qui empêche de vivre véritablement.

Les contes représentaient, face à tous les interdits, un moyen détourné de dire une vérité, au même titre que les histoires fictives de nos trois romancières. Les conteurs suivaient l'enseignement soufi et se fondaient sur une méthode psychologique très fine, proche de la psychanalyse, ce qui recoupe aussi la démarche de nos trois écrivaines.

La fonction du rire et de l'apparente absurdité du récit dans le discours allégorique peut s'avérer un stratagème de résistance et de remise en question sociologique et politique où la virulence de la critique est à peine voilée. Jean Déjeux étudie cette fonction du rire dans un article intitulé *Jeh'a ou la saillie (Nadira)*[209]. Selon lui, le personnage de Jeh'a « le fou » n'est pas aussi sot qu'il en a l'air et représente par ses « nawâdir » la sagesse de l'homme de la rue, même s'il est démuni de l'arsenal des puissants ; il joue le fou, déclenche le fou rire mais il n'est pas fou. On sait que l'humour, la satire, le rire, le trait d'esprit ont souvent servi d'arme de combat ou de défense pour triompher de l'oppression sociale, religieuse ou politique. Les plaisanteries et les facéties de ce personnage sont grinçantes et démystifient l'adversaire en le démontant et en le corrigeant. Pour Jean Déjeux, le rire, même s'il se présente comme un jeu, a une fonction de dénonciation pour souligner les travers et les abus : « Sans doute, le rire est d'abord fait pour faire rire et dilater le corps et l'esprit comme étant le propre de l'homme. Mais le rire a bel et bien une fonction sociale en soulignant ce qui dans une société doit être décrispé, brisé et libéré, ce qui, noué dans le trop sérieux, doit être élargi, dénoué ; à la limite on parlera de "s'éclater" pour briser la morosité, le guindé, l'unidimensionnel rigide et sclérosé »[210].

Jeh'a[211] est anarchiste à sa manière et ne se plie pas aux règles et à la morale. Il joue au naïf et à l'ignorant pour mieux berner et ridiculiser ceux

---

[209] Déjeux, Jean, « Jeh'a ou la saillie (Nadira) », p.106, dans *Études littéraires maghrébines, n°1, Psychanalyse et texte littéraire au Maghreb,* sous la direction de Charles Bonn et Yves Baumstimler, Université Paris-Nord, Centre de recherches en psychopathologie et Centre d'études littéraires francophones et comparées, Université d'Alger, l'Harmattan, 1991.
[210] Dans son chapitre « L'humour, arme de défense et de combat », p. 109 de l'article « Jeh'a ou la saillie », dans *Études littéraires maghrébines, opus cité.*
[211] Ce personnage, appelé aussi Jaha, est évoqué par Malika Mokeddem dans *Les Hommes qui marchent,* par l'intermédiaire de Zohra, la vielle conteuse bédouine des légendes

qu'il veut remettre en question. Le jeu de ses absurdités dévoile en fait un anticonformisme et une insolence décapante et salutaire qui rejoint dans le rire l'inconscient collectif, entretenant ainsi de manière détournée un discours subversif et rejoignant de la sorte Naseredine Khodja en Turquie, Scapin de Molière et Panurge de Rabelais en France.

Parfois, la nouvelle remplit un rôle identique de remise en question mais, sans recourir au rire, dans un registre plus sérieux allant jusqu'au pathétique, en jouant sur la brièveté des textes et sur l'effet de surprise final. Hadjira Mouhoub en est un exemple tout à fait probant dans sa nouvelle, *La Jupe*[212]. Le héros de l'histoire, lorsqu'il fait le panégyrique de sa femme et qu'il la décrit dans toute sa perfection, met le doigt sur les abus et les conditions d'esclavage inadmissibles du sexe féminin, en nous donnant à lire "un contre-portrait", c'est-à-dire une relecture critique qui dénonce, de manière sous-jacente, par l'absurde, cette situation de fait qui fait partie de la normalité. Sa femme exalte ce qu'elle nie pour mieux le dévaloriser. Elle feint de se conformer à la tradition pour mieux court-circuiter l'ordre établi. Son discours, apparemment en accord avec la pensée populaire, les préceptes sociaux et les règles morales, s'avère une arme et une critique virulente et incisive où elle attaque, en réalité, les interdits, en transgressant les tabous et en désacralisant l'homme :

> J'aime aussi ma femme. Elle est exactement telle que j'ai toujours désiré qu'une femme soit : efficace, silencieuse, calme, avare de paroles. Elle travaillait comme dactylographe dans une Société Nationale. Comme j'allais l'épouser, je lui ai expliqué pourquoi il ne fallait pas qu'elle travaille. Elle a très bien compris. Elle s'occupe de la maison, des repas, du marché, du gosse qui va bientôt avoir un an. C'est là le rôle d'une femme. Moi, mon monde se situe à l'extérieur avec mes amis, mes collègues, mes compagnons de bar. Nos deux mondes ne se joignent jamais. C'est bien ainsi. Elle ne manque jamais de rien ; elle ne s'est jamais plainte. Je sais qu'elle est heureuse.[213]

---

anciennes : « Ce farfadet qui concilie la ruse et la naïveté ! Ce follet qui fait rire les enfants depuis la nuit des temps » (p. 179). Ses histoires sont, pour elle, « la lumière » qui éloigne les spectres hideux de la vie de tous les jours et ouvre la porte des rêves et des espoirs.
[212] Récit extrait du recueil de nouvelles de Mouhoub, Hadjira, *Quand tourne le vent*, ENAP, Alger, 1988.
[213] Extrait de *La Jupe*, p. 377, in Dotoli, Giovanni, *Poésie méditerranéenne d'expression française. 1945 – 1990*. Biblioteca della Ricerca, Cultura Straniera n° 38. Edition Schena, Fasano (Br. Italie) et Editions Nizet, Paris, 1991.

L'inscription dans un futur

Aucun mot de condamnation n'est prononcé. Cela n'est pas nécessaire car, lorsqu'on décrypte le texte à l'envers, on peut reconnaître que les qualités retenues pour la glorifier sont, aux yeux de son mari, justement, toutes les obligations faites à la femme pour rentrer dans le moule de la servilité et ne pas déroger à ses devoirs d'épouse. Par les détours de cette nouvelle, elle évoque, par parole masculine interposée, la parole féminine interdite et le code des bienséances qui dénie à la femme les droits les plus élémentaires, ne lui reconnaissant que l'état de dépendance à un mari qui lui refuse tout simplement le droit d'exister par elle-même :

> – Tout ce qui te touche m'appartient aussi, m'appartient, entends-tu ?
> Cette jupe, ce qu'il y a dessus, ce qu'il y a dessous. Toi-même m'appartient toute entière, Ne l'oublie pas. Ce que tu portes est aussi à moi, je te le prouve et personne ne dira le contraire.[214]

La jupe représente, dans l'histoire, l'allégorie de sa servitude et les vociférations du mari à son encontre ne font que mettre en exergue l'injustice criante du statut de la femme en Algérie. Il est cependant amusant de constater, à l'intérieur même de cette petite tragédie, que l'écriture de cette nouvelle est justement une réponse à l'oppression du silence qui emprisonne les femmes et que Hadjira Mouhoub constate que le véritable danger, pour la société masculine, est quand la parole vient aux femmes :

> Un jour on s'assoit pour parler, puis on finit par rire, par donner son opinion. Les paroles étant contagieuses auprès des parleurs, la femme la plus muette trouverait le moyen de s'exprimer par monosyllabes.[215]

3. Les filiations explicites

Mais le cheminement des femmes s'inscrit aussi dans un périple où les jalons sont parfois clairement exprimés, révélant ainsi de manière explicite, dans cet enchevêtrement des histoires, des voix qui se répondent en écho ou rebondissent par-delà les personnages, instaurant comme une filiation de la pensée, dans une stratégie de prise de possession de la liberté perdue.

---

[214] *Ibidem*, p. 384.
[215] *Ibid.*, p. 378.

L'incipit du roman *Garçon manqué*[216] de Nina Bouraoui s'ouvre étrangement comme une réponse au roman d'Assia Djebar, *Vaste est la prison*, malgré les années qui séparent ces parutions, car le symbolisme du lieu qui a terminé le récit d'Assia Djebar débute celui de Nina Bouraoui. Cette entrée en matière est comme une reprise en écho du roman précédent.

Cependant, cette fois-ci, le « je » s'affirme comme le personnage du narrateur qui rejoint de manière sous-jacente l'auteur. Et, même si le ton de l'autobiographie n'est pas encore clairement défini, la femme-écrivain s'affirme déjà par le dévoilement et par la liberté de son écriture. L'héroïne de son roman affirme aussi la libération de son corps en mouvement au début de l'histoire. Sa course sur la plage représente un affranchissement de sa condition de recluse. Et le chahut de son corps qui se débride et qui se laisse tomber sur le sable avec un homme est l'image crue de sa libération de femme. Elle jouit également de la mer qui participe à sa féminité retrouvée et définitivement conquise.

Elle prend, de cette manière, possession de tout l'espace africain : la mer, le soleil et le sable. Et elle affirme son existence en participation physique et sensorielle à l'essence de la terre algérienne :

> Je suis au sable, au ciel, au vent. Je suis en Algérie. (p.7)

Le lieu d'Alger devient, tout à la fois, repère spatial et existentiel. L'appartenance à la terre ne peut s'inscrire que dans un territoire de liberté ; et la jouissance du corps à la rencontre des éléments essentiels, l'eau, le feu, l'air et la terre, s'inscrit dans une reprise en possession physique de sa terre d'origine et comme une réappropriation de sa filiation africaine.

La communication avec les éléments primitifs éveille une sensualité et une ouverture au monde rendue possible grâce à une relation amoureuse dévoilée au grand jour par la présence d'un homme qui partage ce bonheur et cette fougue. C'est parce qu'elle court et tombe avec Amine qu'elle peut courir avec la mer. Ce premier paragraphe d'entrée est celui de la vie retrouvée, une réponse à l'enfermement et à la fermeture de son premier roman, *La Voyeuse interdite,* où l'homme devenait le gardien de sa prison, alors qu'ici il devient l'intercesseur ou, du moins, le médiateur de sa liberté retrouvée.

---

[216] Bouraoui, Nina, *Garçon manqué,* Editions Stock, 2000.

L'inscription dans un futur

4. La féminité en dérobade ou le jeu-mascarade de l'androgyne

Dans ce même roman, *Garçon manqué*, la nécessité de déjouer les blocages institués par l'environnement socioculturel conduit au travestissement car l'héroïne, issue d'un couple mixte, de mère française et de père algérien, est habitée par un sentiment de vacuité qui l'emprisonne, dans l'impossibilité d'un choix et l'incapacité de retrouvailles avec elle-même. Avec son ami Amine, qui se trouve dans la même situation qu'elle, elle avoue à leur propos : « Ici nous ne sommes rien. [...] Seuls nos corps rassemblent les terres opposées ». Elle se sent déchirée par l'inaptitude à se sentir pleinement algérienne et, lorsqu'elle s'habille d'un burnous, elle a l'impression d'être déguisée, de vivre dans l'imposture et le mensonge. Elle se sent invalide avec une terre et une langue qui se dérobent. Ne pouvant se revendiquer ni pleinement de sa mère, ni pleinement de son père, elle se sent séparée des deux et porte « une identité de fracture » :

> « Tu n'es pas française. » « Tu n'es pas algérienne. »
> Je suis tout. Je ne suis rien. Ma peau. Mes yeux. Ma voix. Mon corps s'enferme par deux fois.
> Je reste avec ma mère. Je reste avec mon père. Je prends les deux. Je perds les deux. Chaque partie se fond à l'autre puis s'en détache. Elles s'embrassent et se disputent. C'est une guerre. C'est une union. C'est un rejet. C'est une séduction. Je ne choisis pas. Je vais et je reviens. Mon corps se compose de deux exils. Je voyage à l'intérieur de moi. Je cours, immobile. (p. 20)

Le choix de se réaliser ne pourra passer que par le refus d'elle-même. Comme un leitmotiv lancinant, elle reprendra de manière régulière l'énoncé de cette décision :

> Je prends un autre prénom, Ahmed. Je jette mes robes. Je coupe mes cheveux. Je me fais disparaître. Je suis effrontée. Je soutiens leur regard. Je vole leurs manières. J'apprends vite. Je casse ma voix. (p.15)

Cette incapacité à vivre dans un état de rupture ainsi que la volonté de chasser une identité qu'elle n'arrive pas à assumer se traduiront par le choix d'une autre identité usurpée. Le refus de sa dichotomie l'amène à la désertion. Elle ne veut pas choisir entre les deux possibilités qui s'offrent à elle et préfère rester «indéfinie» en devenant « inclassable ». Pour elle, « être un homme en Algérie, c'est devenir "invisible" ». Elle veut quitter son corps, son visage et sa voix pour rentrer « dans la force ».

L'inscription dans un futur

Nous apprendrons ensuite que le refus de sa féminité et son travestissement en homme sont également un refuge contre les agressions des hommes. La narratrice dévoile alors un épisode de son enfance où elle a failli être enlevée et violée. Cette tentative est restée dans son imaginaire comme « un instant blanc » où la mémoire gomme le souvenir ; c'est pourquoi elle refuse d'exister dans sa féminité et décide de dénaturer son corps féminin en s'annihilant :

> Je deviendrai un homme avec les hommes. Je deviendrai un corps sans nom. Je deviendrai une voix sans visage. Je deviendrai une partie. Je deviendrai un élément. Je deviendrai une ombre serrée. Je deviendrai un fragment. J'existe trop. Je suis une femme. Je reste à l'extérieur de la forêt. (p.40)

Ce jeu du travestissement résonne comme une revanche sur elle-même plutôt que comme une agression contre les autres. C'est une manière de désacraliser et l'enfance, et le sexe, pour reprendre son destin en main, même si c'est de manière négative :

> Brio [surnom donné par son père] contre la femme qui dit : Quelle jolie petite fille. Tu t'appelles comment ? Ahmed. Sa surprise. Mon défi. Sa gêne. Ma victoire. Je fais honte au monde entier. Je salis l'enfance. C'est un jeu pervers. C'est un jeu d'enfant. C'est une enfant perverse. (p.51)

Cependant, le camouflage de la féminité est également pour la jeune fille un moyen de conquérir l'espace extérieur qui n'appartient qu'aux hommes. Cette carapaçonnade de façade devient ainsi un instrument de libération, qui ne peut être que provisoire et qui peut s'avérer dangereux. L'attrait de l'inconnu va aiguiser la curiosité sur ce monde interdit du dehors qui devient d'un seul coup accessible. Les promenades dans la ville ou les plongeons dans la mer du haut de la falaise redonnent au corps le bonheur de circuler au grand jour et de bouger dans la jouissance d'un sport aquatique. Quand la peau retrouve la sensualité d'un combat avec l'eau et que la femme se mesure à l'élément liquide dans un corps à corps d'autant plus émouvant qu'elle le sait interdit, elle en goûte le risque autant que l'abandon de son corps au plaisir sportif.

Mais cette situation de "masque", en porte-à-faux, installe l'héroïne dans l'ambiguïté et ne semble pas présenter à terme dans ce roman une solution épanouissante. Elle s'avère cependant être, pour l'auteur Nina

L'inscription dans un futur

Bouraoui, un passage obligé pour évoquer le malaise dans lequel s'inscrit sa féminité. Et, même si, pour elle, l'aveu est encore impossible et les mots difficiles à trouver, elle saupoudre déjà, par intermittence, dans son texte, des remarques sur l'écriture et sa nécessité. Ces phrases très courtes, distillées à l'intérieur même du récit, presque en superposition au discours du roman, sont annonciatrices du travail souterrain accompli par la rédaction de ce même roman sur l'évolution et la construction de sa personne. Elle s'assimile à la jeune fille de son roman, avec ses « deux passeports » et son « seul visage apparent ». Elle sait qu'elle aura toujours à expliquer et à se justifier de cette situation et, pour se préserver, elle construit un mur contre les autres. Mais, en guise de constat final de cette réflexion, elle plaque une petite phrase sèche et dure sans apparente relation avec ce qui précède :

> Seule l'écriture protègera du monde. (p.20)

Quelques pages plus loin, s'estimant coincée entre deux pays et deux identités, elle prend conscience que son équilibre est dans la solitude et dans l'invention d'un autre monde ; trois mots abrupts vont soudainement clore ce passage : « j'apprends à écrire ». Acculée dans cet entre-deux où elle cherche son identité face à ceux qui la rejettent, elle affirme qu'elle trouvera la force contre la haine :

> J'écrirai aussi pour ça. J'écrirai en français en portant un nom arabe. […] Écrire rapportera cette séparation. (pp.33-34)

Au-delà de son image de garçon manqué, elle se projette dans un futur où elle aimerait sortir de cette clandestinité identitaire et de son silence :

> Depuis toujours. Se taire. Garder pour soi. Intérioriser. Mon silence est un corps. Mon silence est une maison. Mon silence est une habitude. Mon silence est une forteresse. Ne rien dire. Regarder. Tenir ses larmes. Entendre. Ne pas répondre. Ne pas raconter. Et d'où viendra la force de parler ? Et d'écrire ? D'écrire sans regretter. D'écrire sans avoir peur. Du regard des autres. De leurs questions. De mes réponses. (p. 172)

Elle se demande d'où lui viendra la force d'écrire. Mais elle sait que le temps lui apprendra la patience et l'écriture pour cimenter toute sa vie à venir.

L'inscription dans un futur

L'image de l'androgyne rejoint, dans cet esprit, l'idéal de l'Identité Absolue et parfaite car le désir de l'androgyne est, en effet, celui de réhabiliter la loi primordiale, celle de l'indistinction sexuelle, et, surtout, celle de l'unité première perdue. Nina Bouraoui, par l'intermédiaire de son héroïne, met à nu, de manière sous-jacente, un problème identitaire secret, celui de son homosexualité et, par là-même, la difficulté de l'acceptation de sa différence. Cette vérité personnelle, si difficile à dévoiler, sera révélée plus tard dans les romans qui suivront, et principalement dans *Poupée Bella* où elle deviendra le sujet de son livre. Ainsi, la réponse ne se trouvera pas directement dans la quête de ce garçon manqué qui la représente, mais ce livre servira de jalon à la prise en charge concomitante de son écriture et de son homosexualité qui s'affirmeront dans les œuvres qui suivront et où elle finira par assumer sa différence au grand jour, aussi bien dans sa vie personnelle que dans sa vie d'écrivain[217].

---

[217] Nous reprenons ce sujet dans notre dernière partie intitulée « La révélation du pouvoir ou la femme au livre », au chapitre III concernant l'écriture, où nous développons le thème de « La montée en écriture », dans une étude sur « La réintégration de soi » chez Nina Bouraoui dans *Poupée Bella*.

CHAPITRE II
L'INITIATION AUX JEUX DE L'AMOUR

L'étude des rapports de l'image avec la pensée dans *L'Amant imaginaire*[218] de Taos Amrouche et *La Jeune fille au balcon*[219] de Leïla Sebbar nous conduit de la même manière à aborder cette notion d'inconscient, même si elle n'est pas nommée. Déjà depuis Descartes, l'image est estimée comme une chose corporelle, comme le produit de l'action des corps extérieurs sur notre propre corps par l'intermédiaire des sens et des nerfs. L'image devient ainsi un certain type de conscience et Jean-paul Sartre, dans son essai, *L'imagination*[220], corrobore cette démarche quand il en conclut que l'image ne peut entrer dans le courant de la conscience que si elle est synthèse et non élément, qu'il n'y a pas et qu'il ne saurait y avoir d'images dans la conscience et que l'image est un acte et non une chose car elle est conscience de quelque chose. Si la fiction s'avère une synthèse active et un produit de la libre spontanéité, nous chercherons à déterminer, derrière un certain type d'images récurrentes, comment, sous l'opacité d'un univers fictionnel, se construit toute une dialectique amoureuse.

1. L'exaltation du désir, préliminaire amoureux : De la braise à la cendre

Dans *l'Amant imaginaire,* nous nous proposons de souligner dans l'écriture de Taos Amrouche ce jeu des images qui parcourt le roman d'un bout à l'autre et sous-tend toute l'histoire. Le passage antithétique continuel de l'obscurité à la lumière, et vice-versa, recoupe la constante du caractère cyclothymique de la narratrice-auteure, qui passe du désespoir le plus profond à l'exaltation la plus violente. Cette jeune femme, appelée Aména, qui rêve d'amour et qui se raconte dans un journal au fil des pages, fonctionne pourtant délibérément sous un autre nom que celle qui écrit.

---

[218] Amrouche, Taos, *L'Amant imaginaire,* Editions Joëlle Losfeld, 1997.
[219] Sebbar, Leïla, *La jeune fille au balcon.* 1re édition, Seuil, 1996. 2ème édition, Seuil, «Points Virgule», 2001.
[220] Sartre, Jean-paul, *L'imagination,* 1ère édition, Presses Universitaires de France, Paris, 1936, 9ème édition, P.U.F., Paris, 1936.

L'inscription dans un futur

Ainsi, ce récit ne s'affirme pas comme autobiographique mais il laisse transparaître un mal de vivre autant par les idées que par les images :

> J'éprouve une sombre satisfaction [...] à voir couler le sang noir de ma peine. [...] De désespoir, je me sens devenir opaque. Les ténèbres s'engouffrent en moi [...]. Je suis gorgée de nuit. (pp.23, 24)

La noirceur des éléments recoupe l'idée de l'enfermement, avec l'image du « cercueil » ou « du sarcophage », de la « petite boîte » et de « la dalle sur le cœur », ainsi que l'image de la prison quand Aména se compare à « une mouche qui se cogne au carreau ». Même le ciel devient « lugubre » ou « crasseux » et la lumière se fait « crépusculaire » ou « terne ». La jeune femme se retrouve dans la nuit, retranchée dans une solitude polaire. Son rêve d'amour inassouvi momifie la vie et la fige dans une rigidité proche de la mort :

> Toutes les fenêtres de mon âme sont hermétiquement closes : œil sans joie, bouche scellée, joue de pierre. (p.111)

Certaines images expriment la désintégration et la désagrégation de la personne quand, dans ses moments de désarroi, Aména a l'impression d'être réduite à une tige de fer mangée par la rouille, à « une bouillie sanglante » ou même à une pourriture, et que le poison et la lèpre sont en elle.

Par opposition, le premier mot gentil de flatterie venant de l'être aimé est ressenti comme une note de couleur. Elle le reçoit « comme un œillet rouge que [lui] aurait lancé un galant espagnol sur la voie publique ». Le rouge s'avère ici l'emblème de la passion. L'émotion amoureuse va attiser les braises du désir. Cette métaphore du feu signifie la dévoration intérieure d'un sentiment qui devient incontrôlable et qui prend possession du corps et du cœur, laissant la femme dans un désarroi et un élan passionnels qui lui font perdre la maîtrise de ses pulsions et l'engagent dans les prémices d'une histoire d'amour. Il y a, au fur et à mesure de l'avancée du roman, une montée en puissance de la lumière. Le désir d'Aména se matérialise dans l'allégorie du « vers luisant qui désire ardemment être aperçu » et dans son visage qui est décrit « comme une lune en plein ciel » alors que celui de son amoureux, Marcel Arrens, brille « comme un soleil » et se présente à elle, tel « un globe doré », avec la clarté de son regard et les « rayons bénéfiques » qui émanent de lui. Il va même jusqu'à resplendir « comme un disque de cuivre sur lequel le soleil frappe ».

L'échange amoureux est vécu comme une nourriture du corps. Il y a une constante des mots choisis avec une symbolique évidente qui en ressort. De manière classique, nous retrouvons l'image du lait, du miel et des fruits. La bouche de l'amant figure « une fraise, une framboise, un bonbon au miel et aux fruits » et le baiser laisse « la bouche pleine d'abricots, de prunes et de pêches ». La fusion des corps, quant à elle, fait appel à l'image de l'huile qui est symbole de vie et de douceur et qui évoque de manière très orientale l'union des sexes. L'huile se donne en offrande comme la femme offre son corps et se mélange à l'homme. L'usage rituel de l'huile est caractéristique des peuples méditerranéens où l'olivier tient une place prépondérante et où il est associé à la lumière et à la fécondité. Il y a une forme de sacralisation de l'amour et d'aboutissement parfait car la consistance fluide de l'huile peut faire allusion au mélange complet des corps jusqu'à l'indifférenciation, à l'amour total où les deux amoureux ne font plus qu'un :

> Je ne voudrais pas qu'il me rejetât avant de m'avoir goûtée ; avant que je me fusse mélangée à lui comme l'huile d'olive dont il est si friand, le fruit et tout ce qui finit par constituer sa substance. Me perdre en lui tout en gardant ma forme, comme un poisson dans l'eau ! (p.91)

Sa féminité est vécue comme un fruit à offrir, comme un plat de choix. Elle rêve d'être pour lui un aliment et elle est comblée quand elle se sent assimilée à une nourriture pleine de saveur. La métaphore de la succulence gustative est filée jusqu'à l'absurdité lorsque la bouche de Marcel apparaît à Aména « innocente et fraîche comme ces premières laitues qu'au printemps les maraîchères manient avec précaution ». L'amour se vit comme un festin partagé et son désir de communion est absolu et paroxystique jusqu'à la dilution et l'annihilation de sa personne. Elle en arrive à désirer être « la bouchée qu'il mâche et qui devient son sang » et à vouloir « disparaître en lui, reposer en lui pour toujours ». La sensualité s'exprime aussi par la sensation d'ivresse et de griserie, comme si elle avait bu du vin nouveau et par la profusion de soleil et de chaleur. La lumière se fait cristalline et bleue et se manifeste dans « le reflet de sa joie solaire » et dans l'incandescence de ses sentiments.

L'homme aimé est représenté dans toute sa splendeur, en harmonie avec les éléments de la nature, avec le minéral et le végétal : son corps est lisse et chaud « comme un marbre au soleil » et comparé à « un arbre avec sa majestueuse ramure ». Ce sont à l'évidence des symboles de la virilité et de la puissance. L'homme est vécu comme une force qu'il sera ainsi plus glorieux de conquérir et dans lequel le rêve d'anéantissement pourra s'accomplir.

Mais, quand le rêve amoureux s'estompe et qu'elle craint de voir tomber en cendres ses « feux de Bengale » avant de s'être seulement extasiée, les métaphores de la douleur reprennent le dessus : le miel de sa bouche devient « amer », le rayonnement de son visage est « recouvert de suie », elle a un goût de « cendre » dans la bouche. La lumière se transforme en « clarté de soufre » qui blesse le regard et ses blessures sont « comme autant de lèvres qui saignent ». Elle se retrouve comme une bête malade assaillie par les mouches et elle traîne lamentablement « un cœur de plomb ». Les couleurs se ternissent pour prendre les tons de la désolation et de l'hiver. Des zones de brume glacée s'étendent entre elle et celui qu'elle aime. Le brasier de l'amour prend les couleurs de l'apocalypse quand la jalousie la dévore comme l'incendie, un bois de pins et qu'elle enfourche son cheval d'éclairs et de vent. Dans la violence de son désespoir, elle sent des clous brûlants s'enfoncer dans ses tempes et une main mauvaise lui tordre le cœur comme un linge. Toute vie se tarit et le feu se consume pour ne laisser qu'un univers ravagé :

> En lui, il n'y a plus de verger et de prairies : tout a été incendié ; il ne reste que cendres. (p.186)

Les métaphores du feu, de la braise et de la cendre nous dévoilent derrière le jeu de la fiction et de la poésie tout un processus de mise en abyme de l'exaltation, de la passion et de la déception. *L'Amant imaginaire* est l'histoire d'un désir amoureux qui n'arrive jamais à son aboutissement, d'un rêve magnifique et pathétique où l'amour se retrouve dans les mots plutôt que dans la vie. Mais l'écriture de cette errance, entre espoirs et déchirements, sera le premier pas d'un cheminement vers une prise de conscience, une connaissance et une acceptation de soi.

2. Les subterfuges de l'amour-transfuge : The raising sun ou la femme-soleil

Lorsque Freud étudie dans sa « Deuxième leçon »[221] les procédés de formations substitutives de l'idée de refoulement, il évoque la « sublimation » du désir qui permet alors d'accepter partiellement ce désir, même s'il paraît condamnable, car, en le dirigeant vers un but plus élevé, il sera moins sujet à critique et pourra être ramené au grand jour. Dans ce même esprit, le mythe du balcon a souvent été abordé dans toutes les littératures pour exploiter ce jeu du désir adolescent des amours interdites.

Quand Shakespeare, dans *Roméo et Juliette*[222], nous dépeint l'apparition de Juliette à la fenêtre du balcon, c'est par les yeux de Roméo qu'il va sublimer l'image de la jeune femme et c'est cette femme idéalisée comme une vestale ou une icône qui va établir, par le seul pouvoir de ses yeux, une communication. L'amoureux, au pied du balcon, lève le regard sur la jeune fille et la violence de son désir s'exacerbe dans un jeu d'images qui remplace un dialogue impossible. Cette nostalgie de la femme est transcrite dans le texte par la vastitude du ciel qui envahit tout l'espace et l'émotion de l'amour est donnée par la lumière et l'illumination de ce firmament. Ce jeu du balcon est ainsi un prélude aux jeux de l'amour où le questionnement amoureux se vit comme un exil qu'il faut rompre à tout prix :

Oh ! Si elle pouvait savoir quel est son amour !

C'est pourquoi le désespoir du manque va chercher et trouver une réponse implicite dans la communication immédiate des regards, qui sera alors la source d'une félicité d'autant plus violente que l'exacerbation des désirs semblait ne pas trouver d'issue.

De la même manière, dans la nouvelle, *La jeune fille au balcon*, Leïla Sebbar[223] nous présente une jeune fille qui, comme la Juliette de Shakespeare, saura tisser des rapports avec le réel et établir des liens avec le monde extérieur. Cette romancière reprend le thème de Nina Bouraoui dans *La Voyeuse interdite* en nous présentant une jeune fille enfermée qui

---

[221] Freud, Sigmund, *Cinq leçons sur la psychanalyse*, p. 37.
[222] Shakespeare, William, *Roméo et Juliette*.
[223] Sebbar, Leïla, *La jeune fille au balcon,* 1re édition, Seuil, 1996, 2ème édition, Seuil, «Points Virgule», 2001.

regarde le monde du dehors qui lui est interdit. Mais, à la différence de " la voyeuse" qui ne sait voyager que dans l'imaginaire, " la jeune fille au balcon" jette vers le monde des vivants des passerelles qui sont les balbutiements d'une liberté nouvelle, les premiers pas vers un retour à la normalité et à la communication. A la prisonnière de Nina Bouraoui, cachée derrière les rideaux de sa fenêtre, répond, par-delà les années qui les séparent, une jeune fille qui a franchi avec l'insolence de la jeunesse les murs de son enfermement, pour se pencher au-dessus d'un balcon sur ce monde grisant des hommes, focalisant dans son regard toute l'attente féminine de l'adolescence, prête à faire ressurgir une sensualité qui ne demande qu'à s'exprimer. Leïla Sebbar nous conte l'histoire, pleine d'innocence et de révolte, d'une Algéroise d'aujourd'hui, déchirée entre ses désirs et les interdits de sa condition féminine, évoquant, dans un récit en apparence banal de la vie de tous les jours, un *Roméo et Juliette* des temps modernes.

3. La naissance d'une nouvelle rhétorique amoureuse

La jeune fille au balcon est l'histoire d'un amour impossible où le rêve reprend tous les thèmes conventionnels propres aux couples romantiques malheureux :

> Comment échapper à l'enfermement ? Entre la bouche d'ombre de l'appartement qui figure l'image de la figure maternelle et celle de la mort ? Le balcon est-il observatoire tendu vers l'autre, fascinant appel du vide ou lieu d'une apparition ?

L'érotique du balcon

Le balcon, suspendu au-dessus du vide, reste la métaphore d'une ouverture sur le monde. Il est le lieu de toutes les audaces, à la frontière de l'interdit, entre le dehors et le dedans, entre le ciel et la terre. Il est le surplomb au-dessus du réel, la porte ouverte sur le rêve d'une histoire d'amour où la jeune fille se laisse voir et désirer. Il est l'accession au regard de l'autre, le lieu d'initiation et de la perte d'innocence. Comme pour Juliette et pour Roméo, les héros de Shakespeare, le balcon symbolise à la fois ce qui rassemble et ce qui sépare, résumant à lui seul toute la difficulté d'aimer et de communiquer. C'est la distance qui va exacerber les désirs et donner de l'intensité aux échanges, mêlant le bonheur à la désespérance, dans un franchissement commun des interdits.

L'inscription dans un futur

Tout ce qui concerne la vie de tous les jours devient flou pour l'héroïne Mélissa, hormis ce qui se passe sur le balcon qui devient son refuge quand elle n'est pas surveillée et qu'elle cherche le regard des hommes :

Mélissa revient sur le balcon.
Un garçon la regarde. Il a les yeux bleus. (p. 8)

Comme elle ne peut pas sortir, cette situation privilégiée lui permet d'observer le monde, que ce soient les immeubles et leurs cours, les murs et leurs graffitis et surtout la rue avec les hittistes[224], tous ces garçons, debout comme des cigognes, ceux qui tiennent les murs et restent appuyés des jours entiers contre les immeubles, sans rien faire :

- Mélissa va sur le bacon. (p. 15)

- Du balcon, Mélissa voit tout. (p.19)

Cette position stratégique lui permet aussi par la même occasion d'être vue, ce qui est certainement de manière plus ou moins consciente l'objectif de la jeune fille :

Un garçon passe et repasse de l'autre côté de la rue. Il regarde vers le balcon. (p.20)

De la même manière que "la voyeuse" de Nina Bouraoui, elle surveille la rue et rien ne lui échappe. Malgré les appels de sa mère qui s'étonne qu'elle soit encore sur le balcon et qui se demande ce qu'elle peut bien regarder, elle est fidèle au poste et trouve toutes les raisons d'y retourner. Elle y a même planté un citronnier dont elle s'occupe avec le plus grand soin et qui justifie sa présence presque permanente à cet endroit. Le balcon devient son jardin secret, dans tous les sens du terme. Ce lieu, ouvert sur l'extérieur, est celui de l'écoute et des contacts et deviendra bientôt celui du mystère et de l'amour. Elle y entend les bruits du dehors, comme le signal de la prière, et s'intéresse vivement aux allers et venues d'un garçon qui passe sans cesse sous son balcon et n'arrête pas de la regarder. Mais en deçà des regards échangés, le premier contact véritable avec l'extérieur viendra d'un objet lancé sur le balcon : « du papier froissé autour d'un caillou ». Il s'agit en fait d'une missive froissée avec des mots barrés par les plis qui dévoile cependant un poème inachevé. Mais la révélation viendra d'un article de journal, rédigé sous forme de message personnalisé,

---

[224] Le mot "hit", en arabe, signifie "mur".

qui se présente comme une déclaration d'amour, sans que le mot soit prononcé. C'est un envoi rédigé sous forme de poème comme dans la littérature du Moyen-âge et adressé à la dame de ses pensées. Mais il ne s'agit pas d'une missive anonyme ; elle est signée "Malek" et demande une réponse. Même la présentation en écriture italique singularise le message du journal et le personnalise :

> *A la jeune fille au balcon*
> *Je ne connais pas ton nom,*
> *mais je te vois chaque jour*
> *à ton balcon.*
> *Je t'ai envoyé des poèmes*
> *anciens que je recopie*
> *dans les livres.*
> *Autour d'un caillou,*
> *je les lance sur ton balcon.*
> *Si tu les reçois,*
> *réponds-moi avec*
> *un ruban vert accroché*
> *au coin du balcon.*
> *Ton ami fidèle,*
> *Malek. .* (p. 35)

Les billets que Mélissa reçoit sur son balcon sur des papiers froissés entourant des pierres et qu'elle met bout à bout sont en fait un long et unique poème d'amour, celui de Majnum à Leïla, l'histoire d'un amour fou mais tragique, comme celui de Tristan et Iseult ou celui de Roméo et Juliette. L'amoureux de la rue dévoile sa passion par le biais d'une autre histoire d'amour et de mort, consacrée par la littérature, et fait rentrer ses aveux et son histoire personnelle dans une intertextualité qui donne beaucoup de puissance à ses sentiments, tout en préservant une certaine forme de discrétion dans un monde d'interdits.

Mais, lorsque l'amoureux disparaît et se fait rare pour une raison mystérieuse qui reste en suspens, il ne demeure que la matérialité du message qui est conservé comme un trésor. « Elle [le] découpe et le cache dans un tiroir avec ses poèmes ». Dans sa vie si « minuscule », « sa petite vie », « si banale », la douleur de l'absence va engendrer le rêve.

L'érotique du ruban

La réponse de Mélissa, ainsi que l'amoureux l'avait demandée, est le premier signe d'une communication concrète : ce sera le don du ruban. Ce petit morceau de tissu vert qu'elle récupère dans le carton où sa mère range les affaires de couture devient l'oriflamme de son amour, comme un étendard qu'elle brandit aux yeux de tous, et qu'elle ira accrocher à minuit, pendant le couvre-feu, et même, de manière dérisoire, comme une bravade, au péril de sa vie puisque le balcon, ouvert sur l'extérieur, est le lieu de tous les dangers à l'heure du crépuscule. Elle se fait gifler par son père, puis par sa mère, car elle a osé franchir l'interdit :

> -Ta fille ! Elle était sur le balcon à minuit... Qu'est-ce qu'elle cherche ? Elle veut notre mort à tous. [...]. [Elle] est trop libre. Tu la laisses faire n'importe quoi. C'est toi qui dois la surveiller. Un de ces jours, elle se fera sûrement enlever et peut-être même avec son consentement. (p.38)

L'objet devient alors l'allégorie d'une possession physique, impossible dans les conditions présentes, mais qui sonne comme une acceptation ou même comme le sceau d'une promesse de consentement. Hernani[225], avec le mouchoir de la reine, se retrouve dans la même situation, emporté dans l'élan des prémices virtuelles d'un amour partagé. La sensualité franchit ainsi les espaces de la séparation pour se nourrir de cette matérialité et communier par-delà les interdits. Leïla Sebbar, férue de littérature française, n'a certainement pas oublié ses classiques et le don du ruban dans *l'Ecole des femmes* de Molière. La jeune Agnès est touchante d'innocence quand elle se défend devant son futur époux Arnolphe de ne s'être laissé voler qu'un ruban. Le mot « virginité » n'est pas prononcé directement mais l'innocence d'Agnès est mise en doute par le vieux barbon. La candeur délicieuse de la jeune fille, face aux sordides et tortueux soupçons du vieil homme, laisse supposer qu'il a perdu la partie et son aveu plein de fraîcheur concernant le ruban laisse présager la suite et connote le don de sa personne :

> Il m'a pris le ruban que vous m'aviez donné.
> A vous dire le vrai, je n'ai pu m'en défendre.
> [...]
> Vous pouvez juger, s'il en eût demandé,
> Que pour le secourir, j'aurais tout accordé. (Acte II, Scène V)

La thématique du balcon est souvent utilisée dans la littérature comme un élément libérateur permettant à la jeune fille de découvrir la clarté du savoir, en éveillant la puissance du désir et l'idée d'un plaisir charnel.

---

[225] Référence à la pièce de théâtre de Victor Hugo, *Hernani*.

C'est le plaisir physique, ou du moins l'émotion amoureuse, qui inspirera à la jeune fille une cascade d'initiatives. Les portes de la prison s'ouvrent d'elles-mêmes. Horace, l'amoureux d'Agnès, le souligne au centre de la pièce de Molière lorsqu'il affirme que « L'amour est un grand maître » (Vers 900) et « qu'il donne de l'esprit à la plus innocente » (Vers 909).

De la même manière, la jeune Mélissa découvre l'amour sans quitter son balcon. Son inventivité n'a pas de limites et, derrière les apparences d'une vie sans histoire, elle sait cacher les poèmes qu'elle écrit et les messages qu'elle reçoit. Elle rêve aussi et s'invente une idylle avec des promenades dans un jardin ou près de la mer avec l'odeur du grand large et des baisers.

L'érotique du verbe

Le message poétique, envoyé à la jeune fille au balcon, traverse les obstacles pour parfaire l'échange amoureux qui se joue ainsi des enfermements, donnant de la consistance à un aller et retour du désir et poétisant le réel, car l'amoureux récitera à sa bien-aimée les vers de la grande lyrique arabe. Il retrouvera les mots des anciens pour exprimer l'inexprimable, s'inscrivant dans la lignée des troubadours, dans la nostalgie d'un « amour de loin » qui transcende provisoirement une sensualité exacerbée en amour platonique, subterfuge extrême de l'amour-transfuge. L'histoire d'amour qui s'ébauche se vit, de cette manière, à plusieurs niveaux : dans une érotique du regard avec le balcon, dans l'érotique d'un échange symbolique avec le ruban et dans l'érotique des mots avec la poésie. Ces trois modes de communication sont tous des franchissements d'interdits. Tout devient passerelle : la jeune fille fait fi de l'enfermement et se construit une histoire d'amour, sans sortir de chez elle, malgré toutes les barrières. C'est la victoire de la jeunesse et la récupération d'un avenir, incertain peut-être, mais qui laisse libre cours au rêve et surtout à l'espoir.

Dans cette nouvelle de Leïla Sebbar, l'histoire d'amour qui se tisse sous nos yeux résonne comme une prédestination car les deux amoureux, Melissa et Malek, ont les mêmes initiales. Leurs histoires s'entrelacent comme le jeu de leurs prénoms qui déjà étaient écrits avec le même commencement (M), bien avant qu'ils se rencontrent. Ce n'est pas le jeu du hasard... Comme la jeune Agnès, dans *L'École des femmes* de Molière, cherche avec les yeux de l'innocence le regard d'un homme, un désir amoureux latent et inconscient précède l'amour et va lui donner forme et existence. Le jeune homme, de la même manière, épie la femme derrière les canisses de son balcon. Et cette notion de vol va aiguiser le désir amoureux qui donnera naissance à l'amour. C'est le balcon qui va permettre toutes les audaces et exacerber la montée des pulsions et des désirs. C'est de l'éloignement apparent que naîtra la curiosité, l'intérêt et l'émotion d'un éveil amoureux qui s'affirmera justement à cause de cette impossibilité à communiquer.

Melissa, Juliette et Agnès, du haut de leur balcon, vont passer des balbutiements de l'enfance à l'épanouissement de leur féminité et à une détermination farouche à choisir leur vie. La curiosité pour l'homme et la découverte des premiers émois amoureux les conduiront invariablement à un refus du monde du dedans et à une revendication de leur libre-arbitre et de leur sexualité. Chacune rentrera en conflit avec l'autorité des principes d'éducation et remettra en question le statut de la femme. Molière, sous couvert du sarcasme et du jeu de la comédie, s'amuse, par l'intermédiaire d'Arnolphe, le vieux barbon, à faire lire à la jeune Agnès qui sera sa femme *Les Maximes du Mariage*. Derrière le comique de farce se profile l'âpre vérité et l'expression d'une triste réalité ; on n'a qu'à rappeler la première maxime des devoirs de la femme mariée qui résume à elle seule sa condition de dépendance et rappelle aussi celle de la femme algérienne :

Que l'homme qui la prend ne la prend que pour lui.[226]

Il ne peut pas y avoir de place pour le rêve et l'enfermement est prôné comme une nécessité et une sécurité pour protéger la jeune fille des éventuelles tentations et des inévitables dangers qui la guettent. La morale et la religion sont ainsi les garants de cette servitude, et le poids des traditions et des interdits empêche toute velléité de révolte, en mettant en exergue la culpabilité ainsi que la condamnation religieuse et sociale. Pour empêcher tout désir éventuel de transgression, des punitions horribles sont brandies : chez Molière, la femme est menacée de devenir « noire comme un charbon » et de « bouillir dans les enfers à toute éternité » (Acte III, Scène II). Et chez Leïla Sebbar, même si la nouvelle évoque le spectre de l'intégrisme lorsqu'elle relate des épisodes dramatiques, elle prend aussi le ton de la comédie pour faire dire aux femmes elles-mêmes, qui n'en peuvent plus de rire et parlent toutes à la fois, la liste des châtiments qui leur sont dévolus si elles commettent un écart :

---

[226] Molière, *L'École de femmes,* Acte III, Scène II, 1re parution 1662.

> - Vous serez flagellées...
> - Vous serez enlevées, les jeunes filles, pas les vieilles...et mariées de force dans le maquis...
> - Vous serez exécutées par la Phalange de la mort comme les « chouafates », les voyantes qui sont des impies, des sorcières, des hérétiques...
> - Vous serez égorgées devant vos enfants... (pp.48-49)

Cette surenchère, joyeuse mais teintée d'ironie, fait référence à un présent tragique et douloureux. Mais cette remise en question fonctionne dans un jeu subtil de mélange des genres, allant jusqu'au comique de farce lorsque qu'une femme qualifie les militantes islamistes qui investissent l'immeuble de « commando de 404 bâchées ». Cette dernière reprend ici une expression populaire de la rue qui appelle ainsi les sœurs musulmanes couvertes de la tête aux pieds comme les fourgonnettes Peugeot 404 avec bâche.

A l'enfermement physique correspond un enfermement moral. La prison est avant tout mentale. Et la sortie sur le balcon sera une expérience d'affranchissement spatial et psychologique où le regard sur le monde extérieur va ouvrir d'autres horizons et bouleverser les repères. Le balcon devient ainsi le lieu de la connaissance et surtout de la transgression car le retour dans la cellule familiale va renforcer le désir de cet ailleurs qui a été entrevu, lui donnant alors une consistance et un impact qui permettront à la rébellion de s'installer, instaurant la jeune fille dans une prise en possession d'elle-même, coupant du même coup le lien séculaire qui l'unit au clan familial et à son esclavage de femme. Car, du haut de son balcon, elle éprouve un élan naturel vers le bonheur, qui ne lui fait trouver aucun mal à suivre son instinct et sa soif de vivre. Elle récuse ainsi toutes les critiques, estimant de manière plus ou moins inconsciente que morale et religion vont à l'encontre du pur et simple plaisir, en balayant ses scrupules et toutes les menaces de la vie de tous les jours. Quand elle arrose son citronnier sur le balcon, au milieu des herbes aromatiques, dans les senteurs de basilic, de menthe et de coriandre, elle participe à la vie, même si elle se cache derrière les roseaux. La symbolique du végétal est empreinte de sensualité, accentuée par l'eau d'arrosage et le parfum des épices. Le balcon est ouvert sur l'apprentissage du plaisir et, comme Agnès dans *L'École des femmes,* elle courra sur le balcon pour s'offrir le monde qui coule à ses pieds, ne suivant que son instinct de femme et retrouvant, derrière son innocence, la révélation de sa féminité et de sa quête du bonheur que l'on pourrait résumer par ces quelques mots d'Agnès :

> Le moyen de chasser ce qui fait du plaisir ? (vers 152)

Le bouleversement de cette découverte passe par la connaissance. Et cette expérience du monde ne peut s'acquérir qu'avec une observation et une confrontation avec l'extérieur. Comme la porte pour sortir de la maison lui est interdite, Mélissa ne tournera pas seulement son regard vers les fenêtres pour se nourrir d'une autre vie comme dans *La Voyeuse interdite* de Nina Bouraoui, elle se jouera de la séquestration en s'appropriant le balcon, surplombant le monde qui s'offre à elle et auquel elle s'offre.

4. "L'amour de loin" des troubadours ou la sacralisation de la femme

Ce jeu du désir qui part en allers et retours du balcon à la rue dans un éternel cheminement va exacerber les sentiments et sublimer la passion car l'impossibilité d'une consommation de l'amour entretient un désir amoureux qui n'arrive jamais à son assouvissement. La situation en hauteur de la femme corrobore son inaccessibilité. Cet amour affiné, épuré, qui en découle, laisse la place libre aux fantasmes, à défaut de ne pouvoir se rencontrer. C'est pourtant un amour partagé où chacun des deux amoureux trouvera sa place et établira un comportement amoureux propre à sa situation. Comme au temps des troubadours, le jeune homme, placé sous le balcon, regarde en haut pour saisir le regard de sa dame. Il est en position d'attente et d'adoration. Mélissa se donne à voir et à désirer. Mais l'échange des regards ne suffit pas et, pour combler la douleur de l'absence, une communication par échange de ruban, de billets et de poèmes va s'établir. Les principes de cette rhétorique amoureuse reproduisent la pratique d'écriture, initiée par les troubadours provençaux du Moyen-âge.

« L'amour de loin » des chansons de toile du temps des troubadours trouvait aussi toute son intensité dans l'érotisme d'un amour interdit mais consommé par la pensée. Et le gant (le foulard) lancé par la femme (mariée) à l'amoureux-poète était le garant d'une pensée et d'une fidélité indéfectibles qui pouvaient durer jusqu'à la mort. Cette lyrique des troubadours trouve son pendant dans la grande lyrique arabe et persane où l'amant langoureux trouve les accents poétiques les plus passionnés et les plus osés pour exprimer sa flamme, transformant les fantasmes de son désir amoureux en délire verbal. Et dans les deux traditions, occidentale et orientale[227], les poètes s'accompagnent du luth pour exprimer cette nostalgie de l'amour de loin. Les mots et la musique transcendent le désir inassouvi en élevant l'amour impossible à la sensualité d'un amour platonique, suprême artifice pour communiquer malgré les interdits.

Mais, quand les mots en eux-mêmes deviennent suspects, la liberté de penser elle-même est en danger et la censure bafoue alors le droit le plus élémentaire : celui de vivre par les mots ce que l'on ne peut pas encore vivre dans sa chair. Pour Leïla Sebbar, c'est le pouvoir du verbe qui remonte aux aïeux et qui ouvre pour les hommes le chemin de la liberté. Pour les assassins de cette liberté, le délit de parole devient crime et représente le danger suprême. La défense de la Poésie reste alors la seule survie possible pour échapper à l'enfermement idéologique. Se battre et même mourir pour des mots devient une réponse existentielle, car le chant de l'écriture doit être préservé et conservé à tout prix comme garant d'une ouverture d'esprit, pour affirmer que la religion et la politique ne peuvent

---

[227] Cf. Levi-Provençal, Évariste., *Conférences sur l'Espagne musulmane,* Publications de la faculté des lettres de l'université Farouk 1er d'Alexandrie, Imprimerie Nationale, Le Caire, 1951 : Dans cet ouvrage, Évariste Levi-Provençal nous fait découvrir l'importance des relations entre la poésie populaire hispano-arabe et la poésie des troubadours. Selon lui, « "l'amour courtois", ou spiritualisé ou platonique, est exactement l'équivalent de ce que les Arabes d'Espagne appelaient le hubb al-muruwa. [Il] croi[t] même que cette glorification d'un amour spiritualisé, qui caractérise tant de productions poétiques de l'époque médiévale, a été empruntée par l'Europe à l'Espagne musulmane ». Il affirme également que le « précieux traité de l'Andalou Ibn Hazm, qui vivait au XIe siècle, sur l'amour et les amants et qui s'intitule le T*awq al-hamâma, Le collier de la colombe,* […], écrit en 1022, développe tout au long de ses pages une théorie d'idéalisme érotique qui s'adapte fort exactement à celle que l'on peut dégager de l'étude comparative des thèmes amoureux de certains trouvères. Mais, à côté de cet amour courtois, la poésie des Zadjals, comme celle des troubadours aquitains et provençaux, célèbre aussi maintes fois l'amour purement sensuel. […] Dans l'exploitation des thèmes amoureux, le troubadour et le poète de Zadjal vont procéder de la même veine, témoigner d'inspirations extrêmement voisines. Le "service amoureux" peut très bien n'être jamais récompensé : le poète le sait, le déplore ou cherche à s'en consoler. Le tourment causé par l'amour insatisfait lui procure même à l'occasion une sorte de jouissance : c'est de la "délectation morose" avant la lettre. Cette exaltation amoureuse, que les troubadours appellent en général la "joie" (joya), on se retrouve exactement dans la poésie populaire arabe sous le nom de tarab. » (pp. 20-22). Ces analyses sur la littérature hispano-arabe peuvent être retrouvées dans une œuvre plus large du même auteur : *L'Histoire de l'Espagne musulmane* de Levi-Provençal, Évariste, rééditée en 3 volumes par Maisonneuve et Larose, 1999.

L'inscription dans un futur

pas enfermer l'homme dans le carcan des règles où l'amour n'a plus sa place. Omar Khayam l'avait déjà compris, au XIe siècle, lorsqu'il se battait contre ces idéologies totalitaires et rétrogrades avec des poèmes d'amour, *Les Roubbhayat.* Connaissant la puissance dévastatrice des mots sur ses ennemis, il a lutté pour qu'ils vivent et ses poèmes sont arrivés jusqu'à nous.

De la même manière, à tant de siècles d'intervalle, Malek, l'amoureux de la jeune fille au balcon, risque sa vie pour protéger les écrits anciens, reprenant le combat des Soufis pour défendre les droits de l'esprit et du corps et conserver l'héritage culturel ancien. Il affirme son droit au plaisir et porte à sa boutonnière le ruban de Melissa, comme une cocarde, affichant ainsi au grand jour sa revendication amoureuse ainsi que son droit et son bonheur d'aimer.

CHAPITRE III
LE CHOIX DE LA PROVOCATION

Une image de femme rebelle peut aussi se dessiner à travers différents portraits, que ce soit dans l'écriture autobiographique ou fictionnelle. Et, à partir de ces évocations qui s'avèrent nombreuses, nous n'évoquerons que quatre types d'attitude, nous basant pour commencer sur deux destins contraires de femmes dans le recueil de Leïla Sebbar, *La jeune fille au balcon*.

Dans son récit, *Vierge folle, vierge sage*, elle met à jour deux perspectives de vie gémellaires mais antagonistes :
- La première tentation pour sortir de la léthargie de l'enfermement peut être de viser les excès en recherchant un épanouissement dans une sexualité jadis refoulée que l'on fera exploser en repoussant le cadre de toute morale.
- L'autre excès sera de verser dans une aseptisation de sa sexualité et dans son refus librement choisi, poussé jusqu'aux limites de la négation de son corps, pour ne privilégier que l'esprit et l'idée d'une transcendance religieuse qui justifiera ce refoulement au nom d'une nouvelle morale extrêmement restrictive et rigoureuse, acceptant le carcan d'avant et codifiant l'ascèse de son corps dans des préceptes de mortification pour viser un idéal de pureté, très proche du puritanisme chrétien, englobé dans une idéologie politique puriste et totalitaire d'exclusion.

1. La vierge folle

Le choix d'une libre sexualité et la prise en main de son destin font de la femme, aux yeux des autres, un objet de scandale. Même les mères s'en inquiètent, en tant que gardiennes obligées de la morale, se sentant incapables de pouvoir protéger leur fille qui s'éveille à l'amour du regard de la censure et de la condamnation. Dans la nouvelle, *Couchés dans les maïs*[228], de Leïla Sebbar, la mère pressent, sans le savoir, le choix risqué de sa fille pour une vie amoureuse libre :

---

[228] Nouvelle extraite de *La jeune fille au balcon,* pp. 95-105.

Sa fille, c'est son jardin secret. Elle n'en parle pas à son mari. Il travaille dehors. La maison, c'est elle. Sa fille ne marche pas droit. Sa fille ne l'écoute pas. Sa fille est une dévergondée, c'est sa honte, et si un jour il arrive malheur... Elle ne veut pas y penser. (p. 97)

L'aventure solitaire

Ce sujet était déjà abordé dans *Histoire de ma vie* de Fadhma Amrouche lorsqu'elle parle de sa mère Aïni qui a choisi de vivre seule, sans homme, puisqu'elle se retrouve, successivement, veuve, abandonnée par le père de sa fille et reniée par ses frères et sa famille. Elle a ensuite voulu rester avec ses deux fils dans sa maison pour ne dépendre de personne. Et, quand elle aura une fille d'une liaison éphémère avec un voisin déjà marié, elle se "débrouillera" pour élever sa "bâtarde" du mieux qu'elle pourra. Son courage exemplaire et son endurance, face à une société qui condamne son désir de liberté et sa volonté de vivre sa vie de femme comme elle l'entend, représentent aux yeux de sa fille Fadhma un combat héroïque pour préserver sa dignité de femme. C'est pourquoi, elle a tenu à immortaliser par l'écriture l'histoire de sa mère.

La fugue amoureuse

Dans le recueil de nouvelles, *Cette Fille-là,* Maïssa Bey nous dépeint une jeune fille de 18 ans qui s'évade d'une pension où elle est enfermée. Ce départ, incontournable à ses yeux, est un acte de désobéissance indispensable pour essayer de rassembler « les morceaux disparates de son existence » et redonner « une chance à sa vie ». Elle part à la recherche de son rêve et largue les amarres de ses peurs, de ses doutes et de ses impatiences pour aller à la rencontre de l'amour. Cette fugue amoureuse, qui n'est pas véritablement préméditée, est vécue comme une pulsion, dans un bonheur euphorique et dans la découverte du plaisir. Le franchissement des interdits conduit à son accomplissement de femme et à sa véritable naissance au monde. Et, même si le prix à payer est son incarcération dans un asile d'aliénés, le bénéfice de cette expérience ne pourra jamais lui être retiré :

> Je me souviens seulement de l'odeur des pins. [...]
> Et de l'imminence, de l'intolérable imminence du plaisir suspendu à la pointe d'un temps plus vaste que l'éternité.
> Quittant mon corps, j'ai atteint le lieu où s'abolit toute contrainte, le lieu fulgurant où naissent et meurent les hommes, dans un unique instant.

Apaisée, délivrée, j'ai regagné seule les rives que je voulais fuir.
J'avais enfreint les lois parcheminées qui encloîtrent les rêves des femmes, ainsi j'étais enfin venue au monde.
[…]
Est-ce vraiment folie que de vouloir aller jusqu'au bout de soi ? (p. 151)

L'amour à mort

La résistance peut aussi prendre une tournure tout à fait différente, comme dans le récit d'Isabelle Eberhardt, *Au Pays des sables*[229], quand Yasmina, une petite bergère bédouine dans le massif berbère des Aurès, s'abandonne à l'amour d'un jeune soldat français et vit une passion absolue et entière jusqu'au départ de son amoureux. Mais, pour survivre ensuite à cette absence si douloureuse, elle passe alors par un mariage raté pour sombrer dans la prostitution. Et, lorsqu'elle comprend l'absurdité tragique de son attente et de sa foi et qu'elle considère son malheur imparable, elle participe avec une certaine forme d'indifférence à son autodestruction. Son seul moyen d'expression et de résistance de prostituée analphabète est de s'avilir et de se laisser mourir. Son corps reste pour elle sa seule ressource et le seul moyen d'affirmer sa présence en exerçant une action. Et, comme elle n'a pas les mots pour dire ou écrire sa douleur, elle l'utilise comme support de signification pour exprimer sa rébellion. C'est la déchéance même de son corps qui représente le symbole de sa résistance suprême face aux désirs inassouvis et désespérés, en exprimant son désintérêt complet pour le jugement moral et en choisissant délibérément "l'amour à mort", une position jusqu'auboutiste et contradictoire où elle trouve tout naturellement son accomplissement. Elle existe pour elle-même, sans souci ni besoin du regard qu'on porte sur elle ni de l'image qu'elle donne aux autres. Mourir devient pour elle une manière inversée de revendiquer sa liberté, de refuser d'être une victime et de subir. Il faut dépasser une possible version misérabiliste de sa vie et de sa fin et envisager que son état de dépravation est un libre choix. Car, face à l'attitude de l'homme qui l'a abandonnée et qui fait montre d'une cruauté méprisable en revenant sur le lieu de ses anciennes amours avec sa nouvelle femme, elle n'est pas demandeuse et prend de la hauteur dans cette forme de silence qui est sa réponse et de grandeur par cette calme acceptation de sa destinée. Elle s'impose ainsi comme dominante car, toute prostituée qu'elle soit, elle affirme sa liberté et son indépendance à l'égard

---

[229] Eberhardt, Isabelle, *Un Voyage oriental. Au Pays des sables*, précédé de *Infortunes et Ivresses d'une errante* par René-Louis Doyon, Sorlot, Paris, 1944, réédité par Joëlle Losfeld, Paris, 2002.

2. La vierge sage

La difficulté de se réaliser dans une vie amoureuse librement choisie conduira parfois la jeune fille à laisser la vie, ou plutôt la famille, décider pour elle. Pour ne pas avoir à affronter l'opprobre social, elle rentre ainsi dans le moule en abdiquant tous ses rêves.

Mais, ne pouvant trouver un exutoire naturel dans l'exacerbation de tous ces interdits, le besoin de s'affirmer peut prendre le détour inverse. La négation de la sexualité peut alors être prise comme un choix délibéré et personnel. Elle devient le point de départ d'un cheminement où ce qui est prohibé est définitivement banni de la pensée et des désirs, établissant par là-même un nouvel ordre de valeurs où l'obligation morale qu'on s'est fixée devient précepte de vie. La femme s'engage alors dans une forme d'ascèse spirituelle où elle se trouve ainsi valorisée, rejoignant l'idéologie religieuse islamiste.

Leïla Sebbar nous raconte, dans sa nouvelle *Vierge folle, vierge sage*, comment les adolescentes, en quête d'identité, peinent à trouver leur voie et ne peuvent finalement opter que pour des solutions ultimes et jusqu'auboutistes. Le jeu de la gémellité qu'elle évoque sous-entend les deux seules issues possibles : le choix d'une sexualité libre et agressive qui met la jeune fille au ban de la société ; c'est le cas de la jumelle Dina qui manque d'assiduité en "séchant" l'école coranique et qui ment, lorsqu'elle affirme aller à la bibliothèque alors qu'elle est au flipper avec les garçons, et que, « comme eux, elle crie, frappe sur la machine, se dispute, rit trop fort ». Elle fume aussi dans la rue sans vergogne et, en cachette, « elle emporte dans son sac à dos d'école des bas noirs et une minijupe noire, pour ressembler aux autres filles, des minettes dévergondées... ». Sous les menaces de sa sœur jumelle, Dora, qui veut la dénoncer, elle affirme sa volonté de « vivre » et le refus de sa soumission. Cette deuxième sœur a opté pour la "sagesse" et la ferveur, s'obstinant à faire le Ramadan, malgré son jeune âge, s'abîmant dans la lecture du coran et la prière avec une telle âpreté qu'elle en oublie le monde environnant. Elle méprise la vie dissolue de sa sœur et s'oppose à ses parents et au directeur en décidant de venir à l'école en "hijeb"[230]. C'est ainsi qu'elle cache

---

[230] Cela signifie : voilée.

désormais ses cheveux avec un foulard et son corps avec un pantalon et une jupe longue, répondant aux reproches de ses parents par ces mots :

« La loi de Dieu est ma loi. » (p. 123)

Le constat désespéré de la mère, à la fin de la nouvelle, lorsqu'elle prend connaissance du départ de ses deux filles, est une condamnation de leurs deux attitudes, celles de « la sage et la folle », « une vierge et une putain... », ainsi qu'elle les qualifie avec lucidité. Mais c'est surtout, derrière les propos de la mère, une prise de position de l'auteur et une remise en question d'un embrigadement, sous couvert de religiosité :

> Dora, elle nous abandonne, elle ira là-bas, au pays, pour servir des assassins, elle ne sait pas ce que je sais, ces hommes-là sont des assassins, elle croit que ces fous de Dieu sont les amis de Dieu et des hommes, elle se trompe, et elle ne le sait pas. (p.123)

Leïla Sebbar dénonce ici le fanatisme religieux et, implicitement, ses méthodes de recrutement, lorsqu'il s'attaque à la fragilité d'une jeune fille qui cherche un sens à sa vie.

Sophie Bessis, dans un ouvrage intitulé *Les Arabes, les femmes, la liberté*[231], étudie, en tant qu'historienne, le cheminement des femmes vers une affirmation identitaire et analyse les contradictions et les paradoxes du monde arabe dont la condition des femmes est, selon elle, à la fois le miroir et l'enjeu. Après un héritage réformiste où l'on ne citera que les nouvelles lois de Bourguiba, en Tunisie[232], les temps ont changé et la tendance est à la défense de la religion et de ses codes. Le voile que beaucoup de femmes portent désormais par choix et non sous la contrainte, comme dans la nouvelle de Leïla Sebbar, a gagné comme une vague les rues et les universités des métropoles arabes. « De plus en plus nombreux, les nouveaux gardiens du temple clament qu'on a trahi la norme en accordant aux femmes quelques libertés »[233]. La polémique autour du voile

---

[231] Bessis, Sophie, *Les Arabes, les femmes, la liberté,* Editions Albin Michel, Paris, 2007.
[232] « 1956 : l'Indépendance a six mois à peine quand le pays se réveille, un matin d'été, le 13 août exactement, peuplé de femmes nouvelles. Une loi, une simple loi, leur dit ce jour-là qu'elles sont libres d'épouser qui elles veulent, qu'elles seront l'épouse unique d'un mari contraint à la monogamie, qu'elles peuvent divorcer comme elles veulent, qu'elles deviennent des êtres à part entière au regard de leurs semblables. L'homme qui a fait cette loi leur dit aussi que le voile est leur prison, qu'elles peuvent montrer leurs jambes et leur visage, qu'elles ne doivent plus avoir peur. » (*Opus cit.*, p. 9)
[233] *Ibidem,* p. 14.

L'inscription dans un futur

s'instaure, tour à tour qualifié de "linceul", du temps de Bourguiba, ou brandi, en ce début de XXIe siècle, comme un étendard de l'affrontement identitaire avec l'Occident. L'enjeu dépasse la politique, pour passer du populisme nationaliste au populisme islamiste[234]. L'imbrication du voile dans la religiosité remet en question, selon Sophie Bessis, toute évolution libertaire du statut de la femme : « Après une trop brève éclipse, voilà Dieu revenu pour habiller les femmes. Car leur corps est le diable, on l'avait oublié » (p. 16). Tahar Haddad, en 1930, féministe avant l'heure, prônant un changement radical de la condition féminine, avait déjà employé à cette époque des termes violents pour dénoncer le port du voile, en le comparant à « la muselière qu'on met aux chiens pour les empêcher de mordre »[235].

Pour ne pas toucher aux fondements de la suprématie masculine, le recours au registre religieux a fourni les outils du contrôle, justifiant, d'après Sophie Bessis, dans les prescriptions religieuses, l'inégalité juridique des deux sexes et restaurant la soumission des femmes à l'autorité masculine. Le voile de l'ancienne tradition est remplacé par le "hijab" qui manifeste avec ostentation leur inscription dans un rituel religieux et qui s'érige en symbole culturel pour marquer leur différence face au modèle occidental, légitimant ainsi, à double titre, par le biais de cette nouvelle revendication, la claustration de la femme. Sophie Bessis, dans son chapitre, « Quels rôles pour les femmes ? », évoque ce sujet, en s'interrogeant sur le monde arabo-musulman en général : « L'obsession identitaire y habite toutes les couches de la population, toutes les catégories sociales et la majorité des milieux intellectuels. [...] Mais l'originalité de cette région réside aussi – surtout ? – dans le fait que la religion y est le socle de l'identité et la femme voilée sa garante. Identité = religion = femme voilée, voilà le tryptique proposé par les mouvances islamistes à la conscience des Arabes, et que la plupart ont intériorisé sans guère de difficultés ».

La naissance d'un mouvement "féministe" islamiste répond à ce besoin d'une nouvelle image d'elle-même que la femme recherche dans ce contexte et, l'instrumentalisation des musulmanes attachées au "hijab" les érigeant au rang d'Antigone du droit de la liberté, elles se voient, dans une exaltation identitaire, comme les nouvelles missionnaires de l'Islam. La stigmatisation du diable féminin et le violent mépris du modèle occidental

---

[234] *Ibid.*, p. 17.
[235] Citation reprise par Sophie Bessis dans son ouvrage, p. 27, et tirée de : Haddad, Tahar, (1998-1935), traduction française sous le titre *Notre femme, la législation islamique et la société,* Maison Tunisienne de l'Edition, 1978.

de la femme « dévêtue » renforcent la misogynie et désignent les femmes à la vindicte publique si elles s'avisent de s'écarter de l'archétype idéal, en manquant de "sagesse".

3. La parole en dissidence

Les personnages féminins des romans francophones, plongés dans les affres du silence et des interdits, prendront parfois, de manière détournée et impromptue, possession de la parole, s'inscrivant ainsi dans une reprise en main de leur destin. Tahar Ben Jelloun dans *Harrouda* exprime sans équivoque la nécessité de cette prise de parole où l'important, selon lui, ne réside pas dans ce qui est dit mais dans le simple fait de rompre le silence :

> Il fallait dire la parole dans une société qui ne veut pas l'entendre, nie son existence quand il s'agit d'une femme qui ose la prendre. [...] La parole est déjà une prise de position dans une société qui la refuse à la femme.[236]

Cependant, cette longue habitude à intérioriser la douleur rend la première prise de parole difficile.

Les mots du silence

Parfois, la maturation du besoin de dire à l'intérieur de sa tête et de son corps n'accouche pas de mots dans un premier temps mais d'une parole inarticulée qui s'apparente à un cri. Trop longtemps contenue, la pression du "dire" ne peut prendre consistance et va s'organiser au fur et à mesure. Le stade de démarrage explosera comme un lâcher de soupape qui exhale uniquement le son sans formulation de paroles, comme un lâcher d'énergie juste avant le combat. L'éruption de ce magma informe, viscéral et animal fait jaillir d'un seul coup, au grand jour, tous les chagrins ligotés et cachés, ouvrant ensuite les vannes aux mots qui vont prendre le relais. Ce processus est décrit par Maïssa Bey dans *Cette Fille-là* lorsqu'elle évoque l'enfance et l'adolescence du personnage de Malika :

> Toute petite, je m'exerçais à crier en silence.
> C'est simple, il suffit de savoir que le cri est là.
> Attendre d'abord de le sentir grandir en soi. Patiemment.

---
[236] *Opus cit.*, p. 184.

L'inscription dans un futur

> L'amener à maturation peut prendre des heures, des jours entiers.
> [...]
> Et puis un soir
> Attendre d'être seule. Attendre l'obscurité. Refermer les portes. Se retirer au plus profond de soi et là, genoux pliés, relevés, laisser le cri remonter, sans bruit, le pousser bouche ouverte, gorge déployée, le faire sortir de soi, hors de soi, l'expulser dans une contraction unique, aller ainsi jusqu'à l'autre extrémité du silence. (pp.180 et 181)

L'ouverture de la bouche est à la fois ouverture de soi et ouverture au monde. C'est par la douleur de cet accouchement que Malika pourra enfin s'ouvrir aux autres et espérer pouvoir communiquer.

Mais cette phase de préparation et de conditionnement à la naissance de la parole ne s'avère pas toujours nécessaire.

Le moulin à paroles

Parfois, la pesanteur des silences, des non-dits et des douleurs rentrées conduit subitement à un excès de paroles. Cette logorrhée représente le premier signe de libération, comme des écluses qui s'ouvrent.

Dans le roman d'Assia Djebar, *La Femme sans sépulture*[237], la parole assassinée va dérouler ses mots dans la bouche de Hania, la fille de la martyre de Césarée. C'est par la parole qu'elle se soulage et se débarrasse des dents de l'amertume en cherchant à évacuer la morsure de son cœur. Le manque de la mère, dont le corps a disparu, s'approfondit en elle comme un trou noir qu'elle n'arrive pas à épuiser. Elle crie sa douleur et part à la recherche de la sépulture cachée, espérant retrouver quelque chose d'elle : une marque ou un signe. Mais, malgré ses errances dans l'immense forêt où le corps de sa mère a été jeté après avoir été torturé, elle ne retrouve « pas la moindre trace d'elle sur la pierre, ou dans un fossé, ou sur un tronc de chêne : rien ». Le désespoir de cette perte l'enferme dans le silence et musèle sa parole à l'intérieur d'elle-même :

> « Où trouver le corps de ma mère ? » Je criais, je me bâillonnais la bouche de mes deux mains pour ne pas hurler ces mots aux oiseaux du ciel. (p60)

Il semble ne pas y avoir d'issue à cette filiation impossible à rétablir. L'absence de la mère et la disparition de sa trace empêchent l'épanouissement de la fille qui dépérit dans l'obsession de ce manque. Le

---

[237] Assia Djebar, *La Femme sans sépulture,* Albin Michel, Paris, 2002.

L'inscription dans un futur

seul exutoire viendra de la récupération de la parole qui va envahir Hania lors de ses insomnies. C'est ainsi qu'elle commence à parler, pour elle seule, sans reprendre souffle, dans de brusques accès de fièvre. Elle revit le passé, dans la quête de sa mère, comme dans un dédoublement où elle est, à la fois, celle qui écoute en silence dans une méditation sans fin et celle qui laisse, à partir d'elle, « de ses veines, de ses veinules, de ses entrailles obscures », remonter et couler la parole. Cette hémorragie sonore la prend comme une maladie salutaire qui la dégage d'une angoisse viscérale et la sort d'elle-même :

> Il y a dix ans tout juste, germa en elle cette parole ininterrompue qui la vide, qui, parfois, la barbouille, mais en dedans, comme un flux de glaire qui s'écoulerait sans perte, mais extérieur...A la fois un vide et un murmure en creux, pas seulement au fond de son large corps, parfois en surface, au risque d'empourprer sa peau si transparente ; peau épuisée à force d'être tendue ; gorge serrée à force d'être presque tout à fait noyée ! (p.61)

Elle tisse ainsi, par les mots, des liens entre son passé et son présent. C'est une manière, pour elle, de porter en elle sa mère absente, cette Zoulikha « qui sue et s'exhale » par les pores de sa fille. L'enfantement de cette parole la rétablit dans une filiation où elle se sent habitée par sa mère.

La perte de ses menstrues corrobore, de manière symbolique et inversée, ses retrouvailles avec l'absente. Elle ne s'alite pas pour une grossesse ou une naissance mais pour une renaissance, pour cette parole solitaire retrouvée qui la fait ressembler aux « *meskounates* »[238] d'autrefois.

Le monologue de la folie

Les mots peuvent être aussi parfois une échappatoire vers une forme de délire. C'est le cas de Fatima dans *Cette Fille-là* de Maïssa Bey : elle est enfermée dans un asile où l'on met en retrait tous les parias de la société. Repliée dans sa petite chambre, elle passe ses journées dans un mutisme complet mais elle se réveille souvent au milieu de la nuit et se met à marcher, à parler et à invectiver les ombres. Elle tient de longs monologues en évoquant jusqu'à épuisement son père qui a brisé sa vie et celle de sa mère. Elle en oublie le monde qui l'entoure, ne vivant plus que dans ce dégorgement de haine :

---

[238] Mot arabe désignant anciennement les femmes « habitées » ou « peuplées » par un djinn, bon ou mauvais esprit avec lequel elles devaient composer.

L'inscription dans un futur

> Elle parle, elle ouvre le sac à mots qu'elle tient fermé tout le jour et s'empare de l'un d'entre eux, en extrait les douleurs, les rancœurs et les colères. (p. 81)

Par ses discours obsessionnels, elle règle ses comptes avec les douleurs de son enfance et sa folie s'apparente à une récupération de son droit à l'existence. C'est ainsi que le ressent la narratrice de son histoire, Malika, une femme qui raconte justement toutes les histoires de femmes spoliées et reléguées de ce recueil. Elle se fait la porte-parole de leurs paroles ; et les mots à dire, ou à écrire, deviennent, dans sa bouche ou sous sa plume, la seule porte de salut, l'unique issue possible au bord de la "non-vie" :

> Je suis
> Celle qui veut chasser la nuit. S'accrocher au jour qui revient. Retenir. Se retenir. Ne pas basculer. Continuer. A les écrire. Ne pas sombrer.
> (p. 122)

Le discours de la folie devient alors, de manière contradictoire, parole de vie, quand le discours de soi s'affirme comme le ferment non seulement de son essence mais de son existence.

La parole hybride

La petite fille de la dune, dans *L'Interdite* de Malika Mokeddem, malgré son apparente fragilité et son extrême jeunesse, porte un prénom prémonitoire car Dalila, si l'on s'en réfère au personnage mythique, est une femme de caractère, symbole même de la force, qui gagnera grâce à son intelligence et sa perspicacité car elle vaincra Samson, l'homme invincible. Cette enfant, de neuf ou dix ans au plus, rentre en dissidence par une parole aux multiples facettes : la parole secrète, la parole affabulatoire, sa propre parole et la parole picturale.

La première est cette parole intime qu'elle entretient, en haut de la dune, avec un être mystérieux qui ne laisse pas de trace sur le sable et dont elle ne cite jamais le nom. Il semble être son ami et son confident secret, il lui donne rendez-vous lorsqu'elle est seule et s'enfuit dès l'apparition d'un étranger. La dune est le refuge de Dalila et elle est habitée par ses rêves. Dans ce havre de paix, quand elle scrute l'erg, qui est « la mer des rêves », elle voit un monde que les autres ne peuvent percevoir et vit en retrait de la réalité dont elle peut ainsi s'échapper. L'imaginaire est sa dissidence et sa richesse. Yacine, son ami médecin, l'avait compris et, dans la peinture qu'il a faite d'elle, il exprime tout ce monde de poésie et de songes qui émane d'elle :

> Ses yeux en amande imprègnent ses traits d'un étonnement rêveur. Dans la nuit de ses cheveux, qui tire-bouchonnent [...] est piquée une minuscule étoile, comme un voyant allumé par le songe qui la consume. Derrière elle, le ciel est un ruissellement de bleu. (p.53)

Face à l'ennui et aux contraintes de la vie de tous les jours, elle a ce pouvoir de rétractation dans le rêve et cette échappatoire dans un mirage secret qu'elle s'invente. Elle inscrit alors la violence de sa dissidence dans la puissance de son imagination où les paroles restent muettes mais où l'esprit voyage au plus loin dans l'espace et au plus haut dans le ciel.

Sa deuxième parole passe par un relais affabulatoire quand Dalila s'invente une sœur qui habite dans "Lafrance" et dont elle évoque la correspondance. Au nom de cette absente, elle peut asséner les vérités impossibles à dire. Cette sœur, qu'elle a baptisé Samia, est "le double parlant" de "la petite interdite de parole" qui se fait frapper quand elle dit ce qu'elle pense. Elle rentre en dissidence, par sœur fictive interposée, et projette, à travers un discours censé venir de l'étranger, tous ses désirs et tous ses refus :

> Elle aime pas obéir et elle veut pas se marier. [Mes frères] ont trouvé beaucoup de maris. Mais elle, elle dit toujours non. Elle fait toujours des études là-bas dans Lafrance. [...] Mes frères, ils disent que Samia est une putain. C'est pas vrai ! Samia, elle veut seulement étudier et marcher dans les rues quand elle veut et être tranquille. (pp.36-37)

Sa mythomanie devient pour elle une arme. Elle peut ainsi exprimer au grand jour ses vœux les plus chers. Ce n'est pas pour rien qu'elle se cache sur la dune. Elle aimerait connaître le bonheur de circuler librement et d'organiser plus tard sa vie à sa guise, en faisant des études et en choisissant elle-même son mari. Mais, comme il est dangereux de tenir un discours de ce genre, le mensonge s'avère une nécessité. Et c'est ainsi que Dalila va continuer à faire vivre cette sœur, pendant tout le roman, jusqu'à ce qu'elle soit démasquée. Elle trouvera alors des mots émouvants pour se justifier, en confiant que Samia, « c'est qu'une sœur zyeutée dans ses rêves » et que, si les filles gardent les rêves et les mensonges, « c'est rien que pour réparer les trous de la vie ».

L'inscription dans un futur

Mais, indépendamment des subterfuges employés, Dalila trouvera aussi le courage de prendre la parole en son nom propre. Elle fait, avec ses mots d'enfants, un constat de la condition des filles, c'est-à-dire de la sienne : elle doit obéir à ses frères et les servir, tout en étant déconsidérée et frappée, et, comme sa mère, elle n'a théoriquement pas le droit de sortir. Pourtant, elle ne plie pas et affirme, avec une certaine insolence, qu'elle n'a pas la h'chouma[239], comme les autres, qu'elle a « la colère griffée », qu'elle « regarde pas par terre » et qu'elle « regarde les gens dans leurs yeux ». Elle avoue son peu d'estime pour les garçons qu'elle classe en intégristes, « nuques brisées » ou « machos » et n'espère rien de l'amour car, selon elle, « comme les nuages, y'en a pas bezef ». Elle n'est qu'une « Alice au pays des merguez » parce qu'il n'y a, à son avis, pas de merveilles en Algérie. Même si elle est sans illusions sur les possibilités qui s'offrent à elle, elle revendique sa place et comprend, avec beaucoup de clairvoyance que la connaissance et les études sont une ouverture indispensables à sa liberté future. Elle considère aussi, avec tristesse, la vie de sa mère, méprisée, réduite au silence et à l'enfermement, et, même menacée de l'enfer si elle déroge à ces préceptes. Et elle met le doigt sur la cruauté de sa vie en reprenant les mots pleins d'une lassitude résignée de sa mère :

> Et elle dit : « L'enfer c'est tous les jours, c'est maintenant. » Elle dit qu'après, dans la mort, elle sera tranquille. (p.39)

Avec ses yeux naïfs de petite fille, en parlant de la vie de tous les jours, elle dresse un tableau lucide de la condition de la femme en Algérie.

Le langage ultime que Dalila utilise est celui de la peinture. Elle raconte les interdits que la parole ne peut pas prendre en charge. Ses dessins sont les mots de sa révolte impossible et exorcisent en exprimant les non-dits. Elle peint des choses étranges où l'on retrouve les images de ses hantises, de ses phobies et de ses remises en question :

> [Elle dessine] beaucoup d'yeux. Madame tradition tordue de vieillerie. La bénédiction qui prie avec fausseté et la malédiction qui menace et qui grimace. La h'chouma avec son ventre où les peurs sont comme les vers de la mort. Et puis encore et encore... des choses d'une méchanceté rigolote. Ouarda, elle dit « féroce ». (p.144)

---

[239] Ce mot signifie "la honte".

Son discours pictural est encore plus agressif que les autres. Même si peu de sujets sont évoqués, ils sont extrêmement parlants et résument à eux seuls tout le fonctionnement social. Ils mettent en cause l'immobilisme ancestral de la société en dénonçant le manque de liberté et les traditions religieuses hypocrites, rétrogrades et contraignantes. L'obsession récurrente des yeux souligne aussi l'esprit d'inquisition où chacun se sent surveillé, et l'image de pourrissement dénonce le sentiment destructeur de la honte qui doit être, selon les préceptes, inhérent à la condition féminine. La peinture participe ainsi, de manière très virulente, à ce discours en dissidence qui lui permet d'extérioriser sa colère, son dégoût et ses refus.

4. La séduction de la marginalité

La rébellion ne s'exprime pas toujours par le biais de la parole ou de la peinture. Les femmes s'affirment parfois par une manière de vivre et des actes en rupture avec la tradition, bravant les codes et les conventions sociales dans lesquelles elles sont engluées, pour s'inventer un nouvel espace de liberté.

La maîtresse des objets

Dans une œuvre fictionnelle de Driss Chraïbi, *La Civilisation, ma mère*[240], la rébellion d'un personnage de mère marocaine prend un tour tout à fait inattendu. Même dans son univers d'enfermement, elle commence à s'émanciper car elle est éblouissante d'invention.

C'est son pouvoir de créativité sur les objets qu'aucun préjugé culturel ne vient inhiber qui la conduit vers une certaine forme de libération. Sa revendication libertaire ne s'applique qu'aux objets qu'elle transforme à sa guise et selon son inspiration. Sa fantaisie inventive qui implique pour elle un sentiment de liberté est ainsi le prélude à une émancipation plus complète et à une découverte du monde. La transformation des objets va la conduire insensiblement à sa propre transformation car le bricolage inventif est une forme de réappropriation personnelle du monde et une manière de résister à l'aliénation. En détournant de leur usage primitif les objets qui symbolisent directement son aliénation, elle se place au centre du monde clos et en devient le maître. C'est sa richesse d'imagination et son énergie pleine de fantaisie qui, d'un seul coup, élargissent son espace et lui ouvrent d'une certaine manière les portes de sa prison. En bousculant

---

[240] Chraïbi, Driss, *La Civilisation, ma Mère,* Editions Denoël, Paris, 1972.

son monde, elle commence son émancipation et se donne les premières armes d'une création artistique malgré son ignorance et son illettrisme.

La rupture en cascade

Dans le roman de Leïla Sebbar, *Shérazade. 17 ans, brune, frisée, les yeux verts*[241], l'héroïne, qui veut suivre son propre chemin, adopte une attitude tout à fait déconcertante. Déjà dans son enfance, alors qu'elle joue aux Indiens avec ses frères en tenant le rôle de la "squaw", elle refuse les règles du jeu qui lui imposent de rester près de la tente avec les enfants et les autres femmes et elle franchit allègrement les limites du camp pour rejoindre la zone interdite près de la rivière. A l'orée du récit, cet épisode de sa jeunesse annonce déjà un état d'esprit de libre-arbitre et d'indépendance qui ne se démentira pas par la suite. Cet événement, en apparence anodin, s'inscrit dans la symbolique d'une volonté de marginalisation qui parcourra tout le roman. En effet, alors que Shérazade n'est pas enfermée et pourrait s'accommoder d'une vie qu'elle peut choisir, son besoin farouche de liberté la conduit à un état perpétuel de rupture. Ses fugues répétitives et sa volonté d'opter pour la marginalité représentent en fait un parcours initiatique qui lui est nécessaire pour se retrouver. Et les douleurs qui marquent cette errance sont comme le passage obligé d'un périple qui la mènera à son accomplissement. Le goût de la provocation dépasse ici largement l'interdit sexuel.

La jubilation de la désobéissance

L'image même de la femme marginale est certainement celle de Sultana dans *L'Interdite* de Malika Mokeddem. Elle s'affirme comme un être de rupture aux sensations exacerbées. L'ancien sentiment de son néant la conduit à être une femme d'excès qui vibre de manière impromptue, sans chercher de compromis ou de retenue. Pour se protéger, elle joue des différentes facettes de sa personnalité. Elle se sent double, de par son appartenance à l'Algérie où elle est née et qu'elle a fuie, et, de par son exil en France où elle s'est installée, tout en conservant la nostalgie de ses origines. Lorsqu'elle revient dans son village natal et qu'elle se sent à nouveau harcelée et persécutée, elle sait comment ne pas donner prise et se mettre en retrait. Elle « s'enroule avec prudence dans [ses] Sultana dissidentes, différentes » et elle analyse avec une lucidité étonnante sa faculté de faire cohabiter en elle des êtres étrangers :

---

[241] Sebbar, Leïla, *Shérazade, 17 ans, brune, frisée, les yeux verts*, Paris, Stock, 1982.

L'inscription dans un futur

> L'une n'est qu'émotions, sensualité hypertrophiée. Elle a la volupté douloureuse, et des salves de sanglots lézardent son rire. Tragédienne ayant tant usé du chagrin, qu'il se déchire aux premiers assauts du désir. Désir inassouvi. Envie impuissante. Si je lui laissais libre cours, elle m'anéantirait. Pour l'heure, elle s'adonne à son occupation favorite : l'ambiguïté. Elle joue au balancier entre peine et plaisir.
>
> L'autre n'est que volonté. Une volonté démoniaque. Un curieux mélange de folie et de raison, avec un zeste de dérision et le fer de la provocation en permanence dressé. Une furie qui exploite tout, sournoisement ou avec ostentation, à commencer par les faiblesses de l'autre. Elle ne me réjouit, parfois que pour me terrifier davantage. Raide de vigilance, elle scrute froidement le paysage et, de son aiguillon, me tient en respect. (pp. 14-15)

Cet étrange fonctionnement l'inscrit, dès qu'elle se sent en danger, dans une provocation poussée à l'extrême. Elle franchit délibérément tous les interdits et ne se sait préservée que par son indifférence. Elle boit de la bière en public, elle s'affiche avec des hommes. Elle participe à l'enterrement de son ami Yacine. Tous ces actes sont interdits par la religion, par la morale du clan. L'ordre social est érigé comme une dictature qu'elle transgresse allègrement. Elle a besoin de cette désobéissance pour prendre sa revanche sur sa fuite d'autrefois et affirmer ainsi son indépendance et son esprit libertaire. Mais le fait de prendre ses distances avec la loi établie et de toujours chercher la confrontation la met au ban de la société. Vincent, le nouvel homme de sa vie, perçoit avec acuité sa culture de la dissidence et l'admire secrètement :

> Elle, elle est si loin dans l'insolite et le différent, si seule dans le manque. Elle est un défi. (p.66)

Son nom, Sultana, n'a certainement pas été choisi par hasard. Cette femme est véritablement une sultane et possède la noblesse d'une reine car elle ne baisse pas la tête. Elle affronte son destin en voulant rester maîtresse de la situation malgré les condamnations et la marginalisation. Le choix du prénom de cette femme est d'autant plus intéressant que Malika Mokeddem a confirmé elle-même que ce roman était partiellement autobiographique et qu'il s'agissait d'elle derrière ce personnage de fiction. Son expérience de l'exil lui a appris personnellement les douleurs de la marginalisation qu'elle a su transmuter en une force qui l'habite et en véritable bonheur de s'accomplir dans la résistance :

> A force d'être toujours d'ailleurs, on devient forcément différent. Que l'on intéresse, interroge ou choque, on est une singularité mobile dans le temps, dans l'espace et dans les diverses idées que les gens peuvent se faire de « l'étranger ». Mais, figure-toi qu'aussi inconfortable que puisse être, parfois, cette peau d'étrangère partout, elle n'en est pas moins une inestimable liberté. Je ne l'échangerais pour rien au monde ! Aussi, moi, je ne cache jamais rien. Et les rumeurs et critiques ne font, généralement, qu'exciter la jubilation que me procure toute transgression. (p.32)

Dans ce récit, l'héroïne n'aura pas le dernier mot car la vindicte populaire lui fera payer chèrement sa marginalité de transgression en incendiant sa maison et en mettant en danger sa vie et celle de ses amis. Elle sera alors encore une fois obligée de s'expatrier. Mais dans la vie de Malika Mokeddem, l'histoire de cette marginalisation sera un grand succès car elle en fera un livre qui sera primé, ce qui sera pour elle une véritable victoire.

CINQUIÈME PARTIE

La révélation du pouvoir
ou
"La femme au livre"

CHAPITRE I

DES MOTS POUR LE "DIRE" : LA VOYANCE

> Un parcours inachevable, à travers une série indéfinie de circuits, appelant le regard critique dans une histoire qui est à la fois la sienne propre et celle de son objet : c'est là sans doute l'image de cette activité sans terme où s'engage la volonté de comprendre. Comprendre, c'est d'abord reconnaître que l'on n'a jamais assez compris. Comprendre, c'est reconnaître que toutes les significations demeurent en suspens tant que l'on n'a pas achevé de se comprendre soi-même.[242]
>
> Jean Starobinski

Que l'on évoque la peinture, la danse, la musique ou le conte, toutes ces créations artistiques participent à la même révélation. Et l'on pourrait, dans ce même esprit, reprendre une phrase du peintre Paul Klee qui les résume toutes : « L'Art n'a pas pour but de représenter le visible, il rend visible. »

1. La mémoire du subconscient : la peinture

Nous avons déjà étudié dans la deuxième partie, dans le roman *N'zid* de Malika Mokeddem, combien la peinture participe à la découverte de soi. Mais nous pouvons aller beaucoup plus loin dans cette investigation.

Le discours des doigts et la parole des couleurs

Dans un autre roman, *L'Interdite,* Malika Mokeddem offre également une place importante à la peinture car deux personnages de ce récit passent leur temps à peindre : Yacine, un homme de 40 ans et une petite fille appelée Dalila. Le premier, qui vivait en solitaire, meurt subitement au

---

[242] Jean Starobinski, *L'Œil vivant II. La relation critique opus cit.,* p. 79.

début de l'histoire et laisse de ce fait, sans l'avoir voulu ou calculé, ses peintures en legs, comme un livre à déchiffrer pour tout ce qu'il n'a pas pu ou su dire de son vivant à Sultana, la femme qu'il aimait, et à la petite Dalila qu'il protégeait comme sa propre fille. Sa peinture exprime les non-dits, donnant corps aux mots impossibles à dire ou à écrire. Yacine, emmuré dans le silence de son désespoir d'amour, raconte cette liaison impossible sur une fresque qui recouvre entièrement tout un mur et que la femme de sa vie va découvrir lorsqu'elle retourne chez lui après sa mort. La peinture est impressionnante car elle habite tout l'espace et elle s'impose d'emblée comme une vision obsessionnelle, non seulement par l'ampleur de sa taille mais aussi pour la violence du sujet et l'agressivité des couleurs que le lecteur va découvrir par les yeux de Sultana, à qui elle était destinée :

> Je reviens vers le mur. Je vois la fresque : une mer de flammes. Une mer agitée. Là où les flammes déferlent, il s'en échappe un peu de fumée. Le ciel est bouché. Une femme, de dos, marche sur les flammes, indemne. Elle laisse derrière elle un sillage blanc et plat comme une route tracée dans la houle du feu. On ne distingue d'elle que sa silhouette en ombre chinoise enfumée. Yacine a intitulé ce tableau « L'Algérienne ». Sa signature, en bas, a l'air arc-boutée, en marge dans l'attente ou dans l'abandon. (p.48)

La symbolique du tableau est ici évidente. Il s'agit d'une description de la vie de Sultana vue sous un double aspect, celui de son histoire individuelle qu'on ne peut soustraire à son inscription dans une histoire collective. Il s'agit d'un condensé qui résume, le passé, le présent et l'avenir. Aucun paysage, juste un monde de chaos et de folie où les flammes en furie envahissent tout le tableau, le ciel bouché n'offre aucun avenir, la fumée est le signe d'une extrême désolation et d'un univers en ruine. Le seul personnage est la silhouette d'une femme, vue de dos qui marche sur les flammes. Il ne fait aucun doute qu'il s'agit de Sultana. Elle s'avance, seule et droite au milieu des flammes. Dans cette mer de feu, elle semble tracer une route et savoir où elle va. Elle creuse son chemin, sans se soucier du danger, seule, envers et contre tout. Sa position centrale est en rapport avec le titre du tableau : « L'Algérienne ». C'est le résumé de la vie de Sultana et l'histoire de son combat face aux violences d'une société intolérante et agressive qui veut la broyer. C'est, par-delà les souffrances, l'image de son endurance et de sa force de résistance. Le tableau est prémonitoire car Yacine avait déjà compris la difficile libération de la femme en Algérie et il avait envisagé, sans jamais avoir revu Sultana, l'aboutissement victorieux de son cheminement et de sa quête. Mais, derrière ce constat plutôt positif se dessine un autre chagrin : il savait que le prix à payer serait justement de ne pas pouvoir vivre avec elle une histoire d'amour et que la solitude serait leur lot commun.

Ce tableau, intitulé « L'Algérienne » a aussi une autre connotation car l'histoire de Sultana est une transposition romancée de la vie de Malika Mokeddem qui n'a jamais caché la matière autobiographique de son livre. Cette peinture a donc un caractère éminemment symbolique puisqu'elle la représente.

La transe picturale

Mais Malika Mokeddem ne passe pas toujours par un personnage de fiction pour évoquer l'expérience picturale. Elle parle parfois en son nom propre, comme dans son livre de souvenirs, *Mes Hommes*, où elle évoque sa première tentative de dessin à l'école primaire. La peinture fonctionne alors comme une libération immédiate de l'instinct. Avec le recul des années, elle a parfaitement conscience qu'elle libère quelque chose d'enfoui au fond d'elle qu'elle ne présage même pas. Elle est cependant, déjà au moment de sa création, surprise par la violence des révélations picturales :

> J'ai peint un ciel crevé. Son sang dégoulinait tout le long de palmiers difformes, se coagulait à leurs troncs. Des dunes sucées par le vide. (p. 63)

La « transe » picturale est pour elle une épreuve physique dont elle sort exténuée. C'est un corps à corps avec elle-même, « une fureur, un déchirement de la couleur qui étaient d'abord des torsions physiques ». La peinture est pour elle le révélateur de ses ruptures internes qu'elle n'arrive pas encore à dominer car elle est double : elle est, à la fois, subjuguée par le désert et dans un rêve de l'ailleurs qui lui est indispensable pour pouvoir s'épanouir à l'amour.

La liberté de la peinture mobilisait toute son énergie mais ne pouvait exprimer que « le cri et la rébellion ». L'expression picturale n'arrive pas à assumer l'inconciliable qu'elle porte en elle. Elle conservera dans sa vie la révélation d'une sensualité des couleurs et des matières. Mais la sérénité de son éclat intérieur lui viendra, non de la peinture, mais des mots.

La révélation du pouvoir ou "la femme au livre"

Le rêve orientaliste

Il est cependant intéressant de constater que l'élément pictural ne concerne pas que cette romancière et que ce thème parcourt nombre de productions de la littérature francophone. La plupart des romans maghrébins évoquent en effet des visites dans les musées et rejoignent le réel, à l'intérieur même d'histoires fictionnelles, en citant des tableaux dans la veine orientaliste représentant des femmes. Le but n'est pas toujours clairement exprimé mais il est évident que cette recherche esthétique participe aussi à une inscription dans une filiation historique où l'on peut, à la fois, remettre en cause le rôle des femmes inscrites dans une vie de soumission et admirer les fastes d'une civilisation qui mettait en exergue la beauté de ces femmes pour la pérenniser à tout jamais.

Dans la peinture orientaliste[243], le corps des femmes alanguies, allongées immobiles sur leur lit, évoque une sensualité facile et latente. La femme semble en attente, disponible au plaisir de l'homme. Cependant, même dans ce regard masculin de concupiscence du peintre, la femme, inconsciemment ou peut-être consciemment, s'est inventé un refuge de résistance au pouvoir de l'homme. Cette lascivité, très proche du sommeil, est un espace naturel de fuite où le corps se crée, en se replongeant dans le rêve, un monde personnel où l'homme n'a plus sa place. Cette indifférence, que l'on pourrait qualifier d'orientale, est une forme de feinte, d'échappatoire à l'emprise égoïste de l'homme. Le thème de l'endormie est ainsi à double tranchant car l'image de la femme offerte au regard de l'homme se confronte aussi à l'image d'une femme qui regarde en elle-même et qui ignore complètement le regard du peintre-voyeur. Et, même si c'est justement le regard du peintre qui les fait exister, le monde clos des femmes semble ignorer ce geste de prédateur dans une totale indifférence qui les inscrit dans la pérennité de leur existence propre de femme où le temps n'a pas de prise, loin du monde extérieur et de son agitation. Cet état languissant est pour elle une forme de survie et le vieux rêve masculin de voir la femme réduite à un objet est concomitant à cette échappée du regard des femmes vers autre chose. Même si l'homme-voyeur viole les frontières de leur univers en s'immisçant dans leur monde feutré et fermé, il reste sur la berge de ce monde qui se prête sans

---

[243] Cf. à ce propos l'étude de Christine Peltre sur le sujet : *Orientalisme*, Editions Terrail/Edigroup, membre de la S.N. des Editions Vilo, Paris, 2004, où elle justifie, p.148, le choix de cette expression artistique par le contexte historique : « L'importance de la femme dans l'iconographie orientaliste peut s'expliquer par l'image de l'Orient lui-même dans le discours occidental : il est en effet féminisé, comme pour "en justifier la prise de possession" ». (J.-C. Barchet, *Le Voyage en Orient*, 1985)

véritablement se donner. Car derrière les paupières closes des odalisques se réfugient les rêves. Et leurs gestes figés ainsi que leur endormissement sont entre une demi-vie et une demi-mort, entre leur statut de victime prisonnière et leur image échappatoire de fausse résignation, quand la révolte impossible laisse la place au silence de belle-au-bois-dormant qui, dans une mort apparente, leur apprend à préserver ce qui leur reste d'intégrité personnelle et de désirs inavoués et latents.

De nombreux auteurs francophones se tournent ainsi vers le passé pour rappeler cette tradition de "la belle Mauresque", héritage de la peinture orientaliste qui met en scène « les enfermées »[244]. Leïla Sebbar, par exemple, dans *Shérazade, 17ans, brune, frisée, les yeux verts*, remémore *L'Olympia* de Manet[245], un tableau de la même époque que Delacroix, dont la signification essentielle s'inscrit dans la pérennité car l'image suggère une scène de la vie quotidienne isolée dans un plan fixe qui donne le sentiment de prolonger ce qui a été perçu dans l'éphémère : une jeune femme magnifique, au corps de nacre, est étendue sur un lit, en prenant la pose, alors qu'une servante noire, placée derrière elle, lui présente un bouquet somptueux pour lequel elle n'a aucun regard. Une impression étrange se dégage de cette peinture qui met le héros du roman, Julien Desrosiers, mal à l'aise sans qu'il sache vraiment définir pourquoi. Il relève cependant « la frigidité du corps, comme un corps mort au-dessous du ruban noué » ainsi que la « raideur »[246] de la tête. C'est, en fait, la fixité de la posture et du regard qui donne au tableau cette atmosphère figée qui inscrit la femme dans une forme d'indifférence et d'absence à elle-même, donnant l'impression qu'elle se dérobe et n'offre que l'étalage de son corps.

La tradition d'un exotisme stéréotypé enferme la femme dans une prison encore plus implacable que les murs du harem, en éternisant dans des clichés un portrait idéalisé[247] qui ne correspond plus à la réalité et qui ligote la femme dans une image archaïque sacralisée par les peintres orientalistes, représentant malgré eux l'ancienne hégémonie coloniale.[248]

---

[244] C'est ainsi que les appelle Christiane Chaulet-Achour dans son étude, *Noûn. Algériennes dans l'écriture*, Editions Atlantica, Collection "les Colonnes d'Hercule" dirigée par Jean-Jacques Gonzales, Biarritz, 1998.
[245] Œuvre de 1863, Musée d'Orsay, Paris.
[246] Sebbar, Leïla, *Shérazade, 17 ans, brune, frisée, les yeux verts, opus cit.*, p. 75.
[247] Dans le roman de Leïla Sebbar, l'auteur corrobore cette idée en utilisant l'expression : « exotisme d'artifice », *ibidem*, p. 75.
[248] On peut rappeler, à ce propos, une citation de Mariane Guérin dans son article, « Permanences et mutations littéraires de la femme créole », qui évoque la révolte de la

La révélation du pouvoir ou "la femme au livre"

En opposition à cette peinture d'odalisque lascive, Taos Amrouche, de son côté, évoque dans *L'Amant imaginaire,* page 260, le raffinement du petit *Sommeil* de Courbet[249] où deux femmes nues, étendues sur un lit, s'abandonnent au bonheur et à la jouissance d'être ensemble. L'écrivain utilise ici l'argument pictural pour préciser sa pensée et illustrer l'idée de la sensualité, le choix du tableau exprimant ce qui ne peut pas être dit : la violence d'un désir inassouvi.

Le jeu des interférences picturales et littéraires

Il est curieux de remarquer que cette peinture orientaliste s'offre à voir sur les couvertures de plusieurs romans d'Assia Djebar et qu'elle semble ainsi prendre à son compte ce rêve orientaliste.

L'Amour la fantasia reproduit par exemple un extrait de *L'Enlèvement de Rébecca* de Delacroix[250]. Assia Djebar explique dans sa correspondance les raisons de son choix :

> *L'Enlèvement de Rébecca* est au Louvre, bien que rarement exposé. J'ai fait un cadrage d'une partie du tableau – pour avoir le cheval bien présent au premier plan, la femme enlevée par le guerrier au centre et une atmosphère de citadelle incendiée en arrière -. Le maquettiste a ensuite travaillé sur les lettres du titre, de l'auteur et de l'éditeur. J'aurais pu certes choisir un des très nombreux dessins ou tableaux évoquant la fantasia proprement dite. Mais il n'y a presque jamais une présence féminine dans le plan.[251]

Elle rapproche ainsi la toile de sa fiction en précisant les éléments qu'elle a voulu intégrer dans l'extrait de ce tableau et que nous pourrons ensuite retrouver dans le roman lui-même. L'illustration fonctionne comme

---

femme créole qui, comme la femme maghrébine, refuse de se laisser enfermer dans cette image figée de la femme « *traditionnelle* » :
> Pourquoi m'enfermerais-je
> Dans une image de moi
> Qu'ils voudraient pétrifier ?
> Pitié je dis pitié
> J'étouffe dans le ghetto de l'exotisme.

Citation tirée de *La femme dans la société francophone traditionnelle,* Revue PLURIAL n° 1 du CELICIF (Centre d'études des littératures et civilisations francophones), Presses Universitaires de Rennes, 1995, p. 59.
[249] Œuvre de 1866, Petit Palais, Paris.
[250] Œuvre de 1858, Musée du Louvre, Paris.
[251] Correspondance personnelle du 26 mars 1986, dans l'étude de Christiane Chaulet-Achour, *Noûn. Algériennes dans l'écriture, opus cit.,* pp. 124-125

La révélation du pouvoir ou "la femme au livre"

un condensé des significations essentielles du roman. Même si Christiane Chaulet-Achour considère ce procédé comme une récupération commerciale, il semble cependant évident qu'Assia Djebar envisage cette interférence avec la peinture orientaliste, non comme un jeu publicitaire mais comme une continuité de son écriture. Cet intérêt se manifeste de manière récurrente, aussi bien pour le choix de ses illustrations de couvertures que pour le choix de ses titres d'œuvres. On a l'impression qu'il s'opère un dialogue entre la peinture et l'écriture, entre l'image et les mots ainsi qu'entre les siècles, entre le passé et le présent. Assia Djebar reprend à son compte les représentations idéalisées de l'Orient comme faisant partie de l'Histoire et donc inévitablement de son histoire. Elle entre d'une certaine manière en communion avec ces œuvres de peintres du siècle d'avant pour mieux les pénétrer, sans rejeter ce passé qui fait partie de l'histoire des femmes et qu'on ne peut pas taire.

Une autre illustration de couverture, celle de *Vaste est la prison*, est parlante à ce sujet. C'est également une peinture orientaliste. Il s'agit d'une toile de Jean-Baptiste Ange Tissier, *Une Algérienne et son esclave*[252], où la femme présente un visage pensif au regard lointain qui dénote une intériorisation et une forme d'absence au monde qui l'entoure, signe évident qu'on ne peut s'échapper que par la pensée de cet univers de séquestration dans lequel elle est dépeinte, ce qui corrobore le titre choisi par l'auteur et qui annonce le cheminement même du roman.

Dans une œuvre antérieure, qui date de 1980, Assia Djebar utilise une toile très célèbre qui va lui servir, à la fois, d'illustration et de titre pour son livre. Il s'agit de *Femmes d'Alger dans leur appartement*[253] qui est, en effet, un tableau de Delacroix[254] et qu'elle va s'approprier pour intituler un recueil de nouvelles[255]. Cette peinture représente l'intérieur d'un sérail dont Assia Djebar, dans la postface de ce livre, nous fait elle-même la description :

> Trois femmes dont deux sont assises devant un narguilé. La troisième, au premier plan, est à demi allongée, accoudée sur des coussins. Une servante, de trois quarts dos, lève un bras comme si elle écartait la

---
[252] Œuvre de 1860, Musée National des Arts africains et océaniens.
[253] Œuvre de 1834, Musée du Louvre.
[254] Voir à ce propos l'article de Stéphane Guégan, « Le plus beau tableau du monde », in *De Delacroix à Renoir. L'Algérie des peintres,* Institut du Monde Arabe, Editions Hazan, Paris, 2003, pp. 34-37.
[255] Assia Djebar, *Femmes d'Alger dans leur appartement*, Editions des Femmes, Antoinette Fouque, Paris, 1997.

La révélation du pouvoir ou "la femme au livre"

lourde tenture qui masque cet univers clos. [...] Prisonnières résignées d'un lieu clos qui s'éclaire d'une sorte de lumière venue de nulle part – lumière de serre ou d'aquarium -, le génie de Delacroix nous les rend à la fois présentes et lointaines, énigmatiques au plus haut point. » (p. 148)

Ces femmes baissent les paupières et regardent dans le vide. Elles ont les yeux perdus et semblent absentes à elles-mêmes et à ce qui les entoure. La porte, au fond du tableau, s'entrouvre sur l'obscurité et semble ne mener nulle part. Le miroir, en haut et à gauche du tableau, ne peut leur renvoyer que leur propre image et les confine dans une atmosphère encore plus étouffante. Delacroix nous livre une vision « qui exhale je ne sais quel haut parfum de mauvais lieu qui nous guide assez vite vers les limbes insondés de la tristesse »[256], pour reprendre le jugement de Baudelaire.

Assia Djebar se présente dans cette œuvre, ainsi qu'elle l'écrit dans son ouverture page 7, comme une « sourcière » « pour tant d'accents encore suspendus dans les silences du sérail »[257]. Le harem, que ce soit celui du tableau ou celui de l'Histoire, symbolise, à ses yeux, l'image feutrée de l'ombre et du silence des femmes. Pour elle, parler des autres, c'est retrouver leurs voix. Comme Sarah dans la première nouvelle, *Femmes d'Alger dans leur appartement*, Assia Djebar porte encore en elle sa propre prison[258] et l'unique moyen de retrouver la liberté est justement d'affronter la douleur des autres femmes, celles d'aujourd'hui et celles d'hier, de prendre la revanche des enfermées du harem, ces femmes à « la langue desquamée, de n'avoir jamais paru au soleil, d'avoir été quelquefois psalmodiée, déclamée, hurlée, théâtralisée, mais bouche et yeux toujours dans le noir »[259]. Pour sortir de cette prison mentale et des voiles invisibles qui collent encore aux femmes, elle ne voit que l'issue proposée par Sarah :

> Celle qui regarde, est-ce à force de se rappeler qu'elle finit par se voir elle-même, avec son propre regard, sans voile enfin... [260]

---

[256] Extrait d'une étude de Charles Baudelaire, *Ecrits sur l'art*, Salon de 1846, Livre de Poche, p. 98.
[257] Elle rejoint ici Baudelaire dans son jugement sur la peinture de Delacroix : « [...] Quel est donc ce je ne sais quoi de mystérieux que Delacroix, pour la gloire de notre siècle, a mieux traduit qu'aucun autre ? C'est l'invisible, c'est l'impalpable, c'est le rêve, c'est les nerfs, c'est l'*âme*. » (p. 424, extrait du chapitre XIV, sur Eugène Delacroix, partie n°2, « L'œuvre et la vie d'Eugène Delacroix », in *Curiosités esthétiques. L'art romantique et autres œuvres critiques,* texte établi avec introduction, relevé de variantes, notes et bibliographie par Henri Lemaître, Classique Garnier, Paris, 1962.)
[258] Œuvre citée, p. 58.
[259] *Ibidem*, p. 7.
[260] *Ibid.*, p. 57.

La révélation du pouvoir ou "la femme au livre"

Elle constate qu'après le corps c'est le langage qui a pris le voile et que pour se délivrer elle-même ainsi que ses pareilles, elle doit se transformer en « femme-regard » et en « femme-voix ». C'est elle, l'écrivain, qui va retrouver « la voix des soupirs, des rancunes, des douleurs de toutes celles qu'ils ont emmurées... La voix qui cherche les tombeaux ouverts ! »[261]

Le titre est symptomatique de l'interférence picturale et littéraire. Assia Djebar imprime de ce fait un double mouvement à un jeu symbolique. La peinture est une vision idyllique d'une séquestration inhumaine et l'écriture de fictions noires et cruelles est la vision en surimpression indispensable, selon elle, pour acquérir véritablement la liberté du mouvement du corps et de l'esprit et accéder enfin à la délivrance. Ceci concerne toutes les femmes autant qu'elle-même puisqu'elle emploie en surimpression le "elles" avec le "nous"[262] qui l'intègre ainsi dans « ces femmes d'Alger dans leur appartement ». Elle s'inscrit dans un double voyage, celui de « l'œil-espion » qui viole de son regard incisif l'espace clos du gynécée et celui de la romancière qui partage les désespoirs et les errances de ses personnages en les détérant du silence dans lequel ils étaient anesthésiés pour faire descendre l'odalisque du tableau et restituer le son coupé des conversations que Delacroix gelait sur ce même tableau.

Une autre référence picturale concerne ce recueil de nouvelles. Il s'agit du titre de la deuxième nouvelle, *La Femme qui pleure*[263], qui est la reprise exacte de la dénomination d'une peinture de Picasso datant de 1937 avec en exergue une citation d'Adamov qualifiant ce tableau de « danse ininterrompue de lignes brisées ». Le sujet de cette histoire est, bien sûr, en rapport avec le titre. L'image éclatée du visage de la femme dans le dessin corrobore encore une fois la perte de l'intégrité physique et mentale d'une femme sans nom dans le récit d'Assia Djebar. La peinture souligne la déstructuration du visage qui fait ressortir les yeux, les larmes, la bouche et les dents. La femme est en morceaux dans l'imagerie textuelle également quand elle dit avec un « bris de voix » :

> Il m'a « cassé la gueule » littéralement ! [...] je marchais, je marchais, comme si ma face allait tomber dans mes mains, comme si j'en

---

[261] *Ibid.*, p.61.
[262] *Ibid.*, p.8.
[263] Œuvre de 1937, Tate Gallery, Londres.

La révélation du pouvoir ou "la femme au livre"

> ramassais les morceaux ; Comme si la douleur dégoulinait de mes traits, comme si...[264]

L'écriture se superpose au dessin avec la même vérité criante et les mêmes métaphores de la douleur, mêlant procédé pictural et scriptural, pour se fondre avec le jeu des lignes du peintre quand la femme finit par avouer le lendemain :

> Par moments, je me dis : je ne sais pas où sont mes contours, comment est dessinée ma forme...A quoi servent les miroirs ?[265]

Cette femme au visage éclatée est en morceaux et ce sont les mots de l'écrivain qui vont participer à sa reconstruction, au même titre que les traits du dessin en jeu de lignes brisées et courbes sous-tendent en réalité une construction travaillée à l'intérieur même de ce désordre organisé apparent. L'artiste, en écrivant la douleur par des mots ou par des lignes, retrouve par ces gestes une nouvelle unité de l'être féminin où le créateur, en exprimant l'indicible, redonne une voix et un visage à celle qui était murée dans le silence de sa négation, entamant du même coup sa réhabilitation et sa renaissance. La "gisante" du début de l'histoire ou même encore "le squelette", ainsi qu'elle se qualifiait, a enfin recouvré l'usage de la parole pour pouvoir exprimer sa douleur :

> Elle se confiait enfin, elle murmurait, elle s'écoulait [...] elle parlait, elle s'ouvrait enfin, sa main sur le genou droit de l'homme. [...]
> Elle remarqua : [...] On m'a "cassé la face", on ne m'a pas défigurée, j'ai de nouveau une bouche, j'ai de nouveau des lèvres, une langue...[266]

Selon Assia Djebar, même s'il n'y a plus de sérail aujourd'hui, la « structure du sérail » n'en continue pas moins à imposer ses lois (cf. la postface, p. 164), celles de l'invisibilité et du mutisme dans les nouveaux terrains vagues. Le retour à la parole, pour reconnaître sa souffrance, est essentiel pour se libérer de son poids et ouvrir ainsi la porte à la vie.

---

[264] *Ibid.*, p. 63.
[265] *Ibid.*, p. 66.
[266] *Ibid.*, p. 67.

La peinture comme miroir du monde et révélateur d'une quête initiatique

L'interférence des codes, que ce soit la peinture ou la musique, qui se manifeste dans nombre de romans francophones, dessine des renvois intertextuels. Le récit de Leïla Sebbar, par exemple, dans *Shérazade, 17 ans, brune, frisée, les yeux verts,* est traversé de références aux peintres Fromentin, Delacroix et Matisse. La jeune Shérazade va au Louvre où se trouvent les *Femmes d'Alger dans leur appartement* de Delacroix et au Musée d'Art Moderne de Beaubourg où elle voit *L'odalisque à la culotte rouge* de Matisse[267]. Elle admire également *La toilette d'Esther* de Chassériau[268], les paysages algériens de Fromentin, *L'Odalisque* d'Ingres[269] et elle est surprise, devant *Le bain turc* de Dominique Ingres[270], par les corps blancs et ronds, entremêlés et par la musicienne nue au centre du tableau qui porte un turban à filets or et pourpre avec des glands sur la nuque.

Même si elle est initiée à la peinture par son ami Julien, elle reprend à son compte cette découverte de ses racines algériennes qu'elle vit comme une révélation. Et, si elle estime que les femmes de Delacroix, malgré leurs yeux grands ouverts, ont des allures d'endormies et que l'odalisque est plutôt laide, elle est touchée par ces femmes sans véritablement chercher à définir pourquoi. En fait, le jeu de cette reconnaissance est à double tranchant : il la replace dans un contexte de découverte où elle apprend et assume son algérianité et il lui offre une image ancestrale de soumission qui la conforte dans sa rébellion. On peut noter par ailleurs qu'elle porte en turban un foulard qui ressemble à celui de la musicienne du bain turc, comme si elle s'assimilait, par-delà les générations et en deçà d'une représentation picturale, à ces femmes d'avant qu'elle ne renie pas. Shérazade emprunte ainsi le détour de la peinture pour revenir à elle-même, au même titre que l'auteur, Leïla Sebbar, utilise son personnage de fiction pour sa recherche personnelle. Elle le reconnaît d'ailleurs explicitement quand elle écrit :

> Les sujets de mes livres ne sont pas mon identité, ils sont le signe de mon identité, signes de mon histoire de croisée.[271]

---

[267] Œuvre de 1921, Musée de l'Orangerie, Paris.
[268] Œuvre de 1941, Musée du Louvre, Paris.
[269] Œuvre de 1814. Musée du Louvre, Paris.
[270] Œuvre de 1862. Musée du Louvre, Paris.
[271] Sebbar, Leïla, *Lettres parisiennes : autopsie de l'exil*. Ecrit en collaboration avec Nancy Huston, Editions Bernard Barrault, 1986, J'ai lu, 1999.

La révélation du pouvoir ou "la femme au livre"

Mais, même si on identifie plutôt Leïla Sebbar, dans le roman *Shérazade, 17 ans, brune, frisée, les yeux verts,* à la jeune Shérazade, elle n'hésite pas en tant qu'écrivain omniscient à jouer de tous ses personnages dans sa quête identitaire et emploie des procédés détournés pour arriver à ses fins. C'est ainsi qu'elle entreprend, par l'intermédiaire du personnage de Julien, dans le chapitre intitulé « Chassériau », un tour d'horizon de la peinture orientaliste. Le jeune homme commence par citer l'immense tableau d'Horace Vernet, *La prise de la Smala d'Abd el-Kader*[272], qui résume à lui seul une partie de l'histoire de l'Algérie, ce peintre ayant accompagné vers 1830 l'armée d'occupation française. Puis Julien dresse, pour Shérazade, la liste impressionnante mais incomplète, selon lui, des odalisques, de Delacroix à Renoir, jusqu'à Matisse[273] ainsi que celle des Algériennes[274]. Après cet inventaire des peintres et des sujets, il va jusqu'au récapitulatif de tous les tableaux de Matisse[275] qu'il reprend à partir d'un catalogue d'une exposition rétrospective de 1956.

On peut se demander la raison de cette accumulation peu poétique et se référer, pour ce faire, à un autre listing tout aussi aride en début du roman

---

[272] Œuvre de 1843, Musée de Versailles.
[273] Voici la liste des odalisques peintes de 1912 à 1929, ne comprenant ni les dessins, ni les esquisses, citées par Julien dans le désordre page 189 :
Odalisque au turban blanc, 1918 – 1920, Musée Matisse, Nice.
Odalisque au coffret rouge, 1927, Musée Matisse, Nice.
Odalisque dans la pose du Bouddha, 1923, Collection privée.
Odalisque au magnolia, 1924, Collection de Mr and Mrs. Leigh Block, Chicago.
Odalisque à la culotte rouge, 1921, Musée de l'Orangerie, Paris.
Odalisque à la culotte grise, 1925, Musée de l'Orangerie, Paris.
Odalisque au fauteuil, 1928, Musée d'Art Moderne.
[274] Cités page 190 :
L'Algérienne de Manet.
L'Algérienne de Corot.
L'Algérienne au faucon de Renoir.
L'Algérienne de Matisse, 1909, Musée d'Art Moderne.
[275] Cités page 196 :
La Palme, Tanger, (1912), Collection particulière, New York.
Nature morte aux oranges, (1912), Collection Pablo Picasso.
La Marocaine, (1912), Musée de Grenoble.
Les Marocains, (1916), Museum of Modern Art, New York.
La Gandoura verte, (1916), Collection particulière, New York.
Nu étendu au turban, (1921), Collection Marcel Mabille, Bruxelles.
Le Paravent mauresque, (1922), The Philadelphia Museum of Art.
Odalisque au magnolia, (1924), Collection de Mr and Mrs. Leigh Block, Chicago, (déjà cité ci-dessus).
Odalisque au coffret rouge, (1927), Musée Matisse, Nice, (déjà cité ci-dessus).
La Négresse, (1952-1953), Collection particulière.

où le même personnage énumère de manière fastidieuse le programme d'apprentissage pour les filles indigènes dans une école de ville et dans une école de bled. Les datations des peintures aussi bien que des ouvertures d'écoles semblent de prime abord n'avoir aucune importance mais elles s'avèrent utiles, dans un ordre comparatif, car elles permettent, à posteriori, de situer la position et la condition de la femme dans la société algérienne et de constater son évolution par paliers, le premier palier étant précisément cette société de harems où la femme est présentée par Julien comme la belle odalisque. Ce premier état de fait implique un enfermement complet de la femme qui est totalement inactive et uniquement dévolue au plaisir de l'homme. Cette imagerie répétitive met en avant les fastes d'un Orient où la femme tire sa force d'un pouvoir de séduction qui traverse les siècles, puisque les peintures arrivent jusqu'à nous et sont visibles pour être admirées dans tous ces musées qui sont cités.

Le deuxième palier, toujours à l'époque coloniale, sera, grâce à l'école de la République et au courage de certaines femmes comme Mademoiselle Quetteville qui est citée page 17, la sortie de la jeune fille hors de la maison et sa promotion sociale par le travail de production de tapis, de coussins et de broderies. Cependant, même si la progression de sa condition est évidente, l'issue inévitable reste toujours un retour au foyer par le mariage et, à nouveau, une dépendance à l'homme.

Mais le décalage est déjà sensible car il est un passage obligé pour arriver à l'ultime palier qui est celui de Shérazade, le personnage principal dont il est question dans le roman, cette héroïne de banlieue qui conquiert sa liberté en refusant le même destin que sa mère et en partant de chez elle pour revendiquer son droit à la connaissance aussi bien picturale que livresque. Ce catalogue des énumérations est, pour elle, une nécessité pour savoir d'où elle vient, où elle va et définir ainsi qui elle est. Elle s'inscrit de cette manière dans une continuité de l'histoire de la femme algérienne, qui ne désavoue pas ses origines mais considère son évolution et cherche à rentrer dans la chaîne des générations successives pour ne pas être apatride.

Leïla Sebbar, dont le père est un instituteur algérien, entreprend, comme Shérazade et à travers ce personnage de fiction, cette quête avide de son passé et s'inscrit, de ce fait, en même temps qu'elle dans ses retrouvailles avec sa filiation et la récupération d'une identité perdue que l'immigration en France ne lui avait pas restituée.

La révélation du pouvoir ou "la femme au livre"

La continuité ne peut venir que de la rupture et du réapprentissage de soi. Le roman se présente comme une quête initiatique et il est intéressant de constater que c'est précisément après ce chapitre d'installation de soi dans la connaissance de son passé que Shérazade peut trouver le courage de reprendre contact avec sa famille en envoyant une cassette à sa sœur, Meriem, et à sa mère pour renouer le dialogue. Elle réintègre ainsi sa place dans la fratrie et dans la famille. Et, en même temps, par un jeu inverse, elle se désolidarise du destin de ces femmes immortalisées dans les portraits orientalistes en affirmant sa différence :

> Sur un bout d'enveloppe que Julien ne découvrit que le lendemain, elle avait écrit « Je ne suis pas une odalisque. » (p. 206)

Et, au même titre qu'elle revendique un autre avenir et refuse aussi bien la vie de ces femmes enfermées que celle de sa mère, elle portera son intérêt vers un autre type de peinture qui représentera une autre vision de la femme et qui résumera ses aspirations les plus secrètes, sans qu'un seul mot de jugement ou d'appréciation ne soit prononcé. Elle découvre ces nouveaux tableaux lorsqu'elle se laisse enfermer la nuit dans le Musée Beaubourg et qu'elle profite de la matinée de fermeture qui suit pour se promener à sa guise en prenant son temps et pour jouir pleinement de sa visite :

> Plusieurs fois, elle s'arrêta devant des tableaux ; au bout d'un moment elle s'aperçut qu'elle revenait aux mêmes et que ces tableaux qu'elle avait regardés comme par hasard, à deux ou trois reprises, étaient tous des portraits de femmes dans des positions, des attitudes différentes mais presque toujours allongées sur un sofa ou assises avec un livre, brunes ou rousses, les yeux noirs ou verts. (p.243)

C'est ainsi qu'elle va répertorier tous ces tableaux dans son carnet en notant consciencieusement le nom des peintres ainsi que les titres et les dates d'exécution de ces œuvres. Mais le choix de ces peintures n'est pas anodin car tous ces tableaux offrent, chacun à sa manière, une image de femme libre qui s'oppose délibérément aux représentations anciennes des femmes des harems.

La jeune fille en vert[276] de Tamara de Lempicka laisse exploser sa sexualité dans une pose suggestive et sophistiquée de séductrice et dans une robe moulante et extravagante qui laisse deviner des formes

---

[276] Œuvre de 1927, Centre Georges Pompidou, Paris, Musée National d'Art Moderne.

agressives. *La chambre bleue*[277] de Suzanne Valadon offre le spectacle d'une femme couchée, qui n'a rien à voir avec les odalisques d'antan car elle est vêtue d'un pyjama à rayures, sans charme. Elle se repose sur un lit en fumant, sans se soucier de son apparence, avec des livres à ses pieds, ce qui suppose qu'elle vient de prendre un moment de détente en lisant. Pierre Bonnard nous présente deux visages de femmes. Dans *Le corsage rouge*[278], une jeune femme est négligemment accoudée sur une table, appuyant sa tête sur son bras, et semble méditer. Elle vient de finir son repas et de boire son café car elle se tient devant une assiette et une tasse vides. Dans *La toilette*[279], une jeune fille nue et très bien faite se tient devant un miroir et s'observe. Elle n'a d'attention que pour elle-même. *La liseuse grise*[280] de Picasso est assise dans un fauteuil et porte une tenue d'intérieur relativement négligée : elle est en peignoir, avec un pied nu et l'autre chaussé d'une mule. Elle est concentrée sur sa lecture, la tête légèrement penchée vers le livre qu'elle tient d'une main, l'autre bras replié vers sa bouche, avec un doigt sur la tempe. Elle semble, avec ses yeux baissés dont on ne voit que les fentes et son corps en état d'immobilité, parfaitement coupée du monde extérieur, en communion directe avec l'écriture de ce qu'elle lit. Cette intériorisation et cette puissance de concentration sont soulignées par le fond bleu foncé du tableau et par les gris en dégradés du fauteuil et de son peignoir qui font ressortir le rosé de la peau de son visage, de ses mains et de ses pieds qui reflète la chaleur de la vie intérieure malgré l'immobilité du personnage. Leïla Sebbar évoque encore *La femme au châle polonais*[281] de Moïse Kisling et *Femmes dans un intérieur*[282] de Fernand Léger.

Tous ces tableaux de femmes sont une réponse aux images d'odalisques du siècle d'avant et fonctionnent comme une argumentation sans paroles car, même si les sujets sont différents, toutes ces femmes semblent vivre pour elles-mêmes, sans prêter attention au monde extérieur et aux regards des autres. Elles ne sont pas en représentation et ne font plus partie du spectacle offert à la concupiscence masculine. Elles ne sont plus en état de dépendance, n'ayant cure de l'image qu'elles offrent et vaquant à leurs occupations de tous les jours. La lecture n'est pas vécue comme une promotion, ce qui aurait pu être le cas car les femmes des harems n'avaient pas accès à la culture, mais comme une activité naturelle et banale qui

---

[277] Œuvre de 1923, Centre Georges Pompidou, Paris, Musée National d'Art Moderne.
[278] Œuvre de 1925, Centre Georges Pompidou, Paris, Musée National d'Art Moderne.
[279] Œuvre de 1914, Musée d'Orsay, Paris.
[280] Œuvre de 1920, Centre Georges Pompidou, Paris, Musée National d'Art Moderne.
[281] Œuvre de 1928. Centre Georges Pompidou, Paris, Musée National d'Art Moderne.
[282] Œuvre de 1921. Centre Georges Pompidou, Paris, Musée National d'Art Moderne.

La révélation du pouvoir ou "la femme au livre"

inscrit la femme nouvelle dans l'évidence d'une égalité intellectuelle avec les hommes, sans qu'aucun mot de revendication ne soit prononcé.

Mais Shérazade franchit encore un palier supplémentaire lorsqu'elle cite la peinture d'Otto Dix, le *Portrait de la journaliste Sylvia von Harden*[283]. C'est un tableau d'une agressivité certaine où la couleur rouge envahit tout l'espace et où le peintre remet en cause l'image traditionnelle de la femme en nous présentant une jeune fille enlaidie, coiffée à la garçonne, attablée dans un café, en train de fumer et de boire. Elle porte une robe droite, rouge et noire à carreaux, au-dessus du genou et qui cache ses formes. Dix nous dépeint ici, dans un mode satirique, l'image d'une femme libre, qui fait résolument tout ce qui était interdit auparavant et qui refuse de rentrer dans le moule de la féminité, passant du stéréotype de la beauté idéale au stéréotype inversé de la masculinisation, évocation acerbe de la « garçonne » des années folles. Le détail insolite et incongru d'un bas godillant ostensiblement sur la jambe met aux oubliettes le rite de la séduction de l'éternel féminin. Un mépris volontaire est affiché pour cet attribut de l'attirail sexuel, propre à exciter la convoitise et le désir masculins. Le regard de l'homme-voyeur qui veut rentrer en possession d'une femme offerte perd l'objet de sa quête. La femme devient ainsi le seul sujet du tableau, ceci dans tous les sens du terme, évacuant avec stridence et brutalité des siècles d'imageries académiques où la représentation de la femme n'évoquait que le pouvoir de sa beauté. Cette ostentation à dévaloriser jusqu'au ridicule les splendeurs de la perfection physique d'antan fonctionne comme une contre-vérité et affirme, d'un seul coup, ce qui avait été ignoré et gommé, c'est-à-dire que la femme n'est pas qu'un corps, que le regard de l'homme lui est indifférent et qu'elle existe pour elle-même.

Mais l'intérêt réside surtout dans d'autres détails outranciers que le peintre souligne également de manière ostentatoire : la jeune femme porte un monocle et son œil est grand ouvert pour observer le monde. Ses lèvres sont d'un rouge foncé et sa bouche est ouverte comme si elle allait parler. Ses oreilles ont une taille exagérée comme si elle se préparait à tout entendre. Et ses mains sont ouvertes et d'une grandeur démesurée, symbole d'activité, de puissance et de domination. La référence à Leïla Sebbar, par peinture interposée, ne fait aucun doute. L'accomplissement de la femme doit passer par la connaissance et par la communication. Il faut "voir", "entendre", "dire" et "faire". Leïla Sebbar est une journaliste, au même titre que Sylvia von Harden. Elle sait regarder et écouter pour écrire et transmettre les informations. Shérazade, en s'intéressant à ce tableau,

---

[283] Œuvre de 1928. Centre Georges Pompidou, Paris, Musée National d'Art Moderne.

perçoit l'image d'une femme nouvelle, qui a inversé la situation : c'est maintenant elle qui regarde et qui agit.

2. La mémoire du corps : la danse

D'une manière générale, la danse a une double signification. Elle symbolise la renaissance du corps et le retour aux gestes anciens dans la tradition païenne. Elle est harmonie avec la nature et représente la force de la vie. En ce sens, elle développe la féminité et participe au jeu de la séduction de la femme qui libère son corps et l'utilise dans le naturel d'une expression de la sensualité.

Dans *Vaste est la prison* d'Assia Djebar, la danse signifie pour l'héroïne, Isma, le réveil de son corps. Cette évolution avait déjà été analysée dans la première partie où la prise de l'espace extérieur par le mouvement correspondait aussi à une prise de possession de son espace intérieur. La femme prisonnière d'un corps absent refuse la séquestration de son corps à l'intérieur de lui-même et retrouve par ces gestes une source nouvelle de vie qui va l'ouvrir sur le monde extérieur.

Les transes de la hadra

Dans un autre registre, Malika Mokeddem évoque, dans *Les Hommes qui marchent,* les danses des femmes à la hadra. Ce sont des réunions de femmes, d'inspiration religieuse, autour de la célébration d'Allah et de son prophète. "Hadra", qui vient du mot "hodour", signifie "présence". C'est un terme qui peut revêtir plusieurs réalités car il peut s'agir de la présence divine ou de la présence des fidèles dans la tradition soufie. Elle désigne aussi, à l'origine, la transe collective qui se pratique pendant les fêtes. Dans le roman de Malika Mokeddem, les prières se sont vues remplacées par des cantiques et, au fil du temps, uniquement par des complaintes. La fête religieuse se transforme ainsi en divertissement païen. Elle devient « danse-délivrance des tensions accumulées ». Sous les battements puissants des bendirs[284] et le lyrisme des incantations, les femmes se laissent emporter par le rythme, avec lenteur dans un premier temps : « Les bustes se mettaient à tanguer doucement ». Elles se laissent habiter par les mots de « fièvre, feu et sang » et regardent en elles-mêmes en fermant les yeux. Elles ne sont bientôt plus qu'un corps qui vibre, au bord de la

---

[284] Le bendir est un instrument à percussion très répandu en Afrique du Nord où une peau, généralement de chèvre, est tendue sur un cadre rond en bois d'oranger.

conscience, recevant les décharges de la musique, soudain transportées par l'accélération des bendirs qui déchaîne leur fureur :

> Visage tout à coup griffé par une expression sauvage, la tempête dans les nattes et dans les vêtements, les pieds frappaient le sol avec la même violence que les mains amies les tambourins, les kholkhales s'entrechoquant... La terre résonnait de ces battements comme de milliers de cœur précipités. Femmes-toupies, femmes-roulis, femmes-folies. Elles déchiraient leurs robes. Avec une véhémence muette, elles libéraient un ventre, une hanche, depuis si longtemps relégués aux oubliettes. (p. 131)

Après toute cette dépense d'énergie et d'oubli de soi dans les transes de cette danse qui les avait happées, elles s'écroulaient sur le sol, épuisées, haletantes et vidées de tout. Elles avaient oublié, le temps des transes, les détresses rentrées et leur « vie de rien ». Il leur fallait ensuite regagner le rang et retrouver leur passivité naturelle pour affronter le monde, fortes de cet exutoire salvateur.

La réintégration dans une filiation

Dans *Shérazade, 17 ans, brune, frisée, les yeux verts* de Leïla Sebbar, lors du concert de musique orientale en l'honneur d'Oum Kalthoum qui a lieu à Nogent, tous les Arabes de Paris et des environs se retrouvent pour écouter une chanteuse tunisienne et faire la fête. Les jeunes, retrouvant les gestes de la tradition ancestrale, commencent à taper dans les mains et se mettent à danser. Et les filles des cités, pourtant habillées à l'européenne, style "halles" ou "rock", gomment leur identité d'adoption et récupèrent d'instinct le rythme ancien de la danse que les femmes se sont transmis de génération en génération, en enlevant le foulard qu'elles portaient autour du cou pour le nouer à la hauteur des fesses et en se laissant emporter par le bonheur de la musique dans une danse du ventre, que ce soit en jean, minijupe ou pantalon bouffant. Elles réintègrent de cette manière une filiation oubliée :

> Elles dansaient comme les femmes aux fêtes arabes, entre elles dans une pièce de l'appartement, séparées des hommes. Elles dansaient en public, sans honte, sachant qu'on ne les regardait pas et protégées par le cercle des jeunes garçons et filles [...]. Elles dansaient à deux ou

trois, surprises de leur audace et riaient des frémissements que la danse imposait aux épaules, aux ventres, aux fesses.[285]

Les mouvements ondulatoires et scandés les réinstallent dans la gestuelle d'un rituel ancien où les femmes partagent le bonheur d'être ensemble et où les jeunes filles découvrent la vitalité et la sensualité de leur corps.

La récupération d'une harmonie première

Dans *Cette Fille-là* de Maïssa Bey, l'histoire amère et dramatique de Malika, la bâtarde, enfermée dans un asile, se termine en apothéose par une évocation de la jeune fille qui danse. Celle qui est accusée d'être dérangée et possédée rentre, par ce biais, en possession de son corps et se transforme, au fil des mouvements, en faisceau d'énergies. La danse est vécue, dans un moment magique d'abandon et d'élan, comme une forme de réappropriation de sa sexualité et une récupération de son harmonie première. L'interdit du corps chez la femme, prescrit par une société rigoriste, est balayé et la jeune fille, qui retrouve le mouvement, se réapproprie une liberté oubliée. Au lieu de cacher son corps, objet de tous les délits, et, surtout, miroir de sa féminité et de sa sexualité, elle le met en valeur par le mouvement. Elle devient « flamme bondissante », comme une force centrifuge captatrice de tous ses feux intérieurs. La jeune fille, spoliée et brisée, se réveille et se révèle avec une force, une violence et une vitalité trop longtemps contenues.

Elle retrouve les gestes anciens de communion avec le monde et avec elle-même, dans un double mouvement, à la fois de projection vers l'extérieur et d'intériorisation de tous les souffles qui l'habitent. Elle récupère, dans ce rituel primitif, venu du fond des temps, cette harmonie essentielle et existentielle, symbole même de la vie, où elle devient maîtresse de ce qui la hantait et prêtresse de son propre corps. La prisonnière de l'hospice et de son passé retrouve la liberté suprême, celle de gommer les blessures en les transcendant et de se projeter dans un avenir en réinvestissant tous les espaces interdits : celui de la terre où ses pieds la font danser, celui de son corps qui réapprend la jouissance du mouvement et celui de son esprit qui s'est affranchi de toutes les douleurs anciennes en les regardant en face. Son esprit n'est plus ligoté et replié vers les chagrins de l'enfance mais s'élance, dans un envol, vers l'immensité du monde qui s'offre alors à elle.

---

[285] Leïla Sebbar, *Shérazade, 17 ans, brune, frisée, les yeux verts* de , *Opus cit.*, p.181.

La révélation du pouvoir ou "la femme au livre"

La femme « dérangée » a su déranger l'ordre établi, la femme « possédée » a su rentrer en possession d'elle-même, en libérant son corps, ses pieds, son regard et le souffle qui la fait vibrer, en trouvant une réponse à sa quête identitaire qui l'inscrit, en tant que femme, dans une double filiation, reconnaissant du même coup son nom « M'laïkia » et ses origines africaines, scandées par la mélopée ancestrale du désert.

La clé de la liberté

La danse est parfois une aventure solitaire qui permet l'évasion de l'esprit et gomme les barreaux des fenêtres. Dans la nouvelle, *Quand il n'est pas là elle danse* [286], Maïssa Bey évoque une jeune femme à laquelle elle ne donne pas de prénom et qu'elle appellera « elle » pendant toute l'histoire. Cette figure anonyme pourrait représenter n'importe quelle femme enfermée dans sa vie de tous les jours.

Comme dans un rite initiatique où elle part à la découverte d'elle-même, cette jeune femme redécouvre ses yeux dans un fragment de miroir qu'elle vient d'extraire de sa cachette. Puis elle se place, debout, au centre exact de la chambre et elle ôte un à un tous ses vêtements. La symbolique du geste est ici évidente. Sa position centrale, comme dans un point névralgique centrifuge qui capte toutes les énergies, annihile du même coup tous les éléments de sa vie de tous les jours qui l'entourent, déni des murs et des enfermements, et, quand elle enlève ses habits, ces oripeaux qui emprisonnent son corps, elle quitte un à un les attributs de son aliénation et se débarrasse de la marque de sa dénégation pour ne conserver que sa nudité première, sa seule possession d'elle-même, qui lui avait été confisquée. Dépourvue de ses voiles et de ce qui symbolise sa non-existence, elle retrouve le fondement inaliénable de sa liberté : son corps.

Le dévoilement du corps représente dans la société de l'Islam la transgression suprême et, pour elle, en contrepoint, la liberté extrême. Par ce geste elle reprend une conscience aiguë de son corps et réapprend le mouvement :

> Elle déroule ses jambes en arabesques lentes et dans ses hanches ondulent encore les airs triomphants de sa jeunesse. De ses mains de magicienne s'échappent des oiseaux en frissons légers et leurs ailes lui caressent le visage. (p.144)

---

[286] Cette nouvelle est tirée de *Nouvelles d'Algérie,* Editions Grasset, Paris, 1998, pp. 143 à 155.

La nudité balaie les interdits et l'affranchit de ses chaînes. Ses cheveux se dénouent comme une allégorie du flot de sa sensualité qui participe à cette renaissance, retrouvant par là une sexualité exubérante qui va s'affirmer dans la libération de son corps par la danse. Ce plaisir violent et solitaire du mouvement, proche de l'onanisme qui est évoqué en demi-teinte en filigrane, l'inonde comme une jouissance qui la transporte et la recentre sur elle-même, comme un miracle de régénérescence qui la refonde dans une explosion égocentrique d'énergie :

> Les fenêtres sont hautes et les portes sont fermées. Il la croit prisonnière. Il a mis des barreaux sur ses rêves et des boulets à sa vie. Chaque matin, il emporte les clés avec lui. Il ne revient qu'à la nuit.
> Il ne sait pas, non, il ne sait pas que par ce seul geste il la délivre. Quand il n'est pas là, elle danse, et le jour lui appartient. La nuit aussi parfois. Quand, tout près de lui, ses songes la déchaînent. Sa main qui glisse l'emporte et ses doigts tracent les chemins ensoleillés de ses voyages. (p.145)

La danse lui ouvrira aussi les portes de l'imaginaire, déployant les espaces infinis de ses rêves et de ses délires, la transcendant dans un voyage où le corps en transes lui livre et lui dessine, par-delà les murs de sa chambre et les barreaux des fenêtres, le monde du dehors, dans une harmonie et une intensité des perceptions visuelles et tactiles qui la réintègrent dans la vie et dans l'ivresse de la liberté :

> Invisible et plus légère qu'une bulle, elle s'envole au-dessus des villes peuplées d'hommes aveugles et de chiens couchants. Elle est de feuilles et de fleurs dans la lumière verte qui fait trembler les aubes frileuses et se défait en tourbillons graciles jusqu'à n'être plus que l'instant extrême du plaisir. (p.145)

Elle dépasse ainsi l'aliénation de la vie de tous les jours, retrouvant une vigueur secrète qui lui permet d'analyser avec lucidité et recul le désastre de sa condition de femme recluse et d'établir un constat non moins lucide de son cheminement vers cette mort sociale et existentielle qu'elle récuse. La danse lui réinsufflera, indépendamment de tous les barreaux de sa prison, le bonheur et la jouissance de vivre et lui donnera les armes de sa rébellion.

La conclusion est laissée en suspens dans un langage poétique en ruptures et en touches suggestives qui laissent au lecteur le soin de conclure, à savoir : a-t-elle commis l'acte suprême de transgression en tuant son mari, le geôlier de son corps et de ses amours ? A-t-elle choisi la mort dans un ultime mariage avec la mer où elle se noie dans l'élément liquide et dansant, dans la pleine apothéose de son refus ?

L'issue a peu d'importance car, même si cette fin est imaginaire, semblable à un rêve éveillé dans la violence du désir, l'essentiel réside dans les paroles de l'écrivain qui, à travers cette femme dansante, jette les jalons d'une véritable prise de conscience féminine, face aux idéologies réductrices et face au monde.

3. La mémoire du cœur : le chant

Au même titre que le mouvement exalte le corps, le souffle de la musique révélera l'âme et la plénitude de la vie.

Le cri du chœur

Dans le roman de Malika Mokeddem, *Les Hommes qui marchent*, l'auteur nous offre, à plusieurs reprises, la vision de la foule en liesse qui hurle sa joie en cascades de youyous. Ce cri strident et ondulant poussé par les femmes fait partie intégrante de la culture populaire maghrébine. Ce chant rauque et guttural qui sort de tous les gosiers à la fois explose comme un hymne à la joie, exubérant et excessif. Aucun signal n'est donné, il surgit comme un crépitement de mille poitrines, comme la respiration viscérale et communautaire d'un peuple féminin. Même si les hommes peuvent se joindre à cette exultation, ces ondulations jubilatoires de la voix restent l'apanage des femmes. Malika Mokeddem évoque ces moments privilégiés où les femmes se laissent emporter dans une forme de frénésie collective passionnée.

Elle rappelle dans ce roman un épisode de l'histoire de l'Algérie en 1961, lorsque les frontières marocaines se sont ouvertes, laissant passer des trains bondés de femmes et d'enfants qui voulaient rejoindre des membres de leur famille restés au Maroc. Sitôt la frontière franchie, une vieille femme entonnera l'hymne national algérien, suivie ensuite par tous les occupants du train. Et, lorsqu'un drapeau algérien sera brandi à une fenêtre, les chants patriotiques et les cris fuseront de plus belle, dans une liesse générale, faisant oublier la guerre et son cortège de misères, de chagrins et d'interdits dans une salve de youyous en délire : « Et les youyous n'étaient plus fêlés par la douleur. Ils s'élançaient purs, aigus, comme des flèches de lumière à la conquête du ciel ».

La révélation du pouvoir ou "la femme au livre"

Un autre événement historique d'importance est relaté, sous le signe du chant, dans ce même livre : c'est, après le référendum pour l'autodétermination de l'Algérie, l'installation d'un gouvernement provisoire, le 3 juillet 1962, et, dans tous les villages, la levée du drapeau, geste hautement symbolique de la liberté politique enfin retrouvée. Sur la grande place du vieux ksar, des milliers de regards accompagnent son ascension dans un silence de pierre avec une émotion violente et contenue. Et, quand les couleurs arrivent en haut du poteau, un mouvement déchire la foule et un gigantesque chœur rentre en clameur :

> Ensuite, ce fut le délire. On acclamait la victoire [...]. Les youyous des femmes fendaient les âmes. Des youyous en nuées qui allaient comme de fleurs en chardons, du sommet du rire, du cri de joie au plus caverneux des pleurs. Youyous qui tournoyaient et s'élançaient vers les transes immobiles d'un ciel en ignition.
> [...] Les chants tourbillonnaient dans les flammes du jour et brûlaient les gosiers. Les youyous des femmes trillaient encore et encore et entraînaient les heures vers les plus hautes altitudes du bonheur. Dans l'oreille, à jamais, leur béatitude allait séjourner. (pp. 230-231)

Ces hululements de femmes rythment la vie de tous les jours, au gré des événements politiques ou familiaux. Ils scandent tous les épisodes heureux ou malheureux de la vie quotidienne et sont une occasion de faire la fête ou de partager le chagrin[287]. La mort de Bellal, le fils préféré de Zohra, va attiser les douleurs et déclencher la houle et la stridence des pleurs chantés. Ces cris du cœur affutent la douleur et se propulsent en crescendo au-dessus des rochers et des dunes, s'amplifiant de manière obsédante et répétée. Ces chants et leurs déchirures, « cri de l'indicible », sont lancés vers les cieux comme « les premières fleurs du deuil ».

Les naissances, les mariages et les décès vont découvrir « une gamme » très riche de « virtuoses vocalises » que Malika Mokeddem, par l'intermédiaire de Leïla, qualifiera « d'éclats musicaux, poète et dramaturge ». Et elle se lancera dans une analyse de la musique de ce chant qui, pour elle, représente « l'étincelance, la fulgurance dont sont privés les mots » et qui fonctionne, selon la démonstration magistrale qui va suivre, comme un morceau de poésie :

> Car le youyou, du rire, sonne le grelot. Le youyou est un motet qui torpille l'azur en quête d'angelots. Youyou, vertige voluptueux du

---
[287] En ce qui concerne cette coutume, la Tunisie se démarque des autres pays du Maghreb : les youyous ne participent pas aux événements douloureux de la vie. Ils sont toujours signes d'allégresse.

> sanglot, cri de l'indicible lancé vers les cieux. Youyou voyou qui aguiche ou provoque, crâne ou s'encanaille. Youyou câlin. Youyou malin qui, par-dessus les murailles, unit vierges et catins. Youyou triomphal qui s'embrase et empale les cœurs des rivales. Le youyou peut être la démence de la colère quand elle a brûlé tous ses feux, la semonce de la douleur, saignée par tous les maux. Youyou, cadeau de la vie. Youyou, panache des noces. (pp. 128-129)

La sensibilité musicale et poétique imprègne tous les mots de Malika Mokeddem et dénote l'importance capitale du "cri" comme représentation de la parole et comme fondement essentiel d'une perception des autres et de soi.

Une plongée dans l'espace intérieur et dans le temps

Nous avons déjà étudié dans notre deuxième partie, en analysant le roman, *N'zid,* de Malika Mokeddem, l'interférence de la musique dans la construction identitaire de son héroïne lorsqu'elle évoque le chant du luth. Il s'avère cependant intéressant de revenir à un roman antérieur, *L'Interdite*[288], reconnu comme autobiographique par l'auteur elle-même et qui donne un éclairage tout à fait original du cheminement personnel de la romancière.

Dans cette histoire, c'est le chant de la flûte qui va surgir à l'improviste, dès le début, quand Sultana, alias Malika Mokeddem, revient dans son ksar natal après des années d'absence. Dès les premières lignes, malgré son exil, elle constate qu'elle n'en est jamais vraiment partie et qu'elle a seulement « incorporé le désert et l'inconsolable dans [son] corps déplacé ». Elle se sent scindée et la musique fait irruption au plus profond d'elle-même alors qu'elle se sent « défaite de tout ». Les dunes, le sable et le vent vont réveiller, d'un seul coup, un chant intérieur :

> Un son de flûte, à peine audible, coule en moi. J'ai mis du temps à le percevoir, à l'entendre. Ses reptations me gagnent, me prennent toute. Je ne sais pas ce qu'il me dit. (p.16)

Et quand l'arôme entêtant des fleurs l'envahit, elle « se laisse aller au bain de [leurs] odeurs ». Elle perçoit alors à nouveau, de manière imperceptible, cette remontée musicale qui l'interpelle et elle « colle [son] ouïe à cette flûte ténue au fond d'[elle] » pour entendre cette musique

---
[288] Malika Mokeddem, *L'Interdite, opus cit..*

intérieure, très viscérale et compulsive qui chante comme la reconnaissance d'une mémoire oubliée.

Mais la lassitude et le désarroi du réel lui font perdre le fil de cette efflorescence musicale, qui lui échappe alors, et « [elle] en perd le son de cette flûte, tout à l'heure irraisonné et impudique dans [son] tréfonds, avant d'en avoir reconnu la mélodie ». C'est pourquoi, quand elle « essaie de retrouver les serpentins égarés de la flûte », il lui faut être attentive à une émotion très ancienne et enfouie très loin, qu'elle a du mal à capter mais que le silence lui permet de saisir à nouveau :

> La flûte de nouveau. Je la sens plus que je ne l'entends. Elle est comme dans un autre temps, dans un moi encore inaccessible. (p.26)

Plus qu'une impression auditive, il s'agit d'une plongée dans le temps d'avant et dans la nostalgie d'une mémoire en absence. Et quand, tout d'un coup, l'émotion explose et que le passé submerge le présent dans le bonheur de retrouvailles inattendues, la voix et les doigts se mettent à trembler, elle se sent emportée au-delà d'elle-même et devient « une flûte ivre de vent ». Puis, la réconciliation avec la mémoire se fait avec, dans la tête, une image sans parole du passé et « la douce caresse du vent de la flûte ». La musique estompe alors les voix du réel et participe au sentiment de plénitude retrouvé pour occuper tout l'espace.

Une mise à nu des douleurs

Taos Amrouche, dans ses romans comme dans sa vie personnelle, évoque souvent le chant comme moyen d'accomplissement. Dans *l'Amant imaginaire,* elle assure, par l'intermédiaire de sa narratrice, que l'expérience du chant participe à l'épanouissement de sa sexualité :

> Dieu sait que j'ai conscience [...] de faire l'acte d'amour chaque fois que je domine un de ces chants héroïques comme un coursier, chaque fois que je clame avec force et plénitude, de toute mon âme et de tout mon sang, une de ces monodies millénaires que j'ai charge de perpétuer. [...] Je sais ce qu'est l'amour quand je me suis vidée dans mes chants... (p.208)

Il s'agit, en fait, de l'expression d'une émotion profonde, d'une libération de l'inexprimable où l'art sert d'exutoire et de refuge face à la frustration de sa vie de femme. Trouver des accents vibrants « jusque dans les sons les plus noirs » en chantant une complainte millénaire est une manière de se mettre en scène et de faire éclater au grand jour ses propres douleurs. C'est aussi une façon de s'assumer car la prise en charge des blessures des aïeux lui permet de porter au grand jour ses propres tourmrnts. Elle pleure sur eux en même temps que sur elle. La création artistique devient ainsi but et prétexte. Mais ce qui est le plus étonnant, c'est ce dédoublement face à l'acte créateur et cette perception singulière, pour Taos Amrouche, d'être spectatrice d'elle-même. C'est avec une âpre lucidité qu'elle analyse cette situation :

> Les gens aiment voir les tripes des autres à l'air ? Eh bien ! Ils se délecteront à voir les miennes fumer. (p. 232)

Elle a parfaitement conscience que, seules, la création artistique et la compréhension qu'elle a de son mécanisme pourraient la sortir du « marais où [elle] pourrit avec ses dons ».

Une réconciliation du passé et de l'avenir

Dans *La Disparition de la langue française*[289] d'Assia Djebar, le héros, Berkane, revient de France après 20 ans d'émigration en banlieue parisienne. Déjà, avant son départ, comme un appel étrange et réconfortant, il entend distinctement en s'endormant la voix de sa mère déroulant « *Le chant de la cigogne* dans la version de Tlemcen ». Pourtant, ce qui l'habite, ce n'est pas vraiment la mélodie de la berceuse, c'est l'accent chantant de sa mère, les mots de sa poésie et la vibration de sa voix. Il établit, à partir de là, une véritable conversation avec elle, « dans son parler à elle, un mélange de dialecte de la rue algéroise, parsemé de mots raffinés, à consonances andalouses ». Quand il se retire en Algérie dans la solitude d'une maison, face à la mer, après avoir quitté Marise, la femme française de sa vie, il replonge dans les souvenirs d'avant, habité par le chant de la voix de sa mère qui résonne comme un baume après l'exil géographique et linguistique. Parler son dialecte lui redonne « l'excitation d'avoir retrouvé une sorte de danse verbale de tant de mots perdus, d'images ressuscitées, un ton… ».

Et, lorsqu'il se remémore son histoire d'amour, il se retrouve comme le Petit Poucet qui jetait « les petits cailloux blancs » de ses mots tendres dans « le ruisseau », retrouvant « le babillage arabe » de la langue maternelle au plus fort de l'amour, enveloppant la femme aimée de « mots fleurs ». C'est la musique des mots de sa petite enfance qui crée son rapport au monde et constitue sa trame profonde : les mots de la mère,

---

[289] Assia Djebar, *La Disparition de la langue française*, Albin Michel, Paris, 2003.

comme une ligne mélodique resurgie, le rattache au passé, le sortant de cet état de silence et de putréfaction intérieure, et lui ouvre les portes de l'amour et de l'avenir. Sa rencontre avec Nadjia, sous la caresse des mots arabes, lui fera découvrir une communion dans la jouissance et une exaltation de la sensualité. La volupté de l'échange amoureux s'exacerbe, de manière impromptue et spontanée, dans les mots doux, la poésie et le chant. Berkane, « sans savoir pourquoi, mais avec l'accent exact de [son] dialecte maternel », l'appelle « Ô ma sœur (*ya khti !*) ». Et Nadjia lui « déverse de si longs vers qui roucoulent, qui s'envolent et [l'] éclaboussent en même temps. [Il] n'en comprend pas le sens exact, elle va trop vite et trop gaiement, mais [il] sait qu'il s'agit de paroles d'amour d'une longue chanson oranaise, elle la scande, couplet après couplet, de sa voix vibrante et qui tangue... ». Les mots d'amour de l'homme et ce long poème arabe chanté par la jeune femme réinstallent les amoureux dans leurs racines territoriales et linguistiques, ce qui est très important car ce sont tous deux des exilés : il vient de France et elle retourne en Italie. Assia Djebar est très sensible à ce problème car elle s'est trouvée, elle-même, confrontée à la difficulté de communiquer en langue française lors de ses échanges amoureux, ce qu'elle avoue dans *Ces voix qui m'assiègent* et qu'elle évoque ici par l'intermédiaire de Berkane :

> - Il y a si longtemps que je n'ai pas parlé arabe dans l'amour...
> Cette voix de si proche langueur : déplacer ces mots arabes, les faire glisser pour les garder en langue seconde ? Ses mots proférés dans notre langue maternelle, je les entends dans leur musique particulière : et le français me devient une porte étroite pour maintenir l'aveu de volupté qui scintille dans l'espace de mon logis. (p.170)

Pour Malika Mokeddem, dans *Mes Hommes,* la musique est double. Elle fait référence au passé aussi bien qu'à l'avenir.

Le chant participe, en effet, aux songes des origines et au souvenir de la mère, retournant ainsi à l'innocence première et restituant l'enfance volée et son rêve. Même son souvenir suffit à envahir et à occulter le présent. Chez Malika Mokeddem, c'est le refrain d'une vieille berceuse qui submerge sa mémoire, une mélopée que les femmes du désert fredonnaient à leurs enfants. « Elle parle d'étoiles filantes, de sommeil et d'amour ». A travers ce chant, remontent toutes les images de son enfance, celle du désert et de ses grands espaces de liberté avec la poésie de ses nuits étoilées, celle de la douceur de sa mère qui protégeait son sommeil d'enfant, et celle de sa tribu de nomades qui font partie de ses racines immémoriales. Cette irruption du chant dans sa mémoire n'est pas un hasard car elle est l'aboutissement d'un rêve où elle se revoit enfant en train de discuter avec sa mère, dans une confrontation de ses rêves anciens et de leur non-aboutissement. Cette remise en question d'elle-même dans un dédoublement très symbolique est une métaphore de sa réconciliation avec le temps d'avant et avec elle-même. Elle reconnaît que, dans son cheminement personnel, « à ce point des rébellions, des ruptures, des départs, des exils, seule notre enfance peut nous réconcilier avec nous-mêmes ».

La musique peut aussi ouvrir de nouveaux horizons à la sensibilité. Ainsi, lorsqu'elle entend, pour la première fois, la voix de La Callas[290], elle se sent transportée. La musique monte en elle comme « une tornade » et la submerge. Elle a l'impression physique de planer, d'atteindre « l'apesanteur » des cosmonautes. Elle rentre en extase, habitée par la voix qui prend littéralement possession d'elle. La violence de l'émotion lui fait quitter le réel et participer à un rêve démesuré. Malika Mokeddem a la faculté de s'ouvrir à l'inconnu de cette émotion avec une certaine forme de sensualité. Cette voix est pour elle pourvoyeuse d'infini et, dans une communication suprême, élévation et communion parfaites des âmes :

> Quelques voix ont une portée irréductible. Elles, elles percent mon néant, me transportent. (p. 61)

Si elle est touchée par la voix de La Callas dans la *Casta Diva* ainsi que par celles de Barbara et de Piaf, c'est qu'elle sait adhérer aussi à la douleur intime des autres car l'art s'avère ici porteur d'une profonde fêlure qui l'a sans doute motivée, portée et exacerbée. Mais cette extériorisation des sentiments dans une voix, même si elle est reconnaissance de la douleur, est aussi épuration de cette douleur jusqu'au dépassement de soi. Car la cristallisation des émotions en musique contribue à l'évacuation de sa propre douleur dans une transposition qui magnifie et dépasse les sentiments pour se fondre dans la recherche de la perfection et de l'intensité des perceptions. La voix de La Callas est pour Malika Mokeddem au diapason de ses voix intérieures. Elle est le révélateur d'une force qui l'habite et lui dévoile ses continents inconnus. Elle se sent exister d'une autre manière, dans une certaine plénitude, et sa réaction immédiate est qu'elle aimerait devenir chanteuse comme elle.

---

[290] Mokeddem, Malika, *Mes Hommes*, opus cit., p. 60.

L'affirmation d'une fonction salvatrice

La lecture de *L'Interdite* apporte des informations complémentaires sur son amour de la voix de La Callas, des lieder de Schubert et de Mozart. C'est un médecin, mélomane et poète, ainsi que sa femme qui l'ont initiée à cette musique classique, la guérissant de son anorexie mentale et des maux de sa solitude pour lesquels les médicaments étaient inopérants. Cette découverte aura une fonction thérapeutique et salvatrice. Elle en a parfaitement conscience quand elle avoue, page 44 de ce livre :

> Tout en écoutant de la musique, ils déjeunaient, prenaient le thé, mangeaient des gâteaux ou des galettes offertes par leurs patients. Moi, je déjeunais de musique, sans thé, sans gâteaux. La musique me remplissait, Elle envoûtait, endormait mes reptiles. Elle insufflait son relief et son mouvement dans mon désert intérieur.

Le premier de ses appétits lui est venu par l'ouïe et elle confie que ce sont « les sons, les voix, le silence et le vent » qui « ont forcé l'étoupe de [ses] oreilles, et [lui] ont injecté des goulées d'air salvatrices ».

L'ivresse du chant des mots

La musique peut cependant se retrouver à l'intérieur même de l'écriture, ainsi que l'affirme Marguerite Yourcenar[291], dans la poésie aussi bien que dans la prose car cette dernière est « pleine de rythmes sous-jacents qu'on découvre très vite si l'on fait attention » et qui la rendent vivante et musicale. A l'intérieur même de la prose, il y a des éléments de chants que le lecteur est libre de choisir et de déchiffrer s'il veut car, selon elle, la forme émane du fond et c'est la musique qui unit les deux. Elle se considère comme un poète, c'est-à-dire comme « quelqu'un qui est en contact », « quelqu'un à travers qui passe un courant ».

On peut reprendre dans ce sens à nouveau l'exemple de Malika Mokeddem quand elle rappelle ses souvenirs d'enfance. Cette dernière est séduite par la musique des mots quand le docteur Paul Challes lui lit des poèmes de Rilke, de Rimbaud ou de Nerval. Et elle se sent même emportée par une ivresse démesurée lorsqu'elle entend le poème de Saint-John Perse, « Vents » :

---

[291] Yourcenar, Marguerite, *Les yeux ouverts, Entretiens avec Matthieu Galey*, Editions du Centurion, Paris, 1980. Réédition Le Livre de Poche, Paris, 1981, pp. 197-199.

C'étaient de grands vents sur toutes faces de ce monde,
De très grands vents en liesse par le monde,
qui n'avaient d'aire ni de gîte,...

Sa griserie pour le chant des mots, qui laisse libre cours à l'imaginaire, retrouve les mêmes accents d'exaltation que pour la pure musique :

> Aussitôt, j'étais aspirée. J'étais le grain de sable qui, pris dans cette ivresse démesurée, vole et nargue les terres percluses du désert. J'étais la brindille morte qui se remet à chanter. J'étais la goutte d'écume emportée par le délire d'un typhon. (p.45)

La violence des sensations montre qu'elle sort de son néant, oubliant ses irrépressibles nausées devant le monde, pour s'inscrire dans une pulsion de vie qui la sauve d'elle-même.

4. La mémoire des songes : les contes

Face aux réalités qui assujettissent, l'art de l'écriture est un moyen de donner figure réelle au désir, c'est une forme de compensation pour parvenir à l'épanouissement dans un moment où l'action est impossible pour arriver à satisfaction. Et c'est l'insatisfaction même qui sublimera ce malaise en faisant quelque chose, de rien.

Le ferment d'un nouveau langage

Cette écriture miroir de la Méditerranée, qui utilise le français, héritage de la colonisation, s'affirme entre modernité et tradition en retrouvant, à l'intérieur d'un langage étranger, la continuité de son imaginaire. Albert Memmi dit justement que cette « littérature de l'échec n'est pas un échec de littérature »[292] car elle révèle des spécificités qui lui sont propres tout en explorant l'inconnu d'un nouveau langage et la libération de « la pensée de l'imaginaire et l'inverse : l'imaginaire de la pensée »[293]. Le narrateur méditerranéen fabrique ainsi une matière nouvelle, « une langue originale et chargée d'émotions, dont les irrégularités mêmes ont ce que l'écrivain

---

[292] Memmi, Albert, in Introduction à *Anthologie des écrivains français du Maghreb,* Paris, Présence Africaine, 1969, p.20.
[293] Khatibi, Abdelkébir, *Figures de l'étranger dans la littérature française,* Editions Denoël, Paris, 1987, p. 211.

nomme "un rapport avec l'âme" »²⁹⁴. Cette écriture, imprégnée de poésie, issue de l'ancienne tradition orale, retrouve ainsi dans le conte les accents des histoires merveilleuses et étranges que racontaient les femmes aux veillées. C'est l'écriture du rêve et de la nuit, la revivifiance des temps anciens où l'esprit se libère et où se réinstallent une continuité et une fluidité temporelle. Les mythes et les légendes feront d'un seul coup la jonction entre le passé et l'avenir pour permettre enfin d'accepter le présent. La réhabilitation de la mémoire ancestrale ouvre la porte à « la narration d'une identité »²⁹⁵ dans la diversité infinie du « grand livre ouvert » de la Méditerranée et de ses cultures. La fiction rejoint alors la réalité personnelle quand la narratrice reprend à son compte l'univers onirique de ses ancêtres.

Le passeur de rêve d'une parole féminine

Nous avons déjà évoqué dans notre première partie avec Assia Djebar cette nécessité de la parole féminine, indispensable à la reconstruction. L'écriture, et celle du conte essentiellement, s'avère une continuation de cette logorrhée féminine vécue derrière les murs de la prison. Dans le roman, *Femmes d'Alger dans leur appartement*²⁹⁶, Assia Djebar le reconnaît lorsqu'elle constate :

> Je ne vois pour les femmes arabes qu'un seul moyen de tout débloquer : parler, parler sans cesse d'hier et d'aujourd'hui, parler entre nous [...] et regarder. Regarder dehors, regarder hors des murs et des prisons.

Les femmes s'affirment en tant que gardiennes de la mémoire ancestrale et « la représentation de la parole comme instance féminine »²⁹⁷ à la recherche de ce temps d'avant est une évidence. C'est pourquoi « les écrivains femmes de l'espace narratif méditerranéen en français [...] gardent l'errance de la parole orale dans leur écriture »²⁹⁸.

---

²⁹⁴ Rérolle, R., *Ecrire en français*," Le Monde", 19 mai, 1994, Algérie/Enquête.
²⁹⁵ Dotoli, Giovanni, *Poésie méditerranéenne d'expression française. 1945–1990*. Biblioteca della Ricerca, Cultura Straniera n° 38. Editions Schena, Fasano (Br. Italie) et éditions Nizet, Paris, 1991, p.23.
²⁹⁶ Djebar, Assia, *Femmes d'Alger dans leur appartement*, Editions des Femmes, Paris, 1980. Editions de Poche, Paris, 1995. Réédition Albin Michel, 2002.
²⁹⁷ Tiré de *Littérature maghrébine d'expression française*, sous la direction de Charles Bonn, Naget Kaddha et A. Mdarhri-Alaoui, Edicef, 1996, p.18.
²⁹⁸ Dotoli, Giovanni, *Le récit méditerranéen d'expression française. 1945–1990*, Biblioteca della Ricerca, Cultura Straniera n° 62, Editions Schena, Fasano (Italie) et Didier Erudition, Paris, 1997.

La révélation du pouvoir ou "la femme au livre"

L'écriture du conte s'inscrit ainsi directement dans la transmission de cette parole orale, comme le passeur de ces voix de femmes encloses derrière les murs aveugles des harems. La femme écrivain prend le relais dans la continuité de la tradition orale pour fixer sur le papier les rêves et les espoirs d'un quotidien de souffrances et de monotonie.

Il est intéressant de constater que la figure mythique par excellence qui baigne l'imaginaire de ces contes est le personnage de Shéhérazade, symbole même de la féminité et de l'esprit contestataire et libertaire. On le retrouve dans de nombreux récits, ce qui représente la caractéristique évidente et notoire du récit enchâssé, puisqu'on raconte l'histoire de Shéhérazade, qui elle-même est une conteuse d'histoires, dans la tradition orientale millénaire des *Mille et Une Nuits*[299]. Majid el Houssi nous explique, dans son étude sur le conte tunisien, comment, dans cette histoire merveilleuse, chef-d'œuvre de la narration orale puis écrite, une femme, la jeune Shéhérazade, « ne vit que pour le dire et par le dire »[300] : « Les récits constituant les *Mille et Une Nuits* sont enchâssés dans un contre-cadre dont la trame peut se résumer en quelques mots. Un roi, trompé par son épouse, décide de se venger de toutes les femmes et, pour cela, de tuer au matin la compagne chaque fois renouvelée de sa nuit. Le royaume bientôt en émoi, une jeune fille, Shahrâzâd, tente le tout pour le tout : elle raconte au roi des histoires, en s'arrangeant pour ne jamais faire coïncider l'apparition de l'aube avec le terme d'un récit, afin de tenir perpétuellement en haleine, de nuit en nuit, la curiosité du roi. Pari gagné : au bout de mille et une nuits, Shahrâzâd, réparatrice de l'injure et du mal faits à son sexe, se voit reconnaître pour épouse légitime, mère et reine »[301].

Shahrâzâd se montre ainsi comme une femme prenant en main son destin et celui des autres femmes, et ceci, grâce à la parole. C'est « la première conteuse arabo-musulmane » et elle s'avère être en même temps « vigile d'un matriarcat infiniment éveillé »[302], comme le souligne Majid el Houssi. Le pari de la parole est gagné et sa conquête est double : c'est celle du pouvoir, puisqu'elle devient reine, et celle de la libération et du bonheur, parce qu'elle n'a plus à craindre pour sa vie ni pour celle des concubines.

---

[299] Paris, Club Français du Livre, 1966. Traduction de Annel Guerne.
[300] Jamel, Eddine Bencheikh, Claude Bremond et André Miquel, *Mille et un contes de la nuit,* Paris, Gallimard, 1991, p.11.
[301] Majid el Houssi, *Le conte tunisien,* in *Le récit méditerranéen d'expression française. 1945-1990,* de Dotoli, Giovanni, *opus cit.,* p. 411.
[302] *Ibidem*, p. 412.

La dynamique des symboles

Le conte est synonyme d'espoir car il est à la fois porteur de message et de rêve. Il peut être lu comme une leçon de vie ou comme une échappatoire. « Il faut tenir compte du sens manifeste et du sens caché, car ce sont des créations conscientes, des projections symboliques concrétisant des idées abstraites dans un univers réel et objectif ».[303]

Nous avons déjà évoqué ce double cheminement dans notre première partie sur Assia Djebar et, surtout, dans la deuxième partie sur Malika Mokeddem, mais dans une perspective plus restreinte. Il s'agit ici de considérer le fonctionnement du conte d'une manière plus globale.

Il est vrai que la civilisation arabo-musulmane a toujours cultivé le conte et que ses conteurs avaient un statut privilégié dans la société, qu'ils étaient très écoutés et vénérés. Ils étaient appelés *Rawi*, celui qui apaise la soif, ou *Fdawi*, celui qui apaise le désir, ou encore *Meddah*, celui qui loue. Le conteur possède ainsi un don de magicien car, en réveillant l'imaginaire et en suscitant le rêve, il crée une relation dynamique où l'écouteur aussi bien que le lecteur, par delà le réel, se laisse séduire et emporter. Il crée un territoire de l'entre-deux où la force de l'imagination offre un souffle revivifiant et une liberté nouvelle : « C'est un *exercice de relation* entre lui-même et le monde. Il lui permet de vagabonder dans *l'espace du dedans* et de se mettre en communication avec les tressaillements de l'intime. Il lui donne accès au "merveilleux normal" et "à l'insoupçonné". »[304]

La fonction thérapeutique du rêve ne vient pas uniquement de son pouvoir d'évasion, mais du travail souterrain qui s'effectue chez le conté à son insu. Le jeu des symboles qui parcourt les histoires renvoie au "moi" profond car le conte est un miroir où les douleurs, les drames et les questionnements personnels ne sont plus éludés mais peuvent être abordés de manière indirecte. Majid el Houssi évoque cette fonction thérapeutique du conte en tant que réponse à une anxiété physique, à cette oppression qui survient au spectacle du monde et à l'angoisse qui habite l'âme, même à travers les objets et les lieux. C'est ce voyage dans l'imaginaire qui permet au conte de remplir sa fonction existentielle et qui réapprend au conté la maîtrise de lui-même. Le conte est ainsi utilisé comme un instrument magique de défense et de provocation. Les comportements des créatures des contes résonnent comme « des voix intérieures » qui permettent des mises en situation et participent à la découverte, à l'exploration, à la

---

[303] *Ibid.*, p. 421.
[304] *Ibid.*, p. 440.

La révélation du pouvoir ou "la femme au livre"

délivrance et à la reconstruction de soi. Les portes de « l'ailleurs » s'ouvrent alors sur une métamorphose et une nouvelle perception de soi.

Parallèlement à cette plongée dans l'imaginaire, le conte offre aussi une autre ouverture, celle de savoir jouer avec la langue et de se sentir maître d'œuvre. Malika Mokeddem, dans *Le Siècle des sauterelles,* ressent cette émotion créative propre aux conteurs et éprouve une véritable griserie de domination par les mots. Elle ressent avec intensité le pouvoir libérateur de la parole du conte quand elle se retrouve maîtresse du temps :

> Tu sais, conter c'est échapper à l'instant. C'est refuser de n'être jamais que l'un de ses écrits, qu'une borne de sa course. Conter, c'est le saisir en plein, ce temps. C'est le déplier en éventail des mots [...] En jalonnant le temps de pensées, tu en fais ton objet.[305]

---

[305] Malika Mokeddem, *Le Siècle des sauterelles,* Editions Ramsay, 1992, pp. 163-164.

CHAPITRE II
DES MOTS POUR LE "LIRE" : LA CONNAISSANCE

> Le propre de la lecture, sa singularité éclaire le sens singulier du verbe « faire » dans l'expression : « elle fait que l'œuvre devient œuvre ». Le mot faire n'indique pas ici une activité productrice : la lecture ne fait rien, n'ajoute rien ; elle laisse être ce qui est ; elle est liberté, non pas la liberté qui donne l'être ou le saisit, mais liberté qui accueille, consent, dit oui, ne peut que dire oui et, dans l'espace ouvert par ce oui, laisse s'affirmer la décision bouleversante de l'œuvre, l'affirmation qu'elle est – et rien de plus.[306]
>
> Maurice Blanchot

1. Le décryptage d'un ailleurs : le message des mots

L'exaltation d'un nouveau monde

L'expérience de la lecture ouvre de nouveaux horizons car elle permet le dévoilement d'un mystère. Simone de Beauvoir, dans *Mémoire d'une jeune fille rangée,* éprouve ce vertige de l'inconnu lorsqu'elle écrit : « Enfouis dans le silence, masqués par la sombre monotonie des couvertures, toutes les paroles étaient là, attendant qu'on les déchiffrât ». Il en est de même dans *L'Interdite* de Malika Mokeddem lorsque Vincent évoque le plaisir de posséder des livres, seul objet qui ne soit pas inanimé et qui ait une âme. Autant il déteste le côté stérile et inutile des objets qui sont pour lui mort-nés, comme des illusions momifiées et les pierres tombales des instants vécus, autant les livres habitent l'espace et attendent d'être ouverts pour libérer « les âmes d'encre encloses dans les rêves de papier ». Ils représentent pour lui la vraie vie.

Mais la lecture peut s'avérer un piège, une fuite devant la réalité et représenter une prison efficace et redoutable, comme chez Simone de

---

[306] Maurice Blanchot, *L'espace littéraire,* Editions Gallimard, Collection Idées, 1982, pp. 257-258, dans le chapitre VI, « L'œuvre et la communication ».

Beauvoir dans sa jeunesse lorsqu'elle avoue : « Je rêvais de m'enfermer dans ces allées poussiéreuses et de n'en jamais sortir, (préférant à tous les autres arts) le tranquille tête à tête avec le papier imprimé ». Dans de nombreux romans algériens, pour faire face au désarroi existentiel, on retrouve cette image de la lecture vécue comme le refuge suprême. C'est le cas de Meriem dans *Le Chant du lys et du basilic* de Latifa Ben Mansour :

> Lire, pour n'avoir aucun instant de libre qui l'amène à penser ou à réfléchir. LIRE ! jusqu'à l'épuisement du corps et de l'esprit ![307]

La lecture est alors simplement vécue comme une préservation physique et mentale. Elle est un exutoire, une marque de fermeture au monde. Leïla Sebbar éprouve aussi ce besoin effréné de consommation de livres et apprécie le bonheur de pouvoir s'évader dans la lecture, « ce lieu solitaire et voluptueux où [elle s'est] toujours protégée [d'elle-même], de l'Autre, du monde... »[308]. Elle évoque cette fuite éperdue, aussi bien géographique que livresque, qui la sauve de la déchirure de se sentir nulle part en paix avec elle-même :

> Fuguer dans la géographie physique et mentale pour échapper à la folie. Fuguer. Se sauver loin, de l'autre côté de la mer. Dans l'exil. Dans le silence des bibliothèques et des livres des autres.[309]

Elle se met volontairement « hors vie »[310]. Oscillant dans une tourmente personnelle où elle se sent « cernée, corsetée », « désintégrée au-dedans », avec « une carapace d'insecte au-dehors », elle se dit inscrite pour toujours dans le labyrinthe des bibliothèques.

La lecture n'est pas la vie mais elle peut être à la fois refuge et découverte. Elle s'avère refuge dans le confort d'une autre vie que l'on embrasse faute d'en avoir. Epouser les rêves d'un autre, c'est rentrer dans son intimité, traverser une de ces fenêtres dont parlait Proust. Lire, c'est pénétrer dans une lumière inconnue, à l'intérieur même d'une autre vie saisie dans son intériorité et dans les méandres d'une autre conscience. C'est le survol et même le vol d'une vie fermée qui s'ouvre et qui s'offre, c'est le charme d'un autre soi-même que l'on découvre et que l'on fouille. C'est l'extériorité et l'intériorité, car l'on se fait voyeur quand l'œil

---

[307] Latifa Ben Mansour, *Le chant du lys et du basilic*, Editions Lattès, 1990, p.159.
[308] Sebbar, Leïla, *Lettres parisiennes : autopsie de l'exil, opus cit.*, p. 177.
[309] Tiré de « Si je ne parle pas la langue de mon père », in *L'arabe comme un chant secret, opus cit.*, p. 27.
[310] Sujet évoqué dans un autre article, « Le silence de la langue de mon père, l'arabe », in *L'arabe comme un chant secret, opus cit.*, p. 49.

effleure ce nouveau monde et l'on se fait voleur lorsque l'on s'enfonce comme un parasite dans une autre conscience. On s'approprie et l'on dévore ce nouvel univers, qui se déroule dans un rythme et dans un rite propre à lui-même, et, dans lequel on va voyager en s'oubliant jusqu'à devenir l'autre.

Mais cette descente dans les circonvolutions aventureuses de la vie d'un personnage que nous jette en pâture un auteur devient une nourriture dont l'esprit du lecteur se réapproprie une partie de son "Moi" tapi dans l'ombre de ses inconscients. Car la vie elle-même se nourrit des autres vies qu'elle découvre avec innocence et qu'elle digère dans un bonheur de se retrouver plus profondément. Le voyage dans les livres est périple par personne interposée et devient l'aventure du lecteur, sa recherche, sa pérégrination et sa puissance. Il va aussi mettre en appétit d'autres mondes imaginaires ou réels qu'il restera à éprouver ou dans sa vie ou dans ses rêves. La lecture est en effet une ouverture sur des milliers de mondes et d'imaginaires. Elle est porte béante sur tous les désirs, sur l'impossible, sur les fermetures et sur les interdits. En même temps qu'exercice de la diversité et de la différence, elle est un apprentissage et une mise en route de toutes les fantasmagories, une découverte de tous les jeux des rêves et de leurs fluctuations.

Simone de Beauvoir, comme lectrice, développe cette même impression qu'à travers la diversité des décors et des acteurs une histoire critique se déroule : « Indéfiniment répétée d'immeuble en immeuble, de ville en ville, mon existence participait à la richesse de ses innombrables reflets ; elle s'ouvrait sur l'univers entier ». Le livre devient une échappatoire existentielle en tant que révélation de la puissance de la pensée, même si l'on utilise celle des autres comme étant la sienne propre. Le survol d'une autre conscience, ce vol conscient devient alors envol car l'on se trouve atteint au cœur de soi-même par un rayonnement venu d'ailleurs et l'on réverbère ce feu dans son propre univers mental, dans son esprit et dans son corps.

Jean-Paul Sartre découvre aussi très tôt dans son enfance ce bonheur de lire, avec l'impression exaltante de posséder le monde : « J'étais fou de joie [...] je saurai tout. On me laissa vagabonder dans la bibliothèque et je donnai l'assaut à la sagesse humaine. C'est ce qui m'a fait. [...] La bibliothèque, c'était le monde pris dans un miroir ; elle en avait l'épaisseur infinie, la variété, l'imprévisibilité. Je me lançais dans d'incroyables aventures. […] C'est dans les livres que j'ai rencontré l'univers. »[311]

La lecture agit comme un ferment qui fera jaillir plus tard tout un monde de réflexion et d'idées et, même si « ces mots durs et noirs », comme il les appelle, ont gardé leur opacité, ils sont pour lui « l'humus » de sa mémoire.

Un révélateur initiatique

Si l'on se réfère au mythe de la lecture comme révélation, le personnage de Francesca, dans *La Divine Comédie* de Dante s'impose à nous. C'est la lecture de *Lancelot* de Chrétien de Troyes qui va lui ouvrir les portes d'un univers inconnu et la pousser dans les bras de Paolo Malatesta pour lui faire découvrir l'amour. Douze vers suffiront à Dante pour la faire basculer de ses rêves de jeune fille à son accomplissement de femme :

> Certain jour, par plaisir, nous lisions dans le livre
> De Lancelot comment Amour le prit :
> Nous étions seuls sans nous douter de rien.
>
> A plusieurs fois cette lecture fit
> Que relevant les yeux, ensemble nous pâlîmes.
> Mais un passage seul a triomphé de nous :
>
> Lorsque nous eûmes lu, du désiré sourire,
> Qu'il fut baisé par un si bel amant,
> Lui qui jamais de moi ne sera retranché,
>
> Il me baisa, tout en tremblant, la bouche.
> Le livre, et son auteur fut notre Galehaut :
> Pas plus avant, ce jour-là, nous y lûmes. [312]

---

[311] Sartre, Jean-Paul, *Les Mots*, Gallimard, 1964, pp. 43-44.
[312] Dante, Alighieri, *La Divine Comédie,* Editions Garnier, 1951, Traduction de l'italien, préface, notes et commentaires par Henri Longnon ; nouvelle édition revue et amendée. Ce passage est extrait de la première partie, *L'Enfer*, à la fin du « Chant cinquième », concernant le « Second cercle : Les pêcheurs de la chair », du vers 127 au vers 138 :
> Noi leggiavamo un giorno per diletto
> di lancialotto come amor la strinse ;
> soli eravamo e sanza alcun sospetto.
> Per piu fïate li occhi ci sospinse
> quella lettura, e sclorocci il viso ;
> ma solo un punto fu quel che ci vinse.
> Qando leggemmo i disïato riso

Le livre fonctionne comme un initiateur. Ce sont les mots de Chrétien de Troyes qui provoqueront l'émotion et déclencheront chez la jeune femme tout un processus qui la conduira jusqu'à la maturité. Le livre est à la fois un modèle et un moteur. Il ouvre le chemin de la connaissance et se révèle une leçon de vie. Il est aussi bien émotion qu'enseignement. Et la rapidité de la réaction de Francesca atteste du pouvoir de l'écriture sur la perception, la sensibilité et l'imaginaire de la lectrice.

Même les conséquences de son acte seront prises en charge par la jeune fille qui connaît certainement l'issue de son choix comme étant l'Enfer. Le livre symbolise ici l'arbre de la connaissance, celui même dont Eve avait voulu cueillir le fruit défendu pour le partager avec Adam, en bravant les interdits. C'est le livre qui inscrit le destin de Francesca dans la transgression et lui permet de s'accomplir. L'image du Paradis perdu pour Eve ou la punition de l'Enfer pour Francesca est un risque à courir librement choisi et le prix à payer pour une liberté nouvellement apprise et un aboutissement de sa personne.

Dante est parfaitement conscient du caractère infiniment dangereux de la littérature, et précisément de la sienne, car c'est lui, poète du Dolce Stil Nuovo, qui avait écrit dans la *Vita Nuova* : « Je ferai en parlant énamourer[313] les gens »[314]. Il va d'ailleurs s'évanouir en entendant Francesca, à cause de l'excès d'émotion car, en tant que poète de l'amour, il s'identifie aux amoureux, rendus coupables par un livre :

> Pendant que l'un des deux esprits parlait ainsi,
> L'autre pleurait, si bien que de pitié
> Je m'évanouis comme si je mourais ;
> Et je tombai comme tombe un corps mort.[315]

---

    esser basciato da cotanto amante,
    questi, che mai da me non fia diviso,
    la bocca mi bascio tutto tremante.
    Galeotto fu 'libro e chi lo scrisse :
    Quel giorno piu non vi legemmo avante."

[313] Le verbe "énamourer", en ancien français, signifie "rendre amoureux".
[314] Extrait de Dante, Alighieri, *La Vie Nouvelle / Vita Nuova (bilingue)*, traduit de l'italien, préfacé et annoté par Gérard Luciani, Editions Gallimard, collection Méthode de Langue, Paris 2000 :
    Farei parlando innamorar la gente.
[315] Ce passage est extrait de *la Divine Comédie* de Dante, *L'Enfer* « Chant cinquième », du vers 139 à 142 (*Ibidem*) :
    Mentre che l'uno spirto questo disse,
    L'altro piangëa ; si che di pietade
    Io venni men cosi com' io morisse.
    E caddi come corpo morto cade.

Kafka soutient de la même manière que la lecture doit fonctionner comme un électrochoc lorsqu'il affirme : « Il me semble qu'on ne devrait lire que les livres qui vous mordent et vous piquent. Si le livre que nous lisons ne nous réveille pas d'un coup de poing sur le crâne, à quoi bon le lire ? [...] Un livre doit être la hache qui brise la mer gelée en nous »[316]. La lecture fait passer d'un état d'endormissement à un état de conscience. C'est l'acte de naissance au monde ou, comme l'écrit Alain, l'acte fondateur et libérateur de la pensée ; c'est le réveil à soi.[317]

La lecture, en sortant la femme de sa léthargie et de son engourdissement, va la sortir de sa soumission et lui donner les armes de son indépendance. Cette dernière va rejeter au loin sa vie d'odalisque et de somnambule pour apprendre et développer son esprit critique. « Savoir lire », écrit Alain dans *Propos sur l'éducation*[318], c'est « acclamer sa propre pensée en un autre homme ». Il s'agit de penser tout en suivant la pensée de l'autre. La culture ainsi acquise n'est pas un ensemble de normes impersonnelles mais un archipel de pensées libres. C'est pourquoi Alain lie étroitement culture et singularité. Selon lui, «il n'y a qu'une méthode pour bien penser, qui est de continuer quelque pensée ancienne et éprouvée »[319] et c'est « la culture commune [qui] fait fleurir les différences »[320]. Et plus l'on sait de choses, plus on accentue sa singularité.

La connaissance est d'autant plus précieuse pour la femme que, dans de nombreuses civilisations, celle-ci a été tenue dans la plus profonde ignorance et mise à l'écart de l'éducation et d'un véritable rôle social,

---

[316] Lettre à Oskar Pollak, du 27 janvier 1904, extraite des, *Œuvres complètes,* tome III, de Franz Kafka, traductions par Marthe Robert, Claude David et Jean-pierre Danès, Edition présentée par Claude David, Bibliothèque de la Pléiade, Gallimard, 1984.
[317] Alain développe cette idée dans son *Discours de distribution de prix,* au Lycée Condorcet en 1904 :
« Penser, c'est peser, dormir, c'est ne plus penser les témoignages. C'est prendre comme vrai sans examen, tout murmure des sens et tout le murmure du monde. Dormir, c'est accepter.
 Se réveiller, c'est se refuser à croire sans comprendre : c'est examiner, c'est chercher autre chose que ce qui se montre : c'est mettre en doute ce qui se présente, étendre les mains pour essayer de toucher ce que l'on voit, ouvrir les yeux pour essayer de voir ce que l'on touche ; c'est comparer des témoignages et n'accepter que des images qui se tiennent ; c'est confronter le réel avec le possible pour atteindre le vrai ; c'est dire à la première apparence : tu n'es pas. Se réveiller, c'est se mettre à la recherche du monde....
[...] Ne vous lassez pas d'examiner et de comprendre. **Lisez,** discutez, jugez : ne craignez pas d'ébranler les systèmes. »
[318] Alain, *Propos sur l'éducation,* Paris, P.U.F., Collection Quadrige, 1986, p.200, LXXXIX.
[319] Alain, o*pus cit.*, LIV, p.136.
[320] *Ibidem, XXII*, p.59

assujettie à l'autorité des hommes qui, seuls, détenaient ce pouvoir du livre. Lire est certainement un outil de promotion sociale, une manière de développer l'esprit critique et d'analyse, une façon consciente ou non de construire et d'établir un contre-pouvoir.

Ce désir de connaissance se retrouve dans la société postrévolutionnaire algérienne où les femmes étouffent dans le statut qui leur est assigné et cherchent dans les livres une échappatoire et une réponse à leur solitude, à leur désœuvrement et à leurs interrogations. Cette frénésie de lecture se retrouvera chez les écrivaines et chez de nombreux personnages féminins de leurs romans.

Chez Malika Mokeddem, la lecture compensera, très tôt dans son enfance, le vide de sa vie solitaire et ses carences affectives. Puisque le corps est interdit de déplacement à cause des traditions séculaires qui exclut les filles de la rue, elle fera provision de livres avant les vacances pour occuper sa solitude et le silence. Elle se jettera dans les livres, affamée de communication, de contact et d'évasion. Elle portera longtemps en elle toute cette culture, brassant à la fois l'Orient et l'Occident. Et cette nourriture de l'esprit entretiendra une réflexion et un bonheur toujours recommencés. Elle goûtera ainsi au plaisir de voyager dans l'écriture des autres, s'ouvrant sur une multitude de mondes inconnus, gommant les barreaux de ses interdits et de ses chagrins.

Dans son recueil de souvenirs, *Mes Hommes,* elle raconte des épisodes de sa vie et évoque la naissance de son intérêt pour la lecture. Avant de savoir écrire, elle est déjà attirée par le mystère de la lecture quand elle est subjuguée par son oncle Kadda qui lit devant elle et s'abstrait de tout. Elle est gagnée par l'impatience et dévorée de curiosité :

> Que raconte ce livre pour absorber un homme des heures durant ? Est-ce que je parviendrais, moi, la fille, à ce stade-là, à être dans un livre ? (pp. 201-202)

Elle raconte aussi comment la lecture est pour elle une manière de rentrer en rupture. Elle se retranche souvent derrière le livre car il la délivre de son environnement et lui offre un espace, un « hors champ inaliénable » qui n'appartient qu'à elle. La lecture devient pour elle une forme de revendication de son individualité, face aux obligations et aux interdits de l'ordre familial. La violence de son refus et de son dégoût à ce propos lui fera même rejeter la nourriture du corps puisqu'elle devient anorexique. Elle se délectera alors des nourritures de l'esprit qui entretiennent sa révolte :

> Le nez dans un livre, je dégustais des mots en solitaire. Ceux de l'interdit, de la révolte avaient une saveur de farce unique. Dans le silence et l'isolement, ils mordaient la vie pour moi. En recrachaient les tabous, les péchés et autres bondieuseries. Ceux de l'inconnu mettaient leur relief sur les abîmes alentour. J'en salivais, jubilais, en redemandais. (p. 52)

Ce refus de la nourriture, concomitant à cette voracité de lecture, représente déjà à son insu une désertion. Malika Mokeddem ne participe plus au monde de son enfance et s'inscrit dans un ailleurs. Elle s'immerge dans les pages de ses livres pour pouvoir continuer à vivre. S'imprégner de leurs énigmes l'occupe et la distrait et, quand les états d'alarme renforcent son repli sur eux, les livres deviennent un rempart pour la délivrer de l'insoutenable : « J'apprendrai à dresser des livres entre l'insupportable et moi. »

Dans un autre roman, *L'Interdite,* elle rappelle aussi cette période difficile de son enfance et elle évoque les mots de ses lectures comme un « goutte-à-goutte de lumière et de sens sur [ses] sens opprimés et confinés dans leurs confusions ». La lecture devient alors une nécessité vitale car c'est ce rapport ténu au quotidien qui l'empêche de sombrer et qui l'ancre dans sa survie.

Elle découvrira un peu plus tard, dans cette même lecture, une qualité de liberté dont la parole est privée car elle peut tout lire dans les livres alors qu'elle ne peut pas parler de tout, les tabous occultant les échanges. Et, comme l'essentiel n'est jamais abordé, elle préfère se taire. Ce sont ainsi les non-dits des conversations qui la font retourner au silence, de même que le vide et le silence de sa vie la poussent vers la lecture.

Dans *Les Hommes qui marchent,* Malika Mokeddem va encore plus loin dans ses réflexions sur la lecture : la petite Leïla y puise non seulement l'évasion, la complicité et l'enseignement mais la nourriture même de sa transgression. Les livres deviennent, pour elle, le symbole de son refus du quotidien car ils dépassent les interdits et lui ouvrent tous les mondes défendus :

> S'ils avaient pu savoir ce qu'elle puisait là ! [...] Sur des pages à la fallacieuse innocence, la lecture, dupant toutes les censures, lui apportait tout ce qui lui était défendu : rêves et cauchemars, vertiges et

> abjections, vices et passions, tous les étonnements de la terre avec, en sus, la jubilation que donne le sentiment de transgression. (pp. 268-269)

Seuls compagnons de son exil "mental", les livres deviennent l'instrument de sa résistance et la délivrent de la permanente oppression qui sévit autour d'elle. Dans le vide qui la cerne, ils sont pour elle source de vie. Les mots des autres lui sont indispensables pour que ses pensées puissent continuer à avancer. « Pour [elle], la mort est dans l'immobilité des esprits. »

2. Les rats de bibliothèque : le message du Monde

La voracité livresque

On peut prendre, pour commencer, l'exemple d'une petite fille affamée de connaissance dans *L'Interdite* de Malika Mokeddem. C'est celui de Dalila qui va puiser, dans son ksar reculé, toutes les informations possibles chez Ouardha, son institutrice. Sa curiosité naturelle est tellement violente que tout est prétexte à sa recherche. Elle ressent la magie des mots qu'elle dévore en cachette dans le dictionnaire. Et, quand l'institutrice s'en rendra compte, elle lui en laissera le libre accès. Le livre est pour l'enfant une ouverture prodigieuse sur l'imaginaire, bien sûr, mais aussi sur le pouvoir des mots avec lesquels elle peut jouer dans les sonorités et dans les nuances.

> Hier, j'ai longtemps regardé dans le dictionnaire [le mot « peut-être »]. Au-dessus de lui, il y a « peureux », lui je le déteste. En dessous, il y a beaucoup de mots que j'ai jamais vus, jamais entendus. Maintenant, je le trouve joli, ce mot avec son « peut » qui a une tête et une queue et son « être » qui porte un chapeau derrière la tête. Et aussi le trait qui les unit tous les deux et qui fait comme s'ils se tiennent par la main pour marcher. (pp. 140-141)

Les mots lui apprennent, en même temps, la puissance de la pensée et l'esprit critique car elle sait que la connaissance est pour les filles le fruit défendu. Lire est ainsi un acte premier de rébellion et de survie car les mots entretiennent la vie intérieure, le rêve et la réflexion. Les livres de l'institutrice représentent, pour elle, la bibliothèque à laquelle elle n'a pas accès. Et son besoin de savoir ne s'arrêtera pas là. Elle cherche aussi d'autres sources : elle attendait de son ami, Yacine, un livre qu'il aurait dû lui apporter s'il n'était pas mort. Et, continuellement, dès qu'elle est en conversation, dans sa vie de tous les jours, elle fait référence au voyage des mots dans sa tête, qui creusent un espace inédit pour elle et où elle apprend les rudiments de la réflexion et la liberté. Elle a l'esprit en éveil et en attente, prêt à bondir au moindre signal nouveau, malgré l'immobilisme obligé de son corps, isolé au sommet de la dune. Sa posture figée en haut de son perchoir dément, en apparence seulement, l'intensité de sa curiosité toujours en alerte qui s'ouvre, à la fois, en observation sur le monde étriqué qui l'entoure et, en pensée, au monde inconnu qu'elle découvre, élargissant ainsi, grâce aux livres, son champ d'investigation.

Leïla Sebbar raconte également, dans un article intitulé « Lire loin, pour revenir »[321], ce besoin effréné de lire qui l'a habitée pendant toute sa vie. Durant son enfance et son adolescence, elle dévore tout ce qui lui tombe sous la main, aussi bien les livres de son frère aîné que les siens ou ceux de ses sœurs. Elle lit « la montagne, le désert, l'aventure, le ciel et la mer, les exploits des pionniers, les explorateurs » mais les livres qu'elle préfère « ne sont pas d'ici ». Elle lit « le plus loin possible », évitant tout ce qui lui rappelle le lieu où elle habite, son pays natal, l'Algérie. Elle a aimé lire ce qui ne lui était pas destiné. Elle est allée « loin à l'étranger dans les livres, oublieuse de [sa] terre et de la mer fermée, aperçue dans les textes anciens ». Elle lit la Russie d'avant la révolution, la Scandinavie, l'Angleterre, les Amériques, le Canada, l'Islande, tout ce qui est loin, vers le Nord, avec d'autres climats et des paysages étrangers. Et, durant ces années d'initiation à l'autre rive, elle oublie son pays dont elle ne savait plus qu'il était le sien. Elle y retourne cependant, sans le savoir, lorsqu'elle « traque » les histoires des autres, « les nègres et les négresses du commerce triangulaire... » dans des romans oubliés depuis longtemps à la Bibliothèque Nationale, rue de Richelieu à Paris. Mais cette frénésie de lectures ressemble à une divagation car elle ne sait pas où elle va ni où elle est, ni pourquoi elle lit ces livres. Elle a l'impression « que la bibliothèque, avec ses sous-sols, ses caves et ses réserves, ses coursives, ressemble à un immense vaisseau à la dérive »[322]. Elle ne comprendra que bien plus tard comment ce détour par les autres lui parle déjà d'elle-même et que l'histoire de la colonisation des Iles est liée à celle de l'Algérie.

Ce n'est qu'après les événements de mai 68, à Paris, que « l'Algérie des livres oubliés s'impose dans l'exil, avec la violence et la cruauté de

---

[321] Tiré de l'article « Lire loin, pour revenir » in *Algérie. Ses langues, ses lettres, ses histoires. Balises pour une histoire littéraire.* Textes réunis par Afifa Bererhi et Beïda Chikhi, Imprimerie A. Mauguin, Blida, 2002, pp.240-247.
[322] Cf. l'article, « Le retour de l'absente », in *L'arabe comme un chant secret*, opus cit., p. 57.

quelqu'un à qui on aurait été infidèle et qui reprend du pouvoir »³²³. Elle relit alors « avec la gloutonnerie des morts de faim » d'autres livres qu'elle se reproche de ne pas avoir cherchés et découverts avant. Elle prend conscience de ce vide qui l'habitait et de la nécessité d'un retour à ses racines :

> Et puis, après ce long détour, cette sorte d'évanouissement flou, je suis revenue non pas à moi-même, mais à ce qui fait que des histoires sont mes histoires, que l'Histoire de l'Algérie à un moment a été mon histoire.³²⁴

Et elle se rattrape en lisant, cette fois-ci, tous les livres de voyageurs et tous les romans qui lui rappellent une terre ou une histoire semblable à la sienne, s'ouvrant à de nombreux pays comme la Tunisie, le Maroc, l'Egypte, la Grèce, la Turquie, l'Italie du Sud, la Sicile, l'Espagne, privilégiant alors les littératures de la Méditerranée. Et quand elle fait un bilan de toutes ses lectures, elle en arrive au constat que son livre préféré est *Nedjma*, un roman de Kateb Yacine, profondément ancré dans la culture et l'imaginaire algériens.

Dans le roman de Maïssa Bey, *Bleu, blanc, vert*³²⁵, la jeune Leïla devient une dévoratrice de livres à l'Indépendance, car elle profite du départ des Français pour visiter tous les appartements vacants de son immeuble et s'initier à la lecture en se régalant de revues et d'histoires d'amour qui finissent bien, dans des romans faciles, à l'eau de rose, comme ceux de Delly ou de Max du Veuzit. Même si ces lectures lui donnent une fausse idée de la vie, elles lui apprennent un vocabulaire qu'elle finit par intégrer et elles lui ouvrent l'esprit en lui apportant la curiosité des mots : « Quand je rencontre un mot pour la première fois, je m'arrête. Je vais chercher un dictionnaire. Il y en a partout. Dans toutes les maisons. Et quand ce mot me plaît, je l'écris dans mon carnet de mots nouveaux. Et je recopie sa définition. Pour qu'on se reconnaisse si on se rencontre ailleurs. Comme les maîtresses nous ont appris à le faire ». Cet apport de connaissances contribue à sa réussite à l'école et lui inculque le plaisir de la langue. Elle découvrira ensuite d'autres lectures et se grisera de poésie, sensible à la musique des mots et aux jeux de leurs alliances :

---

[323] Cf. l'article « Lire loin, pour revenir », *opus cit.*.
[324] *Ibidem*, p. 245.
[325] Maïssa Bey, *Bleu, ,blanc, vert,* Editions de l'Aube, Poche, 2006.

> La lumière, je la découvre dans les livres de poésie. Là où les mots se rencontrent comme par hasard, des mots qui ne sont pas faits l'un pour l'autre, qui font leur chemin ensemble et nous invitent à voyager avec eux. (pp. 53-54)

Elle avoue, un peu plus tard, que les livres sont sa seule consolation pour les jours trop sombres, qu'ils lui permettent de franchir les frontières et de s'inventer des vies : « Quand [elle] ouvre les pages, c'est comme si [elle] [s']embarquait sur un tapis volant. Très haut, très loin. Mais quelquefois le débarquement est difficile ». Le problème est, en effet, de revenir dans cette vie de tous les jours où ses obligations de "fille" la ramènent aux tâches pratiques qui lui pèsent : « Mes frères. Ma mère. La famille. Tous ceux qui restent en bas [...] font de grands signes et m'appellent pour que je revienne. Pour que je n'aille pas très loin sans eux. Ils disent qu'ils veillent sur moi ». La lecture lui permet d'échapper au contexte familial dans lequel elle se doit de remplir un rôle, le même que celui de sa mère, qu'elle récuse car elle veut tracer elle-même les chemins de sa vie.

Chez ce même auteur, dans son premier roman, *Au Commencement était la mer*[326], la lecture est également pour son héroïne, Nadia, un champ de découvertes où elle apprend tout ce qu'elle sait, se plongeant dans un univers plus vivant que le monde autour d'elle. Elle dévore les livres « à s'en user les yeux », s'accrochant à ces vies qui courent le long des lignes, « dites avec des mots qui sont des parfums, des couleurs, des cris de souffrance aussi - et des rêves ». Elle goûte jusqu'au toucher les vieux livres de son oncle, aux pages écornées, jaunies et craquantes sous ses doigts, ces dizaines de livres qu'elle a retrouvés dans la cave entassés dans un carton et à l'abandon. Elle s'en empare comme d'un trésor et découvre, au hasard de ses lectures, une autre jeune fille nommée Antigone qui crie les mots qu'elle n'a jamais pu dire. Elle se retrouve en elle avec ce « même désir éperdu de beauté et de liberté, le même refus des mensonges et des compromissions, la même souffrance exacerbée à l'idée de dire oui à tout ce qui n'est pas juste, à tout ce qui n'est pas vrai »[327]. Elle s'assimile à ses rêves, à ses exigences face à la vie et se sent tout d'un coup délivrée de n'être plus seule. Elle attendra ensuite une autre délivrance, le jour qui lui permettra enfin de "vivre" ses rêves.

---

[326] Bey, Maïssa, *Au Commencement était la mer*, Editions Marsa, 1996 ; Réédition aux Editions de l'Aube, 2003, pour la collection Poche.
[327] *Opus cit.*

La révélation du pouvoir ou "la femme au livre"

De la même manière que la jeune fille de son roman, Maïssa Bey, elle-même, s'est jetée avec avidité et passion dans l'écriture des autres. Elle s'est approprié leurs textes et s'en est nourrie. Elle affirme, dans une interview, qu'ils l'ont aidée à vivre en éclairant ses choix et ses passions et en lui faisant comprendre ses révoltes. Ce sont tous ces livres qui ont fondé sa connaissance des autres et qui ont fait d'elle ce qu'elle est.

Les modèles littéraires

La boulimie de lecture conduit de manière inévitable (ou voulue peut-être) à la culture. Celle-ci est intéressante, non par la surenchère du savoir mais par toutes les images qu'elle offre de l'homme et qui vont donner au lecteur une nouvelle épaisseur de lui-même ainsi qu'une reconnaissance implicite de son existence. Sartre, dans *Les mots,* évoque cette culture : « Elle ne sauve rien ni personne, elle ne justifie pas. Mais c'est le produit de l'homme : il s'y projette, s'y reconnaît : seul ce miroir critique lui offre son image »[328]. On pourrait bien sûr reprendre aussi, au titre de la lecture, l'idée de Hugo dans sa préface des *Contemplations* (1856) : « Quand je vous parle de moi, je vous parle de vous. Comment ne le sentez-vous pas ? Ah ! Insensé, qui crois que je ne suis pas toi ! ». Et Marguerite Yourcenar, de la même manière, est parfaitement consciente que le lecteur fait, en lisant, un travail de tri car « les gens regardent toujours d'un livre la facette qui reflète leur propre vie »[329].

Au même titre que l'écrivain peut affirmer être "l'autre", cette réversibilité peut ainsi s'appliquer à celui qui lit quand il reprend à son propre compte ce qui est écrit, cette connaissance de l'écrivain participant à la "co"-"naissance" du lecteur, terme compris ainsi dans le sens étymologique de "naître avec" ou "en même temps". La lecture se révèle ainsi, pour reprendre l'idée de Proust, une « initiatrice dont les clefs magiques nous ouvrent au fond de nous-mêmes la porte des demeures où nous n'aurions pas su pénétrer »[330]. Le livre n'est pas une fin en soi mais,

---

[328] Sartre, Jean-Paul, *Les Mots*, Gallimard, 1964, pp. 212-213.
[329] Yourcenar, Marguerite, *Les yeux ouverts, Entretiens avec Matthieu Galey*, p. 156.
Le choix des lectures n'est donc pas innocent. Et l'on peut aller encore plus loin, comme Shoshana Felman qui précise que c'est justement l'impossibilité de parler de soi qui va pousser le lecteur à se chercher dans l'écriture des autres : « I cannot write my story, (I am not in possession at my own autobiography), but I can read it in the others. », tiré de l'étude, *What does a woman want ? Reading and sexual difference,* John Hopkins University Press, Baltimore-London, 1993, p. 17.
[330] Proust, Marcel, « Sur la lecture », préface à John Ruskin, *Sésame et le lys*, Bruxelles, Editions Complexe, 1987, p.66.

en renvoyant au « moi profond », devient un outil d'introspection et de prise de conscience de la vie intérieure. La lecture consiste à s'étudier à travers l'autre.

La lecture, en entrant en résonance avec l'inconscient d'un créateur, se conçoit inévitablement comme un déchiffrement, un décryptage, une interprétation, où le lecteur se rapproche d'un auteur lorsqu'il découvre sous un sens apparent des significations plus profondes dans lesquelles il se retrouve. Ainsi, les choix des textes qu'il s'approprie s'avèrent ne pas être un hasard et l'on peut, à ce propos, citer le point de vue de Charles Mauron : « Les influences littéraires apparaissent comme des facteurs intervenant de l'extérieur dans les processus inconscients, à la façon de suggestions, proposant des compromis locaux dans le mythe, favorisant des défoulements et des restaurations. On voit assez ce qu'une telle conception doit à une heureuse formule : "Toute influence n'est jamais qu'un penchant exaucé." »[331].

Le choix de modèles littéraires, à l'intérieur même des romans maghrébins, s'avère souvent porteur d'une signification qui concerne les auteurs eux-mêmes. Dans *Jacinthe noire* de Taos Amrouche[332], l'héroïne, Reine, admire André Gide, et ses goûts de lecture la porte vers des modèles existentiels qui vont de la Jeanne d'Arc de Péguy aux héroïnes de Claudel, ce qui nous dévoile en filigrane les tendances et les convictions profondes de Taos.

La petite Dalila de *L'Interdite* de Malika Mokeddem, sur l'instigation de son institutrice, lit et apprend Lamartine, Musset, Victor Hugo, Senghor, Omar Khayam et Imru'al-Qays, entre autres. Il est intéressant de constater que ce sont tous des poètes, ce qui met à la portée de l'enfant la musique des mots et lui apprend à voir le monde à travers les images et les métaphores. Ce choix inclut aussi, de manière égale, le monde de l'Orient et de l'Occident pour initier la fillette aux deux cultures.

Dans un autre roman de Malika Mokeddem, *Les Hommes qui marchent,* la petite Leïla se fait offrir *Le petit Prince* de Saint Exupéry,

---

[331]*Des métaphores obsédantes au mythe personnel. Introduction à la psychocritique (opus cit.,)* où Charles Mauron cite Marie-Jeanne Durry, p. 333, (dans *Jules Laforgue*, Editions Seghers, Paris, 1952, p. 95).
[332] Amrouche, Taos, *Jacinthe noire*, 1ère édition chez Charlot, Paris, 1947 ; réédité chez Maspero, Paris, 1972 et aux Editions Joëlle Losfeld, Paris, 1996.

œuvre hautement symbolique car c'est, pour elle, la première lecture qui fait référence à son univers quotidien et qui lui parle de son désert. Elle découvre, pour la première fois, dans un livre, un monde familier où elle se reconnaît. Cette révélation la remet en paix avec elle-même, apaisant ainsi les tumultes de son cœur. Madame Charlier, son institutrice, lui offrira aussi trois livres dont les titres évoquent, à eux seuls, trois géographies de l'errance : *La Case de l'oncle Tom* de Harriet Beecher-Stowe rappelle l'histoire de l'esclavage des Noirs au Etats-Unis, *Exodus* évoque la fuite désespérée des Juifs vers Israël, et *Nedjma* de Kateb Yacine renvoie à la quête d'une identité algérienne, face à la déchirure de la colonisation.

Malika Mokeddem précisera personnellement dans un entretien avec Christiane Chaulet-Achour[333] comment, au pied de sa dune, elle sillonnait le monde et se laissait porter par le flot des mots d'auteurs très divers, en allant à la rencontre de Sartre et de Beauvoir, Giono et Colette, Tolstoï, Dostoïevski, Gorki, Kafka et Faulkner. Elle est d'abord poussée vers les ailleurs pour rechercher la multiplicité des rêves et étancher sa soif de connaissances. Ce n'est que plus tard, avec la nostalgie de l'exil, qu'elle s'intéressera à la littérature algérienne et qu'elle lira, entre autres, Rachid Mimouni dont elle apprécie la prose et Tahar Djaout qui deviendra son ami et auquel elle dédicacera *L'Interdite,* à titre d'hommage, après sa mort.

Shérazade, dans le roman de Leïla Sebbar, est une lectrice acharnée. A la mobilité de son corps (puisqu'elle est fugueuse) correspond la mobilité de son esprit. Elle est en quête perpétuelle. Au même titre qu'elle cherche des réponses à ses questionnements existentiels dans la peinture, elle s'abîme dans la lecture. C'est ainsi qu'elle fréquente régulièrement la bibliothèque du Centre Pompidou, à Beaubourg où elle se retrouve, toujours seule, les yeux baissés sur le livre du moment et ne regardant personne. Elle sait se choisir un coin protégé par les étagères, comme « une sorte de forteresse à l'écart » où elle peut se concentrer et être tranquille. Elle avoue, en se moquant d'elle-même, que « lire, c'est [sa] drogue, c'est [son] vice ». Et, lorsqu'elle décide de partir et de quitter le squatt de manière définitive et qu'elle enfourne ce qui lui est nécessaire dans son sac de voyage, elle emporte ce qu'elle appelle sa « bibliothèque portative », des livres qu'elle a choisis de manière ciblée et qui résument par leurs titres tous ses centres d'intérêt : les romans de Mohamed Dib et de Mouloud Feraoun évoquent des pans entiers de l'histoire de l'Algérie ; *Nedjma* de Kateb Yacine, *La Répudiation* de Rachid Boudjedra, *Femmes*

---

[333] Tiré de l'étude de Christiane Chaulet-Achour, *Noûn. Algériennes dans l'écriture, opus cit.*, « Portrait de Malika Mokeddem – Ecriture et implication », p. 175.

d'Alger dans leur appartement d'Assia Djebar et *Nana* d'Emile Zola sont des romans qui traitent tous de la femme, de son désir de liberté et de la difficulté de son intégration dans le monde des hommes ; les deux livres de Jean-Jacques Rousseau, *Discours sur l'origine de l'inégalité* et les *Confessions,* sont une réflexion sur le fonctionnement de la société et sur la manière dont on peut y trouver sa place ; et les lettres de prison de George Jackson, *Les Frères de Soledad,* évoquent la révolte contre l'injustice sociale et les douleurs du manque de liberté. Tous ces livres concernent de près ou de loin ses déchirements personnels : sa difficulté d'exister en tant que femme et en tant qu'Algérienne dans une société inégalitaire où elle se sent en rupture et où son affirmation personnelle s'inscrit dans un cheminement aussi bien psychologique que géographique puisqu'elle emporte, en dernier, la carte routière de la France et celle de l'Algérie.

Si l'on se réfère au choix de l'auteur lui-même en ce qui concerne ses modèles littéraires, on pourra s'étonner que, contrairement à Shérazade, sa première démarche soit négative car Leïla Sebbar cherche à se soustraire à la langue de son père, l'arabe, et se cantonne à la langue de sa mère, la française. La rupture linguistique la conduit dans un premier temps dans une position de refus. C'est ainsi qu'elle sélectionnera ses modèles de par leur éloignement géographique ainsi que nous l'avons évoqué précédemment, mais ces livres ne l'apaisent pas. Il lui faudra passer par la lecture de livres arabes écrits en français pour entendre, sous le texte, « la langue de la mère de son père » qui la réconcilie avec elle-même. Le choix de prédilection se fait alors sur la "matière" de la langue et non sur celui qui écrit. Il y a une transposition des sens où la lecture devient écoute et donne corps au silence de la langue arabe :

> Et les frères de mon père en langue arabe, je les lis, traduits, et, sous la langue française, j'entends la langue de la mère de mon père, elle n'est plus muette. Je peux désormais l'écouter en clandestine, du côté des femmes arabes de la banlieue française. Je n'ai pas le sens des mots, j'ai seulement la voix de la langue des femmes...[334]

C'est une lecture volée où le modèle littéraire est arabe et n'a pas besoin d'être nommé puisque l'important est de remplir « le silence de la langue de [son] père, l'arabe »[335] et de combler cette nostalgie de l'absence.

---

[334] Cité ci-dessous pp.49-50.
[335] C'est le titre d'un article de Leïla Sebbar, écrit en 2001, publié dans le recueil, *L'arabe comme un chant secret* (œuvre citée).

La révélation du pouvoir ou "la femme au livre"

Maïssa Bey, quant à elle, précisera dans une interview que son auteur de prédilection est Assia Djebar, qu'elle a lue très jeune et dont les romans ont été pour elle une véritable révélation car elle était, à ses yeux, « une femme qui osait transgresser la norme, à savoir le confinement de la parole féminine dans l'espace privé. Une femme qui osait dire le corps, dire les sensations les plus intimes des femmes, qui créait... »[336]. Cela lui a semblé très courageux et lui a donné l'impression qu'elle ouvrait un chemin « en pionnière » de la liberté. On retrouve ici l'idée d'une filiation récurrente et éternelle de la littérature où la chaîne des influences ne s'interrompt jamais.

3. La quête de l'alphabet : le message de l'Histoire

Il ne s'agit pas de revenir sur l'objet de la première partie mais de considérer comment les dénominations ainsi que la quête livresque et picturale participent à l'écriture du Moi et à la reconsidération de l'alphabet de l'histoire.

Les dénominations

Dans *Shérazade, 17 ans, brune, frisée, les yeux verts* de Leïla Sebbar, le personnage de Shérazade est anachroniquement symbolique de par le choix de ce prénom car, même s'il rappelle celui de la princesse des *Mille et une Nuits*, il est porté par une jeune fille des banlieues, de la cité des Mille-Mille d'Aulnay-sous-Bois, qui vit dans un squatt. Le décrochement inattendu du réel par rapport à la légende est vécu dans l'histoire comme une ellipse temporelle où se porteront toutes les interrogations.

Shérazade est vue sous deux angles différents, à la fois comme "Aziyadé", la jeune et belle esclave circassienne, convertie à l'Islam et appartenant au harem d'un vieillard turc, dont Pierre Loti était éperdument amoureux, et comme l'image de la rebelle, lorsqu'elle se fait appeler "Rosa", reprenant à son compte le nom d'une femme révolutionnaire spartakiste, Rosa Luxembourg[337], martyre de la résistance politique. Toutes

---

[336] Extrait d'une interview avec Benaouda Lebdaï, « L'être et les mots », parue dans *El Watan,* Algérie, le 6 septembre 2007.
[337] Issue d'une famille de commerçants juifs polonais, Rosa Luxemburg fait de brillantes études au lycée de Varsovie qui se trouve alors sous la domination russe. Militante au sein de "Prolétariat", un parti socialiste révolutionnaire, elle doit fuir en Suisse où elle passe une thèse d'économie politique. Ayant acquis la nationalité allemande en 1898, Rosa Luxemburg milite au SPD (Parti Social Démocrate). Elle y défend l'idéologie de Karl

les autres dénominations, dont on la qualifie, corroborent cette idée de jeu avec son identité. Elle est tous ces personnages à la fois, et ces comparaisons implicites résument sa quête effrénée d'indépendance car elle s'assimile à toutes ces femmes rebelles.

Dans *Bleu, blanc, vert* de Maïssa Bey, l'héroïne du roman s'appelle Lilas, un prénom à double entrée puisqu'il réunit par son histoire l'Orient et l'Occident. Le choix de cette dénomination prend une connotation humoristique car cette ouverture d'une petite fille arabe sur la langue française vient tout simplement d'une erreur d'état civil et justement d'une méconnaissance de l'arabe par l'employé français de la mairie. Elle aurait dû s'appeler Leïla, comme le voulait son père, prénom qui signifie "nuit". Mais l'Histoire en a décidé autrement car la colonisation fait prévaloir la langue des conquérants et n'a pas installé le bilinguisme. De cette méprise inattendue va découler pour l'enfant une valorisation de son appellation. Elle y gagne un prénom d'une double nationalité et d'une double poésie : « Ma mère m'a dit que celui qui a reporté mon nom sur les registres, c'était un Français. Il ne connaissait pas la nuit arabe. Moi j'aime bien. Leïla nuit. Lilas, fleur. Fleur de nuit. C'est mon nom secret. Je ne l'ai confié à personne. Seul saura me nommer celui qui viendra un jour ». Cette dénomination, aux multiples entrées, ouvre ainsi la porte sur le rêve et sur tous les possibles.

Les touches littéraires et picturales

Quelques mots également évoquent la peinture de Delacroix, *Femmes d'Alger dans leur appartement,* et résument, de manière symbolique, les attributs des femmes dans les harems. La rose dans les cheveux de la femme au narguilé est l'image du jeu de la séduction, les bracelets d'or aux chevilles nues l'image de l'esclavage doré, et l'évocation de la main et du regard sur ses maîtresses de la belle négresse, en position debout, l'image de la servitude extrême et de la disponibilité à discrétion. La blancheur et l'insolence des chairs respirent la lascivité amoureuse. Ces touches picturales, comme les mots d'une écriture suggestive, font revivre l'histoire de ces femmes enfermées dans le silence de ce lieu clos et

---

Marx. Elle s'oppose à la dérive guerrière de l'Allemagne et fonde avec Karl Liebknecht, Franz Mehring et Clara Zetkin, la Ligue des Spartakistes, mouvement révolutionnaire et antimilitariste, ancêtre du Parti Communiste Allemand. Après une insurrection pacifiste, elle est arrêtée le 5 janvier 1919 et assassinée le 15 janvier avec Karl Liebknecht par des officiers nationalistes chargés de la répression de ce soulèvement.

prisonnières du rêve d'un exotisme qui les confine dans cette vision statique.

Les références de filiation de Shérazade avec ce monde ancien ne sont pas historiques : deux attributs, seulement, en plus du nom, l'inscrivent dans cette continuité. Elle porte un foulard de la même couleur que la "fouta" rouge et dorée du tableau sur laquelle la femme de gauche appuie ses coudes et elle a les yeux verts comme elle. Shérazade, fugueuse de banlieue, ne revendique, quant à elle, aucune filiation et rentre en rupture avec tout ce qui a fait sa vie.

Lorsqu'elle quitte sa famille et disparaît de chez elle, son père, incrédule, s'étonne de ce départ et n'arrête pas de répéter : « Elle avait tout à la maison, elle avait tout. Qu'est-ce qu'elle voulait de plus ? ». Effectivement, comme les femmes d'avant, celles du harem, Shérazade avait tout, ... "tout" sauf la liberté. Ce petit mot insidieux met justement le doigt sur le manque : ces femmes comblées ne pouvaient pas vraiment profiter de cette vie de rêve que montre le tableau car il leur manquait l'essentiel, la faculté de pouvoir sortir et de quitter cette prison dorée. Shérazade, quant à elle, aura le courage de franchir cet interdit et préfère une vie d'errance et de précarité à l'existence programmée qui lui était réservée.

4. La quête d'une filiation : Un message spatio-temporel

Par-delà toute cette quête, deux jalons symboliques participent à la réappropriation d'un espace confisqué, permettant de réinvestir en pensée un univers géographique et un monde littéraire perdus.

Les cartes : un message topographique

Dans *Shérazade, 17 ans, brune, frisée, les yeux verts* de Leïla Sebbar, la nostalgie de la terre des aïeux taraude Shérazade et sa petite sœur Meriem. Elles pensent toutes deux au village du grand-père et posent à leurs parents des questions qui restent sans réponse : « C'est loin l'Algérie ? C'est loin ? Pourquoi on y va pas ? A défaut de savoir, elles regardent sur un petit globe taille-crayons pour essayer de trouver l'Algérie, « qui était comme la moitié d'un ongle » et cette représentation miniature les réconforte car, quand elles cherchent à calculer la distance, elles pensent alors que ce n'est pas si loin que cela.

La carte routière de l'Algérie se retrouvera également, tout au long de l'histoire, chez de nombreux personnages. Shérazade la cache sous son oreiller et l'emporte avec elle lors de sa fugue. Ses compagnons de squatt la déplient régulièrement pour envisager le retour au pays. Elle sera une constante dans le roman pour représenter le symbole d'un Eldorado perdu qu'il faut retrouver à tout prix, comme un trésor. C'est l'aboutissement du rêve de tous ces déracinés qui sont pratiquement tous nés en France.

Dans le chapitre « Fromentin », Shérazade la déplie sur le trottoir, près d'un banc public, et elle devient signe de ralliement car, au moment où elle est piétinée par les passants, un inconnu de passage la sauvera d'une rafle de police en la reconnaissant de manière impromptue comme sa fille. Certains iront jusqu'au bout de leurs rêves en donnant un sens à leur vie en rejoignant l'Algérie. Quant à Shérazade, elle voyage en esprit en se documentant sans trêve sur tout ce qui concerne l'Algérie, ses peintures, son histoire et ses productions littéraires. C'est sa manière à elle de retourner au pays.

Le billet d'aveu : un message d'Amour

Nous avons déjà évoqué dans *La jeune fille au balcon* de Leïla Sebbar le poème d'amour[338] que le jeune homme lance à Mélissa sur son balcon pour lui avouer ses sentiments : le jeu de la séduction passe par l'intertextualité et ouvre ainsi les espaces littéraires des temps anciens, replaçant du même coup l'histoire d'amour dans un contexte culturel et linguistique où le texte réaffirme, pour les amoureux, leur appartenance à l'Orient. Mais la référence à la poésie préislamique sous-entend aussi, de manière implicite, une liberté des mœurs et des relations amoureuses qui font défaut dans la période actuelle et qu'il serait tout à fait logique de revendiquer.

De la même manière, dans *Bleu, blanc, vert* de Maïssa Bey, l'amoureux de Leïla apprend les vers du poète arabe Qays Ibn el Moulawah, celui que l'on appelait *Medjnoun Leïla,* le fou de Leïla, pour exprimer sa passion et relever aussi l'homonymie de la jeune femme qu'il aime avec cette amoureuse célébrée par le poète au VIIIe siècle :

> *En Leïla j'ai fait naufrage*
> *Son approche est une oasis de fraîcheur*
> *Pour mes yeux*
> *Et celui qui la dénigre*

---

[338] Cf. la 4ème partie, dans le chapitre, « L'initiation aux jeux de l'amour » : « La naissance d'une nouvelle rhétorique amoureuse. »

*Augmente en moi
Une stupeur admirative
Pour ma Leïla.*[339]

En rappelant cette poésie arabe où le poète chante et magnifie la femme aimée, Ali cherche à « épater » la jeune fille qu'il aime ; c'est une stratégie qui participe au jeu de séduction. Pourtant, il sait déjà que les familles ont donné leur accord et que sa fiancée est déjà « sa femme », car les amoureux n'ont pas respecté la tradition.

Dans *L'Amant imaginaire* de Taos Amrouche, la narratrice, Aména, envoie à Marcel un poème portugais proche, selon ses dires, des chants d'exil, mais il s'agit en fait d'une missive amoureuse où le désir peut s'exprimer librement en passant par les mots des autres. La culpabilité du "dire" est ainsi balayée par ce subterfuge :

*Sur l'aile de l'oisillon
O lettre prends ton vol
Pour dire à mon amour
Que je vis dans son attente.
Va-t'en, Ô lettre heureuse
Au bec d'une colombe
Pour dire à mon amour
Que très vite il réponde.
Va-t'en, Ô lettre heureuse
Sur l'aile du rossignol
Les yeux qui te liront
Sont beaux comme le soleil.* (p.262)

Les mots sont d'une grande simplicité et ont la grâce d'un poème du Moyen-âge, évoquant le vol de l'oiseau et le soleil. L'oisillon fait allusion à la fragilité de la femme et à la jeunesse du désir amoureux, la colombe symbolise la pureté du message et le rossignol est porteur du chant mélodieux de l'amour.

Aména traduit aussi un autre poème portugais qu'elle envoie un peu plus tard, dans un registre cependant beaucoup plus pathétique, et il est intéressant de constater qu'il y a un choix des poèmes en opposition avec l'état d'esprit au moment de l'envoi : le premier fait suite à une impression de déshérence amoureuse où le désir physique est ressenti comme un manque violent alors que les vers expriment la légèreté et la grâce d'un désir amoureux adolescent. Quant au deuxième, il sera choisi après un rêve

---

[339] *Op. cit.*, p. 121 avec la traduction de René R. Khawam.

où elle éprouve une joie cosmique d'une extrême intensité. Et pourtant, il est très négatif et n'exprime que la douleur et le désespoir de la séparation :

> *Si la mer avait des balcons*
> *J'irais te voir à Lisbonne.*
> *Mais la mer n'a pas de balcons,*
> *Qui n'a pas d'ailes ne vole.*
> *Si c'étaient des pierres, les larmes*
> *Que pour toi j'ai versées,*
> *J'aurais déjà fait un pont*
> *Pour passer de l'autre côté.*
> *Le papier sur lequel je t'écris*
> *Jaillit de la paume de mes mains ;*
> *L'encre jaillit de mes yeux*
> *Et la peine de mon cœur.* (pp.272-273)

Le message amoureux semble fait de chair et de sang quand le papier « jaillit » de ses mains et l'encre de ses yeux. L'amoureuse fait corps avec les mots et n'existe plus que par eux. Tout le reste est gommé. Les larmes et la peine envahissent tout l'espace et la douleur de la séparation est connotée par l'image d'une mer infranchissable. Sous le couvert de la poésie, et surtout de la poésie des autres, la parole se libère et les écarts sont permis. Ce que l'on n'ose dire de vive voix ou écrire de sa propre plume peut prendre les détours d'un morceau d'écriture déjà consacré et la vérité trop difficile à exprimer ou à répéter prend des allures de légèreté. Dans *La Jeune fille au balcon* de Leïla Sebbar, le billet amoureux lancé depuis la rue sur le balcon franchit de la même manière les interdits.

La difficulté de l'aveu peut aussi prendre des détours tout à fait inattendus pour pouvoir s'exprimer. Dans *Shérazade, 17 ans, brune, frisée, les yeux verts* de Leïla Sebbar, la nécessité d'écrire, pour le personnage de Shérazade, se traduit par la diversité des modes d'écriture qu'elle imagine. Et, lorsqu'elle part de manière définitive, elle emporte dans sa musette en bandoulière tout son attirail d'"écrivant" pour s'adapter en toute situation : tout d'abord l'outil traditionnel, ses carnets et son stylo pour prendre des notes, ce qui suppose une continuité dans sa réflexion personnelle ; ensuite des enveloppes et des timbres pour envoyer des missives, ce qui implique une conservation des relations avec les autres dans un échange épistolaire ; et les bâtons de craies, le blanc d'Espagne et même les tubes de rouge à lèvres sont des objets détournés de leur utilisation traditionnelle et voués à l'écriture d'urgence, la craie rouge et blanche pour les messages et le blanc d'Espagne pour les graffiti sur les vitres, comme elle le reconnaît page 236. C'est ainsi qu'elle utilise tous ces procédés en guise d'adieu dans une déclaration d'amour à Julien qu'elle quitte. Une page arrachée de son carnet sera pliée en huit et mise sous son oreiller avec « Je t'aime. S. ». Elle inscrira ces mêmes mots sur le miroir de la salle de bain avec son rouge à lèvres et sur l'une des baies vitrées avec du blanc d'Espagne. Cette surenchère pallie la difficulté de l'aveu et apporte une forme de poésie juvénile et frondeuse car les mots ne sont plus prisonniers d'un cahier mais se promènent avec celui qui les rencontrera et pénètrent dans les espaces intimes du lit et de la salle de bain.

CHAPITRE III
DES MOTS POUR "L'ÉCRIRE" : LA PUISSANCE

> La création, la fécondité de la révolte sont dans cette gauchissure qui figure le style et le ton d'une œuvre. L'art est une exigence d'impossible mise en forme. Lorsque le cri le plus déchirant trouve son langage le plus ferme, la révolte satisfait à sa vraie exigence et tire de cette fidélité à elle-même une force de création.[340]
>
> Albert Camus

L'appropriation d'une parole écrite ne s'inscrit pas dans un processus méthodique mais dans une errance propre à chaque quête.

1. La montée en écriture

Le processus créatif

L'écriture, comme la lecture, est analysée par Proust dans ses papiers recueillis sous le titre de *Contre Sainte Beuve*. L'une comme l'autre renvoient non à l'homme mais au « moi profond ». Lire ou écrire, c'est accéder à une vérité à la fois extérieure à soi et intérieure. Proust parle d'une conquête de la vérité. Il évoque l'écriture comme moyen de revisiter sa mémoire oubliée. Mais cette opération, selon Dominique Fernandez, dans son analyse « Proust, fils de personne »[341], ne consiste pas en une « soumission involontaire au flot de la réminiscence » mais principalement à « un coup d'état de la volonté » car, lorsque Proust cherche à arracher un souvenir au néant, un travail de concentration et d'approfondissement lui est indispensable, ce qu'il confirme sans ambiguïté dans *A la recherche du temps perdu* :

---

[340] Albert Camus, *L'homme révolté,* Editions Gallimard, Collection Idées, 1951, dans le chapitre IV, « Révolte et art », dans la partie « Révolte et style », p. 324.
[341] Etude (de la p. 294 à 353) extraite de l'ouvrage cité, *L'arbre jusqu'aux racines. Psychanalyse et création,* Editions Bernard Grasset, Paris, 1972.

> Je pose ma tasse et me tourne vers mon esprit. C'est à lui de trouver la vérité. Mais comment ? [...] quand lui, le chercheur, est tout ensemble le pays obscur où il doit chercher et où tout son bagage ne lui sert de rien. Chercher ? pas seulement : créer. Il est en face de quelque chose qui n'est pas encore et que seul il peut réaliser, puis faire entrer dans sa lumière.[342]

Lorsque Proust interroge le passé, il utilise la même métaphore archéologique que Freud, affirmant que l'exploration de soi n'est pas de l'ordre du voyage mais de la fouille. Selon lui, « la marche de la pensée dans le travail solitaire de la création artistique se fait dans le sens de la profondeur, la seule direction qui ne [...] soit pas fermée », où il estime pouvoir progresser, « avec plus de peine il est vrai, pour un résultat de vérité »[343]. La création scripturale est, pour lui, une tâche qui le force « à rentrer en soi, à s'approfondir, à se créer soi-même par soi », ainsi que l'écrit Dominique Fernandez à son propos dans son étude. Selon lui, le romancier, à la recherche de sa propre vérité, utilise la fiction en descendant jusqu'aux soubassements de ses personnages, tout en puisant dans son expérience personnelle. Sans jamais tracer une ligne de démarcation entre la création et la réalité, il entretient volontairement cette confusion, en dissimulant les révélations autobiographiques derrière des amalgames, des déplacements et des transpositions, dans une habile « synthèse de l'aveu et du masque ». Cette multiplication des trucages, qui combine le romanesque et le vécu, permet l'analyse personnelle, grâce justement à ce processus d'occultation et de travestissement de l'expérience. Et, même si Proust affirme dans *Contre Sainte-Beuve* que sa vie ne compte pas et que la substance d'un livre n'a rien à voir avec la réalité, l'œuvre fictionnelle le dément par un jeu subtil d'allers-retours continuels entre le personnage de l'auteur et du narrateur, chacun brouillant la piste de l'autre. L'important ne réside pas tant dans le fait de choisir entre les deux mais de suivre le créateur dans son cheminement introspectif de l'âme humaine.

De nombreux écrivains, au même titre que Proust, mettent en rapport le pouvoir créatif de la lecture et celui de l'écriture, estimant qu'elles participent toutes deux, de manière concomitante ou successive, à une structuration souterraine et à la libération d'une parole prisonnière.

---

[342] Proust, Marcel, *A la recherche du temps perdu*, Editions de la Pléiade, Tome I, 1987, p. 45.
[343] *Opus cit.*, p. 907.

Marguerite Duras analyse ce processus dans une de ses œuvres[344] où elle affirme que lire c'est déjà écrire pour la simple raison que c'est déjà une façon de « sédimenter les mots ». Cette même métaphore de la sédimentation est reprise par Malika Mokeddem pour laquelle l'écriture représente, de façon identique, une continuité de la lecture :

> J'étais une dévoreuse de bouquins. Je crois que, quand on lit beaucoup, j'ai l'impression que ça sédimente en nous les mots des autres, leur façon d'écrire. Les idées, cela forge notre conception des choses. Et parfois il y a un craquement qui se fait et ce sont, en fin de compte, nos mots qui sortent. Ce sont tous ces textes qui nous permettent de dire, un jour, "je".[345]

Après avoir intégré les mots des autres, elle annexe son espace intérieur pour habiter son silence et les mots surgissent comme un refuge, un passage obligé de sa construction et un nouveau palier de sa libération. L'écriture est une force qui lui permet de dénouer les tensions jusqu'à l'apaisement et de pratiquer le « chimney sweeping » que nous avons déjà évoqué précédemment. Mais il ne s'agit pas pour elle de s'épancher de manière immédiate et limpide. Pour elle, « écrire n'est pas raconter ». Même si elle vérifie parfois une date ou un fait, par besoin d'exactitude, « pour le reste, [elle] écri(t) avec ce qu'[elle] sai(t). Une part consciente et l'inconnu, l'insondable. L'idée de départ en écriture n'est qu'un prétexte à l'exploration de l'enfoui, de l'insoupçonné dans lequel se creuse l'écriture. »[346]

Marguerite Yourcenar évoque la création littéraire d'une manière plus pragmatique. Pour elle, les échanges entre le monde et le moi sont une évidence car « chaque livre naît avec sa forme tout à fait particulière, un petit peu comme un arbre. Une expérience transplantée dans un livre emporte avec elle les mousses, les fleurs sauvages qui l'entourent dans cette espèce de boule de terre où ses racines sont prises »[347]. On ne peut pas ignorer, selon elle, le moment de sa vie où l'on écrit, avec ses circonstances, ses émotions et ses idées, ni la méthode employée, ni le

---

[344] Duras, Marguerite, *Ecrire,* Collection Folio, Editions Gallimard, Paris, 1993.
[345] Extrait d'un entretien avec Yanis Younsi, « L'état algérien m'a censurée », paru dans *La Dépêche de Kabylie*, Algérie, 12 septembre 2006.
[346] Extrait d'une interview avec Benaouda Lebdaï, « Le "je" n'est ni féminin ni masculin », parue dans *El Watan,* Algerie, 1er février 2007.
[347] Yourcenar, Marguerite, *Les yeux ouverts. Entretiens avec Matthieu Galey*, opus cit., pp 80-81.

La révélation du pouvoir ou "la femme au livre"

thème abordé, qui vont déterminer une production qui s'avèrera à chaque fois différente.

Ce rapport entre psychanalyse et création se retrouve chez Francis Berthelot, dans son ouvrage, *Du Rêve au Roman. La création romanesque*[348] où il aborde la question de la création littéraire en éclairant très finement les processus en jeu. L'élaboration d'un roman a, selon lui, pour « point de départ [...] une activité mentale latente, proche du rêve diurne ». C'est au cours de la rêverie que s'effectuerait « la conversion des figures mentales en récit ». Berthelot s'appuie ici sur l'intuition de Bachelard qui établit une analogie entre la fluidité du langage et l'élément liquide : la rêverie serait un grand fleuve circulant « à l'interface du conscient et de l'inconscient », un « ruissellement », un « torrent » où apparaissent des « rapides » et des « remous » dans lesquels il faudra plonger « pour en extraire une idée susceptible d'être convertie en élément romanesque »[349]. Le déclencheur de la rêverie peut être un événement interne, comme un souvenir, un sentiment, un désir inassouvi qui va s'imposer et pousser à écrire. Cette impulsion initiale peut s'expliquer par analogie avec le rêve. Tout comme le rêve serait selon Freud « l'accomplissement d'un désir », le roman serait « aboutissement ultime d'un long rêve éveillé, transmuté en récit » et une tentative de l'inconscient de remédier à ce que « la réalité peut avoir d'insoutenable ». On écrit pour éclairer son passé, le corriger ou se réinventer. Selon Berthelot, la parole parle à travers un sujet et l'auteur se transforme inconsciemment en passeur médiumnique d'une parole « à la fois ressentie comme intérieure et supérieure » qui le traverse en libérant sans contrainte des énergies internes « pour apparaître en mots sur la page » dans un discours polysémique révélateur. Le philosophe tchèque Jan Patocka, dans *L'écrivain, son « objet »*[350], mène une réflexion pour tenter d'élucider la naissance de l'écriture, non sur un plan technique mais comme

---

[348] Berthelot, Francis, *Du Rêve au Roman. La création romanesque,* Editions Universitaires de Dijon, Collection U21, 2003.
[349] Le poète italien, Giuseppe Ungaretti, évoque le même processus qu'il décrit dans *Carnets italiens* : « Souvenirs et songes mûrissent l'avenir. Même éveillés, nous portons dans notre conscience des points de magie sous une aile de secret : les songes. C'est la mémoire personnelle ou tribale qui s'est délivrée d'elle-même et resurgit au-delà du temps et de l'espace. Ces lointains de paradis perdu, tout acte d'amour les rapproche et les recrée. La poésie consiste à convertir la mémoire en songe et à porter d'heureuses clartés sur le chemin de l'obscur. » (Extrait de « Vasàmolo int'a l'uocchie » in *Carnets italiens* [1931-1934], Fata Morgana, 2004, p. 157.)
[350] Patocka, Jan, *L'écrivain, son "Objet". Essais.* Traduit du tchèque et de l'allemand par Erika Abrams, Editions Pol, Paris, 1990.

transmission de "l'indicible" et de "l'incommunicable"[351] car, selon lui, toute écriture est arrachement des mots au silence, à l'anonymat, à cet espace blanc du non-dit.

De nombreux auteurs, aussi bien poètes que romanciers, se sont trouvés confrontés de manière dramatique à cette douleur d'une parole impossible. Même Edouard Glissant, l'écrivain martiniquais prolifique aux multiples facettes, mondialement connu en tant qu'essayiste, poète et romancier, avoue cette difficulté du "dire", reconnaissant cette violence de l'enfantement d'une parole, résurgence d'une absence qui se transmute en cri pour trouver son aboutissement dans le langage poétique, ainsi qu'il l'affirme dans *L'Intention poétique* :

> Qu'est-ce que le langage ? Ce cri que j'ai élu ? Non pas seulement le cri, mais *l'absence* qui au cri palpite [...] Et c'est à cette absence, ce silence et ce rentrement que je noue dans ma gorge mon langage, et qui ainsi débute par un manque : Et mon langage, raide et obscur ou vivant ou crispé est ce manque d'abord, ensuite volonté de muer le cri en parole devant la mer.[352]

La romancière Raphaëlle Billetdoux évoque aussi ce passage du silence au "pouvoir dire" dans sa dernière publication, *Un peu de désir sinon je meurs*[353], une œuvre étrange qu'elle publie sous le pseudonyme de Marie. C'est une longue lettre adressée à son éditeur pour ranimer le feu de son écriture qui s'est brutalement tari après un drame personnel. Mais, au fil des pages, la lettre se dissipe pour devenir une mise à nu de l'auteur, une véritable thérapie où l'acte d'écrire s'avère la seule issue possible, ce qu'elle reconnaît au fil de l'écriture : « Ecrire, pour moi, commence quand, nulle part, à l'infini, il n'y a plus personne à qui murmurer : au secours. »

L'écriture est le passage obligé de la conquête ou de la reconquête de soi. Le cri de la douleur s'avère stérile en lui-même s'il ne laisse pas une

---

[351] Majid El Houssi, dans son article, « Apulée, ou la création aventureuse », affirme, de la même manière, que l'écriture apparaît lorsque quelque chose dans la vie se dérègle et il s'appuie sur la démonstration de Maurice Blanchot dans « le Paradoxe d'Aytré » pour préciser la première condition de l'arrivée en écriture : c'est seulement quand la réalité cesse d'aller de soi que l'on acquiert la capacité « de voir et de donner à voir ». (Article tiré de *Algérie. Ses langues, ses lettres, ses histoires. Balises pour une histoire littéraire*. Textes réunis par Bererhi, Afifa, et Chikhi, Beïda, Imprimerie A. Mauguin, Blida, 2002, p. 27.)
[352] Extrait de *L'Intention poétique* d'Edouard Glissant, Éditions du Seuil, coll. «Pierres vives», Paris, 1969, pp. 43-44.
[353] Billetdoux, Raphaëlle, *Un peu de désir sinon je meurs*, Editions Albin Michel, Paris, 2006.

trace, et, tout effort pour donner un sens à la vie appartient au livre : c'est ce que pense Hélène Cixous lorsqu'elle estime que l'aventure scripturaire est le seul moyen de laisser une marque : « Parler (m'écrier, hurler, déchirer l'air, la rage m'y poussait sans cesse) ne laisse pas de traces : tu peux parler – ça s'évapore, les oreilles sont faites pour ne pas entendre, la voix se perd. Mais écrire ! Etablir un contrat avec le temps ! Marquer ! Se faire remarquer ! »[354]. Hélène Cixous, écrivain d'origine algérienne, raconte comment elle a vécu dans la douleur le processus de la naissance de l'écriture. Elle analyse avec lucidité comment les interdits personnels et sociaux se conjuguent avec la difficulté d'accès à l'écriture : « Tout de moi se liguait pour m'interdire l'écriture : l'Histoire, mon histoire, mon origine, mon genre – tout ce qui constituait mon moi social, culturel. A commencer par le nécessaire, qui me faisait défaut, la matière dans laquelle l'écriture se taille, d'où elle s'arrache : la langue. »[355]

Le problème linguistique concerne tous les écrivains maghrébins qui devront faire un choix et qui franchiront souvent cette étape en choisissant le français, cette langue de l'autre, qui devient alors, surtout pour les femmes, la langue du dévoilement. Jean Déjeux analyse avec justesse ce phénomène dans un de ses derniers écrits[356] paru post mortem. La naissance du "je" dans la civilisation musulmane lui semble d'autant plus difficile qu'il n'existe dans la littérature arabe que dans le cadre religieux. Cette difficulté trouvera cependant un exutoire inespéré dans le franchissement linguistique car l'arabe a toujours été considéré comme la langue du sacré, l'apprentissage de la lecture se faisant dans les sourates du Coran et dans la psalmodiation. L'obligation faite aux écrivains de rédiger dans la langue française, du fait de la colonisation, facilitera l'utilisation du "je" et permettra de franchir l'interdit religieux qui s'attache à l'écriture arabe[357]. Selon Jean Déjeux, l'affirmation d'un "je"

---

[354] Extrait d'une étude d'Hélène Cixous, *La venue à l'écriture*, U.G.E., Collection 10/18, série « Féminin-Futur », Paris, 1977, p. 22.
[355] *Ibidem*, p. 20.
[356] Cf. « Au Maghreb, la langue française "langue natale du je" » in *Littératures autobiographiques de la francophonie*, sous la direction de Martine Mathieu, Actes du Colloque de Bordeaux des 21, 22 et 23 mai 1994, L'Harmattan, Paris.
[357] Nous pouvons citer à ce propos le constat de Mohammed Kamici dans « Langue de Dieu et langue du je » in *Autrement*, série Monde, n° 60, H.S.- Mars 1992 (« Algérie, 30 ans »), pp.118-119 : « Je n'ai point quitté ma langue maternelle, mais une langue divine. La langue française est devenue pour moi la langue natale du "je", langue de l'émergence pénible du Moi. Il ne s'agit point de bilinguisme, ni de déchirement. Le partage est clair. A ma langue d'origine je donne l'au-delà et le ciel ; à la langue française, le désir, le doute, la chair. En elle je suis né en tant qu'individu. Ecrire en français c'est oublier le regard de Dieu et de la tribu [...], réaliser la rupture avec cette longue chaîne de traditions,

La révélation du pouvoir ou "la femme au livre"

féminin est encore plus difficile car, « traditionnellement, la femme, reléguée dans l'espace domestique, n'a pas à se rendre publique par une affirmation d'autonomie personnelle, dans la société masculine »[358]. La langue française, en révélant l'intime, participera ainsi à la connaissance et à la conquête de soi.

Assia Djebar, par exemple, avoue, dans *L'Amour, la fantasia,* que tenter l'autobiographie par les seuls mots français, c'est « parler de soi-même hors de la langue des aïeules » pour s'exiler définitivement de l'enfance, c'est « sous le lent scalpel de l'autopsie à vif, montrer plus que sa peau », jusqu'à « vraiment se "mettre à nu" »[359]. Le français deviendra alors une langue familière que chaque romancière fera sienne « puisqu'elle vibre dans une chair et ses mots familiers fouillent incessamment [les] pensées, affinent [la] sensibilité »[360]. L'écriture francophone va s'offrir comme une quête, sans proposer cependant de transparence immédiate[361], car celle-ci n'existe plus, ainsi que l'affirme Edouard Glissant : « Ces sommes, ces sommations de l'existant n'ouvrent pas sur des paraboles, sur des intentions explicatives, ce sont des explorations de ce qui ne se démêle pas »[362]. L'écriture devient ainsi « le lieu et la matière qui enregistre ces tremblements » avec des procédés qui déroutent comme des phrases suspensives, des constants changements de points de vue, un morcellement narratif et des emboîtements, tout un tissu d'images dans un labyrinthe narratif ou onirique. Ces nouvelles techniques d'écriture permettront d'entrer dans des questionnements neufs. C'est cette opacité elle-même qui, selon Glissant, deviendra la source et la garantie de la « sérénité »[363], en suscitant une démarche dynamique, faite de « bouleversements qui nous changent »[364].

C'est une manière indirecte de mettre des mots sur les choses qui évacue alors les crispations, permettant au "chimney sweeping" de remplir son office et d'ouvrir la porte au plaisir de vivre retrouvé.

---

d'héritages, de legs, que les miens assument depuis des millénaires. C'est nier le dogme pour célébrer toute transgression. Je n'écris pas en français. J'écris en moi-même. »

[358] Jean Déjeux, « Au Maghreb, la langue française "langue natale du je" », *op. cit.*, p. 192.
[359] Assia Djebar, *L'Amour, la fantasia, op. cit.,* p. 241.
[360] Extrait d'une communication de Malika Mokeddem dans *Le Monde* du 18 juin 1991.
[361] Cf. l'article de Dominique Ranaivoson, « La littérature francophone peut-elle renoncer au mythe de la transparence ? » in *Francophonie et diversité linguistique,* Opera Romanica 7, Conférence internationale, Université de Bohème du Sud, Ceské Budějovice, République tchèque, 2005, pp. 192-203.
[362] Edouard Glissant, *La Cohée du Lamentin,* Paris, Editions Gallimard, 2005, p. 123.
[363] Edouard Glissant, *op. cit.,* p.108.
[364] *Ibidem.*

Un cheminement fondateur

Cette manie de tout mettre en mots se retrouve chez Nadia, dans *Au Commencement était la mer* de Maïssa Bey. Dans les moments douloureux, la jeune fille se raccroche aux mots car ils la sauvent du désespoir et de la déraison. Il ne s'agit même pas alors d'écrire mais de se bercer de syllabes, de mots, de consonances qu'elle répète pour elle toute seule, et qui sont pour elle une consolation.

Dans *Cette Fille-là*, le message est plus explicite. Maïssa Bey, par l'intermédiaire de sa narratrice Malika, le place en avertissement, avant même de commencer son histoire, pour faire justement ressortir ce qui motive l'écriture des pages qui suivent. Ce paragraphe qui s'adresse directement aux lecteurs est écrit à la première personne et l'on pourrait penser, à première vue, qu'il s'agit d'elle jusqu'à ce qu'on découvre le nom de Malika qui clôture cette courte entrée en matière. La connivence entre l'auteur et le personnage fictif est évidente et ne peut tromper personne. Mais ce jeu très subtil peut faire planer le doute et laisser à penser que ce n'est pas vraiment elle qui a écrit le livre et que l'une des femmes dont elle écrit l'histoire a pris la parole. L'écriture, en tant que dénonciation, n'en a que plus de poids car la revendication de son urgence et de sa nécessité dépasse ainsi Maïssa Bey pour passer par ce relais d'écriture en englobant du même coup toutes les femmes. Elle laisse éclater sa colère, remettant en question le statut des femmes et dénonçant la société :

> J'ai tout simplement envie de dire ma rage d'être au monde, ce dégoût de moi-même qui me saisit à l'idée de ne pas savoir d'où je viens et qui je suis vraiment. De lever le voile sur le silence des femmes et de la société dans laquelle le hasard m'a jetée, sur des tabous, des principes si arriérés, si rigides parfois qu'ils n'engendrent que mensonges, fourberie, violence et malheurs. (p. 11)

Elle fait même appel aux lecteurs pour les enjoindre de la lire, sous prétexte que ce sont eux qui la font exister et que, sans eux, l'écriture elle-même devient silence. Ecrire, c'est laisser sa marque, sa fiche identitaire, sur le papier. Le personnage de Malika le confirme. Cette femme est enfermée dans une maison de retraite qui n'est ni un asile, ni un hospice, mais un établissement fourre-tout, « une nef des fous » comme elle l'appelle, au milieu d'autres pensionnaires, échantillon d'une humanité déchue et oubliée. Elle est simplement cataloguée par un sigle car il est notifié F.I.C. sur son dossier (Forte instabilité caractérielle). Elle n'est

La révélation du pouvoir ou "la femme au livre"

ainsi plus reconnue pour ce qu'elle est et en perd jusqu'à son nom. D'une manière dérisoire, sa première victoire ne sera que le fait d'apposer son prénom sur le papier. C'est pour elle le passage obligé d'une affirmation identitaire :

> Je vais essayer de commencer par ça. Inscrire déjà ce prénom. Griffe sur la page blanche. Comme une reconnaissance.
> Malika.
> C'est mon nom.
> C'est là en toutes lettres.
> C'est bon, là, je peux commencer l'histoire. (p. 19)

L'écriture peut suivre ensuite et prendre le relais. Il n'est pas important de savoir s'il s'agit d'une histoire fictionnelle ou biographique. L'essentiel est que Malika trouve le chemin de l'écriture et elle devient, de cette manière, la dépositaire de toutes « les histoires de femmes apparemment sans histoire » qui l'entourent, qu'elle a su écouter et qu'elle représente. Ce geste scriptural la sortira de son néant en lui redonnant un statut identitaire :

> Je suis
> celle qui veut chasser la nuit. S'accrocher au jour qui revient. Retenir. Se retenir. Ne pas basculer. Continuer à raconter leurs histoires. A les écrire. Ne pas sombrer. (p. 122)

Le personnage du narrateur se fond avec le personnage de l'auteur quand ils s'affirment tous deux comme "écrivants" et ils se superposent, en même temps, à toutes ces histoires de femmes. Il n'y a plus de frontières entre ce qui est pensé, ce qui est dit et ce qui est écrit. Il n'y a plus de délimitations entre celle qui pense, celle qui dit et celle qui écrit. Malika et Maïssa Bey ne font plus qu'un, chacune devenant l'écho de l'autre et des autres :

> Je les entends parfois ces voix qui crient mon nom. [...] Elles sont dans ma tête, elles s'emparent de mon corps. [...] Je dois m'abandonner. Les écouter. Les suivre. Je les suis. L'une d'entre elles me montre le chemin. [...] Je la suis, j'avance dans le sillon qu'elle creuse en moi. (p. 121)

La quête identitaire personnelle de la narratrice, Malika, se mêle à celle de Maïssa Bey et s'inscrit, de relais en relais, dans une revendication beaucoup plus large, celle d'une revendication existentielle féminine qui condamne la société sclérosée qui les entoure et réclame une réhabilitation de la femme en tant qu'individu, requérant implicitement par là même, sur le plan politique, un nouveau statut et une reconnaissance de ses droits. Maïssa Bey se révèle ici, sans l'annoncer ouvertement, une femme écrivain engagée qui prend sa place dans un combat féministe dénonciateur, tout en privilégiant une sensibilité poétique de romancière qui est sa meilleure arme.

Elle le reconnaît ouvertement lorsqu'elle avoue dans une interview que l'écriture est son seul espace de liberté dans la mesure où elle est venue à l'écriture « poussée par le désir de redevenir sujet et, pourquoi pas, de remettre en cause, frontalement, toutes les visions d'un monde fait par et pour les hommes essentiellement »[365]. Mais il lui a fallu du temps pour s'enhardir et se mettre à écrire afin de passer, comme elle le dit, « de l'autre côté du miroir, de l'autre côté de la page » pour « faire entendre tous ces mots qui bruissaient en [elle] au cœur de silences imposés ». C'est ainsi qu'elle s'est résolue « à prendre la parole comme d'autres prennent les armes [...] avec les seuls outils dont [elle] disposait : les mots ».[366]

Mais, parfois, le masque de la fiction semble trop fragile et l'invention d'une identité nouvelle, grâce à un pseudonyme, permet, par écriture interposée, de se libérer d'une identité de femme imposée. On n'a qu'à penser à Assia Djebar, dont nous avons évoqué le choix de son nom d'écriture dans notre première partie. Choisir d'être écrivain et de passer sous les feux de la rampe est évidemment une prise de risque où la femme sort du registre qui lui est imparti et risque la condamnation, l'ostracisme et le rejet. Il est évident cependant qu'à partir du moment où les publications apportent le succès et le renom, les conditions sociales évoluent et l'anonymat s'avère moins indispensable. Assia Djebar, quant à elle, a conservé son pseudonyme alors même que la célébrité lui permet la transparence, sans doute pour des raisons de symbolique car le choix de la dénomination de remplacement avait pour elle une signification identitaire plus importante que son propre nom.

Pour Malika Mokeddem, l'écriture est déjà présente dans les tréfonds de son être depuis sa petite enfance. Elle évoque cette gestation, en remontant très loin dans le temps alors qu'il était impossible à ce moment

---

[365] Extrait d'un entretien réalisé par Yasmina Belkacem, « Le séisme est un prétexte pour explorer les ressorts de l'âme humaine » pour le journal, *Le Soir d'Algérie*, le 29 septembre 2005.
[366] Extrait d'une interview « L'être et les mots », parue dans *El Watan*, Algérie, le 6 septembre 2007 (déjà citée).

qu'elle en prenne conscience, mais elle sait que l'obligation de silence et sa révolte travaillaient déjà dans l'ombre. Ses replis stratégiques dans la solitude du rêve, sur le haut des dunes de son village natal, sont le creuset de cette intériorité qui s'avèrera si féconde. Les plongées à l'intérieur de son Moi seront le moteur d'un foisonnement imaginatif et créateur. Face à l'étouffement d'un monde rétréci qui la bride et la muselle, elle élargit sa réflexion et sa perception d'elle-même.

L'écriture est pour elle un voyage solitaire où même l'amour n'a plus sa place. Elle laissera l'homme de sa vie pour pouvoir s'innerver dans la création. L'amour et l'écriture ont chez elle du mal à coexister. Lorsqu'elle rentre en écriture, elle n'a plus du tout besoin de tour du monde en bateau, de voyage géographique. Son histoire d'amour part en déliquescence. Même son compagnon depuis 17 ans n'arrive plus à la retenir :

> Dès que tu t'es mise à écrire, j'ai compris que tu partais sans retour en me laissant sur un quai. [367]

L'incompréhension s'installe dans le couple et Malika Mokeddem s'interroge sur la perversion de ses succès littéraires qui se transforment en danger mortel pour « son homme » qui devient malheureux et jaloux de son écriture. Ce dilemme infernal se terminera par la rupture car cesser d'écrire serait pour elle cesser d'exister, l'écriture étant devenue le ferment de sa vie. Elle va ensuite s'installer dans une solitude, cette fois-ci, librement choisie, dans sa maison de Montpellier perchée sur la falaise au milieu des collines, cette maison qu'elle appelle sa « citadelle de l'écriture fermée sur elle-même »[368]. Elle affirme écrire pour « lancer des lettres comme des étoiles filantes dans cette insondable opacité »[369]. Elle écrit, non seulement pour mettre des mots sur sa douleur mais aussi pour se libérer du trop-plein des mots enterrés. L'écriture est, à la fois, résistance, rêve et projection de soi dans un avenir. C'est pour elle une manière de ne pas sombrer et de ne pas seulement survivre, mais de vivre pleinement : elle assure qu'elle est le « souffle » de sa vie « sans cesse délivré »[370]. Au même titre que les livres nourrissent et structurent sa combativité, l'écriture la sauve de l'errance de l'extrême liberté.

C'est ainsi que, dans son livre, *Mes Hommes*, elle évoque toutes ses liaisons amoureuses. Contre le silence de son enfance, en dehors de toute fiction, elle veut se libérer des tabous et « écrire (sa) vie jusqu'au bout »,

---
[367] Mokeddem, Malika, *Mes Hommes, opus cit.*, p. 177.
[368] *Ibidem,* p. 230.
[369] *Ibid.,* p. 21.
[370] *Ibid.,* p. 23.

pour illustrer sa liberté d'être au monde. Ecrire sur les hommes aimés n'est pas un épanchement, c'est une manière de revendiquer son droit à l'égalité, à l'amour et le libre choix de sa sexualité. Son discours n'est pas provocateur, il est libérateur. Raconter ses hommes, "ce pouvoir dire", participe au franchissement suprême de l'interdit. C'est mettre à jour et banaliser la sexualité. Il n'y a plus de silence, de honte et d'objet de scandale. L'écriture, par cette rupture du silence, la conduit à son aboutissement personnel. Elle le reconnaît avec lucidité lorsqu'elle affirme : « C'est par elle que je me suis construite ». Ce cheminement scriptural dans la solitude des manques, ce tête-à-tête avec elle-même, lui réapprend l'amour d'elle-même et l'amour de la vie.

Mais ce besoin pressant d'écrire s'avère stérile si ce qui est dit sur le papier n'est pas édité car l'aboutissement court vers la fermeture de la boucle où la communication doit être rétablie. Le voyage à l'intérieur de soi devient un périple où les deux rives, de la lecture et de l'écriture, se rejoignent pour se jeter ensuite à la conquête du monde des autres, afin d'être lue et connue et de rétablir la communication suprême, celle qui dépassera le temps de la vie pour perdurer dans la pensée des hommes et peut-être continuer la chaîne d'une communication qui ne s'arrête jamais.

Il y a un pas capital entre le fait d'être écrivant et écrivain : Malika Mokeddem ne raconte à personne qu'elle écrit. Mais quand son premier manuscrit, *Les hommes qui marchent,* est accepté par Maurice Nadeau, elle trouve enfin le courage de révéler au grand jour ce qu'elle faisait en secret. Passer de l'écrivant à l'écrivain, c'est être reconnue par les autres. Tout d'abord par Jean Debernard, le libraire de Montpellier qui s'étonne d'apprendre cette nouvelle : « Ah bon ? Ça, c'est extraordinaire. Mais je ne savais pas que vous écriviez. Pour moi, vous étiez un médecin qui lit »[371]. Être éditée, c'est pour elle « un autre commencement du livre »[372]. C'est passer du privé au public, passer du statut d'inconnue à celui de la notoriété. Elle en a parfaitement conscience et éprouve une grande joie quand elle écrit : « L'un des hommes qui font exister les livres m'a parlé au téléphone. Je suis en train de devenir écrivain »[373].

Si l'on se réfère à Maurice Blanchot dans *De Kafka à Kafka*[374], devenir écrivain est une manière de sortir de son néant. Selon lui, l'écrivain « a besoin de l'œuvre qu'il produit pour avoir conscience de ses talents et de

---

[371] *Ibid.,* p. 212.
[372] *Ibidem.*
[373] *Ibid.,* p. 213.
[374] Blanchot, Maurice, *De Kafka à Kafka*, Editions Gallimard, 1981.

lui-même. L'écrivain ne se trouve, ne se réalise que par son œuvre ; avant son œuvre, non seulement il ignore qui il est, mais il n'est rien. Il n'existe qu'à partir de l'œuvre... »[375]. Il fait allusion à Hegel dans *La phénoménologie* qui remarque que le passage à l'acte doit commencer quelles que soient les circonstances et sans penser davantage au début, au moyen et à la fin. L'écriture, à elle seule, est, pour Blanchot, une révélation de soi : « C'est le mouvement parfait par lequel ce qui au-dedans n'était rien est venu dans la réalité monumentale du dehors comme quelque chose de nécessairement vrai, comme une traduction nécessairement fidèle, puisque celui qu'elle traduit n'existe que par elle et en elle »[376]. C'est ce que Hegel appelle « le pur bonheur de passer de la nuit de la possibilité au jour de la présence, ou encore la certitude que ce qui surgit dans la lumière n'est pas autre chose que ce qui dormait dans la nuit ».

Si, dans une première étape, l'écrivain ne peut exister que par son œuvre, la deuxième étape est de faire exister cette œuvre par elle-même. C'est alors le lecteur qui fait l'œuvre et qui, en la lisant, la crée et en devient l'auteur véritable. Ainsi, lorsque l'œuvre devient une réalité publique, elle échappe à l'écrivain : « En écrivant, il a fait l'épreuve de lui-même comme d'un néant au travail et, après avoir écrit, il fait l'épreuve de son œuvre comme de quelque chose qui disparaît, mais le fait de disparaître se maintient, apparaît comme essentiel, comme le mouvement qui permet à l'œuvre de se réaliser en entrant dans le cours de l'histoire, de se réaliser en disparaissant »[377].

On en arrive à un double constat frappant et inattendu : le livre accomplit, à la fois, une œuvre de négation et de transformation. Car l'œuvre, créée dans la solitude par un solitaire, devient l'objet de tous et porte en elle une vue qui intéresse tout le monde, en portant un jugement implicite sur les autres œuvres et sur les problèmes du temps. Et elle devient aussi cette « chose autre », ce livre dont l'écrivain n'avait qu'une idée, que rien ne permettait de connaître à l'avance et qui va le faire, lui-même, devenir autre. L'écrivain se réalise ainsi, en ne restant pas ce qu'il était. La négation est ici source de transformation. Son livre devient aussi source de transformation et de négation de l'ensemble du monde dont il est le reflet changé : « Il est source infinie de réalités nouvelles, à partir de quoi l'existence sera ce qu'elle n'était pas »[378].

Chaque livre implique une évolution où le Moi initial devient autre. Chaque œuvre est le point de départ d'une nouvelle négation. Et les

---

[375] *Opus cit.*, p.14.
[376] *Ibidem*, p.17.
[377] *Ibid.*, p.19.
[378] *Ibid.*, p. 27.

transformations successives participent à une construction de soi toujours en mouvement. Que ce soit pour l'écrivant ou pour le lisant, la puissance formatrice est incomparable. Elle est aussi pour celui qui passe par l'acte d'écrire l'apprentissage d'une extrême liberté : « Ainsi, écrivant, l'homme enchaîné obtient immédiatement la liberté pour lui et pour le monde ; il nie tout ce qu'il est pour devenir tout ce qu'il n'est pas. En ce sens son œuvre est une action prodigieuse, la plus grande et la plus importante qui soit. »[379]

Gaston Bachelard va dans le même sens quand il estime que l'écriture représente pour le poète ou l'écrivain une prise de risque. Selon lui, écrire n'est pas chercher des images pour illuminer la rêverie car l'émergence de l'imagination vient du langage lui-même. Les mots entraînent le créateur dans un cheminement qui le dépasse et c'est dans le langage que sa pensée se construit : « Ce qu'on avait à dire est si vite supplanté par ce qu'on se surprend à écrire qu'on sent bien que le langage écrit crée son propre univers. [...] le langage est toujours un peu en avant de notre pensée, un peu plus bouillonnant que notre amour. Il est la belle fonction de l'imprudence humaine »[380]. L'image poétique devient ainsi l'expression d'une expérience du monde qui n'a pas encore pu s'effectuer. La parole crée « de l'être », « de l'humain » et réalise une découverte, inscrivant celui qui écrit dans une nouvelle réalité. Suivant les auteurs et les sensibilités, écrire s'inscrit alors dans un mouvement paradoxal et inversé où l'écriture peut aussi bien être le ferment de la vie que la vie le ferment de l'écriture.

Néanmoins, même si écrire s'avère parfois une compensation dans un monde trop difficile où la parole est interdite, l'activité littéraire ne se borne pas à cela. L'écriture de la douleur est souvent un moteur, celui d'une intense méditation. On peut reprendre, dans ce sens, l'idée de Nietzsche : « Ecris avec du sang, dit Zarathoustra, et tu apprendras que le sang est esprit ». L'écriture représente alors, chez les écrivaines algériennes tout comme chez Kafka, une libération des forces latentes, une ouverture de possibilités ignorées, dans l'urgence d'une création qui se presse aveuglément vers le dehors : « Immensité du monde que j'ai dans ma tête... Plutôt éclater mille fois que de le refouler ou de l'ensevelir en moi ; car c'est pour cela que je suis ici, là-dessus je n'ai pas le moindre doute ».

---

[379] *Ibid.*, p. 28.
[380] Bachelard, Gaston, *L'air et les songes, Essai sur l'imagination du mouvement*, Paris, Librairie José Corti, 1948, pp. 284-288.

Selon Blanchot, la littérature consiste à essayer de parler à l'instant où la prise de parole devient le plus difficile. Dans ce cas, celui qui écrit « sent sa création liée mot à mot à sa vie, il se recrée lui-même et se reconstitue »[381]. Mais le moyen d'éprouver la littérature la plus féconde, lorsque les émotions s'avèrent incommunicables, est le passage du "Je" au "Il", du "Ich" au "Er", comme le découvre Kafka dans sa première nouvelle importante, *Le Verdict*[382]. Il s'agit d'une sorte d'anéantissement de soi, consenti par l'artiste. Ce détour du discours par des êtres fictifs est un subterfuge de substitution que Blanchot analyse avec beaucoup de pertinence : « Tout se passe comme si, plus il s'éloignait de lui-même, plus il devenait présent. Le récit de fiction met, à l'intérieur de celui qui écrit, une distance, un intervalle (fictif lui-même), sans lequel il ne pourrait s'exprimer. Cette distance doit d'autant plus s'approfondir que l'écriture participe davantage à son récit. Il se met en cause, dans les deux sens ambigus du terme : c'est de lui qu'il est question, c'est lui qui est en question – à la limite, supprimé »[383]. La littérature s'annonce comme le pouvoir qui affranchit, comme la force qui écarte l'oppression du monde, par ce passage libérateur du "je" au "il" où l'observation de soi-même passe par une observation qui s'élève au-dessus d'une réalité mortelle, vers un monde de liberté. C'est la distanciation qui va permettre à l'auteur de se dire. Ecrire devient ainsi une manière de prendre en charge l'impossibilité d'écrire, c'est une manière de « nommer le silence ».

L'écriture de soi passe souvent par un discours sur l'altérité. L'ouverture sur les autres est le premier pas vers l'acceptation de soi et vers une construction personnelle. « L'écrit romanesque », comme le souligne Charles Bonn, participe à cette entreprise qui imprime « une ouverture à un déchiffrement extérieur »[384]. Le romancier marocain, Tahar Ben Jelloun, même s'il analyse à priori le processus de l'écriture à partir de la césure entre les cultures arabes et occidentales, constate de la même manière que la recherche identitaire passe d'abord par l'abstraction de soi et la connaissance des autres. L'écriture sur le monde et sur la solitude des autres le confrontera à lui-même, à la conscience de ses

---

[381] Blanchot, Maurice, *De Kafka à Kafka, op., cit.* p. 82.
[382] Kafka, Franz, *Das Urteil,* 1ère parution en 1913, Editions Kurt Wolff. Publié par la Revue Bifur n°5, avril 1930. Pour la parution française, *Le Verdict,* traduit de l'allemand par Pierre Klossouski et pierre Leyris, Editions Le Capucin Lectoure, 2003.
[383] Blanchot, Maurice, *De Kafka à Kafka, op., cit.,* p. 87.
[384] Charles Bonn, « L'exil fécond des romanciers algériens » in *Exil et littérature,* 26 articles de l'Equipe "Recherche sur le voyage" avec Introduction de Jean Mounier et conclusions de Jean Sgard, Actes du 19e congrès de l'Université des Langues et Lettres de Grenoble 3, ELLUG, Grenoble, 1986, p. 72.

différences et à la communication ultime par les mots qui lui renverront, dans le même constat, une réponse à sa quête personnelle et à son désir d'identité :

> J'écris pour ne plus avoir de visage. J'écris pour dire la différence. La différence qui me rapproche de tous ceux qui ne sont pas moi, de ceux qui composent la foule qui m'obsède et me trahit. Je n'écris pas *pour* mais *en* et *avec* eux. Je me jette dans le cortège de leur aliénation. Je me précipite sur l'écran de leur solitude. La parole acérée. Le vide plus un fragment de vie ramassé miette par miette.
> Ce qui m'unit à ceux qui me lisent ou me liront, c'est d'abord ce qui m'en sépare. Le mot et le verbe sont ce par quoi je réalise la non-ressemblance et l'identité. Communiquer pour moi c'est aller aussi loin que cette différence est perçue.[385]

L'effacement de soi représente alors, étrangement, l'unique moyen de retrouver un visage et de revendiquer son existence propre. Dans un jeu subtil et contrasté, le "il" de l'écriture finit par revenir au "je" en passant par le "nous". Cet apprentissage du "je", où le "il" devient tous les "toi" que le "je" récuse, enfante dans la douleur, au fil de l'écriture, un "nous". Le "je", pour la première fois, ne s'inscrit plus dans la négation mais dans une participation au monde et une intégration dans un système de fonctionnement en rapport avec les autres où le Moi prend sa place sans toutefois s'affirmer à la première personne. Ce jeu de cache-cache de l'écriture, quand le désespoir de la biffure de soi pousse à une quête effrénée des "profondeurs" et des "extérieurs" (des autres et de soi), finit par aboutir à une acceptation et à une reconnaissance de soi

Une réintégration de soi

Pour les romancières algériennes, l'écriture représente, de la même manière, un processus de transformation car dans les entrailles du texte et des nécessités créatrices, les mots racontent une histoire derrière l'histoire et ce qui ne peut être dit se découvre dans les subtilités et les ruptures, dans cette bifurcation de la matière écrite qui met en œuvre à travers le langage poétique tout un jeu de l'implicite qui dévoile, sous le macrocosme culturel, le microcosme biologique et intime de l'auteur, en un mot, sa vérité immanente et personnelle.

---

[385] Tahar Ben Jelloun, *Les Amandiers sont morts de leurs blessures,* Editions de la Découverte, Paris, 1976, cit. dans *Littératures francophones du monde arabe. Anthologie,* de Joubert, Jean-Louis, Nathan, Paris, 1994, p. 103.

La révélation du pouvoir ou "la femme au livre"

Chez Taos Amrouche, dans *L'Amant imaginaire*, la douleur et le désespoir représentent le moteur essentiel de l'écriture. Elle écrit à ce propos :

> Des livres ? Il suffirait de ficher un poinçon dans une de mes veines et de laisser le sang noir de mon cœur couler sur la page blanche, pour que les livres s'écrivent tout seuls. (p. 26)

Il s'agit là du phénomène du "chimney sweeping" dont parlait Groddeck où l'écriture participe à l'évacuation de ce qui fait souffrir et reste le seul exutoire à la souffrance, la création étant vécue comme un automatisme et une pulsion libératrice. C'est pour Taos Amrouche « la seule façon de [se] retenir pour ne point couler ». Mais c'est aussi, pour elle, une manière d'apprendre l'égocentrisme car ce repli sur soi décentre "l'œil" et la coupe du monde extérieur en faisant revenir son regard sur sa personne. L'écriture devient alors un acte solitaire et salvateur qui gomme les autres et recentre l'intérêt uniquement sur elle-même, comme elle l'exprime page 163 :

> Ecrire ! Devenir une *plume* : plus rien alors n'aurait d'importance à mes yeux. [...] Se réfugier en soi-même, ne rien exiger d'autrui, attendre tout de soi et se résigner à ne rien partager avec personne, puisque c'est impossible, là est sans doute le salut.

Elle peut alors se laisser emporter par le foisonnement des idées et des images quand la puissance de l'inspiration l'envahit et que la violence et la richesse d'une activité créatrice la submergent, en l'habitant tout entière et en lui faisant oublier tout le reste. Elle se transforme en « plante tropicale proliférant en tout sens, (avec) l'impression délicieuse et inquiétante, à la fois, d'une poussée de sève faisant jaillir [d'elle] tiges et lianes bien vertes qui (s'élancent) vers le ciel ».

Cette pratique de l'écriture ne se borne pas, pour Taos Amrouche, à un épanchement mais elle va la conduire à la découverte de la singularité de sa nature. Et c'est, selon elle, cette conscience de soi qui lui permettra de se dépasser et de ne pas rester un écrivain qui subit ses passions et son destin mais un écrivain omniscient qui manipule l'écriture pour s'en rendre le maître :

> Car c'est bien cette conscience qui seule peut me permettre de me dépasser, de justifier pareil destin en projetant sur le plan de l'œuvre

d'art ma propre histoire, comme si elle avait été vécue par une autre, la modifiant, la transformant à mon gré, m'en servant comme d'une matière première, grâce à cette faculté de dédoublement que l'on s'accorde à me reconnaître. (p. 26)

Ce jeu introspectif, sous le couvert d'une narratrice, lui permet à la fois de "se dire" tout en se camouflant, et de "se dédire" tout en racontant des bribes de sa vie sous le prisme de la fiction. Cette superposition des strates de l'inconscient et du conscient, ces allers-retours continuels entre le vécu et le fictif vont ainsi rapprocher l'écrivain de la connaissance d'elle-même, tout d'abord par l'expression de ses réactions physiques et psychiques et, ensuite, en la faisant apparaître, dans ses aspects spirituels et corporels, comme actrice et comme spectatrice. Elle se sent devenir le maître d'œuvre de ses romans et évoque l'étrange joie qu'elle éprouve « à créer, à voir les scènes naître les unes des autres et (ses) héros vivre de leur vie propre, à assister tout en la disciplinant à la croissance de cette prolifération prodigieuse qu'est un récit ». Même si elle se barricade dans la solitude pour écrire et pour trouver sa sève créatrice, elle éprouve une allégresse exaltante à dominer ce monde de la fiction, jusqu'à une forme de jouissance proche du bonheur.

Jean Delay, médecin psychiatre, essayiste et romancier lui-même, a analysé ce processus. Il estime que l'écrivain arrive, par le biais de la fiction, à donner du corps au personnage du double, qui ne représente cependant ni tout à fait l'auteur, ni tout à fait un autre, comme il l'écrit dans une de ses publications scientifiques : « Entre le romancier et son double s'opère précisément un transfert, positif ou négatif qui l'aide à prendre conscience de son propre fonds »[386].

Jean Starobinski va encore plus loin lorsqu'il étudie le rapport entre psychanalyse et création littéraire. A ses yeux, l'œuvre devient souvent pour l'écrivain une manière de se projeter : « L'œuvre est à la fois sous la dépendance d'un destin vécu et d'un futur imaginé. […] Loin de se constituer uniquement sous l'influence d'une expérience originelle, d'une passion antérieure, l'œuvre pourrait être considérée en elle-même comme un acte original, comme un point de rupture où l'être, cessant de subir son passé, essayerait d'inventer, avec son passé, un avenir imaginaire, une configuration soustraite au temps »[387].

---

[386] Delay, Jean, « Névrose et création », in *Aspect de la psychiatrie moderne*, P.U.F., 1956.
[387] Starobinski, Jean, « Psychanalyse et connaissance littéraire » in *L'Œil vivant II. La relation critique,* Gallimard, Collection Le Chemin, Paris, 1970, p. 283. Coll. «Tel», 2000. Ed. rev. et augm. N° 314, 2001.

Les auteures algériennes sont dans l'ensemble tout à fait conscientes de ce besoin effréné de s'affirmer par des mots. Maïssa Bey, dans sa préface des *Nouvelles d'Algérie,* partage ce point de vue lorsqu'elle affirme que, pour elle, écrire « c'est regarder en face ce que jusqu'alors [elle] n'avait pu imaginer »[388]. Elle explique au lecteur dans ce préambule que la fiction est une façon de donner corps à des personnages qui lui semblent plus familiers, plus proches et plus réels que ceux qu'elle côtoie tous les jours, car elle se retrouve en eux. C'est pour elle la seule façon de lutter contre la tentation du silence, d'aller à la rencontre de sa peur et de l'affronter en regardant en face ce que jusqu'alors elle ne voulait pas voir. Ces nouvelles sont des histoires imaginaires où « les fragments de vie » sont « ciselés au burin de [ses] angoisses ». Et, lorsqu'elle donne la parole aux mots pour dire l'indicible, elle s'inscrit dans la pulsation de la mémoire de tout un peuple que l'on voudrait réduire au silence. Ainsi, dans la nouvelle « Sofiane B., vingt ans », quand elle met l'accent sur la douleur de la femme inscrite dans un silence intolérable, c'est encore une manière de parler de la condition féminine en général et d'affirmer en sous-entendu l'urgence de cette parole qu'elle prend, en son nom bien sûr, mais aussi au nom de toutes celles qui sont murées dans la résignation :

> Personne ne leur a jamais appris, ne leur a jamais permis de dire tout simplement non, de se révolter contre une fatalité sur laquelle viennent se briser tous leurs rêves, subir, accepter en silence, le père d'abord, et puis l'époux, et puis le fils, de renoncements en déchirures, parfois si profondes qu'elles entament la chair, intolérable douleur, accrue par les cris qu'elles retiennent, de tout leur corps, et qu'elles ne peuvent expulser. [389]

Assia Djebar, également, sait que, pour elle, l'écriture est une nécessité. Elle retrouve les accents pathétiques de Kafka qui affirme qu'il écrira en dépit de tout, à tout prix, et qui parle d'une écriture de la survie, quand elle évoque comme lui ses motivations :

> J'écris parce que je ne peux pas faire autrement, parce que la gratuité de cet acte, parce que l'insolence, la dissidence de cette affirmation me deviennent de plus en plus nécessaires. J'écris à force de me taire. J'écris au bout ou en continuation de mon silence. J'écris parce que,

---
[388] Bey, Maïssa, *Nouvelles d'Algérie,* Editions Grasset, Paris, 1998, p. 11.
[389] *Opus cit.,* p. 81.

malgré toutes les désespérances, l'espoir (et je crois : l'amour) travaille en moi.[390]

Il en est de même pour Nina Bouraoui dans *Poupée Bella*[391], une composition littéraire écrite sous forme de journal réinventé[392]. Elle nous parle, dans ce livre, de ce qui est le plus important dans sa vie et de ce qui la constitue. Pour elle aussi, l'écriture participe à une affirmation existentielle et reste « la seule façon [...] de devenir une personne ». Mais elle est, à ses yeux, indissociable de l'affirmation de sa sexualité. « Elle vient de ce brasier-là », écrit-elle, car, à son avis, il n'y a que des livres d'amour et son écriture participe à la découverte du plaisir des corps et à une forme d'ivresse :

> Je suis folle d'écriture comme je suis folle d'amour. J'attends les deux. J'attends ce succès-là. (p.35)

Elle rêve d'écriture comme elle rêve d'un corps contre le sien. Elle vit l'envie d'écrire comme une pulsion physique irrépressible. Elle affiche son goût pour les femmes et pour les mots et vit une passion double où l'amour et l'écriture ont la même origine charnelle et font partie du même cheminement. Son homosexualité devient le moteur de son écriture[393] car elle « prend dans le milieu des filles ».

Mais elle s'avère aussi un frein dans un jeu subtil d'allers-retours car la tentative de prise de possession de l'espace féminin n'est jamais concomitante avec la prise de possession de l'espace scriptural. Chacune évacue l'autre et sa nuit homosexuelle est « une nuit sans mots » : il lui faut « se défaire de tous les mots sur l'homosexualité », et elle ne peut « rien courir ni rien expliquer ». Elle constate cette impuissance quand elle

---

[390] Djebar, Assia, "Gestes acquis, Gestes conquis", lettre publiée dans *Présence de femme*, Editions Hiwar, Alger 1986.
[391] Bouraoui, Nina, *Poupée Bella,* Editions Stock, Paris, 2004.
[392] Dans cette expérience scripturale, l'auteure et la narratrice se superposent et se confondent, ce que Nina Bouraoui reconnaît sans détour dans l'interview de *L'Express* du 31 mai 2004, donnée à la sortie de son livre : « Ecrire, c'est retrouver ses fantômes », entretien avec Dominique Simonnet.
[393] Nina Bouraoui n'a jamais caché son homosexualité qui est au cœur de plusieurs de ses romans autobiographiques. Lors de l'interview citée dans la note précédente, elle a déclaré : « Enfant, j'étais déjà folle des filles, et je trouvais cela normal. Je savais que j'étais différente, je me disais que je voulais être un garçon, que j'aimais les filles et que cela m'apportait beaucoup de plaisir. Adolescente, je suis allée jusqu'au bout, je n'avais peur de rien, je voulais mourir d'aimer. A 18 ans, à peine arrivée à Paris, j'ai regardé dans les programmes des sorties, j'ai lu "Katmandou, club féminin". J'y suis allée et j'ai embrassé une fille. Je me suis regardée dans la glace et j'ai pensé : "Et bien, ça y est, je le suis!" C'était réglé. »

écrit : « J'ai une main immobile, j'ai une main qui n'écrit pas ». La douleur de cette dichotomie se retrouve devant l'affirmation du choix impossible car l'amour gomme l'écriture, comme l'écriture se nourrit de l'amour :

> Je ne sais pas s'il faut vivre ou écrire. Je ne sais pas si l'amour est le sacrifice de l'écriture, ou si l'écriture efface, lentement, l'amour. (p.35)

L'écriture est vécue par Nina Bouraoui comme un enfantement et une réparation à l'homosexualité. Elle fonctionne comme une déconstruction et l'acceptation d'un devenir. Elle est errance et soubresauts, elle est violence et peur car « l'angoisse que l'amour ne revienne pas est aussi forte que l'angoisse de l'écriture perdue ». Ecrire est vital et « devient une question de vie ou de mort ». C'est pour elle une plongée à l'intérieur d'elle-même où la maîtrise de son écriture participe à sa propre maîtrise et à sa reconstruction : « Ecrire est aussi une façon de se rassembler, de se retrouver à l'intérieur de soi. »

Même si l'écriture est « un pardon », « un baume sur sa peau », son « devenir », elle reste un pari douloureux jamais gagné, « une forme de folie » où il lui faut « doubler chaque fois la vie » et « répéter les corps et les visages ». Le livre est un travail de prisonnier et de repli, où le corps s'épuise à écrire et où il y a toujours la tentation de retrouver sa liberté. Mais ce sentiment de perdition, cette peur de l'abîme et cette « main du désert », comme elle l'appelle, ne sont que les fluctuations de la création qui, comme l'amour, passe par le corps et qui s'inscrit dans une pulsion de vie proche de la sexualité, conduisant à la fois à l'origine de soi, à un aboutissement scriptural et à la véritable construction de son identité. Pour elle, vivre, écrire et aimer sont indissociables et participent du même élan. L'écriture en arrive à gommer les déchirures des écartèlements intérieurs et des frontières géographiques. Elle permet d'exprimer sa différence et d'acquérir une certaine forme de sérénité. Elle devient récupération de sa personne :

> L'écriture, c'est mon vrai pays, le seul dans lequel je vis vraiment, la seule terre que je maîtrise.[394]

---

[394] Extrait de l'entretien de Nina Bouraoui avec Dominique Simonnet, (déjà cité).

La révélation du pouvoir ou "la femme au livre"

Pour Leïla Sebbar, de la même manière, l'écriture, et celle de la fiction en particulier, met un terme à son déchirement intérieur et à son sentiment d'exil :

> Lorsque j'écris, je suis ma terre et l'exil n'est plus qu'un mot.[395]

Dans sa correspondance avec Nancy Huston[396], elle explique ce processus de réappropriation d'elle-même. Il lui faut se placer « au cœur, au centre, dans la fiction fictionnelle », pour se retrouver « dans un lieu unitaire, rassembleur des divisions, des discordes meurtrières, des éclats de mémoire et d'Histoire ». Le code romanesque lui permet de dévoiler son âme, en dehors de toute autobiographie, et de participer à sa propre reconstruction :

> Pour moi, la fiction c'est la suture qui masque la blessure, l'écart, entre les deux rives. Je suis là, à la croisée, enfin sereine, à ma place, en somme, puisque je suis une croisée qui cherche une filiation et qui écris dans une lignée, toujours la même, reliée à l'histoire, à la mémoire, à l'identité, à la tradition et à la transmission, je veux dire à la recherche d'une ascendance et d'une descendance, d'une place dans l'histoire d'une famille, d'une communauté, d'un peuple, au regard de l'Histoire et de l'univers. C'est dans la fiction que je me sens sujet libre (de père, de mère, de clan, de dogmes…) et forte de la charge de l'exil. C'est là, seulement là, que je me rassemble corps et âme et que je fais le pont entre les deux rives, en amont et en aval.[397]

L'auteur, au centre de cet acte de création, apprend à s'écouter. Dans un jeu inversé, il s'oublie pour mieux se retrouver. Edouard Glissant, écrivain créole, évoque dans un poème cette duplicité de la langue qui raconte autre chose :

> *Ecrire : oublier la voix, mais pour la surprendre aussitôt dans les trames de cette chose posée en page.*
> *[…]*
> *Ecrire : mener la langue vers où elle nous mène, un langage qui la confirme et bientôt outrepasse ses lois.*

---

[395] Sebbar, Leïla, *Lettres parisiennes : autopsie de l'exil, opus cit.*, p. 177.
[396] *Idem.*
[397] *Ibidem,* Extrait de la lettre XXI, du 27 avril 1984, pp. 147-148.

La révélation du pouvoir ou "la femme au livre"

Ecrire, c'est passer d'une intériorisation à une extériorisation, d'un abstrait au concret, d'un désir à un aboutissement, c'est capturer la parole sur une page pour la donner à voir. La main devient le chemin de l'ouverture au monde. Elle va délivrer toutes les vérités intérieures en récupérant les images, les danses et les chants de l'âme. La nostalgie ancienne trouve ainsi à faire éclater au grand jour un dessein tenu secret ou qui n'était pas véritablement formulé mais que l'auteur découvrira. Il lui permettra à la fois ce voyage dans le langage et cette langue cryptée du voyage personnel, qui va s'étaler sur la feuille, sous ses doigts d'écrivain, le faisant rentrer en possession de la page de son cahier comme de la vie elle-même, dans un jeu multiplié à l'infini. Son écriture racontera alors l'histoire des autres, en cherchant et en révélant une quête et une entreprise de récupération de soi, qui se fera au fil des mots.

L'aventure de l'écriture chez les écrivaines algériennes de la deuxième partie du XXe siècle s'inscrit sous un double mécanisme : celui de la concomitance et celui de la chronologie. Car cette entrée en écriture participe à une démarche commune à de nombreuses femmes dans la période postrévolutionnaire jusqu'à aujourd'hui. Cet acte d'occuper un espace jusque-là réservé aux hommes est déjà en soi une prise de position qui affirme tout simplement qu'on existe personnellement, puis socialement et politiquement. Ces femmes participent ainsi au titre donné aux conteurs et poètes d'Afrique en devenant comme eux « les maîtres de la parole ». Mais l'essence même de leur écriture poétique consiste aussi en un trajet fondateur. Selon Daniel-Henri Pageaux[398], dans *Les ailes des mots,* « écrire, c'est capturer les mots » jusqu'à leurs « latences secrètes et peut-être, l'espace d'un instant, la révélation d'un au-delà des mots sans lequel il n'y aurait ni langage ni littérature » car l'écriture est pour lui « la lutte incessante qui doit réduire la distance entre l'ineffable et l'exprimable ». Il ne s'agit point de délivrer un message mais de délivrer une parole, de libérer une énergie. Et le langage poétique fonctionne alors dans un mouvement double et inversé quand il passe « de l'infini détour de ce labyrinthe qu'est la mémoire au détachement des songes »[399]. Selon D.H. Pageaux, même si les mots sortent de la bouche d'ombre et expriment l'inavouable, « ils se montrent à la lumière et s'imposent » parce qu'ils ont été choisis, articulés, ratifiés par l'écriture ». C'est l'acte de création qui va donner aux mots un pouvoir et à l'écrivain une puissance nouvelle, en

---

[398] Pageaux, Daniel-Henri, *Les ailes des mots. Crique littéraire et poétique de la création*, Essai, Editions L'Harmattan, Paris, 1994.
[399] Il s'agit ici d'une citation d'Ungaretti par Daniel-Henri Pageaux dans *Les ailes des mots* p. 24.

reculant les limites du verbal, en défiant sa propre langue, mais sans l'anéantir pour, toujours selon D.H. Pageaux, « donner forme à ce qui n'en a pas, nommer l'innommable » en choisissant de « défier Dieu ou la mort ».

Chez ces femmes, le défi est double : d'une part, elles défient Dieu en refusant de suivre les préceptes religieux à la lettre et, d'autre part, elles défient la mort en sortant du silence, justement par le biais de l'écriture. Elles visent ainsi, par la mise en forme que constitue l'écriture, à « une volonté de puissance, de maîtrise magique du monde et de soi-même »[400].

En allant à la rencontre de l'autre, par le truchement du verbe, « elles expriment ainsi leur désir de devenir sujets. D'aller au-delà du cri. De remettre en cause, frontalement, toutes les visions d'un monde fait par et pour les hommes. De faire entendre une parole singulière »[401]. L'écriture dépasse alors la perspective de la confrontation et de la transgression, s'inscrivant essentiellement dans « l'acte créateur qui se fait au nom d'un désir qui est le même que celui de leurs homologues masculins : celui de prendre la parole, publiquement, et surtout d'assumer cette prise de parole comme un acte de liberté »[402]. C'est ainsi que Maïssa Bey s'affirme, non comme une écrivaine, mais tout simplement comme un écrivain, revendiquant, par-delà les difficultés de la création et les préjugés sexistes et sociaux, ce nouveau souffle de la liberté et la plénitude d'un accomplissement de soi :

> Ecrire permet d'arracher le droit d'être, simplement d'être. C'est dans ce sens - et pour pasticher une formule célèbre qu'il m'est souvent arrivé de proférer cette sentence : « J'écris, donc je suis » ! [403]

2. La mise en abyme de l'écriture

La difficulté de se dire passe parfois par un étrange jeu d'énonciation où le Moi autobiographique prend sa place dans un discours dédoublé, quand la romancière met en scène une narratrice qui en viendra à rédiger sa propre histoire. C'est une manière de reconstruire le fil de sa vie

---

[400] Arnaud, Jacqueline, *Recherche sur la littérature maghrébine de langue française*, t.1, Paris, L'Harmattan, 1982, p. 334.
[401] Extrait de la communication de Maïssa Bey, « J'écris donc, je suis », in *L'Humanité*, 29 novembre 2001.
[402] Extrait de l'interview de Maïssa Bey, « L'être et les mots », déjà citée.
[403] *Ibidem*.

derrière un personnage-écran. La fiction se fait "parade", face à une réalité qui veut être dite.

La romancière, dans cette écriture ambiguë d'une narratrice qui la représente tout en étant « Autre », exprime son moi dans un double jeu qui lui permet de développer « une jubilation [...] narcissique, celle de "se voir se voir" selon l'expression de Paul Valéry »[404].

Malika Mokeddem, dans *Les Hommes qui marchent*, joue de cette distanciation scripturaire pour se mettre en scène dans le théâtre d'un récit fictif où les noms sont changés mais où le personnage principal, Leïla, évolue dans le dédale de ses souvenirs et de ses expériences. Ce subterfuge du "personnage-miroir" ouvre les vannes des mots impossibles à dire et la rend maîtresse du jeu scriptural, en tant que véritable narrateur omniscient au point de focalisation zéro. L'auteur va développer tout au long de l'histoire une ambiguïté où elle est à la fois spectateur et objet de spectacle, créant un semblant de distance entre le "je" du créateur qui n'est jamais prononcé et le "elle" du personnage de fiction qui la représente. Elle va raconter le cheminement de cette enfant depuis son premier crissement de plume à l'école du village jusqu'à la découverte de sa vocation d'écrivain. La petite Leïla va découvrir l'univers de l'école et comprendre qu'un nouveau monde s'offre à elle, qu'elle investit immédiatement, corps et âme :

> Craie, ardoise, encrier, plume, cahiers, livres... Leïla avait d'abord eu un contact charnel, sensuel, avec les éléments qui allaient façonner son esprit. D'où lui était venu ce plaisir tactile instantané ? Du fait, encore inconscient, qu'un univers s'ouvrait à elle ? Un univers aux antipodes de celui qui emprisonnait sa mère ? De la richesse que Leïla y soupçonnait et qui éveillait sa curiosité ? Plume, cahier et livres allaient devenir ses seules lignes de fuite hors de tous les enfermements. [...] Plus tard encore, ils seraient ses armes et moyens de résistance. (p.124)

Au fur et à mesure des années, les mots et les livres auront une emprise de plus en plus grande et le travail souterrain finira par ressurgir au grand jour : « Alors ces mots non-dits creusèrent le fond de sa poitrine... ». Et la montée en écriture arrive à maturation pour libérer le flot des mots trop longtemps contenu et qui ne se tarira plus : « Elle prit sa plume. Raconter ?

---

[404] Tiré de l'étude de Guy Dugas, *La littérature judéo-maghrébine d'expression française. Entre Djéha et Cayagous,* publié avec le concours de l'Université Paris-Val-de-Marne, Editions L'Harmattan, Paris, 1990, p. 218.

La révélation du pouvoir ou "la femme au livre"

Raconter... Mais par où commencer ? Il y avait tant à dire ! Elle n'eut pas à chercher longtemps. Sa plume se mit à écrire avec fébrilité. Un souffle puissant dénoua ses entrailles et libéra enfin sa mémoire. »

L'ensourcement de la fiction dans le réel est ici évident car nous retrouvons ces souvenirs dans un de ses derniers livres, *Mes hommes,* que nous avons déjà évoqué précédemment. Il s'établit un pont entre ces deux livres aussi bien qu'entre Malika Mokeddem et Leïla. La substitution du personnage fictif à celui de l'auteur met en œuvre un double discours où fiction et autobiographie s'entremêlent dans un jeu subtil d'allers-retours et d'imbrications entre le romanesque et l'identification.

Il faut cependant se garder d'assimiler, de manière systématique, la création romanesque au réel car le jeu du décalage fictionnel travestit souvent les expériences. Et, même si un roman peut refléter une situation sociale ou la vie propre d'un auteur, ainsi que le précise Marc Gontard, « il reste avant tout un roman, c'est-à-dire, composition, stylisation, re-création...et l'image qu'il nous renvoie est toujours un simulacre dont il faut prendre en compte l'écart »[405].

La mise en reflet de l'auteur se poursuit parfois de manière subreptice à travers un personnage de deuxième plan. Une nouvelle de Maïssa Bey, *Si, par une nuit d'été...*[406], utilise ce jeu des miroirs comme une touche à peine effleurée, l'histoire elle-même devenant ainsi le lieu d'entrecroisement du leurre et de la vérité, avec le personnage de Warda, la boiteuse, qui n'attend personne et que personne n'attend. Contrairement à ses six sœurs, elle ne cherche pas à savoir de quoi ses lendemains seront tissés et ne veut pas consulter les étoiles pour connaître son avenir. Et, lorsqu'elles se retrouvent, toutes les sept, sur la terrasse de leur maison, la nuit, face à la mer, pour aller en rêves à la rencontre de leurs destins, elle est la seule qui s'inscrit dans la réalité. Elle ne cherche pas de signes au cœur des ténèbres en faisant un nœud à son mouchoir comme sa sœur Leïla et n'appelle pas les esprits pour éclairer sa voie. Elle avance dans la vie avec une certitude et une sérénité inattendues, étant donné son handicap.

---

[405] Gontard, Marc, « La femme et ses représentations dans la littérature masculine de la langue française au Maghreb. Exclusion et contre-pouvoir» in *La femme dans la société francophone traditionnelle*, Revue PLURIAL n° 5 du CELICIF (Centre d'études des littératures et civilisations francophones), Presses Universitaires de Rennes, 1995, p.47.
[406] Récit tiré de *Sous le jasmin la nuit,* Editions de l'Aube, collection l'Aube Poche, 2006, pp.61-73.

Elle sait où « trouver les clés », où « puiser la force d'accomplir [sa] destinée » :

> C'est à moi de démêler les fils. Nul besoin d'interroger les étoiles. [...] Il est d'autres signes, essentiels à ma vie, qui m'ont ouvert, et continueront longtemps je l'espère de m'ouvrir tous les chemins. C'est grâce à eux seuls que je suis vivante, que j'avance tête haute et que je peux oublier ou combler toutes les défaillances de la nature. Sais-tu que quand je lis, quand j'écris, quand je laisse venir à moi les mots, tout ce qui m'entoure disparaît ? Et Warda la boiteuse, la pauvre Warda, la mal nommée, peut ainsi prendre possession du monde et le modeler à sa façon. (p. 70)

L'écriture s'affirme, pour elle, comme le véritable chemin de la liberté. La voie sans issue d'une vie ratée dès ses prémices s'ouvre ainsi sur un avenir et Warda, l'estropiée, va trouver dans les mots la puissance du rêve et la force de l'espérance lorsqu'elle évoque Frederico Garcia Lorca :

> Et même si je ne sais pas danser, personne ne pourra jamais m'empêcher de croire que c'est pour moi que le poète a écrit : « *Jai tendu une corde d'étoile à étoile et je danse.* » (p. 70)

Maïssa Bey n'est pas nommée et il n'y a aucune allusion ou rapprochement entre l'écrivain et le personnage de fiction de son histoire. Seul, le choix de l'exergue met en corrélation de manière indirecte le personnage de l'auteur avec la jeune fille de la nouvelle, grâce à une citation de Mahmoud Darwich :

> *Voici ma langue,*
> *Collier d'étoile aux cous de ceux que j'aime.*
> (Une rime pour les Mu'allaquât.) (p. 61)

Cette métaphore poétique, citée au début de l'histoire par Maïssa Bey, met en lumière la richesse du processus scriptural qui s'inscrit, par ce biais, dans une mise en abyme sans fin, qui part du poète Mahmoud Darwich, porteur de rêves, à la petite boiteuse Warda de la terrasse, incluant l'auteur Maïssa Bey dans la chaîne d'une écriture propice à la construction personnelle.

3. Le métier d'écrivain

Le désir d'une consécration et le besoin d'une reconnaissance publique font souvent partie intégrante de l'acte d'écrire, même s'ils ne s'affirment pas comme tels, par peur d'outrecuidance. Les rêves d'enfant de Sartre sont explicites à ce sujet. Il vise la gloire et le renom. Ce n'est pas le plaisir d'écrire ou la communication qui lui importent, mais le fait qu'il pourrait être connu, reconnu et encensé. En fait, le manque de considération qu'il a de lui et l'extrême solitude de ses jeunes années le conduisent à cibler le succès pour lui donner de l'importance et l'illusion d'exister, à ses yeux, bien sûr, ainsi qu'aux yeux de sa famille et de la société. Ce cabotinage puéril a un double visage qui cache, derrière une folie des grandeurs extravagante et démesurée, des accents pathétiques, lorsqu'il rêve de devenir livre :

> Le hasard m'avait fait homme, la générosité me ferait livre ; je pourrais couler ma babillarde, ma conscience, dans des caractères de bronze, remplacer les bruits de ma vie par des inscriptions ineffaçables, ma chair par un style, les molles spirales du temps par l'éternité, apparaître au Saint-Esprit comme un précipité du langage, devenir une obsession pour l'espèce, être *autre* enfin, autre que moi, autre que les autres, autre que tout. Je commencerais par me donner un corps inusable et puis je me livrerais aux consommateurs. Je n'écrirais pas pour le plaisir d'écrire mais pour tailler ce corps de gloire dans les mots.[407]

Ce tableau visionnaire mégalomane n'est pas qu'une vantardise. Pour Sartre, les intentions profondes sont des projets et des fuites inséparablement liés. Et son entreprise folle d'écrire pour se faire pardonner son existence, car il n'aimait pas vivre, est devenue réalité puisqu'il a écrit sans interruption jusqu'à la fin de sa vie. Ce tour de passe-passe réussit : « il enseveli[t] la mort dans le linceul de la gloire ».

Dans une démarche contraire, André Gide, lorsqu'il cherche les motivations de son écriture, nous dévoile une raison importante et des plus secrètes qui le pousse à écrire, c'est de « mettre quelque chose à l'abri de la mort »[408]. Ce besoin de laisser quelque chose à la postérité est certainement une manière de lier l'artiste à sa tâche et de valoriser son écriture. L'idée que ses œuvres lui survivront insuffle à l'écrivain une nouvelle force, pas seulement pour se glorifier personnellement dans ses

---

[407] Sartre, Jean-Paul, *Les mots*, Gallimard, 1964, p. 163.
[408] Tiré de son *Journal*, 27 juillet 1922.

œuvres mais surtout pour s'inscrire dans une continuité. « Ecrire pour ne pas mourir », comme le dit Maurice Blanchot[409]. On peut cependant entendre ceci à deux niveaux : l'écriture permet de sortir de l'enfermement du désespoir qui ressemble à la mort et permet alors de vivre son présent. Elle ouvre aussi des perspectives d'avenir car elle évacue l'idée de la mort, la parole devenant plus importante que la vie elle-même.

L'acte d'écrire peut ainsi s'avérer pour les femmes une revendication existentielle et être vécu comme une promotion de leur condition lorsque la société dans laquelle elles vivent les relègue dans un rôle de mère nourricière ou leur attribue une fonction de représentation décorative, refusant implicitement de reconnaître leurs qualités intellectuelles. Ce n'est pas pour rien que nombre d'entre elles ont usé de pseudonymes masculins pour se faire publier, que ce soit George Sand ou Colette, pour n'en citer que deux. Ce subterfuge leur a permis de s'imposer dans un monde où la création artistique se veut comme essentiellement masculine. Et, pour donner raison à ces critères qui installent uniquement les hommes dans ce pouvoir de création, la femme-artiste est souvent considérée comme une excentrique ou comme un génie de la nature, pour mieux marquer ainsi l'exception de l'expérience et faire prévaloir l'idée incontournable de la supériorité évidente de l'homme en la matière.

Déjà au XVIe siècle, en France, des femmes de lettres ou femmes lettrées, comme les appelle Camille Aubaud[410], cherchent à se différencier de la « totalité femme », cette double image, léguée par le christianisme, de la mère et de la pécheresse. Il est d'ailleurs intéressant de constater que cette imagerie réductive de la femme est récurrente dans nombre d'autres civilisations, hors de toute influence de l'idéologie chrétienne, établissant dans la normalité un système de répression et de surveillance du monde des femmes, les reléguant dans une forme de misère intellectuelle tout à fait propice à ce confinement dans la dépendance et à sa justification.

Certaines femmes, comme Louise Labé ou Marguerite de Navarre, refusent cette mise à l'écart et revendiquent un autre destin. Elles veulent participer à la vie intellectuelle de leur époque et expriment leur volonté d'occuper une place active dans la vie littéraire et politique de leur temps. La devise de Marguerite de Navarre est significative de cet état d'esprit : « *Ubi spiritus, ibi libertas* », qui signifie : « là où est l'esprit est la liberté ». Cette phrase résume l'idéal intellectuel qu'elle défendait ainsi que sa quête incessante de connaissances. Un peu plus tard, Madeleine des

---

[409] Maurice Blanchot, *De Kafka à Kafka, opus cit.*, p. 137.
[410] Aubaud, Camille, *Lire les femmes de lettres*, sous la direction de Daniel Bergez, Dunod, Paris, 1993.

La révélation du pouvoir ou "la femme au livre"

Roches évoque les contraintes de l'existence des femmes qui les détournent de la vocation d'écrivain. Et elle insiste, à l'intérieur même de ses poèmes[411], sur cette difficulté pour les personnes de son sexe d'accéder à une valorisation intellectuelle et à l'acte d'écrire.

Les stéréotypes de la femme, entravée sur le plan familial, si bien qu'elle ne peut mener à bien une carrière littéraire et, de manière concomitante, les stéréotypes du jugement social qui mésestime ou ridiculise les femmes qui se voudraient « lettrées » perdurent de siècle en siècle et véhiculent une image dévalorisante et facile. Même un écrivain comme La Bruyère rentre dans ce travers et un passage célèbre des *Caractères* atteste de la virulence et de la permanence de ce discours antiféministe : aucune loi, aucun édit n'ayant interdit aux femmes « d'ouvrir les yeux et de lire, de retenir ce qu'elles ont lu » et d'en rendre compte par leurs ouvrages, c'est « par la faiblesse de leur complexion, ou par la paresse de leur esprit, ou par les soins de leur beauté » qu'elles s'éloignent « naturellement » des études et du génie humain, ce qui leur donne « un avantage de moins »[412]. Ce discours stupéfiant pour un auteur consacré qu'on ne saurait autrement mettre en question démontre la difficulté pour les femmes de franchir le cap de cette revendication identitaire. Et même si les états d'esprit ont heureusement évolué, le XIXe siècle n'est toujours pas à l'abri de cette ségrégation. La revendication de l'art et de la gloire peut ainsi s'avérer une nécessité vitale chez les femmes et la notoriété être vécue comme une libération du mariage, de la famille et de la société masculine.[413]

---

[411] Cet extrait d'une ode de 1579, tirée de ses œuvres poétiques publiées peu avant sa mort en 1587, est explicite à ce sujet :
>Nos parents ont de louables coutumes,
>Pour nous ôter l'usage de la raison,
>De nous tenir closes dans la maison
>Et nous donner le fuseau pour la plume.
>[...]
>Je voudrais bien m'arrêter sur le livre
>Et au papier mes peines soupirer.
>Mais quelque soin m'en vient toujours tirer
>Disant qu'il faut ma profession suivre...
>
>Au temps heureux de ma saison passée,
>J'avais bien l'aile unie à mon côté ;
>Mais en perdant ma jeune liberté,
>Avant le vol ma plume fut cassée

[412] Cité par Pierre-Louis Rey, *La Femme*, Bordas, 1972, p. 69.

[413] C'est le cas par exemple de Marie Bashkirtseff, une jeune peintre d'origine russe qui, malgré ses succès parisiens, exprime dans son journal intime sa colère et ses exigences face à la situation de fait des femmes artistes et lettrées de l'époque :

Il sera encore difficile au XXe siècle pour les femmes de prendre leur place dans le monde artistique ou littéraire. Marie-Odile André étudie ce problème dans un article intitulé « Colette. La reconnaissance d'une femme écrivain »[414] en décrivant les différentes étapes du processus de légitimation connu par l'auteur du *Blé en herbe*, depuis la dénonciation par les critiques au début des années 20 de cette littérature " de la sensation ", porteuse de valeurs " féminines " implicitement condamnées et qui avilit le lecteur en ne lui permettant pas de s'élever jusqu'aux choses de l'esprit, jusqu'à la reconnaissance partielle un peu plus tard.

Dans la société maghrébine, la parole féminine a la même difficulté à s'imposer. Le problème est de savoir, pour les femmes, comment écrire dans une société qui veut leur silence. Et, lorsque Tahar Ben Jelloun pose cette question à Assia Djebar en 1987, elle n'hésite pas à établir un constat lucide de la situation et à prendre une position politique qui remet en cause le fonctionnement même de cette société dans laquelle, malgré ses publications en France, il lui est si difficile de s'imposer et de prendre sa place :

> Une femme algérienne qui se met à écrire risque d'abord l'expulsion de la société [...] Aujourd'hui, on peut dire qu'il y a une dizaine d'Algériennes qui écrivent. Par la langue française, elles se libèrent, elles libèrent leurs corps, se dévoilent, essaient de se maintenir en tant que femmes travailleuses et, quand elles veulent s'exprimer par l'écriture, c'est comme si elles expérimentaient ce risque d'expulsion. En fait la société veut le silence. A un moment donné toute écriture devient provocation. Tant qu'il y avait la justification de la guerre d'Algérie, on pouvait écrire.[415]

De toute évidence, le souci des convenances et le poids des coutumes empêchent souvent l'écriture féminine de passer au grand jour car l'édition

---

- « Se marier et faire des enfants ! Mais chaque blanchisseuse peut en faire autant [...] Mais qu'est-ce que je veux ? Oh ! Vous le savez bien. Je veux la gloire ! » (3 juillet 1876)
- « Mourir ! sans avoir rien laissé après moi ? Mourir comme un chien ! comme sont mortes cent mille femmes dont le nom est à peine gravé sur leurs tombes ! » (7 août 1877).
- « Je suis plus en colère que jamais d'être condamnée à l'obscurité de la carrière féminine. » (10 mars 1879)
(Tiré de : *Journal de Marie Bashkirtseff,* 2 volumes, 1ère édition à titre posthume éditée par André Theuriet et Madame Bashkirtseff, Editions Charpentier, Paris, 1887).

[414] Cette perspective est celle adoptée dans l'ouvrage (lui-même tiré de sa thèse) : *Les mécanismes de classicisation d'un écrivain : le cas de Colette*, Université de Metz, "Recherches textuelles n°4", 2000.
[415] Extrait de *Le Monde*, 29 mai 1987.

d'un livre de femme remet en question les canons établis. Même si la tradition de l'oralité concernait le domaine féminin, la création du "dehors" qui livre la parole féminine à l'espace public est mal tolérée car la femme ne doit pas sortir des frontières de sa tribu. La société maghrébine n'admet pas d'exposer une subjectivité et encore moins si elle est issue d'une femme. Nous avions déjà évoqué « la hochma »[416], cette honte du paraître qui ferme aux femmes les portes de la modernité et les relègue dans l'ancien clivage homme/femme, un « clivage consacré entre *dedans-tradition-femme* et *dehors-modernité-homme,* caractéristique par ailleurs du fonctionnement socioculturel et politique »[417].

Selon Jacques Lacan[418], « le pouvoir social s'incarne toujours par le biais de l'écrit. Dans cette perspective, aux filles et aux femmes qui cherchent à remettre en cause ces normes patriarcales et qui se voient elles-mêmes comme sujets de leur destin et actrices de l'Histoire plutôt que comme objets de la loi paternelle, la maîtrise de l'écriture permet d'accéder au pouvoir »[419]. L'édition d'un texte ou d'une œuvre devient, de ce fait, capitale pour les femmes qui écrivent. Et même si les productions féminines sont considérées comme une « contre-littérature »[420] dans leurs sociétés de référence, les écrivaines, en rentrant dans le domaine public, investissent le territoire dévolu aux hommes et revendiquent, par là même, un nouveau statut public : la résistance au silence et le refus de se taire jettent ainsi, d'un seul coup, aux oubliettes cette ancienne vertu féminine de discrétion et d'effacement. Le poème de Louisette Cherifi est explicite à ce sujet :

> Raconte mère, raconte [...]
> Ligne après ligne,
> Jour après jour,
> Silence après silence,
> Abîme après abîme. [...]
> Ose ma mère sous un ciel de violence,
> Ose la parole longtemps censurée...[421]

---

[416] Voir notre introduction p. 19.
[417] Tiré de l'étude de Christiane Chaulet-Achour, *Noûn. Algériennes dans l'écriture, opus cit.,* p. 30.
[418] Lacan, Jacques, *Ecrits,* Paris, Le Seuil, 1966. Lacan se place ici dans le contexte de la sociologie, ce qui intéressait directement notre démonstration. Mais, comme médecin psychiatre, il traite habituellement, comme Freud, de la psychanalyse.
[419] Cité dans *La diasporisation de la littérature postcoloniale : Assia Djebar, Rachid Mimouni* de Hafid Gafaïti, L'Harmattan, Paris, Budapest, Kinshasa, 2005.
[420] *Ibidem*, p. 32.
[421] Extrait de Louisette Cherifi, *Entre terre et brume*, ENAL, Alger, 1985.

La révélation du pouvoir ou "la femme au livre"

Dans une société bardée d'interdits, l'écriture féminine est souvent perçue comme un acte délibéré de transgression, même si ce qui est écrit n'est pas délibérément subversif. Pour la romancière algérienne, Maïssa Bey, les femmes n'écrivent plus dans cette perspective de confrontation. L'essentiel réside dans l'acte créateur lui-même, dans « la volonté de jouer sa partition »[422]. Elle s'affirme, par ce biais, comme un être autonome, symboliquement séparé de son groupe. Et même si elle s'inscrit dans une génération d'écrivaines qui ont en commun une volonté de prendre publiquement la parole pour tenter de faire entendre de multiples voix souvent inaudibles, l'important est pour elle de « rester authentique » et de ne pas renoncer à sa vérité, « celle qui est inscrite dans les replis les plus secrets de son être ». Et pourtant, quand elle affirme la légitimité de s'interroger « sur son identité, sur son histoire, sur sa terre natale, sur son rapport à l'autre », elle l'inscrit dans une démarche universelle :

> Je préfère tout simplement la littérature comme un point de convergence où se retrouveraient et se reconnaîtraient tous ceux qui tentent de rejoindre l'humain en l'homme.[423]

Quand Nina Bouraoui parle de célébrité, c'est dans une optique tout à fait différente et particulière, en rapport avec son homosexualité. Elle vise, par ce biais, une forme de réhabilitation morale et sociale. Le fait de se trouver une place dans l'écriture à 18 ans est pour elle un moyen de se racheter et de ne pas devenir la honte de sa famille, comme elle le reconnaît dans une interview[424] après la parution de *Poupée Bella*. Cette réussite sociale lui permet de ne pas être réduite à son homosexualité, tout en l'assumant et en la mettant au grand jour. Elle surmonte ainsi un sentiment de culpabilité, ce qu'elle avoue sans détour dans ce même livre : « Toutes les filles veulent devenir célèbres pour réparer leur homosexualité ». Elle admet également avoir mis longtemps pour pouvoir parler directement de ce sujet et que son livre n'est en aucune façon une provocation. C'est tout simplement une manière de s'accepter, d'affirmer sa différence et de la laisser éclater au grand jour :

---

[422] Extrait d'un entretien avec Benaouda Lebdaï : « Rencontre-Maïssa Bey. L'être et les mots », déjà cité.
[423] *Ibidem*.
[424] Référence à l'entretien avec Dominique Simonnet : « Ecrire, c'est retrouver ses fantômes », déjà cité.

La révélation du pouvoir ou "la femme au livre"

> Je ne suis pas une provocatrice. Je suis militante à ma manière : j'écris. Ecrire, c'est un acte de résistance. A l'intérieur de moi, il se mène un vrai combat dans l'écriture : c'est une guerre ! Et tant mieux ! Avoir choisi le métier d'écrire est aussi une manière de rester en terre sauvage.[425]

L'écriture lui permet de rester ce qu'elle est, dans l'accomplissement d'elle-même et de sa différence, par-delà les discriminations, étalant cette douleur maintenue si longtemps cachée et affichant, par devers elle et par devers les autres, la singularité de sa nature.

Dans cette société, où le dialogue est impossible tant les positions sont figées et où la place de chacun est définie comme immuable, les femmes mènent le combat avec des mots. Mais la puissance de ce pouvoir a le revers de sa médaille. Elle soustrait l'écrivain de l'humilité première qui crée la communication et elle s'érige comme une citadelle nouvelle coupée de la base et de la revendication primordiale. Le discours intellectualisé prend de la hauteur et Malika Mokeddem, égérie et championne de la liberté de la femme, répondra à l'étudiante qui travaille sur ses idéologies qu'il n'y a qu'à s'adresser à elle, par éditeur interposé. La rançon de la gloire est-elle d'atteindre des hauteurs où le commun des mortels n'a plus accès, ou le tribut à payer doit-il être cette dette perpétuelle de l'enchaînement d'une écriture qui reste à se faire jusqu'au dernier souffle, dans une exigence et une remise en question permanente ? C'est la rançon du succès qui coupe des contacts directs, impossibles à gérer par leur multiplicité et qui instaure l'unique communication du verbe, sans allers et retours possibles avec les lecteurs ; le succès enferme l'écrivain dans une autre tour d'ivoire : la solitude obligée du créateur. Mais qu'importe ce tribut si les mots sont dits, publiés, entendus.

L'important, dans ce voyage scripturaire, reste ce cheminement vers la connaissance de soi et, comme apothéose, cette reconnaissance par les autres lorsque l'œuvre devient connue et couronnée de succès. Mais, après l'expérience d'un plaisir narcissique où l'écrivain se voit écrire et trouve une forme de jouissance à se raconter, le véritable bonheur se trouvera dans la création elle-même, « dans l'évidence d'un texte qui se suffit à lui-même », ce que Charles Bonn appelle l'expérience de « la maturité ».[426]

---

[425] *Ibidem.*
[426] Cf. l'article: « L'autobiographie maghrébine et immigrée entre émergence et maturité littéraire, ou l'énigme de la reconnaissance » in *Littératures autobiographiques de la francophonie, opus cit.*, pp. 203-222.

4. L'ineffaçable remplace l'indicible

L'écriture, qu'elle s'affirme comme fiction ou qu'elle s'avoue autobiographique, quels que soient ses détours ou ses transparences, ne pourra jamais raconter l'horreur de la douleur vécue ; mais elle transcrira dans les récits, derrière les histoires ou les mots, cet « indicible », que l'on extirpe d'un magma personnel en le fixant sur une page. Et l'on peut rappeler à ce propos quelques phrases émouvantes de l'auteure américaine, Dorothy Allison, tirées de son roman, *Bastard Out of Carolina*, qu'elle ne présente pas comme autobiographique :

> Behind the story I tell is the one I don't. Behind the story you hear is the one I wish I could make you hear. Behind my carefully buttoned collar is my nakedness, [...] behind this moment is silence, years of silence. " (p. 63)[427]

Il est également intéressant d'examiner le point de vue de Marguerite Yourcenar lorsqu'elle considère son œuvre dans *Les yeux ouverts*[428]. Elle, qui n'a jamais écrit d'œuvres proprement autobiographiques, avoue qu'elle n'a jamais eu le sentiment d'écrire « de la fiction » : « J'ai toujours attendu que ce que j'écrivais fût assez incorporé à moi pour n'être pas différent de ce que seraient mes propres souvenirs. Je crois à la réalité du vieux Clément Roux marchant dans les rues de Rome autant qu'à la mienne ; la maladie d'Hadrien me paraît aussi authentique que mes maladies ; j'ai l'impression d'avoir vécu la mort de Zénon, sans quoi je n'aurais pas pu l'écrire. Il me semblerait bien vain d'agencer "une fiction". [...] Mes livres ont été une série de cheminements parallèles à mes cheminements propres ». Elle a une autre manière d'appréhender la fiction et se positionne en dehors des analyses psychanalytiques. Pour elle, l'écriture est un artisanat et se construit dans une gestation où communient une évolution personnelle et une recherche bibliographique extrêmement poussée concernant ses personnages. Ce double travail, comme une incubation longuement mûrie, participe à sa vie même. Elle vit dans ses personnages comme ils vivent en elle-même, supprimant ainsi toute idée de rupture, toutes ses productions littéraires s'inscrivant tout naturellement dans l'évolution de sa propre personne.

---

[427] Allison, Dorothy, *Bastard Out of Carolina*, New-York, Plume, 1993.
[428] Yourcenar, Marguerite, *Les yeux ouverts, Entretiens avec Matthieu Galey*, opus cit.

Comme le dit Jean Starobinski dans *L'Œil vivant*[429], « l'œuvre est [...] pour l'écrivain une manière de s'anticiper. Loin de se constituer uniquement sous l'influence d'une expérience originelle, d'une passion antérieure, l'œuvre doit être considérée comme un acte original, comme un point de rupture où l'être, cessant de subir son passé, entreprend d'inventer avec son passé un avenir fabuleux, une configuration soustraite au temps »[430].

Les romancières algériennes, conscientes de dépasser la douleur ancienne et de se projeter dans un futur, s'inscriront toutes inévitablement dans une démarche qui dépassera leur quête personnelle. Car l'écriture témoignage qui rapporte des faits (même suggérés), pour les décrire dans leur injustice et dans leur horreur, sans prendre obligatoirement partie, s'avère incontestablement, même si elle ne se nomme pas comme telle, écriture politique. C'est une manière de dénoncer, comme l'affirme Marguerite Yourcenar en évoquant la littérature russe : « Mais un écrivain peut contribuer à la lutte politique en disant tout simplement ce qu'il a vu. *La Maison des morts* de Dostoïevski a été un instrument formidable contre le régime tsariste en Russie, et *Résurrection* de Tolstoï aussi bien »[431].

Dans les pays en manque de liberté, l'acte d'écrire devient éminemment politique[432] et l'écrivain se retrouve dans une intranquillité

---

[429] Starobinski, Jean, *L'Œil vivant*, opus cit.,.
[430] Il est intéressant de constater qu'il s'agit, chez Starobinski, d'une idée qui sous-tend toute son œuvre de critique et que l'on retrouve libellée pratiquement de la même manière dans plusieurs de ses études. Nous avions déjà cité cette même réflexion, presque mot pour mot, tirée d'un autre ouvrage : « Psychanalyse et création littéraire » in *La relation critique, op. cit.*
[431] Yourcenar, Marguerite, *Les yeux ouverts, Entretiens avec Matthieu Galey*, op. cit. p. 83.
[432] Voir à ce propos l'article de Margaret A. Majumdar : « Lutte, parole et résistance dans les textes antillais » in *Passerelles francophones II. Pour un nouvel espace d'interprétation Afrique et Antilles*. Vives Lettres n°11, textes réunis et présentés par Beïda Chikhi, Université Marc Bloch, U.F.R. des Lettres, Strasbourg, 1er semestre 2001, pp. 132-156.
Le but de Margaret A. Majumdar est d'analyser les stratégies de lutte, sur le plan politique, dans les textes créoles. Elle évoque la perte de la voix et de la parole des peuples colonisés, leur "réification " et leur "pétrification", ce qui pourrait s'appliquer, de la même manière, à notre sujet sur la littérature féminine. Pour sortir de l'état de mutisme et de soumission, la prise de parole est, selon elle, une nécessité. C'est à ce propos qu'elle rappelle les idées de Césaire et les écrits de Sartre, p. 134 : « Césaire énonce que la libération passe nécessairement par la reconquête de la voix. Sartre, de son côté, a éloquemment décrit dans son *Orphée Noir*, l'effet de choc produit par cette parole, une fois le bâillon relevé. »

qui le fait produire car moins il y a de liberté, plus l'écriture devient vitale. C'est ainsi que s'exprime Malika Mokeddem[433] lorsqu'elle évoque la censure qui la frappe en Algérie pour la parution de son livre, *Mes Hommes,* en langue arabe. Mettre tout en œuvre pour la parution de son livre est, pour elle, une manière de lutter contre la mainmise de la pensée unique. La censure est, selon elle, une preuve manifeste que les écrits représentent un danger pour le pouvoir totalitaire qui veut les occulter et qu'ils s'avèrent donc utiles, la libre circulation des pensées et des livres étant le garant de toute démocratie et la condition nécessaire à son propre épanouissement. Il est intéressant de rappeler à ce sujet que ce livre évoque justement ses difficultés à trouver sa place en tant que petite fille dans l'Algérie de son enfance et comme femme dans un pays où la sexualité reste taboue. Dénoncer l'interdit du livre en revient ici à revendiquer non seulement le droit d'une liberté de parole mais aussi celui de pouvoir disposer librement de son corps. Dans le contexte de violence morale et religieuse, le combat pour la publication de ce livre ne consiste plus en un problème personnel mais s'investit d'une véritable mission qui est la défense de ses droits ainsi que ceux de toutes les femmes qu'elle représente à travers elle.

---

[433] Extrait d'une de ses interventions lors de la 19ᵉ édition du Festival du Livre de Mouans-Sartoux (octobre 2006) dont le thème était « Hommes et femmes en quête de liberté ».

CONCLUSION

> La pensée a des ailes.
> Nul ne peut arrêter son envol.
>
> Youssef Chahine

L'écriture poétique à l'intérieur même des romans donne au récit une épaisseur et aux mots une richesse qui les dépasse, instaurant un langage aux multiples strates qui libèrera au fur et à mesure des lectures les discours sous-jacents, révélant les aspirations intimes de l'auteur et même du lecteur, qui se reconnaîtra en lui, laissant ainsi libre cours derrière les mots et les signes à un espace de pensée ouvert à l'infini et porteur d'une vérité profonde et immanente. Le poète Omar Azraj, dans le poème « Saliha », extrait du recueil, *Le retour à Tizi Rached,* évoque et prône la puissance du verbe poétique dans ces quelques vers :

> Qu'on brûle les frontières des mots
> Pour se sentir libre comme du vent.
> Quand puis-je me débarrasser de ma peau,
> Afin de découvrir la vraie géographie de
>   Mon corps ?
> J'ai juré sur les prophéties des regards sacrés,
> Que tu n'es autre que l'artère dans laquelle
>   Coule ma vie,
> Mon sang qui ne cesse de me suivre
> Te fuyant, allant vers toi,
> Alors que ma terre se fond.[434]

La langue dépassera ainsi les frontières du récit ou des mots pour exprimer, par la prolifération des sens, l'image même de la vie. C'est en gommant le sens intrinsèque d'un mot ou d'une histoire que l'outil linguistique se fondra dans un magma interne qui fera ressurgir une logique propre au cheminement d'un écrivain.

Mais « cet animal écrivant », comme l'appelle Edmond Amran El Maleh[435], qui cherche jusqu'aux limites de l'extrême le reflet de son propre visage, soulève alors le paradoxe de cette écriture qui se tient parfois étrangement dans la parole du silence[436]. Il s'inscrit dans ce mince espace

---

[434] Azraj, Omar, *Le retour à Tizi Rached,* Editions Laphomic, Alger, 1985. Cet extrait est tiré du poème « Saliha », traduit par Zineb Laouedj.
[435] Voir la communication d'Edmond Amran El Maleh, « Paradoxe d'une écriture », in *Quand le roman maghrébin s'interroge sur son écriture, opus cit.,* pp. 153-155.
[436] Voir à ce propos l'article de Margaret A. Majumdar, déjà cité p. 336 : « Lutte, parole et résistance dans les textes antillais », dans le chapitre, « Du "cri" à la parole », p. 148, où elle évoque la difficulté et le travestissement du "dire" et où elle cite Jean-Paul Sartre : « [...] la poésie est une tentative incantatoire pour suggérer l'être dans et par la disparition vibratoire du mot ; en renchérissant sur son impuissance verbale, en rendant les mots fous, le poète nous fait soupçonner par-delà ce tohu-bohu qui s'annule de lui-même d'énormes

Conclusion

entre le besoin effréné de dire, de « pratiquer des ouvertures d'évasion » et l'impossibilité du dire, murant l'écrivain dans « le silence qui seul est à la mesure de cette inquiétude qui lui poigne le cœur » :

> Il touche ainsi à cette étrange et extrême limite où la parole profère le silence, où l'impossibilité de la parole est son unique possibilité, où l'impossibilité même est la seule matière qui rend le chant possible... La parole poétique qui fait exister l'indicible en tant que tel. Montrer l'existence de l'indicible est la fonction majeure de cette parole qui installe le langage dans une fonction magique entre le dire et se taire.[437]

La distinction entre poésie, prose, entre poème, roman ou récit, est ainsi gommée, balayant, du même coup, les distinctions ou les jeux d'identification classiquement instaurés. Le roman s'écrit dans une pluralité de langages qui laissent percevoir « le retentissement, l'enracinement, la respiration renouvelée de cette inquiétude évoquée [...], cette intranquillité qui a habité Pessoa... »[438].

On retrouve ce questionnement d'un choix impossible chez Jorge Semprun[439] dans son étude, *L'écriture ou la vie*[440]. Face à la douleur du souvenir qui le ronge et le mine, l'écriture lui semble dans un premier temps le seul exutoire possible :

> Il avait raison, Vallejo[441]. Je ne possède rien d'autre que ma mort, mon expérience de la mort, pour dire ma vie, l'exprimer, la porter en avant. Il faut que je fabrique de la vie avec toute cette mort. Et la meilleure façon d'y parvenir, c'est l'écriture. (p. 174)

---

densités silencieuses ; puisque nous ne pouvons pas nous taire, il faut *faire du silence avec le langage.* » Extrait de « Orphée Noir », p. 20 (Texte de préface à Léopold-Sédar Senghor dans *Anthologie de la nouvelle poésie nègre et malgache*, PUF, 1948, p. IX-XLIV)

[437] C'est, d'après Edmond Amran El Maleh, (*ibidem*, p. 153), ce que l'écrivain se répète comme s'il s'appropriait ce que Jose Angel Valente écrit à propos de la poésie de San Juan de la Cruz (Saint Jean de la Croix) et, tout aussi bien, de tous les grands soufis.

[438] *Ibid.*, p. 154.

[439] Déporté de 1943 à 1945 au camp de concentration de Buchenwald, il commence, à sa sortie, à mettre par écrit ses souvenirs mais se rend compte que la poursuite de ce travail le met en danger. Il décide alors d'arrêter d'écrire et de refouler ses souvenirs, rentrant ainsi en « amnésie volontaire ». Il lui faudra attendre 15 ans pour reprendre la plume et ce n'est qu'en 1963 qu'il publiera son premier livre de souvenirs.

[440] Semprun, Jorge, *L'écriture ou la vie*, Editions Gallimard, 1994.

[441] Il s'agit d'un poète péruvien, Vallejo César, que Semprun cite à plusieurs reprises dans son étude et dont il évoque un extrait de poème, p. 154 :
« En somme, je ne possède rien d'autre que ma mort, pour exprimer ma vie... »
(Traduit de l'espagnol : « En suma, no poso para expresar mi vida, sino mi muerte... »).

Conclusion

La mort devient ainsi porteuse de vie et devrait être stigmatisée. Mais Semprun se retrouve dans une impasse car l'écriture qui doit le sauver devient aussi l'instrument de sa perdition, le coupant de la vie même : « ...Celle-ci me ramène à la mort, m'y enferme, m'y asphyxie ». Il se retrouve alors emprisonné dans un dilemme insoluble et douloureux où la seule réponse possible est une forme de mort à lui-même car « [il] ne [peut] vivre qu'en assumant cette mort par l'écriture, mais l'écriture [lui] interdit littéralement de vivre »[442]. Ce n'est qu'avec le temps qu'il pourra rompre le silence et se reconstruire : « C'est que la littérature est possible seulement au terme d'une première ascèse et comme résultat de cet exercice par quoi l'individu transforme et assimile ses souvenirs douloureux, en même temps qu'il se construit sa personnalité... »[443]. Le chemin de l'écriture s'ouvrira sur une traque interminable du passé, aiguisant la mémoire pour arracher au néant et à l'aphasie les souvenirs indicibles qui le hantent. Mais il ne veut pas d'un simple témoignage. Il veut éviter l'énumération des souffrances et des horreurs. Comme il se sent incapable d'imaginer une structure romanesque à la 3e personne, il choisit « un "je" de la narration, nourri de [son] expérience mais la dépassant, capable d'y insérer de l'imaginaire et de la fiction »[444]. Il retrouvera ainsi « l'obscurité foisonnante » des récits de Faulkner où la créativité poétique ouvre l'œuvre au-delà du document, dépassant le simple témoignage et donnant à imaginer, même si elle ne donne pas à voir.

Tous les romans francophones s'inscrivent, de la même manière, comme une « œuvre ouverte » ainsi qu'en traite Umberto Eco dans un ouvrage du même nom[445]. La polyphonie du langage qui offre un large éventail de possibilités interprétatives ouvre le projet créateur implicite et explicite dans une chaîne de communication où le récepteur consommateur, ainsi qu'il l'appelle, fera succéder les interprétations et évoluer les perspectives. Ces écrits s'inscrivent, de manière déterminée, comme des constats de la culture d'une époque dans un endroit géographique nommé : ce sont, en quelque sorte, ici, des représentations de la culture postcoloniale algérienne, vues par des yeux de femmes. Mais ces romans permettent non seulement d'éclairer un moment de l'évolution d'une civilisation mais aussi d'évoquer, d'une œuvre ouverte à une autre,

---

[442] *Opus cit., ibidem,* p. 174.
[443] *Ibid.,* p. 172.
[444] *Ibid.,* p. 175.
[445] Umberto, Eco, *L'œuvre ouverte,* traduit de l'italien par Chantal Roux de Bézieux avec le concours d'André Boucourechliev, 1ère édition italienne, Biompani, Milan, 1962, Editions françaises du Seuil, Paris, 1965.

Conclusion

le devenir de la femme qui écrit et qui se construit, mêlant du même coup la plume de l'écrivain et les yeux du lecteur, le message passant de l'un à l'autre dans un jeu ambigu où la poétique devient projet sur un objet et sur ses effets. L'écriture poétique et suggestive de ces œuvres, riche en symboles, en connotations musicales et picturales, loin d'un style constatif et purement descriptif, ouvre une réserve inépuisable de significations, rejoignant ainsi le point de vue de Mallarmé sur le véritable dévoilement de l'écriture : « Nommer un objet, c'est supprimer les trois quarts de la jouissance du poème, qui est faite du bonheur de deviner peu à peu : le suggérer... Voilà le rêve... ».

Selon Umberto Eco, il faut éviter qu'une interprétation unique ne s'impose au lecteur. Ce sont les espaces blancs et les non-dits qui « contribue[nt] à créer un halo d'indétermination » et à charger le texte de suggestions diverses. L'utilisation des symboles, comme expression de l'indéfini, ouvre sur l'inépuisabilité des interprétations. Et Roland Barthes relève l'intérêt de « l'ouverture » de ces œuvres au « sens tremblé » qui s'inscrivent ainsi dans un questionnement existentiel, passant, dans une chaîne ininterrompue, d'un écrivain aux lecteurs successifs :

> Cette disponibilité n'est pas une vertu mineure ; elle est bien au contraire l'être même de la littérature, porté à son paroxysme ; Ecrire, c'est ébranler le monde, y disposer une interrogation *indirecte*, à laquelle l'écrivain, par un dernier suspense, s'abstient de répondre. La réponse, c'est chacun de nous qui la donne, y apportant son histoire, son langage, sa liberté ; mais comme histoire, langage et liberté changent infiniment, la réponse du monde à l'écrivain est infinie : on ne cesse jamais de répondre à ce qui a été écrit hors de toute réponse : affirmés, puis mis en rivalité, puis remplacés, les sens passent, la question demeure...[446]

Le voyage scripturaire des romancières algériennes francophones postrévolutionnaires s'inscrit dans cette singularité langagière, s'affirmant à la fois dans une prise de conscience solitaire de la multiplicité des espaces personnels à conquérir et dans la prise de possession d'un espace littéraire, social, philosophique et politique qui participe à la maturation d'une démarche solidaire. La matière verbale devient le ferment d'une exploration existentielle où la personne de l'écrivant rejoint celle de l'écrivain, comme en témoigne Paula Jacques, d'origine égyptienne

---

[446] Extrait de l'Avant-propos de *Sur Racine,* Paris, Seuil, 1963.

Conclusion

lorsqu'elle écrit que « [son] itinéraire d'écrivain est l'heureux dénouement d'un problème d'identité »[447]. Et le temps qui passe, à l'intérieur même de cette expérience de l'écriture, nous rapproche de la réalité de l'écrivain tout en nous éloignant des mythes. Sartre écrivait à ce propos dans son *Qu'est-ce que la littérature* : « Ecrire c'est une certaine façon de vouloir la liberté ; si vous avez commencé de gré ou de force vous êtes engagé. »[448]

Il disait aussi du roman, récit de la subjectivation ou mise en procès du sujet, qu'il est « solidaire du seul régime où la prose garde un sens : la démocratie »[449]. Mais la véritable liberté que l'on gagne, comme écrivant, est certainement de devenir écrivain car c'est le regard du lecteur qui fait véritablement exister l'écrivain en tant que tel et qui lui révèle du même coup ce qu'il est lui-même. Sartre évoquait, dans ce même essai, ce " pacte de générosité " entre l'auteur et le lecteur : « L'œuvre d'art est valeur parce qu'elle est appel [...] l'auteur écrit pour s'adresser à la liberté des lecteurs et il la requiert de faire exister son œuvre. »[450]

La découverte de soi devient ainsi un aller et retour entre l'écrivant, l'écrivain et le lecteur. Mais l'expérience de l'écriture ne représente pas pour autant un autodafé du "vieil homme" : même si la femme souffrante et silencieuse du début a changé, on peut reprendre l'affirmation d'un des personnages de Sartre dans *Les Mots* :

> On se défait d'une névrose, on ne se guérit pas de soi. [...] Ce qui compte c'est ce que je fais de ce que ce passé a fait de moi.[451]

Et c'est ce changement qui est à prendre en compte car écrire, pour lui, n'est pas se sauver ou trouver une réponse définitive ; c'est le fait de se chercher, de se découvrir, d'évoluer et de se reconstruire ou peut-être tout simplement de se construire. « Le problème de celui qui crée, problème sous le problème de l'œuvre, c'est peut-être – qu'il en ait fierté ou bien honte secrète – celui de la renaissance, de la perpétuelle renaissance, oiseau-phœnix renaissant périodiquement. [...] L'art est ce qui aide à tirer

---

[447] Jacques, Paula, « Juive, Egyptienne, écrivaine française », pp. 30-32, in Actes des premières rencontres européennes des femmes de la Méditerranée, Montpellier 13-15 mai 1993 / CNIDFF - Centre nat. d'information et de documentation des femmes et des familles, Institut du Monde Arabe, Paris, 1994.
[448] Sartre, Jean-Paul, *Qu'est-ce que la littérature?*, Folio-essais, 1948, p. 72.
[449] *Op. cit.*, pp. 71-72.
[450] *Ibidem*, p. 58.
[451] Sartre, Jean-Paul, *Les Mots*, Gallimard, 1964, p. 314.

Conclusion

de l'inertie. Noyau d'énergie [...] Il me dégage de ce que j'ai haï le plus, le statique, le figé, le quotidien, le prévu, le fatal, le satisfait... »[452]

L'acte de création place l'artiste en face de lui-même. Il ne s'agit certainement pas d'une création *ex nihilo* que Charles Mauron affirme impensable : « La science y renonce en faveur d'une causalité ou d'une détermination dont la force convaincante se ramène à celle du principe d'identité. A reste A. Il n'y a rien de changé en dépit des apparences et du temps. Biologiquement, cela correspond au double instinct de conservation et de reproduction. La création demeure autre chose et d'abord un dépassement de ces équivalences. Elle affirme l'absurde, le miracle d'un temps coulant en sens inverse du temps entropique, la victoire positive sur la mort »[453]. Il illustre cette idée en se reportant au mythe d'Orphée pour préciser les liens étroits qui unissent l'idée de création avec celle de la mort et de la résurrection. Par cette expérience de l'écriture poétique, la vie perdue est retrouvée, comme le temps de Proust, et le chaos est réordonné. Le créateur apprend ainsi « le pouvoir orphique » qui lui fait dépasser les notions d'« inconscient » et de « conscient » et qui lui ouvre une dimension nouvelle où « l'instrument » du langage permet de surmonter l'épreuve de la descente orphique aux enfers et de revenir dans le monde des vivants.

*
* *

L'écriture romanesque féminine est ainsi le lieu intime d'une affirmation paradoxale de la subjectivité de leurs auteures et une façon détournée de fixer l'énoncé d'une parole, en la rendant visible et inoubliable. Mais le destin de l'écrit dépasse cette quête immanente de la personne car il échappe à ses auteures en survivant à leur absence, voire à leur disparition. Si dans un premier temps la fiction ouvre à chaque auteure la possibilité d'avancer cachée, elle les inscrit ensuite de manière indéfectible dans une chaîne de transmission, rendant ainsi leur parole ineffaçable en tant que telle, mais surtout en marquant leur appartenance à un questionnement existentiel qui court d'un roman à l'autre. Cette parole

---

[452] Cf. les idées d'Henri Henri Michaux dans *Emergence, Résurgence*, Éditions Skira, 1972.
[453] Extrait de Charles Mauron, *Des métaphores obsédantes au mythe personnel. Introduction à la psychocritique, op. cit.*, chapitre XV, « Création et auto-analyse », p. 233.

Conclusion

en écho, d'un relais d'écriture à l'autre, offre une présence, une profondeur et une intensité qui laissent apparaître de manière transparente une histoire personnelle secrète et indicible, la transmutant en paroles impérissables qui traversent les silences et traverseront le temps, témoins vivants d'un cheminement solitaire et solidaire, marques scripturaires en abyme d'une construction féminine en action.

L'intérêt de ces écritures de femmes ne réside pas dans la classification ou la qualité éventuelle d'une littérature féminine. La question des genres a, en soi, peu d'importance. Ces écritures romanesques (et autres) sont en fait révélatrices de toute une évolution qui court d'une œuvre à l'autre, dans un laps de temps relativement réduit, la naissance de cette littérature algérienne féminine francophone se situant en amont de la révolution et de l'Indépendance de 1962 et trouvant son aboutissement dans les temps actuels. L'analyse de ces écrits sur une période d'un demi-siècle nous offre le schéma en accéléré d'une écriture qui se construit et qui dialogue d'une écrivaine à l'autre. On pourrait reprendre à leur compte la réflexion de Roland Barthes sur l'analyse textuelle dans *L'aventure sémiologique* : « Ce qui fonde le texte, ce n'est pas une structure interne, fermée, comptabilisable, mais le débouché du texte sur d'autres textes… […] Ce qui fait le texte, c'est l'intertextuel. »[454]

Les trois auteures algériennes qui ont fait l'objet de notre étude, ainsi que les autres, ont transformé la langue et la culture de domination en « armes miraculeuses », pour reprendre la formule du poète antillais Aimé Césaire, la transmutant en libération individuelle et collective. Le français n'est plus chez elles cette langue de l'aliénation, ni même cette langue du combat ; il est devenu langue de recul critique, où toutes ces femmes prennent des distances par rapport à elles-mêmes, acceptent de se mesurer avec elles-mêmes et de se regarder comme de l'extérieur. Ce dédoublement n'est plus vécu comme une dichotomie mais un enrichissement. Les écrivaines ne sont plus spoliées de leur langue d'origine, chacune faisant de la « langue marâtre » le creuset d'un nouveau langage pour se forger une nouvelle perception de sa personne et de son univers. La nouvelle métaphore langagière ira de concert avec cette reconstruction de soi car révolutions scripturaire et identitaire sont intimement liées et solidaires. Le déchirement linguistique recoupait chez la femme le sentiment de cet exil propre à la condition de son sexe ; mais, face à cette totale dépossession et à ce double asservissement, ces femmes,

---

[454] Barthes, Roland, *L'aventure sémiologique*, Seuil, 1985.

Conclusion

par le détour de l'écriture, partent dans un cheminement d'alchimiste, pour faire de l'or avec les mots de l'Autre, « car la situation de l'écrivain algérien d'expression française entre deux lignes de feu l'oblige à inventer, à improviser, à innover », comme le constate Kateb Yacine. Et ce remodèlement de la langue qui brise l'ancien carcan des mots arrivera, du même coup, à une nouvelle esthétique du verbe et à une signification plus profonde. Cette expérience linguistique d'une grande richesse saisit la poésie dans son essence même et développe une polysémie avec une nouvelle syntaxe, celle des images et celle du rythme. La multiplicité des discours dans ce langage éminemment poétique rejoint la conception de Meschonnic : « La poésie ne renvoie pas à une expérience mais la fait. »[455]

Au même titre que le langage des romans avec ses nouveaux codes et ses nouvelles règles se découvre une poésie immanente, le sens du récit va déborder le sens premier. Et c'est ainsi que se dévoilera tout ce travail de reconstruction de soi qui n'a jamais été affirmé comme tel. Le problème serait de savoir comment répertorier des récits de ce type qui se réclament du roman mais pourraient tout aussi bien se concevoir comme un essai ou comme une autobiographie. Et un problème encore plus insoluble serait de chercher à classifier des œuvres qui semblent fonctionner, pour les trois auteurs de notre corpus, comme une trilogie, alors que chacune a travaillé de manière solitaire et individuelle. On pourrait donner comme réponse, celle de Picasso qui s'avère valable aussi bien pour sa peinture que pour l'aventure scripturaire vécue par ces trois écrivaines et les autres : « L'art est un mensonge qui nous fait sentir la vérité, du moins la vérité qu'il nous est donné de comprendre ». Les déformations et les manipulations linguistiques font partie du jeu d'une écriture consciente, mais l'inconscient de l'écrivain libère tout un substrat qui participe à cette avancée de la plume sur le papier. Et c'est le lecteur en définitive qui, derrière l'éclat tricheur des mots, proposera sa sensibilité à l'interprétation d'un texte qui offre tant d'ouvertures.

Nous avions soulevé dans notre introduction les liens obligatoires qu'une œuvre établit toujours par rapport à celles qui l'ont précédée, ce qui fait partie bien sûr de l'histoire de l'homme et même de l'humanité. Mais le constat ici est plus complexe car ces œuvres, malgré leur linéarité argumentative, présentent une articulation en trois temps qui part d'une ouverture pour évoluer jusqu'à son aboutissement, comme la construction transromanesque avait libéré de ses peurs cette écriture de jeunesse,

---

[455] *Critique du rythme,* Verdier, 1982.

refermant la boucle où la femme-écrivain s'aguerrit et prend d'un seul coup conscience d'une parole retrouvée et d'une reconstruction achevée.

Cette reprise en main identitaire s'imbrique dans des concomitances et dans des allers et retours qui, tout à la fois, progressent pour aller vers un but bien défini et se répondent d'un texte à l'autre. A l'évolution collective évidente se greffe l'évolution personnelle et solitaire de l'écrivant, à la fois, artisan de sa propre logique et avançant, de par les autres, contre les autres et avec les autres, vers une libération de la parole. L'autobiographie fictionnelle ne s'avérera plus indispensable et la parole tout naturellement reprendra, dans les dernières productions de ces auteures, le "je" de l'autobiographie pour se démasquer au grand jour et continuer son cheminement sans se soucier du regard des autres, mais en conservant les qualités polysémiques d'une écriture qui renouvelle le roman français.

*
* *

Conclusion

Ce travail sur l'infra-discours d'une reconstruction de soi dans les relais d'écriture romanesque concerne un sujet délimité dans un contexte donné et restreint : celui d'une écriture de femme, dans une production francophone, dans le pays de l'Algérie, dans une période couvrant la deuxième moitié du XXe siècle et le début du suivant.

Mais le discours perd, au fur et à mesure du déroulement de la parole, toute notion de territorialité et s'inscrit, en deçà et par-delà lui, dans une chaîne en abyme qui dépasse les sexes, les espaces et le temps car les mots échappent à leurs créateurs et se gravent dans la pérennité d'un voyage qui a déjà commencé depuis longtemps et qui ne finira jamais.

> Il n'y a pas de mot qui soit le premier ou le dernier, et il n'y a pas de limites au contexte dialogique (celui-ci se perd dans un passé illimité et dans un futur illimité). Les sens passés eux-mêmes, ceux qui sont nés du dialogue avec les siècles passés, ne sont jamais stabilisés (clos, achevés une fois pour toutes). Ils se modifieront toujours (se renouvelant) dans le déroulement du dialogue subséquent, futur. En chacun des points du dialogue qui se déroule, on trouve une multitude innombrable, illimitée de sens oubliés, mais, en un point donné, dans le déroulement du dialogue, au gré de son évolution, des sens seront remémorés de nouveau et ils renaîtront sous une forme renouvelée (dans un contexte nouveau). Il n'est rien qui soit mort de façon absolue. Tout sens fêtera un jour sa renaissance.[456]

Mikhaïl Bakhtine

---

[456] Mikhaïl Bakhtine, *Esthétique de la création verbale,* Editions « Iskoustro », Moscou, 1979, traduit du russe par Alfreda Aucouturier, préfacé par Tzvetan Todorov, Editions Gallimard, Bibliothèque des Idées, 1979. Citation tirée du chapitre « Remarques sur l'épistémologie des sciences humaines », p. 393.

BIBLIOGRAPHIE SÉLECTIVE

AUBAUD, Camille, *Lire les femmes de lettres*, sous la direction de Daniel Bergez, Dunod, Paris, 1993.

BACHELARD, Gaston, *La poétique de l'espace,* 1ère édition Presses Universitaires de France, Paris, 1957, 5ème édition P.U.F., Quadrige, Paris, 1998.

BARTHES, Roland, *L'aventure sémiologique*, Seuil, 1985.

BENCHEIKH, Jamel Eddine, *Les Mille et Une Nuits ou la parole prisonnière,* Gallimard, N.R.F., Bibliothèque des Idées, Paris, 1988.

BENCHEIKH, Jamel Eddine, *Poétique arabe,* Editions Anthropos, 1975, Réédition Gallimard précédée de la préface : *Essai sur un discours critique,* 1989.

BERTHELOT, Francis, *Du Rêve au Roman. La création romanesque,* Editions Universitaires de Dijon, Collection U21, 2003.

BLANCHOT, Maurice, *De Kafka à Kafka*, Editions Gallimard, 1981.

BONN, Charles et BAUMSTIMLER, Yves, *Psychanalyse et texte littéraire au Maghreb*, Études littéraires maghrébines n°1, L'Harmattan, 1991.

BOUGAULT, Laurence, *Poésie et réalité,* avec préface de Georges Molinié, L'Harmattan, Paris, Budapest, Torino, 2005.

CHAULET-ACHOUR, Christiane, *Noûn. Algériennes dans l'écriture*, Editions Atlantica, Collection « Les Colonnes d'Hercule » dirigée par Jean-Jacques Gonzales, Biarritz, 1998.

CHIKHI, Beïda, *Maghreb en textes. Ecriture, histoire, savoirs et symboliques, Essai sur l'épreuve de modernité dans la littérature de langue française,* L'Harmattan, Paris, 1996.

CHIKHI, Beïda (Dir.), *L'Écrivain masqué, suivi d'un entretien avec Patrick Chamoiseau,* Coll. « Lettres Francophones », Presses de l'Université Paris-Sorbonne, 2008.

CIXOUS, Hélène, *La venue à l'écriture,* U.G.E., Collection 10/18, série « Féminin-Futur », Paris, 1977.

DÉJEUX, Jean, *Femmes d'Algérie. Légendes, traditions, histoire, littérature,* La Boîte à documents, Paris, 1987.

DOTOLI, Giovanni, *Le récit méditerranéen d'expression française. 1945 – 1990.* Biblioteca della Ricerca, Cultura Straniera n° 62, Editions Schena, Fasano (Italie) et Didier Erudition, Paris, 1997.

DURAS, Marguerite, *Ecrire,* Collection Folio, Editions Gallimard, Paris, 1993.

ECO, Umberto, *L'œuvre ouverte,* traduit de l'italien, *Opera Aperta,* par Chantal Roux de Bézieux avec le concours d'André Boucourechliev, 1ère Editions italiennes Bompiani, Milan, 1962, Editions françaises du Seuil, Paris, 1965.

ECO, Umberto, *Lector in fabula ou la coopération interprétative dans les textes narratifs,* Editions Bompiani, Milano, 1979. Traduit de l'italien par Myriem Bouzaher, Editions Bernard Grasset, Paris, 1985.

FERNANDEZ, Dominique, *L'arbre jusqu'aux racines. Psychanalyse et création,* Editions Bernard Grasset, Paris, 1972.

FREUD, Sigmund, *Métapsychologie,* Editions Gallimard, 1968, traduit de l'allemand par Jean Laplanche et J. B. Pontalis, Réédition Gallimard, Folio, Essais, 1986.

FROMM, Éric, *Le langage oublié. Introduction à la compréhension des rêves, des contes et des mythes,* traduit par Simone Fabre, Petite Bibliothèque Payot, Paris, 1975, 2002.

GRODDECK, Georg, *La maladie, l'art et le symbole,* traduit de l'allemand et préfacé par Roger Lewinter. Edition allemande : *Psychoanalytische Schriften zur Literatur und Kunst,* Limes Verlag, Wiesbaden, 1964 et *Psychoanalytische Schriften zur Psychosomatik,* 1966. Edition française, Gallimard, 1969.

GUSDORF, Georges, *Les Écritures du moi : lignes de vie I,* Editions Odile Jacob, Paris, 1991.

ISER, Wolfgang, *The Range of Interpretation*, New York, Columbia University Press, 2000.

LACOUE-LABARTHE, Philippe, *La Poésie comme expérience,* Collection Détroits, Éditions Christian Bourgeois, Paris, 1ère édition, 1986, 1997.

MANNONI, Octave, *Clefs pour l'imaginaire ou l'Autre scène*, Seuil, Paris, 1969, rééd., 1985.

MAURON, Charles, *Des métaphores obsédantes au mythe personnel. Introduction à la psychocritique,* Librairie José Corti, Paris, 1963. Réédition Librairie José Corti, Paris, 1988.

MORTAZAVI, Djamshid, *Symbolique des contes et mystique persane*, Jean-Claude Lattès, Paris, 1988.

MOTTE, Annette (de la), *Au-delà du mot. Une « écriture du silence » dans la littérature française du vingtième siècle,* Ars Rhétorica 14, Lit. Verlag Berlin-Hamburg Münster, 2004.

PAGEAUX, Daniel-Henri, *Les ailes des mots, Critique littéraire et création poétique,* Éditions L'Harmattan, Paris, 1994.

SARTRE, Jean-Paul, *L'imagination,* 1ère édition, Presses Universitaires de France, Paris, 1936, 9ème édition, P.U.F., Paris, 1936.

SARTRE, Jean-Paul, *Les mots*, Gallimard, 1964.

SEBBAR, Leïla, *L'arabe comme un chant secret,* Éditions Bleu Autour, Saint-Pourçain-sur-Sioule, 2007.

SEMPRUN, Jorge, *L'Écriture ou la vie,* Éditions Gallimard, 1994.

STAROBINSKI, Jean, *L'Œil vivant,* Éditions Gallimard, Paris, 1961.

STAROBINSKI, Jean, *Les Mots sous les mots : Les anagrammes de Ferdinand de Saussure,* Essai, Collection « Le Chemin », Gallimard, Paris, 1971.

WAJCMAN, Gérard, *Fenêtre, chroniques du regard et de l'intime,* Collection « Philia », Éditions Verdier, Lagrasse, 2004.

WUNENBERGER, Jean-Jacques, *Philosophie des images,* coll. Thémis, Philosophie, Presses Universitaires de France, Paris, 1997. Réédité en 2001.

YOURCENAR, Marguerite, *Les yeux ouverts, Entretiens avec Matthieu Galey,* Éditions du Centurion, Paris, 1980. Réédition Le Livre de Poche, Paris, 1981.

INDEX DES NOMS PROPRES

A

Abdelkader (Emir) 41, 42
Abdel-Malek, Anouar 24
Adamov, Arthur 251
Alain (Emile Chartier) 282
Alberti, Léon Battista 156, 158
Alloula, AbdelKader 63, 64
Alloula, Malek 89, 90
Amrouche, Fadhma 34, 226
Amrouche, Jean 34, 37, 59, 60, 85
Amrouche, Taos 10, 60, 209, 248, 267, 268, 290, 297, 317
André, Marie Odile 331
Antinéa 61
Arcos, Thomas (d') 78, 80, 81
Aristote 75, 195
Aubaud, Camille 329, 351
Averroès 75, 76
Azraj, Omar 341

B

Bachelard, Gaston 105, 106, 108, 197, 304, 314, 351
Baffet, Roseline 196
Bakhtine, Mikhaïl 350
Barchet, Jean-Claude 246
Barthes, Roland 7, 197, 344, 347, 351
Bartok, Bela 132
Bashkirtseff, Marie 330, 331
Battûta, Ibn 140
Baudelaire, Charles 200, 250
Beauvoir, Simone (de) 176, 177, 277, 278, 279, 291
Ben Badis, Abdel-Hamid 42
Bencheikh, Jamel, Eddine ... 52, 140, 274, 351
Ben Jelloun, Tahar ... 71, 143, 231, 315, 316, 331
Ben Mansour, Latifa 278
Ben Mohamed, Fatima 44
Berque, Jacques 114
Berthelot, Francis 304, 351
Bessis, Sophie 229, 230
Bey, Maïssa ... 192, 226, 231, 233, 261, 262, 287, 288, 289, 293, 294, 296, 308, 309, 310, 319, 324, 326, 327, 333
Billetdoux, Raphaëlle 305
Blanchot, Maurice ... 277, 305, 312, 313, 315, 328, 351
Blunt, Anthony 156, 158
Bonaparte, Marie 190
Bonn, Charles ... 199, 201, 273, 315, 334, 351
Bonnard, Pierre 257
Borgia, Camille 79, 80, 81, 82
Boudjedra, Rachid 291
Bougault, Laurence 351
Bouhdiba, Abdelwahab 68
Bouraoui, Nina ... 9, 14, 15, 16, 17, 23, 24, 145 - 183, 190, 204, 207, 208, 213, 214, 215, 221, 320, 321, 333
Bourguiba, Habib 229, 230
Breton, André 60
Broch, Hermann 19, 91

C

Calle-Gruber, Mireille 62
Calypso 104
Camps, Gabriel 59, 88
Camus, Albert 301
Cervantès, Miguel (de) 91, 92
Césaire, Aimé 337, 347
Char, René 26
Chassériau, Théodore 253, 254
Chaulet-Achour, Christiane ... 247, 248, 249, 291, 332, 351
Cherifi, Louisette 332
Chikhi, Beïda 9, 18, 39, 50, 96, 101, 123, 139, 195, 196, 199, 286, 305, 336, 351
Chrétien de Troyes 280, 281
Cixous, Hélène 306, 351
Claudel, Paul 10, 111, 290
Colette, Sidonie, Gabrielle 291, 329, 331
Corot, Jean-Baptiste Camille 254
Courbet, Gustave 248
Cruz, San, Juan (de la) 342
Cyrulnik, Boris 189, 190

D

Dante, Alighieri 10, 280, 281
Darwich, Mahmoud 327
Déjeux, Jean 201, 306, 352
Delacroix, Eugène....247, 248, 249, 250, 251, 253, 254, 294
Delay, Jean 190, 191, 318
Descartes, René 209
Dethurens, Pascal................... 156
Dib, Mohamed 291
Dix, Otto 258
Djaout, Tahar.......................... 291
Djebar, Assia....9, 10, 14, 15, 17, 18, 19, 20, 21, 27 - 99, 183, 190, 204, 232, 248, 249, 250, 251, 252, 259, 268, 269, 273, 275, 292, 293, 307, 310, 319, 320, 331, 332
Dostoïevski, Fiodor 291, 336
Dotoli, Giovanni 202, 273, 274, 352
Driss, Chraïbi.......................... 237
Drissi, Yasmina 94
Dugas, Guy 325
Duras, Marguerite.......................... 303, 352
Durry, Marie-Jeanne............................. 290

E

Eberhardt, Isabelle................................ 227
Eco, Umberto..................... 343, 344, 352
El Madani, Ahmed Tawfiq (Cheikh) 42
El Maleh, Edmond Amran............. 341, 342

F

Farès, Nabile............................. 37
Faulkner, William.......................... 291, 343
Feraoun, Mouloud 291
Fernandez, Dominique... 187, 301, 302, 352
Flaubert, Gustave................................. 151
Freud, Sigmund....189, 190, 191, 193, 195, 213, 302, 304, 332, 352
Fromm, Éric...........................…….352
Fromentin, Eugène....................... 253, 296

G

Gadant, Momique 87
Gafaïti, Hafid.. 332
Galey, Matthieu....271, 289, 303, 335, 336, 353
Gaudin, Françoise 143
Gauvin, Lise 63

H

Hachid, Malika.................................. 88
Haddad, Malek 34
Haddad, Tahar................................... 230
Hannibal... 85
Harden, Sylvia (von) 258
Hazm, Ibn... 222
Hegel, Georg Wilhelm, Friedrich.......... 313
Heidegger, Martin 196
Hoffmannsthäl, Hugo (von) 19, 91
Homère 22
Houssi, Majid (el) 274, 275, 305
Hugo, Victor 108, 217, 289, 290
Huston, Nancy.....................253, 278, 322
Hyvrard, Jeanne 45, 46

G

Genet, Jean.. 191
Genette, Gérard..................................... 197
Gide, André....................190, 191, 290, 328
Giono, Jean 291
Glancier, Anne 191
Glissant, Edouard....................305, 307, 322
Goethe, Johann Wolfgang (von)...156, 193, 194
Gontard, Marc 326
Gonzales, Jean-Jacques....38, 248, 332, 351
Gorgones, (les).............................130, 131
Gorki, Maxime...................................... 291
Groddeck, Georg.... 193, 194, 200, 317, 352
Guérin, Mariane 247
Gusdorf, Georges 96, 97, 352

I

Imalayène, Fatima-Zohra 29
Ingres, Jean Auguste Dominique 253
Iser, Wolfgang...............................195, 352

J

Jackson, George 292
Jacques, Paula 344, 345
James, Henry..................................137, 200
Jankélévitch, Serge 189
Joubert, Jean-Louis 316
Joyce, James... 137
Jugurtha..61, 85

K

Kaddha, Naget................................... 273

Kafka, Franz....149, 159, 282, 291, 312, 314, 315, 319, 328, 351
Kahina (la) 90
Kalthoum, Oum 260
Kamici, Mohammed 306
Karpati, Janos 132
Kateb, Yacine...36, 37, 64, 65, 287, 291, 348
Khatibi, Abdelkébir 118, 272
Khayam, Omar 223, 290
Khettouch, K... 88
Khodja, Hamdane 80
Khodja, Naserredine 202
Kisling, Moïse 257
Klee, Paul 243

L

Labé, Louise 329
La Bruyère, Jean 330
La Callas (Maria Callas) 270, 271
Lacan, Jacques 332
Lacoue-Labarthe, Philippe............. 196, 352
Laforgue, Jules 290
Lamartine, Alphonse (de) 290
Léger, Fernand..................................... 257
Lempicka, Tamara (de)......................... 256
Levi-Provençal, Évariste....................... 222
Lewinter, Roger 193, 194, 352
Longnon, Henri 280
Lorca, Frederico Garcia 327
Loti, Pierre... 293
Luciani, Gérard 281
Luxembourg, Rosa................................ 293

M

Madelain, Jacques................. 142, 155, 157
Madyan, Abou 76
Magritte, René 152
Mahfoufi, Mehenna 132
Majumdar, Margaret, A. 336, 341
Mallarmé, Stéphane 156, 200, 344
Mammeri, Mouloud......................... 37, 38
Manet, Edouard 247, 254
Mannoni, Octave 199, 200, 353
Massinissa 84
Matisse, Henri............................... 253, 254
Mauriac, Claude 138
Maurois, André 122, 123
Mauron, Charles 198, 290, 346, 353
Mdarhri-Alaoui, Abdallah 273
Meddeb, Abdelwahab 196
Méduse 130, 131, 132, 141
Mélétinski, Evguéni 21
Memmi, Albert..................................... 272
Merleau-Ponty, Maurice 158, 159
Meschonnic, Henri 348
Milner, Jean-Claude 155
Mimouni, Rachid 291, 332
Miquel, André 274
Mokeddem, Malika...9, 14, 15, 16, 17, 20, 21, 22, 23, 101 - 143, 183, 201, 234, 238, 239, 240, 243, 245, 259, 264, 265, 266, 269, 270, 271, 275, 276, 277, 283, 284, 285, 290, 291, 303, 310, 311, 312, 325, 326, 334, 337
Molière 10, 202, 217, 218, 219
Mortazavi, Djamshid.....................200, 353
Mouhoub, Hadjira 202, 203
Mounier, Jean...................................... 315
Mozart, Wolfgang, Amadeus 271
Musset, Alfred (de) 290

N

Nadeau, Maurice 312
Nahlovsky, Anne-Marie...9, 10, 49, 86, 101
Navarre, Marguerite (de)...................... 329
Nerval, Gérard (de) 200, 271
Nietzsche, Friedrich 314

P

Pageaux, Daniel-Henri 323, 324, 353
Pascal, Blaise.................................150
Patocka, Jan 304
Péguy, Charles 290
Pélégri, Jean 46
Peltre, Christine................................... 246
Perse, Saint-John 271
Pessoa, Fernando................... 139, 153, 342
Picasso, Pablo 251, 254, 257, 348
Picon, Gaétan 49
Poe, Edgar 190
Pollak, Oskar 282
Polo, Marco... 140
Polybe 85
Propp, Vladimir.................................... 21
Proust, Marcel....10, 122, 123, 138, 139, 153, 156, 200, 278, 289, 301, 302, 346

Q

Qays Ibn el Moulawah 296
Qays, Imrul 141, 290

R

Rabelais, François 140, 202
Racine, Jean 344
Ranaivoson, Dominique 307
Raybaud, Antoine 36, 37, 53
Reade, Thomas 79, 80, 83
Renoir, Pierre Auguste 249, 254
Rérolle, Raphaëlle 273
Rey, Pierre-Louis.................................... 330
Ricardou, Jean 195
Ricœur, Paul 199
Rilke, Rainer-Maria 156, 271
Rimbaud, Arthur..................................... 271
Roches, Madeleine (des)........................ 329
Rosolato, Guy 197
Rousseau, Jean-Jacques 292
Ruskin, John 289

S

Saint Exupéry, Antoine (de) 290
Sainte-Beuve, Charles-Augustin.... 301, 302
Salinger, Jérôme, David......................... 200
Sand, George 329
Sartre, Jean-Paul....191, 209, 279, 280, 289, 291, 327, 328, 337, 341, 345, 353
Saussure, Ferdinand (de) 195
Schubert, Franz....................................... 271
Scipion, Emilien 85
Scipion, l'Africain..................................... 85
Sebbar, Leïla....10, 58, 63, 65, 209, 213, 214, 217, 218, 219, 222, 225, 228, 229, 238, 247, 253, 254, 255, 257, 258, 260, 278, 286, 291, 292, 293, 295, 296, 298, 322, 353
Semprun, Jorge 10, 342, 353
Senghor, Léopold 290, 342
Shakespeare, William....10, 107, 108, 156, 213, 214
Starobinski, Jean...149, 195, 243, 318, 319, 336, 353
Swift, Jonathan 140

T

Temple, Granville (Sir)................79, 80, 82
Theuriet, André 331
Tin Hinan 87, 88, 89, 90, 91,92, 93, 95
Tissier, Jean-Baptiste Ange.................... 249
Todorov, Tzvetan 195, 350
Tolstoï, Léon 291, 336
Triki, Fathi 40

U

Ulysse...20, 22, 104, 129, 133, 137, 141, 142
Ungaretti, Giuseppe 304, 323

V

Valadon, Suzanne 257
Valente, Jose Angel................................ 342
Valéry, Paul 325
Vallejo, César... 342
Varga, Robert.. 62
Vernant, Jean Pierre 73
Vernet, Horace 254
Vian, Boris... 200

W

Wajcman, Gérard...149, 150, 151, 152, 153, 155, 156, 157, 158, 159, 353
Walter, André... 190
Wittgenstein, Ludwig.....................196, 197
Wunenburger, Jean-Jacques 198, 353

Y

Yourcenar, Marguerite...271, 289, 303, 335, 336, 353

Z

Zola, Emile 292

TABLE DES MATIÈRES

PRÉFACE DE BEÏDA CHIKHI 9

INTRODUCTION 11

PREMIÈRE PARTIE
LE RETOUR DES LANGUES PERDUES
dans *VASTE EST LA PRISON* et *L'AMOUR, LA FANTASIA* d'ASSIA DJEBAR

CHAPITRE I : LA LANGUE DES AUTRES 31
  1. L'envahissement par les mots ou la langue du père 31
  2. La reconnaissance d'un rapt ou le constat d'un exil linguistique 34
  3. L'absence à soi ou la perte d'identité 36

CHAPITRE II : LA LANGUE DU PROPHÈTE 39
  1. L'arabe coranique 39
  2. Le rêve d'une unité islamiste ou les tentations nationalistes 40
  3. Les menaces intégristes 43

CHAPITRE III : LA LANGUE DE LA MÈRE 49
  1. Le substitut d'un métalangage ou l'âme scripturaire du français 50
  2. La fronde des mots anciens 54
  3. La reconquête d'une harmonie des origines 58

CHAPITRE IV : LA LANGUE DU CORPS 67
  1. La prison des interdits 67
  2. La conquête du corps 71
  3. Le retour de l'unité perdue 75

CHAPITRE V : LA LANGUE DES PIERRES 77
  1. La quête des signes ou l'inscription dans une filiation millénaire 77
  2. L'écriture de soi entre mythe et actualité politique 86

DEUXIÈME PARTIE
LE MYTHE D'UNE RENAISSANCE OU LA RENAISSANCE D'UN MYTHE
dans *N'ZID* de MALIKA MOKEDDEM

CHAPITRE I : L'EAU 103
  1. L'envahissement 103
  2. L'adéquation à l'élément aquatique, reconnaissance de sa féminité 104

CHAPITRE II : LA NEF, UNE AVENTURE SOLITAIRE 107
  1. La grande solitude ou la mort à soi 107

   2. La nacelle d'un enfantement libertaire 108
   3. L'inscription dans une cosmogonie de l'eau 110

CHAPITRE III : LE VOYAGE CIRCULAIRE 113
   1. L'identité perdue 113
   2. La mélopée des origines 115
   3. Les marques d'une appartenance 116

CHAPITRE IV : L'ART, MÉDIATEUR D'UNE RÉAPPROPRIATION DE SOI ... 121
   1. Le chant du luth 121
   2. Les doigts dansants 124
   3. "Hagitec-magitec" ou la magie du conte 126
   4. L'Art : remise en harmonie du monde 128

CHAPITRE V : LE MYTHE D'ULYSSE 129
   1. La quadrature du cercle : l'odyssée méditerranéenne 129
   2. N'zid : la conquête d'un paradis perdu 135

TROISIÈME PARTIE

LE "JE" DU REGARD COMME RÉAPPROPRIATION D'UN CONTEXTE SOCIAL
dans *LA VOYEUSE INTERDITE* de NINA BOURAOUI

CHAPITRE I : UNE FENÊTRE OUVERTE SUR LE MONDE 149
   1. L'acuité du regard et la réappropriation de l'autre 150
   2. Le déferlement des rancunes et de la haine 154
   3. La jouissance retrouvée d'une réponse à l'oppression 156

CHAPITRE II : LE VOMISSEMENT D'UNE SOCIÉTÉ PATRIARCALE 161
   1. Le huis clos infernal de l'hypocrisie 161
   2. La femme-matrice en question 162
   3. Le rejet d'un sexe dégradé 165
   4. Le refus du statut prépondérant de l'homme 171

CHAPITRE III : LA PRISE DE CONSCIENCE DE LA PLACE DE LA FEMME DANS LA SOCIÉTÉ 175
   1. Le mythe révolu du deuxième sexe 175
   2. Une révolution féminine 177

QUATRIÈME PARTIE

L'INSCRIPTION DANS UN FUTUR

CHAPITRE I : LE "JE(U)" DES MASQUES 189
   1. Le jeu des symboles 193
   2. Le stratagème d'un discours allégorique 198
   3. Les filiations explicites 203
   4. La féminité en dérobade ou le jeu-mascarade de l'androgyne 205

CHAPITRE II : L'INITIATION AUX JEUX DE L'AMOUR **209**
   1. L'exaltation du désir, préliminaire amoureux : De la braise à la cendre . 209
   2. Les subterfuges de l'amour-transfuge : The raising sun ou la femme-soleil 213
   3. La naissance d'une nouvelle rhétorique amoureuse 214
   4. "L'amour de loin" des troubadours ou la sacralisation de la femme 221

CHAPITRE III : LE CHOIX DE LA PROVOCATION **225**
   1. La vierge folle 225
   2. La vierge sage 228
   3. La parole en dissidence 231
   4. La séduction de la marginalité 237

CINQUIÈME PARTIE
LA RÉVÉLATION DU POUVOIR OU "LA FEMME AU LIVRE"

CHAPITRE I : DES MOTS POUR LE "DIRE" : LA VOYANCE **243**
   1. La mémoire du subconscient : la peinture 243
   2. La mémoire du corps : la danse 259
   3. La mémoire du cœur : le chant 264
   4. La mémoire des songes : les contes 272

CHAPITRE II : DES MOTS POUR LE "LIRE" : LA CONNAISSANCE **277**
   1. Le décryptage d'un ailleurs : le message des mots.................................... 277
   2. Les rats de bibliothèque : le message du Monde 285
   3. La quête de l'alphabet : le message de l'Histoire 293
   4. La quête d'une filiation : Un message spatio-temporel 295

CHAPITRE III : DES MOTS POUR "L'ÉCRIRE" : LA PUISSANCE **301**
   1. La montée en écriture 301
   2. La mise en abyme de l'écriture 324
   3. Le métier d'écrivain 328
   4. L'ineffaçable remplace l'indicible 335

CONCLUSION **339**

BIBLIOGRAPHIE SÉLECTIVE...**351**

INDEX DES NOMS PROPRES..**355**

TABLE DES MATIÈRES..**359**

L'HARMATTAN, ITALIA
Via Degli Artisti 15 ; 10124 Torino

L'HARMATTAN HONGRIE
Könyvesbolt ; Kossuth L. u. 14-16
1053 Budapest

L'HARMATTAN BURKINA FASO
Rue 15.167 Route du Pô Patte d'oie
12 BP 226 Ouagadougou 12
(00226) 76 59 79 86

ESPACE L'HARMATTAN KINSHASA
Faculté des Sciences Sociales,
Politiques et Administratives
BP243, KIN XI ; Université de Kinshasa

L'HARMATTAN GUINEE
Almamya Rue KA 028 en face du restaurant le cèdre
OKB agency BP 3470 Conakry
(00224) 60 20 85 08
harmattanguinee@yahoo.fr

L'HARMATTAN COTE D'IVOIRE
M. Etien N'dah Ahmon
Résidence Karl / cité des arts
Abidjan-Cocody 03 BP 1588 Abidjan 03
(00225) 05 77 87 31

L'HARMATTAN MAURITANIE
Espace El Kettab du livre francophone
N° 472 avenue Palais des Congrès
BP 316 Nouakchott
(00222) 63 25 980

L'HARMATTAN CAMEROUN
Immeuble Olympia face à la Camair
BP 11486 Yaoundé
(00237) 99 76 61 66
harmattancam@yahoo.fr

L'HARMATTAN SENEGAL
« Villa Rose », rue de Diourbel X G, Point E
BP 45034 Dakar FANN
(00221) 33 825 98 58 / 77 242 25 08
senharmattan@gmail.com

591246 - Décembre 2014
Achevé d'imprimer par